無錫文庫

第二輯

無錫市政籌備實録（一）

鳳凰出版傳媒集團
鳳凰出版社

ISBN 978-7-5506-0803-0

圖書在版編目（ＣＩＰ）數據

無錫市政籌備實錄 / 無錫市政籌備處編輯. 無錫概覽 / 無錫縣政府編印. -- 南京 : 鳳凰出版社, 2011.8
（無錫文庫. 第2輯）
ISBN 978-7-5506-0803-0

Ⅰ. ①無… ②無… Ⅱ. ①無… ②無… Ⅲ. ①無錫市－地方史－史料－民國 Ⅳ. ①K295.33

中國版本圖書館CIP數據核字(2011)第173455號

責任編輯　王　劍
裝幀設計　姜　嵩
出版發行　鳳凰出版傳媒集團
　　　　　鳳凰出版社(原江蘇古籍出版社)
　　　　　南京市中央路165號　郵編 210009
　　　　　發行部電話 025－83223462
集團網址　鳳凰出版傳媒網　http://www.ppm.cn
印　　刷　無錫市證券印刷有限公司
　　　　　無錫市揚名高新技術産業園B區75號　郵編 214024
開　　本　889×1194毫米　1/16
印　　張　104.25
版　　次　2011年8月第1版　2011年8月第1次印刷
標準書號　ISBN 978-7-5506-0803-0
定　　價　1360.00圓(全三册)
(本書凡印裝錯誤可向承印廠調換,電話:0510－85435666)

無錫文庫工作委員會

無錫文庫編輯委員會

總序

七千年文明史，三千年建城史，江南名城無錫，襟長江依太湖，自古以來就是魚米之鄉，禮儀之邦。無錫文化自泰伯南奔以來，騰蛟起鳳，尚德崇文，在數千年的傳承發展中，教化常持，經世務實，人杰輩出，大家林立，文藻絢麗，錯彩鏤金。舍南舍北皆春水，欲與湖山作主人，數千年的人文傳統，賦予了風光秀美的無錫以獨特的文化魅力，鑄就了城市剛柔相濟、秀逸清麗的的文化品格。

無錫是中國吴文化的發源地。早在商代晚期，周太王古公亶父的長子泰伯三讓王位，携其弟仲雍奔吴，定居無錫梅里，建『勾吴國』，『端委以治周禮』，施以禮儀教化；興修水利，授以農桑，不數年而『民人殷富』。泰伯帶來的中原文化與無錫本地土著文明相結合，吴文化以及作爲其重要組成部分的無錫文化就此發端。晋室南渡，北方人群大量南遷，帶來了中原的文化技術，促進了無錫農業、水利、手工業和商業的發展，中原文明再度與吴文化進行融合互滲。在本土文化與异地文化的碰撞和交融中，不斷推動着無錫這座城市的文明進步。

無錫歷史文化『迨歷七千餘載歲月滌蕩，遂經四大轉折而成其廣大深厚：泰伯西來，吴文化成焉；永嘉南渡，江左文脉振焉；宋室波遷，江南文風始焉；歐風東漸，錫邑占風氣之先，民族工商文化始焉。數百代鄉彦賢達智慧與創造累積，文獻足徵，無慮百千』（《錫山先哲叢刊》重版弁言）。無錫文化以兼容并蓄多樣化的形態不斷發展。

崇文尚教，以教促文。北宋嘉祐三年（一〇五八），無錫始設縣學；北宋政和元年（一一一一），理學傳人楊時在無錫創建東林書院，此後無錫出現了喻樗、尤袤、李祥、蔣重珍等一批知名的教育家。至明代，顧憲成、高攀龍等在東林書院講學，此後又有許多書院相繼而起。古代無錫對教育的重視，促進了『崇文』和『尚教』的風氣，也造就了大量的人才。自隋朝開創科舉取士到清末廢除科舉，無錫共出了五名狀元、三名榜眼、六名探花和三名傳臚，并有五百四十名進士，一千二百多名舉人；『一榜九進士』、『六科三解元』，自古傳爲佳話。近代以來，經濟的繁榮進一步帶動了教育的興盛。無錫籍國學大師錢穆曾說：『晚清以下，群呼教育救國，無錫一縣最先起。』此後無錫的實業家紛紛出資興辦文化教育事業。教育的繁興，在極大程度上促進了無錫的文化發展，出現了空前的文化人才崛起的高峰。

文脉綿延，後出轉强。歷來『文化』的概念有廣義和狹義之分，這裏的『文脉』之『文』，用的是狹義的概念，即指經史、文學、藝術等人類所創造的精神財富的總和。在無錫的歷史文化傳統中，自古及今，悠悠文脉，如瓜瓞之綿綿。必須指出的是，從文化發生學的角度來看，早期中華文化的中心是在黄河流域的中原地區，無錫在宋元以前，雖有像顧愷之、李紳、尤袤、蔣捷、倪瓚等一批人文英才，但在整體上，無錫的文氣是自明清以迄近現代達到巔峰。在整個江南地區文教昌明和無錫經濟繁盛、教育勃興的大背景下，無錫地區在經史、文學、繪畫、音樂等諸多領域中，建樹卓越，俊才雲蒸，真正呈現出『人文之盛，冠於南國；碩彦輩出，著述繁富』的局面。

求實務本、重工崇商。無錫自古爲江南富庶之地、魚米之鄉。明代東林講學者將士商并列爲『本行』，講求經世致用；近代早期維新的思想家、實踐家薛福成提出『黜浮靡，崇實學』，大力倡揚『工商爲先，耕戰植其基，工商擴其用』的觀念，這些都成了近代以來無錫人求實務本、重工崇商的重要的思想根源；兼以明清時期，封建自然經濟解體，資本主義開始萌芽，無錫經濟日趨繁盛。鴉片戰争以後，上海開埠，由於商品經濟的發展和商業資本積累的增加，逐步形成了一個以上海爲中心的，北接江陰、靖江，西連蘇州、無錫、常州的經濟區域。有布、米、絲、錢『四大碼頭』的無錫，被譽爲『小上海』。到了十九世紀末、二十世紀初，無錫許多有識之士積極引進西方生産技術，大力興辦工廠，形成了近代六大資本系統，無錫成了近代中國民族工商業的發祥地和蘇南經濟中心。經濟的繁盛，不僅爲無錫文化的不斷發展提供了堅實的物質基礎，而且也形成了無錫文化的主流形態之一的，具有鮮明特色和豐富内涵的『工商文化』。

文化源長，文獻宏大。在歷史上，無錫有過兩次較大規模的文化整理。一八九九年，《常州先哲遺書》是包涵無錫在内的第一次區域性文化整理集成。一九二二年，《錫山先哲叢刊》是無錫真正意義上從城市角度進行的一次文化整理。當時，國家積貧積弱，社會動蕩離亂，身處亂世的有識之士高擎文化的旗幟，以縱覽千古的魄力和毅力致力於城市文化傳統的繼承與弘揚，爲無錫地方人文教育提供了文化楷模，對增强無錫崇文興教氛圍發揮了重要的作用，爲無錫躋身江南名城提供了文化動力，其意義至今爲後人感念。

滄桑巨變，天上人間。經過近一個世紀的奮鬥探索，特别是改革開放三十多年來的迅猛發展，中華民族强勢崛起。國運昌隆，盛世修典。中共無錫市委、市政府高度重視地方傳統文化的整理弘揚工作。自二〇〇七年提出『建設文明無錫，打造文化名城』以來，無錫全面深入開展歷史文化遺産的挖掘、清理、保護和修復工作，傳承弘揚優秀傳統文化，彰顯城市人文歷史底藴，掀起歷史文化名城建設新高潮。此後，市委、市政府在《無錫市文化大發展大繁榮行動綱要》中明確要求全面整理出版地方歷史文獻，市委、市政府在《關於深化文化體制改革加快文化强市建設的决定》中再次明確要求編纂《無錫文庫》，正式啓動迄今爲止無錫地區規模最大、綜合性鄉邦文獻集成的修編工作。爲確保《無錫文庫》的編纂工作順利進行，市委、市政府專門成立了『無錫文庫工作委員會』，由市委宣傳部牽頭，設立了『無錫文庫編輯委員會』，計劃用三年時間完成編纂出版工作。《無錫文庫》的編纂，將以嶄新的學術角度和現代學科框架對城市歷史文化進行全面梳理和弘揚，站在時代的高度，充分展示城市深厚的歷史底蘊，彰顯先賢哲人的智慧創造，解讀無錫文化的獨特個性，提煉升華無錫的人文精神，光前裕後，古爲今用，以文化人，由人化文，以史爲鑒，開啓未來。

《無錫文庫》的編纂出版必將發揮重要的文化功能：首先是搶救文獻。無錫自古即有豐富的地方文獻，無論經史子集，都有重要著作流傳於世。然而無錫近代歷經戰亂，一些重要典籍已毁佚，僅有書名存留；還有一些珍貴的明清地方史籍，也以孤本存世，處於若存若亡之間。由於各種原因，一些代表無錫文化的典籍保存於國内外各大圖書館中，在無錫不易見到。從清末到民國期間，在文化上有不少重要成果，而這部分書籍因長期被忽視而處於毁佚的邊緣。《無錫文庫》的編纂就是爲了搶救文獻，保存文脉。其次是古籍整理。無錫先賢留下的載籍很多，但現存書籍，版本雜亂，良莠不齊，整體而言没有經過系統編排梳理，使用不便。《無錫文庫》的編纂，就是從版本目録學的角度加以梳理，每書皆撰提要，鈎玄指要，便於閲讀使用。第三是服務大衆。《無錫文庫》所收皆爲地方古史遺文，是研究無錫歷史沿革和文化傳承的必讀書目。《無錫文庫》的編纂出版，使這些書籍的使用更加便捷和廣泛，對無錫的文化建設、城市規劃、古迹保護、名勝開發都具有很高的學術價值和實用價值。

歷史唯物主義觀是《無錫文庫》編纂出版工作的重要指導思想。《無錫文庫》是一部具有社會主義新時代特點的典籍集成，編纂理念和選編觀念更加科學，注重學術性、實用性和經典性相結合，并且儘量收入古籍版本研究的新成果，廣泛收集流散在國内外的珍貴典籍。編纂工作中，始終堅持『尊重歷史、尊重科學、尊重規律、尊重專家』的原則，堅持『雙百』方針，對傳統文化中重要的不同學派、不同觀點的資料兼收并蓄，力求客觀、完整和全面。當然，《無錫文庫》不可能包羅萬象，而以文史哲爲主要内容，兼顧其他類别著述，整體呈現出無錫歷史文化的發展脉絡。强化編纂工作的學術規範，提倡實事求是的良好學風，對文庫的整體規模、體例框架、所收書目、版式裝幀等進行反復論證，反復比較，多方聽取意見，慎之又慎，力争使《無錫文庫》成爲一部真正代表無錫文化的綜合性鄉邦文獻集成。

編纂出版《無錫文庫》的盛舉，得到了海内外衆多著名的文史專家、學者教授的熱烈響應。許倬雲、馮其庸、楊天石、李文海、徐中玉、馮遠、胡福明等無錫籍文化名人和劉玉才、程章燦、江慶柏、張廷銀、金良年等專家學者應邀擔任《無錫文庫》的學術顧問，他們扎實的學術功底、嚴謹的治學風範、卓越的學術見識，爲《無錫文庫》提供了有力的支撑。

千年吴地文明，百年工商繁華，賦予無錫人聰慧和靈秀，創造了具有獨特品質的城市文化和城市精神。當我們手捧先哲留下的珍貴文化遺産，不僅滿懷感恩、敬畏之心，更涌動着不負前賢、勵志圖新的激情，去努力創造城市文化嶄新的輝煌，讓無錫文化大發展大繁榮的春天更加姹紫嫣紅、繽紛燦爛！

無錫文庫編輯委員會

二〇一一年一月

凡例

一、《文庫》所收爲無錫籍作家的著述和與無錫相關的歷代文獻，分爲《官修舊志》、《地方史料專著》、《年譜家乘》、《無錫文存》和《近現代名家名著存目》五輯。

二、無錫地域範圍以現行行政轄區爲準。《文庫》立足無錫市區，兼顧江陰、宜興，適當選收江陰、宜興具有代表性的著作。

三、《文庫》所收著作，以史料價值高、使用價值大爲原則，適當兼顧其版本價值。

四、《文庫》主要采用影印方式出版，《近現代名家名著存目》收入作家小傳和主要著述目録。

五、《文庫》所收著作，其編纂年代下限爲一九四九年；《近現代名家名著存目》則不受此限。

六、《文庫》所收著作，原書如有蠹損、殘缺、漫漶不清處，原則上以相同版本予以換頁、補頁，使全書清晰、整齊。

七、《文庫》對所收每種圖書，均撰寫提要，置於每種書扉頁之背面；每册均新編頁碼，自爲起訖。

八、《文庫》編制書名索引和著者索引，以方便讀者使用。

第二輯編輯説明

本輯爲《無錫文庫》之第二輯《地方史料專著》。這些書籍皆爲個人著作，它們是官修方志之外最重要的地方史料，是對地方歷史更爲精細的記録和闡述。其中保存了官志中看不到的材料，所以也是官志極其重要的補充。無錫自古以來人文薈萃，所以歷史上存留下來的地方史料專著也非常豐富。明清以來這些著述得到了長足的發展。作爲方志體裁的史書，這些著作所述史事已細化到一個鄉村，一座寺廟，一幢宅第，一座園林，一所學府，一項工程，一個專題等，從而爲後人保存了大量第一手的史料。進入民國後，隨着社會的發展，在政治、經濟、文化、教育等方面，出現了許多專門的出版物，這些具有時代特色的文獻，爲我們保存了民國時期原生態的歷史材料。從這些文獻中可以看到當時無錫向現代都市邁進的步伐。第二輯所收書籍，不少都是孤本，彌足珍貴。特別是一些藏於外地圖書館的珍貴書籍，這次也盡了最大的努力加以搜集。由於歷史的原因，一些地方史籍已失傳，僅有書名存留，不無遺珠之憾。一些民國書籍也偶有缺葉。敬請讀者見諒。從另一個角度而言，也更説明了這次文庫編纂的必要。

目録

無錫市政籌備實録（一）

無錫市政籌備處　編輯

《無錫市政籌備實録》，無錫市政籌備處編輯。

一九二九年夏，爲籌備設市，規劃、領導無錫市政建設，奉令成立無錫市政籌備處，由縣長孫祖基兼任主任。這一機構存在不到一年，即奉令撤銷。一九二九年八月起，無錫市政籌備處曾編輯出版《無錫市政實録》，十六開鉛印本，每月一期，共六期。一九三〇年四月，將這六期合訂發行，由無錫縣長兼市政籌備處主任孫祖基作序，闡明設立無錫市政籌備處的由來及編輯《實録》、合訂發行之意義。書前刊有『篇目索引』，分列『論著』、『計劃』、『報告』、『法規』、『會議録』、『調查統計』六個欄目。

第一號　民國十八年（一九二九）十月一日發行。書前刊有繆斌題字、照片五幅及孫祖基《發刊詞》。内容分列『論著』、『計劃』、『公牘』、『法規』、『會議記録』、『調查統計』、『工作報告』、『各地市政消息』及『附録』九個欄目。

第二號　民國十八年十一月一日發行。分列『特載』、『論著』、『計劃』、『公牘』、『法規』、『會議記録』、『調查統計』、『報告』、『附録』九個欄目。

第三號　民國十八年十二月一日發行。分列『言論』、『計劃』、『預算』、『法規』、『公牘』、『會議記録』、『調查統計』、『讀者論壇』、『雜載』九個欄目。

第四號　民國十九年一月一日發行。分列『言論』、『專載』、『計劃』、『報告』、『法規』、『會議記録』、『調查統計』、『公牘』八個欄目。

第五號　民國十九年二月一日發行。分列『論著』、『計劃』、『報告』、『會議記録』、『調查統計』、『公牘』六個欄目。

第六號　民國十九年三月出版。分列『言論』、『計劃』、『報告』、『法規』、『會議記録』、『調查統計』、『佈告』、『附録』八個欄目。

本書有部分圖表，或爲彩色，或爲插頁。爲裝訂方便，凡是彩色圖表及插頁，均標注序號，並移至本册之末；同時在原位置留一白頁，標明原處有何圖表及轉移後的位置。

（陳文源）

無錫市政籌備實錄索引

無錫市政籌備實錄索引

無錫市政籌備處成立迄今，凡八閱月。此八月中，本處同人供其一得之愚，或綴爲論文，或著成計劃，或就事實而編爲報告，或據調查而列成統計。凡此種種，每月彙刊成冊，顏曰無錫市政，藉將本市籌備市政之實況，就正於海內賢達，夫歐美人對於一事一物，往往不憚數十年之潛心研討，同人等尸職僅及八月，所見殆極膚淺。詮市政建設，經緯萬端，各國經營數百年之都市，尙未克臻盡善、方之錫市，籌備時期之匆促，與經濟力量之微薄，欲以成績表現於世，誠屬難能。惟同人等歷溯既往，華路開拟，備嘗艱困，而鑑於未來之無錫，必爲內有數之工商風景都市，其需要市政建設之殷，必無疑義，則同人等之見地，未始不可供他日參覽釐改之資料也。用將出版之市政月刊六期，彙訂一集，題曰無錫市政籌備實錄，並編列索引，以備檢覽。凡得論著四十一篇，計劃十八篇，計劃圖三十五種，報告四十篇，法規五十六種，會議錄四十六則，暨調查統計圖表一百二十九種。

中華民國十九年四月一日沈維棟識。

一 論著

二 計劃

三 報告

防免流行性腦脊髓膜炎病之近況	社會科	六	六十七至六十八
第二次衛生運動大會經過	社會科	四	七九至八二
無錫市社會教育事業調查報告	社會科	二	一二九
無錫紡織廠染織廠調查報告	社會調查處	一	一二至一一七
無錫麵粉廠製鐵廠造紙廠調查報告	仝右	一	一一八至一二〇
無錫絲廠調查報告	仝右	二	一〇七至一一三
無錫翻砂機器廠調查報告	仝右	四	一一五
無錫礮米廠調查報告	仝右	二	一〇五
無錫襪廠調查報告	仝右	五	八一至八二
無錫油廠調查報告	仝右	六	七三至七四
無錫應辦實業及已停各工廠調查報告	仝右	五	七九至八〇
無錫社會救濟事業機關調查報告	仝右	一	一二一至一二四
無錫市教堂及菴觀寺院廟調查報告	仝右	二	一三三至一三九
無錫市卜筮星相調查報告	仝右	四	一一三至一一四
無錫名勝古蹟調查報告	仝右	三	一一五至一一九
戚墅堰電廠供給全市路燈協定		六	一一〇

四 法規

五 會議錄

務

六　調查統計

無錫市政 第一號

民國十八年十月一日發行

無錫市

會議記錄

調查統計

工作報告

各地市政消息

附錄

西天寶帽鞋莊廣告

本號自創辦迄今。所出冠履。素蒙各界人士之嘉贊、名馳遐邇。有口皆碑。能得如此嘉譽。非歷來之貨物。品高質良。安博諸君之信仰耶。本號不惜重資。採辦上等物料。不論半縷一絲。務求品質精良。聘請技師。監工督造。非與市肆上之次貨劣料之家。不顧實際。只求式樣新異。以眩顧客心目。所可同日而語。本號定價劃一。不論童叟婦孺。按碼實價。以昭信實。諸君倘信疑參半。不妨嘗試一次。方知言之不謬也。承蒙賜顧。不勝歡迎之至。

地址無錫老北門口

無錫陸永和男女帽鞋莊

人類章身之服飾，須要君臣相配。然後發生美觀。如果衣服十分美麗。而頂踵之帽鞋。敝舊或式樣陳腐者。未免華服減色。可見帽鞋兩物。看似微細。實乃輔佐華服之股肱。一日不可須臾離。所謂紅花綠葉。相得方可益彰、市上帽鞋莊。何啻數十百家。然欲求其真正價廉物美者。恐不易多觀。茲有北大街。新造洋式門面的陸永和。開張以來。垂數十年。所造各種帽鞋。出品最佳，顧客咸樂於購用。茲錄其優點如下。

工料堅固 價目劃一 式樣新穎 定貨取件

耐久異常 老少無欺 舒適美觀 至期不誤

◀開設北門外北大街▶ ◀電話九百十六號▶

無計劃與不建設都是不革命

無錫市政籌備處

主任孫祖基

公園白水蕩

惠山寄暢園

東林書院

惠山聽松亭

發刊詞

孫祖基

政治是衆人的事業，尤其是市政，與人民最有切身利害的關係。革命以來，舉國上下，渴望有建設，求之於政府的命令，騰之於民衆的呼聲，向來國人退縮苟安的習氣，頓然爲之轉移，不過建設事業，頭緒紛繁，城市是經濟的中心，文明的園囿，其需要建設，當然尤爲急切；所以邇來國人的目光，都集中於市政方面，因爲市政不修，則鄉區的建設更無從談起了；近十來國內各大都市，已先後成立市政府，積極從事於建設。吾錫據滬甯及長江太湖交通的樞紐，又爲浙西皖南及本省西部吐納的咽喉，腹地千里，類皆平原富饒，其已合於都市構成的要件，早爲國人所公認。近來人口日見增加，工商日見發達，倘市政方面不積極圖新，則非但阻礙將來的發展，抑且不能適應目前的需要。省府有鑑於此，所以有設立無錫市政籌備處的決議，爲將來成立市政府的準備，新無錫的建設，當於此發軔：

無錫之有市政，固不從今日始，在以前市公所及行政局時代，已略樹基礎。不過爾時所謂市政，一切設施，不免因陋就簡，並無整個的計劃。我們深信政治應該做時代的先鋒，歐美市政設施，大都有數十年乃至百年的偉大計劃，預料將來發展的情形，而早爲之計，故人口雖然膨漲，而市民絕不感受到不快。這樣看來，不談市政則已，欲談市政，則斷非另星補綴，或應付現狀，所能了事。

總理說，人類進化分做三個時期：第一是不知而行的時期，第二是行而後知的時期，第三是知而後行的時期。以前都是不知而行或行而後知，自科學發明以後，便到了知而後行的時期。所以我們籌備的工作，重在求知。我們進行的步驟，第一是調查，第二是計劃，最後纔是實施，調查與計劃，都是知的工作，而行的工作，則大部分當俟諸市政府成立以後。

無錫市政可以說是籌備的實錄，也可以說是我們求知的紀載。不過市政既然是衆人的事業，促進建設，又是市民大家的責任，則籌備的經過，自應公諸市民，以與市民共同討論，而有以切磋琢磨，把向來大家不問不聞的風氣，掃除而廓清之。又有進者，市政建設，物質與心理並重，關於物質建設方面，如工程之如何進行，衛生之如何設施，公益救濟事業之如何改革，財政之如何整理，凡此諸端，都是籌備時期的重要工作，固當積極計劃；至關於心理建設方面，如引起市民對於建設的興趣，促進市民道德等，則本刊實負有嚴重的使命。現值首期付梓，敬弁數語，與吾諸同志商榷，希望諸同志幸而教之。

要曉得新無錫的建設，須要看……

革命化的無錫市政

要買能適合各個性需要的新裝衣料，要到……

美術化的懋綸綢莊

時和綢緞莊

衣服爲人類護體要具。且有關一身的觀瞻。而美麗服裝。又爲吾人所同求、然欲求美麗之衣服　則又不得不精美麗的原料　際茲時屆秋令。正各界添製新裝之時、本號主人。有鑒於此。特派專員、分赴滬•杭•蘇•常•甯•鎮等處、悉心選擇。盡量搜羅。

◀奇異軟綢▶ 特花閃緞 美麗葛綢 新穎呢絨 國貨廠布 歐西花邊◀

誠可謂有美皆備、無美不集。現已大批運到　以供各界士女之需要　定價克已　選擇如意、新裝同志　請勿遲延　先得乎。

地址（無錫北大街）

◀電話第六百十號▶

論著

新市政府基本辦法

葉楚傖

編者按：「此文係葉先生的作，因其極有價值，錄此以資吾人工作之參考。」

構成完全「市」的成分，有兩：一是關於物質的，一是關於精神的。關於物質的，如公用——水，電氣等事業，工務——道路，橋梁，等事業，消防，衛生等事業；都占着「市」底重要位置。然而物質上完全了，精神上的培養和整理，尤其是「市」底生命問題。譬如甲處物質的設施，已經應有盡有，並且使用物質的方法，已經有條不紊，表面上是燦爛可觀的了；假使中間伏着一段經濟的隱憂——社會生活不平均，沒有調劑的方法，產業狀況不穩固，沒有供求適應的權衡；「市」底基礎上便會流露搖動慘的危機；假使，中間伏着一段教育風尚上的隱憂——及齡兒童，多半失學，社會道德，日見衰落；市底基礎上 更會發生不康樂時的一[illegible]狀。造好了儘華美儘高大的房屋，供給盜賊惡少等作臥聚居，是革新市政的本意嗎？造好了儘華美儘高大的房屋，做將來拆卸變賣的材料，或者做勞資階級的戰場，是革新市政的本意嗎？

自然不是的，不是！就該有精神的培養和整理若干。我現在簡單寫出幾條方案來：

一　生產消耗間的調節；

一　農工商品輸出輸入的整理和發展．

一　平民生活和地位的增高．

一　蘄求社會經濟的穩固；

一　普及教育的漸進和完成；

一　敗類和莠民的消弭和安插，

一 不良習慣及營業的取締，

以上幾條，不過是個大綱；然而一經着眼，已覺頭緒紛繁，無從着手了。 着手原不易，然而在着手以前，只要懇切底採用到一種工具，我以為一切都迎刃而解了。

在甚麼事情的着手以前，逃不了的是一張統計表 沒有了統計 甚麼不能進行，推行也不能有效。 例如普及教育一項，須先知道．

全市的兒童數，已入學的兒童數，失學的兒童數，現有的小學與其容量，兒童失學的原因，教育經費的漸進增加額，普及的分期辦法，……

這幾件都有了數目上的標準，按步進行，便不甚困難，最少也減少了一大半困難了。

無錫是一個極有希望的市，市的物質上設置，已經逐漸進步，所以我敢進一步代無錫市民要求，尤其願市民大家顯出精密的才能來，着手統計的編製，做新無錫實現的基本辦法。

公墓

人死而葬，所占一席地 似一極輕微而極普通之事，然吾人一視每年人口死亡之統計，用作墳墓所占之地位 大可驚人，就以本市二十萬人口之計算，每年人口死亡率約百分之二，每人所佔之地位，約二百平方尺，合計則每年需一百二十萬平方尺， 合一百六十五畝 ，即以人口不再增加而計算， 百年後，所佔之面積，須一萬六千畝。且此項私墓，有散佈在田內，佔甚大之面積，致收穫減少。有散佈至山野，因建設道路河流等而發生糾葛，終至毀滅者，殊非安全之道，茲為節省土地計，為永久保存計，有公墓之設。今本市惠山之西北空地甚多，擬闢五百畝為公墓，其大要辦法如下：

一地面由公家劃撥。

二公墓內劃成若干小格，編製號數，訂定價格，由人民承領。

三公墓之管理法及組織，應另立詳章規定之。

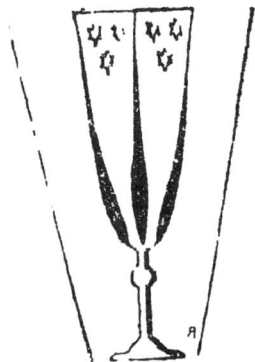

現代都市計劃的趨勢

沈組棟

現在世界各國有一種普遍的現象，即人口漸漸地向都市集中。人口集中的結果，使都市日見澎漲，而同時都市問題也日見複雜。許多政治家和學者看到都市的膨漲，確是現社會一個絕大問題，為謀解決起見，不得不對於都市之設計和改造方面，加以十分的注意。

都市構成的要素不一，政治、軍事、宗教、教育、娛樂、經濟等，都是構成都市的原動力，而其中尤以經濟一項，關係最為重大。因為以政治軍事等勢力為中心的都市，牠的發展很遲，反之，以經濟勢力為中心的都市，牠的發展極快，例如紐約大阪等埠，不過數十年間，已成為大城市了。大抵現在都市的職能，以生產事業為上。自從工業革命以來，機器大工業一天盛似一天，這些工廠多集中於都市附近。因為製造發達，所以原料的供給，和製品的批賣也很需要。各種大商業機關亦隨之而興。此外從事於產業的職工和店員等，均趨集都市，所以都市的人口增加極速。

除生產事業外，交通機關也與都市之發育有密切關係。在昔都市與鄉村之間，情形極為隔膜，自交通便利後，都會的文化漸次介紹於農村，而鄉間對於都會的景慕，也與日俱增，同時農村的人口，乃逐漸被都會吸去。

再就農村青年的思想上考察，農村比較的束縛，不如都會之自由。如大家族，如地主佃農問題，以及其他在都會可以得到生活上的便利，而在農村便不能得到。有此種種關係，使農村青年嚮往都市之觀念，油然而生，不可遏止。其實都市未必自由，而農村也未必束縛；但青年之嚮往都市，則為不可否認之事實。

試以各國的事業來証明，就可見人口集中於都市的一斑了。

國名	年度	人口比較率 都市	農村 %
美國	一八二〇	五	九五
	一九二〇	四〇	六〇
英國	一九二〇	六六	三四
法國	一九二〇	四四	五六

德國	一九二〇	三五	六五
日本	明治三〇年	一八	八二
	大正九年	三二	六八

從上面的統計，可見美國在最近一百年間，都市與鄉村人口的比例，變化的非常激烈。再試以歐洲各國最近人口分布的狀態，及日本最近二十年間人口分布的趨勢，可知都市人口，正在一天天的澎漲。德國哈希阿氏說『人口移動的原因雖不必一致，然就其移動的過程上觀察，確有一種特徵，即人類居處的變更，無非爲要求生活上有利的條件起見』現在人口向都市集中，他的動機，恐怕也不外乎此例

但是都市的設施，一方面雖然爲文明的中心，他方面却又發生種種不安的現象，例如：

(一)健康狀態　都市與農村的環境不同，對於人類健康狀態，影響極鉅。據德國一九一九年徵兵檢查統計的結果，全國受徵兵檢查合格者之百分率爲35.0%，其中計人口五萬以上之都市應募者之合格率爲44%，在柏林則合格者僅25%，即不足三分之一。反之，田舍應募者之合格率則在80%以上。此僅就壯丁體格統計而言，老弱幼童尚不在此列　又據英國醫學研究會的統計，四十歲田舍與都會生存數之比例爲30.35%對25.80%，五十五歲生存之比例爲18.3%對15.5%，可見都市住民的壽命，平均較農民爲短。又據一般世界的統計，田舍死亡率與都市死亡率約爲二與三之比，甚者爲一與二之比，換言之，即都市的死亡數不啻超出田舍一倍，而幼兒的死亡率，比較相差的更多，所以西人有『都市是人民的墳墓』之諺。都市之健康問題，誠值得我們注意了。

(二)貧民問題　世界各大都市幾無一不充滿貧民。倫敦貧民一家五口月入一十九圓乃至四十五元以下者，占全市人口7.390，即達三十一萬七千餘人，東京貧民一家五口月入五十圓乃至六十圓以下者，占全市人口3.490，即達七萬四千五百餘人。其在中國，雖沒有確實統計，但貧民的數目，一定更多　這多數貧民，分布於都市各處，形成所設貧民窟者，無論對於衞生上，對於治安上，及至對於美觀上，都覺得是莫大的缺憾。

(三)住宅問題　試以日本爲例：據最近的統計，日本人口年約增加七十萬人，以一家五口計，約須增加十五萬戶，方能夠住。此外家屋火燬者每年約二萬五千戶，又舊建築有改造的必要者，約六萬五千戶，總共每年約須添造二十五萬戶的家屋。但以日本的現狀而論，由計每年不過增加新建築十二三萬戶，實際上要不足十二萬戶左右。以一家五口計，就是平均每年有六十萬人不能得到相當的住所。這種事實，在農村是不成問題的，所成爲問題者，只在都市方面，尤以東京大阪等大都市爲甚。例如東京市每年約增加五萬人口，但新建的住宅，剛巧和毀滅的舊住宅相抵銷，實際上每年要缺少一萬戶的住宅。

此外如火災，如傳染病，以及其他精神上物質上種種不安的現象，都是現代都市所具的缺點，可見都市一方面雖然是文化的中心，而同時也是罪惡的中心。這種現象，因為人口集中而日進不已。現代的都市差不多成為一切社會問題的核心了，識者乃試種種救濟的方法，最著稱的就是所謂人口都市集中防止論，在外國也有見諸實行的，例如對於入市者課以人頭稅等。不過這種辦法，究竟和世界潮流相背馳，況且人口的移動，也並不因此中止，都市依然是膨脹不已。我們知道都市的膨脹，既屬不可避免的事實，則救濟之道，惟有使其為有秩序的膨脹，而不使其為無秩序之膨脹、俗稱「田園是神造的，都市是人造的」。都市既是人工的創作物，則都市的種種問題，都可用人工去解決他，使「都市詛咒」一變而為「都市讚美」，此即我人所欲研究的問題，亦即都市計劃之所以必要也。

都市計劃可以分做三個時期：最初自文藝復興至十八世紀的末葉，是歐洲王侯貴族全盛的時代，他們仗着自己的權勢和富貴，儘量的擴充宮殿和庭園，再進一步就在他們宮殿的周圍建設都市。這種事實，發源意大利，西漸至法蘭西，而普及於德，奧，俄諸國。這時代所產生的都市，一切設備都以王侯貴族為主體，所以十八世紀，是貴族的都市計劃時期。

自從工業革命以後，王侯貴族漸次淘汰，產業之富驅貴族之富而代之，資本家乃一躍而為時代之中心人物。他們仗着偉大的富力，以建設許多大規模的工商都市。這些都市關於交通，運輸，娛樂及其他種種設施，其內容確較前世紀大為進步，現在世界上最著名的都市，都是這時代的產物。但是攷其內容一切設施，與其說是為全體市民謀幸福，毋寧說是為少數資本家圖利便，這是不得不引為遺憾的。總之，十九世紀的都市計劃，是資家的都市計劃。時至二十世紀，所謂民衆自覺的時代，故現代的都市計劃，應一矯從前的弊病，而為民衆利益着想，質言之，二十世紀的都市計劃，是民衆的都市計劃，一洗貴族之胭脂與資本家之煤煙，而化為民衆熙攘之樂園。這種傾向，現方在萌芽時代，必須經過長時期的努力，方能達於完成。

以上所說，是都市計劃的趨勢，至計劃的內容，可為條述如左：

1.區域的設定　在設定區域以前，應先調查下列事項：

甲、人口增加的趨勢

乙、交通機關狀態

丙、人口密度

丁、地勢及行政區域

歐美各國所謂中級都市，大抵越二十年乃至三十年增加人口一倍，這是都市人口增加大體標準。當設定市區域之時，即以該地過去的人口和現在的人口相比較，以測定將來人口的額數，並可預定二十年乃至三十年後的狀態。其市區的大小，及分期擴充的計劃，即以人口增加的速度決定之。

交通狀況與都市區域的的大小亦有係關。例如先設定都市之中心地點，在一定時間內，由中心地點能達到的遠度如何（即都市的有效範圍如何），以決定市區的邊境。

人口密度也是決定市區域的一個要件。據一般市政專家的意見，大約每人以占八十平方公尺左右的地位爲最適當。此外對於都市的地勢以及現在及將來的行政區域，亦須加以充分的調查和研究，然後市區域之範圍，可以精密的確定。

2.地區的劃分　都市區域既已確定，進一步應在市區以內劃分若干地區。查地區之制，創於德國（十九世紀末葉），其後與大利，瑞士，挪威，瑞典各邦，相繼採用。最近在美國亦甚風行，例如一九一六年紐約市發起「救紐約」運動，組織大規模之限制建築委員會，實行採用地域制，其他各都市遂亦紛紛繼起。所謂地域制者，即將全市區劃分爲商業區，工業區，住宅區，混合區四種。劃分之標準，依地勢，交通水利，風向，並對於現在及將來之各種設施，詳加攷慮而定。務使各區均得地理上的便益，而能充分發揮其機能。大抵商業區之劃定，多少須尊重現狀及習慣；住宅區以衛生爲第一要件，交通爲第二要件。工業區以交通，運輸，風向等爲選定之標準。至混合區英文原語爲Undeterminate District，即不定地區之意，例如介於工商兩區之中間地帶，工商者混合之地帶，以及各種緩衝地帶是也。

除以上四種地區之外，尚有所謂防火區，風景區，特別區等等名目。防火區分做甲乙兩種：甲種防火內，祇許建築耐火構造之房屋，其目的在絕對免除火災，乙種防火區內，除絕對的耐火建築外，凡準耐火之建築物，亦可容許。要之，防火區之使命，非但避免自身發生火災，尤在防止他區之延燒，不啻爲都市之風火牆。至所謂特別區者，則在工業區內指定一處，供衛生上及保安上須有特種設備的建築物之用。

3.街道的規劃　關於街道問題，可分四點研究，即：

甲、街道的面積

乙、街道的系統

丙、街道的格局

丁、路面的裝置

先說街道的面積。現在世界各大都市街道所占的面積，調査如下：

都市名稱	街道對於全市面積所占之百分比
華盛頓	五四%
紐約	三五%
費府	二九%

波斯頓	二六%
柏林	二六%
巴黎	二五%
歐美主要都市之平均數	三一%
日本六大都市之平均數	六%

由上表以觀，各大都市街道的面積，廣狹不等，究竟街道面積應占市區面積若干成，方爲合度自值得我們研究。據一般市政專家的觀察，大約占市區面積百分之二十五乃至百分之三十（即占市區面積四分之一乃至三分之一）最爲適當。由此以觀，日本街道面積，去標準尚遠，中國當然更說不上，所以街路的延長和路幅的擴張，確爲目下亟切的要圖。

街道系統分直交，斜交，放射，圓環及曲線五種。試以現在世界各大都市爲實例，則採直交式者爲紐約，採直交斜交混合式者爲華府，採放射，圓環二式者爲柏林及巴黎。以上各都市均以街道系統整齊著稱。倫敦街道，很不統一，很無秩序，爲世界各國所無。至曲線式道路，見於德國，乃順應地形而作蛇行狀的配置。此外尚有所謂自然式者，亦有漸次被各國採用的傾向，這種方式，施於郊外住宅區及田園都市，最爲適宜。

街道的格局，係指街道幅度構造及其他附帶的事項而言。街道有步道車道之別，車道又有幹路支路之分，其幅度之廣狹，自當視交通之繁簡以定。此外如路鐙之設置，道旁樹之配列，以及街道交叉處及灣曲處之設計，均關重要。總期於美觀，便利，安全各方面都能顧到，方能充分發揮道路的機能。

最後關於路面舖裝的問題，現在爲一般人所習知者，爲木塊舖路混凝土舖路，煤屑舖路，石塊舖路，煉瓦舖路，，柏油砂礫舖路等多種。選擇之時應將下列各點，加以考慮：

甲、經濟方面
(1.)建築費
(2.)維持費
(3.)改造費

乙、交通方面
(1.)車輛通行便利否
(2.)人馬步行便利否

丙、衛生及美觀方面
(1.)聲響之高低
(2.)掃除之難易
(3.)塵埃發生之多少
(4.)光線反射之強弱

路面的舖裝，猶如人們的衣服一般，當然要看經濟力量及需要情形，然後選定。

4.衛生的改善　都市衛生設備的程度，可於人口死亡率占之〇試舉日本五大都市水道改良前後的死亡率爲證：

	改良前	改良後
東京	千分之二十一	千分之十八
京都	千分之二十一	千分之十八
大阪	千分之二十四	千分之十九
神戶	千分之三十一	千分之十九
橫濱	千分之三十六	千分之十五

都市之衞生設備，旣與民衆的健康問題，至有關係，我們欲圖强種强國，詎可不急起注意。所以一面要促進市民的個人衞生，一面須將公衆衞生積極改善。改善之方法有二途：一爲消極的治標辦法，一爲積極的治本辦法。前者如塵埃之消滅，糞尿之處置，以及道路排水道路掃除方法的改良等。後者如汚物之處分，路面之改良，水道之改造，公園系統之完成等。歐美各國死亡率日見減低，未始非努力公衆衞生之効果也。

5.交通的整理　現代都市以工商業爲主體，而工商業之盛衰，又以交通爲關鍵。例如倫敦的繁盛，因泰晤士河水運之便利。在一六一三年時，依該河衣食之船夫家族，已達四萬人以上，故倫敦實不啻爲水運之產兒。大抵都市所在之地，常爲多數河流聯貫一處，亦爲水陸交通交叉之點。時代進步，除陸上水上交通以外，水下，地下以及空中交通，相繼發明，交通機械，亦日新月異，之今日倫敦巴黎間，商人以飛機來往，較之從前自迅捷多矣。

就交通機關的原動力而論，可大別爲人力，馬力，電氣，蒸氣，汽油五種。都市發達之初期，以人力馬力爲唯一之交通機關，蒸氣，電氣，汽油均爲最近一二百年之發明品。惟蒸氣僅適用於遠距離之交通，市區交通工具，則宜利用電氣與汽油爲發動原力，即普通所見之電車與自動車是。

關於整理方面，查我國內地都市，大多街道狹隘，交通器具極不完備，至市內交通，應首先注意整理。其次市民過於密集市心，非但使地價陡漲，抑且極不衞生，欲緩和此種趨勢，惟有將近郊路網早日完成，故郊外交通，亦應同時整理。又次近代文明，趨於分業化方面。以都市而論，有政治都市，有敎育都市，有工業都市，有商業都市，但各都市間，須保持其密接的關係，使各都市能充分發揮他的特色，故遠距離交通之整理，亦不可緩。總之，交通機關，猶如人體的手足，手足不完，即爲殘廢，所以交通在都市計劃上，占極重要的地位。

6.住宅的改良　人類的生活不外乎屋內生活與屋外生活兩種。農村生活大部分在屋外，而都市生活則大部分在屋內，故都市的住宅問題，實異常重要。住宅問題的發生，雖不自今日始，但近代因工業發達和都市膨脹的結果，住宅更有供過於求之勢。最感困難者，首推英國，次爲歐洲大陸，漸次波及於美國及日本。現今世界上重要的國家，幾沒有一國不發生住宅困難的問題。據英國衛生部調查，英格蘭與威爾斯兩處，迄一九二二年七月三十一日止，有添建五十萬戶家屋的必要，若將不良的家屋，加以取締，則更須添建三十萬戶。又據法國勞工部的調查，該國缺少住宅之數約五十萬戶。德國據最近調查，約不足八十萬戶，僅柏林一市，已不足五萬戶之住宅。美國在一九二一年之末，全境約不足一百二十五萬戶住宅，日本據最近調查，約不足十二萬戶住宅。此種現象，均發現於都市方面，都市住宅問題之重要，殊可見一斑。

住宅之種類，可別爲三：第一爲住戶自有者，第二爲公家所有者，第三爲租借他人者。第一類大多屬於有產階級，第二類如官舍公營住宅等，爲數甚少，殆均不成問題。至屬於第三類的如，貸家，公寓，旅館等，則因人口向都市趨集，欲租住房屋者，爲數日多，故有不敷的現象。

現在世界上主要都市的市民，十分之八九爲賃居者。據美國最近國勢調查，紐約市民中賃居者占百分之九十六，波斯頓占百分之九十二，支加哥占百分之八十九，舊金山占百分之八十五。又柏林一市，賃居者竟達百分之九十八，其數實堪驚異。總之，住宅問題爲都市問題中的重要部分，但研究住宅問題時，對於下列各點，應注意：

甲、「租金問題」 租金以不超過家庭總收入六分之一爲度。

乙、衛生問題 使住宅不過密集，並注意屋內外的衛生。

丙、風紀問題 如取締帘蓬及注意公衆娛樂場所之建築與設備等。

丁、保安問題 注意住宅外壁的堅固，及防火耐火等問題。

戊、美觀問題 注意住宅構造及設備之統一與合宜，最好附設庭園，以增美環境。

己、經濟問題 不好奇尚異，徒靡金錢，但以適用爲主。

總之，欲解決住宅問題，在量的方面，應研究供給多少住宅才可敷用。在質的方面，應研究住宅如何改善，方能合用。從住宅政策上觀察，可別爲住宅供給方策及住宅改善方策二種：前者政府或地方自治團體 應設法添建平民住宅，或獎勵個人投資建築 以應需要。後者應厲行營造之監督或檢查，貧民窟之改善，及住宅格局之統一等。如此則對於市容民福兩有增進矣。

7.財源的開拓 都市建設既需極大的經費，則對於財政開源方法，自不得不注意。查歐美日本等國所有市經費的來源，主要者爲下列數種：

甲、捐稅

子、地稅的一部份

丑、國營業稅的一部份

寅、地方營業稅

卯、房捐
辰、開地稅
巳、土地增價稅
午、所得稅的一部份
乙、特別受者的負擔
丙、國庫補助
丁、殘地處分
戊、市有營業收入

開地稅者，指一個人於自己宅地以外，占有超過必要程度的土地，或為投機的目的而儘量以空地放置，對於這種土地，應課以一定的稅率。

土地增價稅者，因都市繁盛而發生地價騰貴的現象，此項增高之地價，應以一部分歸公。方諸 總理平均地權之旨，實具體而徵。

以上兩稅，含有租稅社會化的意味，與民衆都市計劃的趣旨，實相符洽。

特別受益的負擔，指舉辦某種事業，有一部分人當享受特殊利益，則彼享受利益者，應負擔此項事業的經費。

殘地處分者，例如因建築公園或道路而圈買必要以上的土地，迨工事完成，所有賸餘的土地，在地價騰貴時賣却，可得到相當的贏餘。

市有營業如電燈，電車，煤氣，自來水等皆屬之。其贏利亦占市收入的大部份。

總之，市財政以取之市民，用之市民，不失公平之旨為原則。現在世界各國都市之收入，莫不日見膨脹，我國都市，雖屬後進，尚能開源有術，則一切建設計劃，自不難次第實現也。

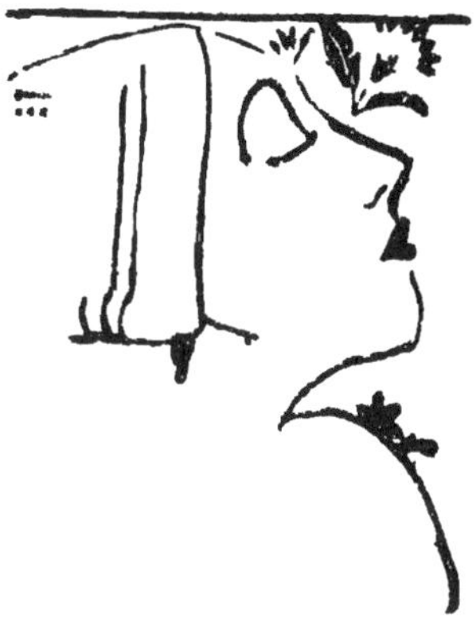

拓寬舊街道之管見

朱上圭

都市之建設，以拓寬舊有街道，及開闢新市區爲第一要務，然主其事者，往往專注力于新市區之建設，對于舊有街道，不加注意，因此固有之商業區域，日就衰落，此種行爲，實影響于市民者甚大，況舊有市區，爲市民之集中地，公安衛生等之改良，急不容緩，故愚見，辦理市政建設事業，以拓寬舊有道路爲最要。然因一般市民對于市政智識之缺乏，因之發生種種障礙，故敢將此中種種利益，一切理由，申述于下，以求市民之贊助。

理由、人民舊俗，凡翻造房屋，均須侵佔街道幾寸或幾尺，以謀其得意，故街道寬度，逐漸狹隘。今則最寬者不過一丈，狹者祇容一人行動，此應予拓寬之理由一也。街道爲交通運輸而設，車馬爲交通運輸之利器，有街道而不能通行車馬，則失其敷設之原則，今舊街道中，大多不能通車，則應予拓寬之理由二也。日光爲天賦增進健康之要素，而錫市街道內，晴澹無光，此實有礙健康，並因光線不足而礙于工作，因之往往於晝間亦須燃用電燈，故以採光問題論，亦應予拓寬之理由三也。街中陰溝淤塞，污穢累積，無法排除，尤以炎夏，臭氣燻蒸，天雨則污土泥濘，以衛生論，急應拓寬而敷設新式溝渠，此應予拓寬之理由四也。市屋式樣不一，差次不齊，且新舊夾雜，傾斜者，危險者，中式西式，均有之，于市容及美觀上講，均所不許，此應予拓寬之理由五也。市屋毗連，兩岸如在一室，嘈雜喧鬧，易於發生糾紛，此應予拓寬之理由六也。如遇火災，二岸因相接近，故往往連燒兩岸數十家，此應予拓寬之理由七也。街道狹隘，警士無相當地位，往往避居店舖，以致不能顧及較遠之地，而失其保持治安之能力，此應予招寬之理由八也。總此八項，可知拓寬舊街道爲刻不容緩之舉矣！

利益　茲更將拓寬後之利益，分條詳述之如下：拆讓門面，由本處發給拆屋遷移費，收用兩傍土地（亦由本處依照內政部所須費之收用土地之規定），出價收買，故市民對於拆讓後，改建門面之費用，有所取償，則人民得享受建造新屋之權利，其利益一也。車馬通行，行人便利，繁盛劇增，商業隨而發達，其利益二也。光綫充足，空氣流暢，則街道與房屋均能受日光之消毒，人民均受其益，而商民之體魄日健，其利益三也。街道寬闊，商務日興，建築隨需要而增高，地價因之而日貴，地主於無形中增加其財產，其利益四也！縮讓所損失之地面，可於改造時，增加層數，以補充原有之面積，故房屋並無減少之虞，而租金因商市之遞進，而得增加，其利益五也。拓寬街道辦法，係由本處訂定，故改建時，均可準本處之規定式樣興造，因之而得高度整齊美觀之建築，則市容美化之目的可達，而市民文化程度漸次提高，其利益六也。本處所規劃之寬度，爲根據學理計算，依將來之趨勢及交通情況而規定者，故可濕築堅牢房屋，以垂永久，而免累次翻砌之損失，其利益七也。街道寬闊，園警得站街心、四面可以瞭顧，則治安上大有裨益，其利益八也。救火車通行便捷，行動得以自如，故工作能力大可增進，且二面市屋距離既大，則對岸延燒之禍可免，其利益九也。舊街道拓寬在先，則非但固有之商業，得以振興，即新區隨後成立，亦不能轉移其市面，其利益十也。有此十項，可知拓寬舊街道爲市民增進利益之要道矣！

證信、茲舉已往事實一二，以證明拓寬之利益爲不謬也。

一、上海民國路本爲宵小娼妓藏匿之所，自拓寬後，至今尚未十年，而其繁盛不亞南京路，今之去滬者，均須到民國路置辦客要物品，其聲名之大，有如斯。

二、南京三山街一帶，本爲舊街道，商市雖亦繁甚，然以不利通車，故不如現在拓寬後之熱鬧，今變爲寧市唯一不夜之市，可見拓寬效果之大矣！

三、蘇州護龍街，本爲雜貨舖及貧民窟，自拓寬而後，均改造爲大商舖，今市面之繁華，車馬輻輳，已勝過觀前街，影響所及，觀前街自動拓寬，以求匹敵該路，而使商業不爲遷移，可見其需要之大矣！

以上所述，僅擇其著卓著而言，至于別處于此種情形者尚多，總之，拓寬舊街道既非空論，且其利益之大，較新區之設置，更爲緊要也！

市財政略說

楊希南

緒言——地方財政之重要

經濟爲舉辦任何事業之要素，經濟問題不能解決，事業即不能着手辦理，興辦市政亦何獨不然。市政之各部組織，市政之革新，市政之能否迅收效果，以及其他種種關係市政方面之重要事業，無不因一市之經濟狀況如何爲轉移，所以經濟實爲舉辦市政之先決條件，而市財政所以爲世界各國所重視也。城市行政之範圍甚廣，其間各種問題，大多不易解決，而尤以財政最感困難。蓋近世文化提高，人類需要日繁，其如各個人不能創辦，或不應創設之事業，均得由市政當局舉辦，而使裨益民衆，因致經費日益遞增，此市財政所以重要之又一原因也。

市財政與國家財政之關係及其不同點

市財政關係市政之興發，與人民利益之重要既如上述，而於研究市財政時，應如研究國民負擔之輕重，并合國家經費與地方經費觀之不可，又須同時研究國家財政，而深明地方財政與國家財政之關係也。地方財政與國家財政相同者固多，而相異者亦復不少，茲擇要分述如下：

一、國家與地方在國民經濟上之關係——由法理上言之，地方雖立於國家權力之下，對於國家有隸屬之關係，然由經濟上言之，則地方與國家同爲獨立之經濟主體，在國民經濟上，立於對等地位，故損國家以利地方固不可，而損地方以助國家，亦屬難能，蓋二者同爲國民經濟之單位之一種，而國民經濟之目的，在使各經濟單位各盡發揮其最大能力，以謀國民經濟全體之福利也。

二、地方財政特殊之學理——地方財政有種種特殊之學理，爲國家財政上所不能適用者，如在市土地收入，及依賴直接稅等是也

六、地方財政之專門技術——地方財政上之技術，如預決算及會計等，往往因受國家監督之關係，與國家財政稍異，而須特別注意。

四、通達現今各國地方財政之狀況及趨勢以謀改進——一人一地之文化縱高，總難博及，故研究一地方之財政者，不得不注意他處以資借鏡。

五、知悉本國各地經濟及財政之事實——凡學理之研究，必以事實爲根據，故地方財政一面研究學理。一面當考查事實之詳情。

市政府一方面爲一地方之行政及財政之主體，不爲其他主體之機關，一方面仍爲國家團體之一團員，在一般行政及財政上，皆有極密切之從屬關係。一般行政上之關係，在本題範圍以外，茲不暇論，但論財政上之關係　市財政與國家財政之關係，又由支出及收入方面觀之：

一、由財政上之支出方面觀之，市政府之一切義務經費與自由經費，皆不得不受國家法令制度之限制或拘束，

義務經費者，即市政府因遂行國家認爲地方上之必要，指定歸地方自治團體舉辦之事務，或因遂行法令及法律上已經確定之事務　所支出之經費。例如義務教育費，國稅徵收費，河道水利費，議會費，公債費，補助費等皆是。

自由經費者　市政府施行隨意之職分時所用之經費也。例如公共圖書館建築費，自來水道經營費，及其他一切新事業費等是也。

二、由收入方面觀之，市財政於國家亦立於從屬的關係。地方收入之分類全與國家收入之分類相同。

私經濟之收入，亦稱爲私法上之收入或自由之收入，即市政府以私法人之資格，對其他經濟主體，行平等之經濟行爲而得之收入也；例如公有財產收入，公共營業之收益等均屬之。

公經濟之收入亦稱爲公法上之收入，或強制之收入；即市政府以強制關係之經濟行爲，而獲之收入也，例如租稅捐款等均屬之。

關於市政府之收入或支出，國家往往加以干涉，而不得自由。

三、市財政與國家財政之政治關係

(一)國家財政往往利用上述國家財政對於市財政之關係，對市財政施行不當之壓迫。

(二)國家之成立，先於市，故國家財政往往對於收入財源有獨佔之傾向，使市財政無所盡應行之發展。

(三)國家財政之範圍，通常較市財政爲廣大，故往往可依大資本壓迫小資本之原理，在經濟上對財政發生自然之壓迫。

因上述原由，國家財政與市財政，往往立於相互競爭或排擠之地位，其結果釀成政治上之紛爭或黨派之仇視，欲除斯弊，必

須深明國家財政與市財政之經濟關係。

據前列諸論，各種經濟在國民經濟之範圍內皆有極密切之關係，故地方經濟與國家經濟，不能不有其應有獨立發展之範圍，及其應有相互維繫之關係。研究市財政者應深明此種範圍及關係，以爲判斷學理及決定政策之基礎，方能允當無誤。若偏重國家財政而置市財政於不顧；或偏重市財政而縮小國家財政權之範圍，皆一偏之論，吾人應宜審慎之。

處理市財政之對策——開源節流，使收支相吻合

現今財政，係以收支相吻合爲原則，且一切財務法規俱立足於此原則之上而制定者，然理論上之原則，未必定與事實相符，故各國實際之財政上：往往有收支不能適合之事，或收過於支，或出多於入，隨各時各地情形之不同而互異，市財政於經費遞增之時，對於此種收支不能適合，有一妥善解決之方，即市政前途佳音，而人民可得福利矣。

理一市之財政，當知一市財政之狀況，關於市內戶口之貧富，物產之多寡，捐稅之沿革，及歷年收支之比較，洞澈靡遺，則成竹在胸，着手斯易。

中國各特別市或普通市，均僅縣市分治，因是終以縣治未經取銷系統不能劃一，職權雖於行使，不能作整個之進行，僅能就現有範圍內斟酌損益，差定整理之方針：各市經濟之來源所足恃者，厥惟舊有各種捐稅，市產之收入，與政府補助金。茲逐項述其整理之方法如下：

改訂舊稅——各市舊有稅收，如地方公益稅，清道路燈捐，忙漕附加稅，各項車捐，船捐，清潔捐，公廁捐，宰牲驗燈各捐，廣告稅，渡船捐，茶場捐，貨攤茶捐；戲館捐，園照費房捐等，均可從事整理，或招新商承辦。或將稅率改訂，如此不但可裕收入，猶能平均人民負担。

計劃新稅——其如未經設立之稅目，爲暢達財源計，亦得酌量人民經濟力量，次第開辦，而利用之，興辦各種公營事業，以謀全體市民利益，新稅之可設立者，如財產稅營業，稅公用事業稅，特別估稅，土地差增稅等等。

劃分稅收——地方與國家因有前述之從屬關係，故稅收之誰屬，往往不明系統，應得切實劃分清楚，庶幾市區財源，不虞竭蹶也。

整頓市產——市區原有公產，大概可分爲房屋地畝等數種，往昔如何購置，其因年代湮遠，已莫能稽考。此應由財政當局負責檢閱檔案，詳查租借及訂立合同情形，而計核租值之低昂，合之時價，召集承租市民，告以市政需款，將舊有合同，從事修改，量爲增益，或用投標法招市民重新訂租，以期收入遞增。

發行公債——除上述各法外，凡遇政治上臨時需用，而經常稅入不敷支配，或稅收之期未屆，而支用難於稍待時，莫不發行公債，以資挹注。故舉行市公債，亦爲市政理財之法。考歐美各國所發之公債計分爲二，按年還本法 Serial Bond 與積金還本法 Sinking Fund Bond；二者之方法與利弊，已經詳論，確以按年還本法爲妥善。

惟於支用公債時，重行預算，不可濫用，而須要切實負責。

設立市銀行——財政爲全市行政樞紐，如人身血脈之周行，不可須臾失其運用，故欲充量發展市政建設，其如國家調濟金融之方法，設立中央銀行，而從設立市銀行始，廣州之設立市銀行，實吾國之嚆矢。市銀行制，始於意大利，初以慈善爲旨，後德意志亦採行其制。營業注重接濟平民，提倡市民儲蓄機關，以扶助市民生計，扶植各種事業，晚近日本亦頗盛行，宗旨雖有不同，然其功用輔助市政事業——促進市政建設，安定市民生計保護市民資產，普及全市教育，發展農工商業——之進展，在在胥賴市銀行爲之調濟，爲之助力也。

結論

理財之法，在能開源節流，一方面整理收入，以暢來源，一方面慎重支出，務使一分一厘得其所用，如此財政永無竭蹶之虞，而任何事業得以盡量發展也，市政興廢，直接關係人民損益、而市財政之處理擘劃，更宜乎運用適當矣。（完）

河道之浚濬

河流水道大則往來交通，小則洗滌飲食，其直接間接關係市民者，至重且大，合本市河道，以運河爲主，其他支流小浜，不可勝計，但因市民之缺乏常識，不知愛護，或任意侵佔，或傾倒垃圾以致日見淤塞，污穢不堪，交通因而不便，疫癘由此叢生，實爲有關商市，妨碍衛生，自宜亟謀整理，以作一勞永逸之計。

籌備無錫市政的幾個要點

金禹範

左莽德 Drummond 說：「改良城市的人，就是改良世界的人，雖然說我們是改良城市，結果城市可以改良我們，一個國家的文野，社會道德的升降，宗教的利害，子孫之賢不肖，皆隨着城市而定」蔣介石先生在他的論文裏也說：「吾人革命之目的 在排除障礙，建立新治，俾民衆享受真正的幸福，故掃蕩以後 亟須建設，不容有一刻之遊移。建設之事萬端，市政最為先務，誠以都市者，人民之所集中，文化于以胎息，政治効用 切近易覩，民生福利，非此無從築其基，民權運用，非此無以植其始也」一的確，這都是很確切的話，市政是和人民直接關係的政治 他能改良新社會的思想，提高近代的文化，實現羣衆福利，予人民以政治訓練，養成其運用四權的能力，實現三民主義，走上大同之路的惟一工具，所以，自國民政府奠都南京以來 國內各大城市，創設市政的，已有廿餘處，特別市組織法，普通市組織法，亦經國民政府內政部正式頒佈，市政法規，次第規定 市政聲浪普及全國，從此市政建設，在新中國建設事業中，佔了最重要的地位。

我們無錫，是一個工業都會，號稱中國之伯林 地居滬寧中樞，人口繁庶 甲于全省，社會情形之複雜，人與人關係之密切，市政的設施，早為需要。但是，歷年來，因為沒有人注意到市的重要，所以一直沒有辦過良好的市政機關 最近，省府內見錫地是一個工業重要地，故在省政會議議決 將無錫改為普通市區，并且設立市政籌備處，以利進行。不過，市政一科，其在歐美尚稱為青年科學 其在中國，自然格外幼稚，尤其在我們這開始的時期，應興應革，諸事待措，當然格外的困難了 但是就其要點言之，不外下列數端：

（一）認清籌備時期中的使命　將來的無錫，全在要這時期來做基礎，所以在這時期中的工作也就是基本的求知和計劃工作，在這時期中的使命，也就是求知和計劃的使命，就是要能確實知道過去和現在的無錫，是怎樣一個無錫？無錫的社會，無錫的經濟，無論他是精神的，或是物質的　一切情形，都要在這個時期中求個明白。不但工作人員自己的明瞭，就是外界以及不相干的人，也能知道無錫的真實情況！要知道，無錫那一點是長的，那一點是短的，那一點是要革除的，那一點要伸展的，這就是在這籌備期中第一個使命；至于第二個使命，在知道了無錫的過去和現在的情形之後，就要計劃到無錫的將來，用什麼方法來革除無錫的短處？怎樣來伸展無錫固有的長處？這就是第二個使命。在這二個使命的立場上，第一應該着手的工作是：調查，因爲調查的結果是可予我們一個真確的報告，無論是關於市政設施的道路，關於市政安全的消防，關於市政事業的公用，……非調查不能知其當爲和緩急。在調查之後，于是由統計的方法　使單簡的數字，以表明其事情之大小輕重，辦理之手續與方法。再由此詳定進行之計劃與步驟　詳加編製，從此這時期的使命就算完了。

（二）注意歷史的背景　自上古以至中世紀　各國都市的成立和發達，皆有其歷史的背景和特色，有由于政治的，有由于軍事的，有由于學術的，有由于工業的，或者兼有兩種以上之關係的。無錫當然不是例外，無錫的成就，也有其特殊背景和歷史。牠是由初由于政治的關係而成立（這是中國城市固有的特性），自歐風吹入了中國，無錫因爲水利的特長，滬寧鐵路的建造，因此建築了許多的工廠，人口也因之集中，商務也越形繁盛，從此一個政治關係的無錫城，一變而成了工業都會。故當計劃改革的時候，應先注意此點。這也是籌備無錫市政中的一個很重要的要點。

（三）根據科學的原理　廿世紀的現在，決不是十七八世紀了，在瓦特發明了蒸氣機，愛迪生發明了電氣之後，以前的社會　——自然支配人的社會，和現在人支配自然的社會，完全不同了。廿世紀的時代，乃科學時代，無論什麼，都逃不出科學的範圍，什麼都要用科學的方法來解決，什麼都要根據科學的原理來建設，所以，各國都市的建造，舉凡區域內一切規劃，道路的敷設，河渠的疏通，公園的建設，治安的維護，飲食的調劑，文化的設備，以及其他娛樂慈善民食消防登記統計，凡是和市政有關係的，無不應用科學的方法，現在要使市政有進步，辦理有效果，不根據科學的原理，是辦不好的，在我們無錫市政的籌備時期中當然也決不是例外，要想得一個好的結果，一切需要的工作，非根據科學的原理不爲功。

（四）須具藝術的觀點　愛好的觀念，審美的意志，是人類天賦的本能，尤其近代在新人文主義高呼入雲之際，藝術的思想和需求藝術的傾向，在此廿世紀的新社會中，大盛而特盛。本來，藝術是人類生活的感情表現，是一刻一時不能脫離的要素，牠給了人類特異的價值，牠能增進人生的樂趣，添加人類的活動能力，所以有人提倡「藝術的教育」，也就是這個道理，總之　藝術和人類實際生活，發生特殊的關係，如建築衣服器具，及其他日常種種的必需品，都含有藝術的要素，他能修養人們的道德，他能涵養人們的品性，在人口集中的城市裏面，尤其是工業都會在各種建築方面須有藝術的觀念，是決不可少的要素。

五、積習的廓清　牢不可破的積習，是中國政治腐敗的最大原因，這種的積習，不知害死了多少人民，喪失了多少國權，常此以往，中國的政治，再也沒有上規的日子。要救中國，第一是就該把惡習革除，尤其在幹市政工作的人員，人民的利害，直接發生關係，要是幹市政工作的人，也是牢不可破，中國的前途如終沒有光明的一天。

(六)喚起市民的同情　市政的良否影響於市民最大，而市政的興廢，又以市民的勢力為左右，但是現在我們中國的市民，大多數都沒有市政的知織，對於當局者的設施，不但不能積極的扶助，并且持一種觀望懷疑的度態，當局偶因舉辦公益而有礙及個人利益的時，候就藉故作種種搗亂行動，肆意反對，古人說：「民可與樂成，不可與圖始」，真是一點不錯，故吾人舉辦市政，一定要先使一般市民對於市政有深切的了解，喚起輿論，引起同情，解釋疑慮，消除障礙，才可以得到市民精神上和物質上兩方面的贊助。

(七)、從小處下手大處着眼　改造舊城市，成為新都市，本來是增進市民公共福利，使其永久安居樂業，為最大的前提，殊不知因為如此，人口越形增加　以至都市澎漲　造出了許多惡化的弊苦，這是辦理市政者引為一大憾事。無錫是人口稠密的地方，并且又是一個工業都會，人口的增加，，格外的快，恐怕將來　就是再行的現在無錫市，將有供不應求之勢，澎漲的事實，是在意料之中的事。所以在這籌備無錫市政的時期，應該要未雨綢繆，非但在無錫一市做工作，也要顧及到無錫的全縣，換句話說，我們應該從無錫市下手，要拿全縣來着眼，防不久將來的澎漲，非但如此，並且要把眼光放得遠大，計劃得深遠　顧到永遠的將來，以使不妨碍將來之發展。目前自然因為事實上困難，故先從小處着手做起。

以上幾個要點，不過是舉其大概，至於詳細方案，現在也不多寫了。總之，今日之市政，是科學的，專門的，技術的，與人民有直接利害，國家有密切的關係，日人池宏氏說，「都市與健全之農村相對待，而支配一國之國運，形成一大社會之組織，使多數國民，得以安居樂業，成一大經濟組織，爲一國國力之中堅，又爲政治之中心，文化之魁首」，市政之重要，可以相見一斑。

現在，軍政時期是過去了 憲政也不到幾年就會濶臨了，在這過去和未來的中間，因該本着總理的遺敎，黨的宗旨和政綱，中央政府的訓政計劃，江蘇省府的施政大綱，去養成人民運用四權的能力，建設新的無錫，來過渡這個訓政時期。

孔祥熙說：「市之成立，究因何種關係，簡言之，即地方重要，工商業發達，同時政府方面，認爲環境之特殊，給範圍內之市民，以特別權利，是謂之市……市長僅一人，如何能負此重責 即有十個市長，亦僅二十只眼睛，也不能八面顧到，故須共同努力，一致幫助市政府，各盡天職，各負義務，然後方有權利之可言！」

程天放說：「從前的政府，是管人的機關，現在的政府，是管事的機關，……現在因爲是管事的機關，所以政府不但要消極維持秩序安寧，並且要積極做許多事，促進人民的幸福，尤其是市政府 管事的性質更顯著，他不是管理市民的 他是受市民的委托，來替市民辦理市政的，正如一個大公司的股東，舉出經理等 來管理公司的事一樣，市政和市民，有深切的關係，市民對於市政府，應該一方面監督，一方面贊助，如果市民對於市政漠不關心，甚至還要去妨市政府，那個市政，一定是辦不好的！」

陶奎威爾(Joepuevile)說：「市自治制度是自由國家的精華，一個國家雖可以建設自由政府的體制，若沒有市自治制度，不能有自由精神。」

孟洛(Munro)說：「城市人口對於全國的影響，實在比什麼都大，城市中既有思想與領袖，又有許多報紙與創造輿論最有關係，對於全國政治的成功或失敗，負擔超過他所應負擔的責任，城市問題絕不是城市居民自己的問題。」

計劃

無錫市政籌備處工作計劃大綱

本處之過去爲無錫市行政局，本處之將來爲無錫市政府，在此過渡期間，自以籌備及計劃爲最大任務，故在消極方面，當繼續前市政局之工作，應付日常事務；而在積極方面，當調查地方情形，確定建設計劃，以爲將來成立市政府之基礎。要之，本處結構工作完成之時，即本處任務告終之日。茲將預定各項工作，分述如左：

甲、關於日常處理事務

（一）總務科

1.撰擬文書
2.保管鈐記印章
3.保管卷宗檔冊
4.收發校對及繕寫文件
5.考核職員成績
6.購置及保管物品
7.進退及考核勤務
8.管理房舍清潔
9.管理書報圖籍
10編輯及發行市政月刊
11公布文件及宣傳事務
12不屬於其他各科之日常處務

（二）財政科

1.管理市有公款公產
2.徵收市有房產租息
3.徵收各項市捐稅
4.管理款項出納
5.登記收支賬冊

6.按月公布收支
7.編造預算決算
8.保管各項契據[illegible][illegible]
9.其他關於財政之日常事務

(三)工務科
1.測量工程
2.設計繪製各種土木工程圖樣估價說明書及投標章程
3.設計繪製建築圖樣估價說明書及投標章程
4.監督實施工程事務
5.治理水利事務
6.准駁市民呈請關於工務及公用事務
7.辦理建築執照取締違章及危險建築物
8.修繕市有房屋及街道橋樑
9.辦理市民請求之代辦工程
10治理公用事業
11其他關於工務上之日常事務

(四)社會科
1.參加各種集會運動
2.辦理農工商立案保護及推廣事宜
3.調解農工商業糾紛事宜
4.監督公私救濟機關
5.辦理公益事宜
6.改良風化與取締惡俗
7.實施衛生宣傳與訓練
8.辦理街道河流牆壁溝渠等清潔事宜
9.辦理飲料食物之檢驗及取締事宜
10其他屬於實業公益衛生之日常事務

乙、關於調查統計事務

(一)地形之調查及測量
1.地形
2.地界
3.地勢高度
4.地質

(二)氣候之調查
1.風速及風向
2.溫度及雨雪量

(三)人口之調查
1.人口密度及分佈狀況
2.出生及死亡率
3.人口遷徙狀況

(四)土地之調查

1.土地之價格

2.土地種類及面積

(五)劃分市區之調查

1.公共建築及大公司建築之分佈狀況

2.工廠工房及堆棧之分佈狀況

3.商業市街之分佈狀況

4.農桑耕種之分佈狀況

5.住宅密度及居住狀態

6.名勝及風景區之分佈狀況

(六)交通之調查

1.境內外交通之一般狀況

2.現有街路寬度長度及面積

3.現有街道之舖築法及其建設費

4.地下埋藏物及地上障礙物

5.車輛牲口之種類數量及其載重

6.火車輪船民船之人客載運及貨物運送額

7.橋樑河岸河埠及渡埠之現狀

(七)河流之調查

1.河面之寬度長度及面積

2.河流速度及漲水差

3.航行船隻之種類及數目

(八)城垣之調查

1.城垣之寬度高度及周圍里數

2.磚料石料之估計

3.裏城河之狀況

(九)農事之調查

1.農民生活

2.農產物及生產數量

(十)工業之調查

1.工廠

2.各種手工業

3.出品產銷狀況

(十一)商況之調查

1.主要商業及金融狀況

2.物價

(十二)勞資關係之調查

1.工商業團體組織情形

2.店員學徒工人童工女工之生活狀況

3.歷次工潮發生之原因及解決經過

(十三)社會事業之調查

1.公益慈善團體機關

2.貧民及失業者之數量與生活狀況

3.公私介紹所及薦頭舖

(十四)醫藥衛生之調查

1.公私立醫院療養院醫師產婦醫藥團體及藥房藥材行等

2.公共場所之衛生設備及衛生狀況

3.河流池井及溝渠之宣洩狀況

4.糞尿垃圾之數量

5.用水量及水源

6.疾病統計

(十五)風俗習慣之調查

1.婚喪禮俗

2.娛樂方法

3.迷信習慣

(十六)公用事業之調查

1.電燈

2.電話

3.廣告種類

4.度量衡制

(十六)保安狀況之調查

1.市民自衛團體

2.竊盜案件次數及發生地點

3.消防設備

4.火災次數及損失

5.車馬肇禍次數及原因

(十七)寺廟園圃之調查

1.寺廟宇觀之歷史及現狀

2.公私園圃之面積及分布狀況

(十八)市民經濟之調查

1.市民負擔能力

2.市民平均負擔之稅額

3.市民生活費支配之百分率

4.各種職業之家庭經濟狀況

丙、關於計劃進行事務

(一)市政之討論及宣傳

1.組織市政討論委員會

2.成立市政圖書館

3.發行市政月刊

4.聘請市政顧問

5.舉辦市政演講

(二)市財政之整理

1.整理市欵

2.整頓現有各項捐稅

3.衡量市民負擔能力斟酌各項捐稅

4.成立市金庫

5.發行市公債

6.興辦各種市營事業

7.收用土地及處分殘地

8.獎勵市民捐資建設

9.改用新式簿記勵行財政公開

(三)市區之劃分

1.審察地勢及現狀劃定市區

a行政區 b工業區 c商業區 d田園區 e住宅區 f風景區

(四)道路之規劃

1.規定道路系統及寬度

2.計劃工業運輸大道及風景道

3.計劃拆城改築環城馬路

4.開闢公園路

5.拓寬舊街道

6.編製築路預算

(五)市建築之設計

1.博物館

2.公共演講廳

3.國貨商場

4.市醫院

5.平民食堂

6.平民新村

7.動物園

8.植物場

9.體育場

10屠宰場

11停車場

12寄車場

13游泳場

14警鐘樓

15氣象臺

16市政府

(六)公用事業之整頓

1.添置路燈
2.添築自流井
3.取締車輛船舶
4.收回電氣事業
5.廣告及招牌之管理

(七)農工商業之促進

1.設立農業推廣部
2.提倡農村小工業
3.提倡農村合作事業
4.計劃田園都市化
5.開闢風景林
6.設立苗圃及育蠶製種所
7.籌備農工銀行
8.辦理工廠及公司登記
9.辦理工商團體登記
10充實國貨商場
11檢定度量衡
12檢查進出口重要產品
13獎勵實業之研究編譯及宣傳
14積極計劃勞働行政

(八)民食之管理

1.舉行糧食登記
2.恢復積穀倉
3.組織民食委員會

(九)公益之設施

1.辦理慈善團體登記註冊
2.設立救濟院
3.設立職工介紹所
4.添闢菜場
5.設置公墓
6.編訂門牌
7.設置街道及公路名牌
8.設戒烟醫院
9.取締殯舍
10提倡市民道德

(十)衛生之設施

1.劃定衛生區域
2.訓練衛生警察及清道夫隊
3.規定污物垃圾清潔方法
4.建築公共廁所肅清露天坑廁

5. 籌設公立屠宰場

6. 設立公共浴場

7. 設立助產講習所及嬰兒保育所

8. 改良溝渠

9. 取締草蓬

10 辦理中西醫士及助產士看護士登記

11 檢查醫藥及考查藥劑師

12 指導改良住宅及街市建築

13 創辦衛生檢驗所

14 編製公立衛生語牌

15 實行公共衛生懲獎辦法

以上所舉計劃進行事項，不能盡市政應辦事業之什一，惟籌備期間，本非其長，本處自當衡量經濟能力，在短時間內，對於上列各事，逐一舉辦，其如經濟力量所限，或工程浩繁，一時不克告竣者，則當留待正式市政府成立後續成之。

建築游泳池

本市對于公共體育，設備已有西門外體育場，及公園內有籃球場各一所，至各學校私有操場，已屬不在少數，然皆限于陸上運動，似有偏重之嫌，而對於水上運動場所，尚無設施，亟應提倡建立游泳池，以供市民水上運動，查黿頭渚萬頃堂間，波平水淺，湖面廣闊，適足供游泳之用，似可築堤建亭，造成游泳場所。

劃分市區計劃

工務科

都市以人口集中，各業發達，而各業各有其特殊之點，爲求各業之健全發達與集中起見，故有分區之設，各行政區，當以地位適中，交通便利爲宜，始各機關集中一處，能收傳達敏捷之效；工業區與商業區，當以水陸交通，運輸便利之處爲宜；住宅區，當以空氣清靜遠隔工業區之地爲宜，田園區，當以空曠偏闢，宜於種植之地爲宜；風景區，當以郊外山水之地爲宜；茲就本市內原有事實，今後趨勢，與交通地形之關係，本市分區之計劃，應得下列之結果：

一、行政區　以現在無錫縣城廂內，爲行政區，凡在本市內各種官署，黨部，郵政局，電報局，電話局　及工商學界總機關，均建設於此，交通便利，地點適中，最爲適宜也。

二、工業區　現在工廠地點，依鐵路及運河而設立，故工業區，應就已成之趨勢，以運河之東北爲之，因其地爲水陸交通最便之處，以便將來原料及製品之起卸也。

三、商業區　東北以運河爲界，西南經顧橋，惠山鎮，城南公園（夾城裏）西南，而寬約二千公尺，沿省道之地，凡銀行商場一切貿易場均所屬之。

四、住宅區　宜分設東西南北四小區，以便就近擇居，而免拔涉之苦，東北二區，在工業區內者，爲工人住宅區，西南二區，在風景區之左右，以便住民之遊息，且其地勢高，風向宜，景物在惠山太湖之美故也。

五、田園區　四周爲田園區，最外爲農業區。

六、風景區　自公園道第二支道，直達萬頃堂　以萬頃堂爲中心，沿湖濱一帶爲風景區，凡避暑（寒）莊，（別邸）游泳場，新村避風港，漁業塲，遊船紀念物，花圃等，均在內。

圖表一：此處原爲《無錫分區及幹河計劃圖》，見書後。

圖表二：此處原爲《無錫公園及幹路計劃圖》，見書後。

圖表三：此處原爲《無錫市道路路綫一覽圖》，見書後。

公牘

省令

江蘇省民政廳委令蘇字第四七九號

令無錫縣縣長孫祖基

茲委任該縣長兼該縣市政籌備處主任此令

中華民國十八年七月十三日

繆斌

本處委令

茲派沈維棟爲秘書除呈請 民政廳加委外此令

茲派江祖岷爲總務科科長除呈請 民政廳加委外此令

茲派聶文杰爲財政科科長除呈請 民政廳加委外此令

茲派朱士丰爲工務科科長除呈請 民政廳加委外此令

茲派李冠傑爲社會科科長除呈請 民政廳加委外此令

茲委陳鴻藻爲總務科科員辦理文書事宜此令

茲委章健爲總務科科員辦理文書事宜此令

茲委金禹範爲編譯員兼辦管理圖書事務此令

茲委楊蓮輝爲總務科科員辦理監印及管卷事務此令

茲委顧克昌爲總務科事務員辦理庶務此令

茲委韓濟民爲總務科事務員辦理收發事務此令

茲委楊銘林爲工務科建設股股長此令

茲委劉煒爲工務科取締股股長此令

茲委龔懋珩爲工務科技術員此令

茲委顧毓潛爲工務科事務員此令

茲委張之彥爲社會科公益股股長此令

茲委楊翔九爲社會科事務員此令

茲委薛楚材爲社會科事務員此令

茲委周鴻祥爲財政科事務員辦理收捐事務此令

茲委黃孟修爲財政科事務員辦理收捐事務此令

茲委鄭德良爲財政科事務員辦理收捐事務此令

委陸鴻章爲財政科事務員辦理收捐事務此令

委薛釆臣爲財政科事務員辦理收捐事務此令

委毛鴻遇爲財政科事務員辦理收捐事務此令

委顧虎炳爲財政科事務員辦理收捐事務此令

委喬培琪爲財政科事務員辦理會計事務此令

委俞堅池爲財政科事務員辦理會計事務此令

委莫善樂爲社會科實業股股長此令

委高宏勛爲財政科科員此令

委楊蔭煊爲社會科事務員此令

委王宏業爲財政科徵收股股長此令

調尤冯初任工務科事務員辦理查勘事務此令

調陳英任工務科事務員辦理查勘事務此令

委藍開宗爲財政科科員此令

委尤冯初兼任「無錫市政」廣告員此令

八月一日

臨時時疫醫院聘函

聘任華藝三爲臨時時疫醫院院長

聘任周寄湄爲臨時時疫醫院總務主任

聘王世傑爲時疫醫院醫務主任

任聘張鴻圖爲臨時時疫醫院駐院醫生

聘楊景成爲臨時時疫醫院駐院醫生

聘劉松齡爲臨時時疫醫院駐院醫生
聘許錫文爲臨時時疫醫院駐院醫生
聘諸涵英爲臨時時疫醫院藥劑師
聘强楚材爲臨時時疫醫院會計兼文牘員
聘陳申元爲臨時時疫醫院藥劑師
聘錢淑瑜爲臨時時疫醫院護士
聘劉慧芳爲臨時時疫醫院護士
聘李少萍爲臨時時疫醫院護士
聘陸杏林爲臨時時疫醫院護士
聘呂景安爲醫務處助理員

八月十六日

呈文

呈爲呈報無錫市政籌備處於八月一日組織成立即日就職照用鈐記仰祈鑒核備案由 **一件**

呈爲無錫市政籌備處組織成立即日就職啓用鈐記具文呈報仰祈
鑒核備案事案奉
江蘇省民政廳蘇字第四七九號委令内開茲委任該縣長兼該縣市政籌備處主任此令等因奉此職遵於八月一日將市政籌備處組織成立即日
就職視事啓用鈐記除分呈外理合具文呈報仰祈
鈞廳鑒核備案實爲公便謹呈

江蘇省1.省政府主席鈕
2.民政廳廳長繆
3.建設廳廳長王
4.財政廳廳長張
5.農鑛廳廳長何
6.江蘇省政府土地整理委員會主任委員陳

八月五日

公函

函爲函請轉飭各分局注意市民建築三要項由 一件

逕啓者敝處成立伊始對于市政力圖整理查近來市民建築房屋往往不遵定章擅自建造深恐妨礙路政發生危險應請
貴局轉飭各分局知照崗警對于市民建築房屋須特別注意下列三項(甲)市民須有本處執照後方准動工(乙)建造街面房屋是否遵照建築執照尺寸收進(丙)所造間數及建造時間是否與執照相符如崗警對於上列各項不能隨時留心查察或有循情放縱情事務希
貴局嚴予懲處或由敝處呈請
主管官廳懲戒以維市政而利進行至紉公誼

此致

無錫縣公安局局長鄧

兼任無錫市政籌備處主任孫祖基

八月八日

公函爲函致各團體各業領袖各醫師定期協商籌設時疫醫院由

逕啓者查近來海上虎疫流行蔓延及於內地爲未雨綢繆計亟應籌設時疫醫院以事預防而資救濟茲定於八月十日上午九時在本處開談話會協商一切進行事宜屆時務請

撥冗蒞臨是所企禱此致

先生

八月八日

函公安局為請轉飭所屬對於無照車輛嚴行取締由

逕啓者敝處成立伊始對於徵收各項捐務亟應從事整理以裕稅收所有市內行駛車輛無錫公私機關團體及市民自用人力車脚踏車等均應照章按期領給執照繳納照費茲查戚墅堰電廠及無錫郵務局所用脚踏車輛均未領有執照實屬違背定章除業由敝處分別函知補領外相應函請

貴局查照並希轉飭所屬對於無照車輛嚴行取締是所切盼兩級公誼此致

無錫縣公安局局長邱

兼任無錫市政籌備處主任孫祖基

八月八日

函縣政府為米價飛漲原因請維持民食由

逕啓者近日米價飛漲民食堪虞攷其原因或則囤積或則私運報紙披露眞相市民莫不惶恐敝處為維持民食計當即派員調查旋據復稱本邑素係儲米之區在本年六月底查各堆棧存儲之糙粳及籼稻約有一百三四十萬石最近調查各堆棧存貨祇有二十餘萬石此種貨權大部握在儲米業手中售價糙粳每石十一元六七角白粳每石十三元左右白粳自九元六七角至十一元許銷路均係滬常（常熟）兩帮來錫採辦之客商胃口甚暢每日銷額約在六七千石左右運輸則車運至上海輪運赴常熟代辦米行則以以北門外黃泥橋段各米行為最多北柵口次之若絕對不出境僅供本地吃戶則每日尚需三千石左右等情據此查現在本邑存米僅二十餘萬石以每日銷額七千計算則不及一月即將告罄若從此絕對不出境則每日尚需三千石亦僅能供二月餘之食糧能否與新穀登場之時適相銜接尚未可必且各埠米商來錫採辦私運出境者尚未絕跡值此青黃不接之際若不及早設法救濟民食前途實堪憂慮故將調查所得據實函請

貴府及早設法救濟以維民食而利民困實為公便此致

無錫縣政府

兼任無錫市政籌備處主任孫祖基

函縣政府為轉來縣建設局移交餘款收支計算書單據粘存簿照數核收復請查照

八月九日

逕復者案准

貴政府第四六五號公函內開案准縣建設局局長陳濂新呈稱竊職局附設無錫市政工程處業已遵令結束移交籌備處接辦謹將出入款項繕具
收支計算書表連同餘款具文呈送仰祈分別核銷轉交事竊局長於上月邀奉鈞令接收無錫市行政局工務股兼辦本市建設事宜當即遵照廳令
設立市政工程工程處於七月五日起開始辦公嗣又續奉鈞令以無錫市政籌備處不日成立令將兼辦事務即行移交該處辦理等由奉此即將該
工程處上月底結束清楚隨於本月二日將經辦之建築執照以及存根簿冊等全數照交該籌備處接收員張政璇當場接收清訖惟經手款項收支
報告以事屬縣局兼辦事業自應呈請鈞府核明轉交總計職局辦理市內建設事業幾近一月共發出建築執照一百十一張計收建築執照費銀一
百九十三元二角支出薪津雜用銀一百五十二元六角九分結餘銀四十九元五角一分理合繕具收支計算書表連同單據粘存簿及餘款四十元
五角一分具文呈請鈞長俯賜核銷並將餘款轉交無錫市政籌備處接管以清界限而資結束等情並附呈收支計算書表一份單據粘存簿一冊銀
洋四十元五角一分到縣據此除指令外相應檢同附件函送貴處接收是何等由計附建設局收支計算書一份單據粘存薄一本銀洋四十元五角
一分到處准此查建設局工程處所經辦之建築執照及存根簿冊業已於本月二日由敝處派員接收清楚在案茲經

貴政府轉交建設局餘款銀四十九元五角一分附收支計算書單據粘存簿各一分亦已照數核收准函前由相應函復即希查照為荷此致

無錫縣政府

兼任無錫市政籌備處主任孫祖基

八月十二日

函縣建設局為詢通揚路狀況

逕啓者敝處成立伊始各項建設亟宜次第進行

貴局所定通揚路寬度幾呎自何處起經過何處至何處止并希將該路已成之段落一併

見示俾便繼續進行規定市內街接街道寬度茲特專函奉達即頌

查明見復爲荷此致

無錫縣建設局

兼任無錫市政籌備處主任孫祖基　八月十五日

函縣政府爲復本市區域內並不產棉由

逕復者案准

貴政府函開案奉

建設廳訓令第一四五〇號內開案奉

江蘇省政府宥四二六七號訓令開准

工商部咨開據上海華商紗廠聯合會呈稱查紡織原料纖維最貴純潔乃據各廠報告收購棉花除水分外復有攙和粗劣品質及油灰礬粉等物以圖增加重量其貽害紡織工程墮失商業信用實較水分尤鉅應請從嚴取締並訂專章分飭各產棉區域長官切實查禁等情並開列各地棉花作僞單到部據此查此案上年七月間予准內政部函據達豐染織公司函同前情請予查禁前來當經本部函准貴省政府飭屬嚴行取締各在案茲復據上海華商紗廠聯合會呈稱前情相應抄單再行咨請照飭令產棉各地方官廳剴切勸諭並切實查禁藉杜積弊而維紗業等由除分令外合行抄單令仰該廳切實查禁具報等因並附抄單一紙奉此除分令外合行抄單令仰該縣長即便遵照切實查禁並將查禁情形具報彙轉切勿玩延此令等因計發各地棉花攙假抄單一紙下縣奉此相應函達即希查照禁止並將禁止情形見復爲荷等因計抄各地棉花攙雜作僞情形單一紙到處准此敝處業經派員切實調查去後旋據復稱本市區域內並無產棉之地茲准前由相應函復即希查照爲荷此致

無錫縣政府

兼任無錫市政籌備處主任孫祖基　八月十五日

函縣公安局爲函知派員接收衛生事宜由

逕啓者案准

縣政府公函略開等據公安局局長邱銘九呈稱為工作不便實施無由仍請將衛生事宜撥歸市政籌備處辦理以期便捷而收實效等情據此除指令照准外相應函請貴處查照仍將衛生事宜收回辦理為荷等因准此茲派敝處社會科公益股股長張之彥於本月十七日上午九時前往貴局接收即希

查照辦理是荷此致

無錫縣公安局局長邱

兼任無錫市政籌備處主任孫祖基　八月十六日

函縣公安局為飭屬勸導市民往時疫醫院注射免費防疫針

逕啓者查近來滬濱虎疫流行蔓延及於內地敝處為防患未然計在東門外延壽司殿設立臨時時疫醫院聘定醫師即日開診無論貧富醫費藥資一律免收相應函請

貴局轉飭各分局警士隨時勸導市民往該院注射免費防疫針如遇有人患時疫即由崗警護送該院醫治嚴禁挑痧以防危險是為至要此致

無錫縣公安局局長邱

兼任無錫市政籌備處主任孫祖基　八月十九日

咨復市行政局為移交各件款銀庫券逐一點收由

逕復者案准

大咨內開案查敝任業已交卸所有本局應行移交各件並存款現銀庫券債券相應分別開列清冊咨請察收並希見復等由准此當經派員逐一點收相應函復即希

查照為荷此致

前無錫市政局局長孫

兼任無錫市政籌備處主任孫祖基　八月廿日

計開

一　咨文兩件

一　無錫市政局圖記一顆各色圖章十四顆
一　卷宗八百五十一宗編卷簿二册
一　資產總證清册一本計八類
一　租地各據及租賃契紙附清册一本
一　器具　附清册一本
一　文具　附清册一本
一　無錫市各圖區册四十五本
一　十七市鄉地圖二十捲
一　無錫市戶口册三百七十一本附清册一本
一　現款銀四千九百十三元四角〇九厘（內有歷任移交假鈔殀洋二百〇六元）
一　存各典公款銀七千二百卅九元四角
一　存二五國庫券七百九〇〇六角四分
一　存續發二五國庫券六千九百七十元
一　存捲菸國庫券二百七十六元六角四分
一　存短期公債券一千〇六十元
一　存期票銀八百元
一　房捐底册二本　旅棧警捐附內
一　房捐欠票計洋七百七十一元八角八分
又附征加一計洋七十七元一角八分八厘
一　房捐開追欠票計洋二百六十八元三角三分

又附征加一　計洋廿六元八角三分三厘

（附註）公安二分局計捐洋二百〇四元二角八分另加一洋二元〇四角二分八厘

公安五分局計捐洋六十四元〇五分另加一洋六元四角〇五厘

一七月份空白房捐捐冊十六本

一旅棧警捐欠票　計洋九十二元

一旅棧警捐開追票　計洋十二元　（第二分局）

一旅棧警捐收據冊　一本　（第六十號止）

一路燈捐冊　一本

一路燈編號冊　一本

一路燈積欠票　計洋三百元

一茶捐冊　一本

一茶捐積欠票　計洋四十六元二角二分

一房捐欠票　計洋二百二十元九角八分

又附征加一　計洋念二元九角九分八厘

一旅棧捐欠票　計洋一元

一房捐空白票　十一本

一旅棧警捐　一本　（第十六號止）

一開追房捐　計洋一百四十五元八角九分　（公安一分局）

又附征加一　計洋十四元五角八分九厘

一汽車執照收據　一本

存空白無印自五十號起至一百號止廢票四張第十六號免費一張均有印共用四十五張

一　航船捐　四本

內欠票念二張計洋九十元正空白有印三百四十六號起至四百號止廢票三張

一　汽油船捐十五號廢票一張
十六七八號欠票三張

一　第四菜塲房租摺　計八個計欠租洋念四元

一　快船捐　欠票十七張計洋一百另二元

一　菜塲捐簿　存空白有印票自四百六十六號起至五百號止

一　房捐底冊　一本　旅棧捐淸道捐附內

一　房捐欠冊　計洋七百另七元二角七分

內旅棧欠捐洋二十四元五角

內開追捐洋念八元三角八分

一　七月份空白有印房捐冊九本

一　旅棧警捐收據冊　一本　第四十一號至一百元止

一　自由車收據　一本　第一百五十七號至一百七十號止（有印十四張）（無印三十張）

一　洋鐵皮牌　有印　存一百念六張

一　馬照收據　一本　（存有印十三張）（存無印五十二張）

一　塲車收據　一本　（存有印二十四張）（存無印七十五張）

一　廣告稅收據　一本　（存有印七十六張）

一　菜塲頂首收據　一本　（存有印二張）（存無印七十張）

一 臨時照 （十號至四十號止內有十二號二十七號廢照二張）（現存空白印照自四十三號至九十九號止一張作樣照）

一 戲園照 （二十九號至五十二號止現存空白印照三張）（又存未用印空白照四十四張）

一 人力車行執照存根 六本

一 人力車行執照 一本 用至一千三百三十號

一 汽油船碼頭執照 二本 （用九號至十八號止存空白有印照七張）（未印空白照二十四張）

一 汽油船縣印執照 二本 用至五號止

一 汽油船執照 一本 （用至二十五號止）（十七年下半年捐照二十三張）

一 渡船縣印執照 一本 用至二十九號止

一 渡船季照 一本 （存根一本內有一百五十一號廢照一張）（用至一百九十八號）

一 航船印執照 二本 （用三百念四號至三百三十一號止內有三百三十號廢照一張現存空白印照十六張）

一 航船縣印執照存根 一本

一 航船碼頭執照 二本 （一本用三百六十七號）（一本四百六十九號）

一 快船碼頭執照 二本 一本用十七號至三十八號止存空白印照三張

一 換給各旅館執照底冊 一本

一 旅棧執照一本 用至四十一號止

一 汽車編號牌 一塊

一 汽船編號簿 一本

一 汽船編號磁牌 計念五塊

一 汽船航船渡船卷 三宗 內保物結及保信等

一 縣政府航船佈告 計一包

一　街車磁牌　計一百七十塊
一　航船舊照　一大捆　廢紙備查
一　航船汽船登記簿　計一本
一　公安局飭單　一紙
一　房租摺　計八十六個
一　地租摺　計三十八個
一　河地租摺　計一個
一　坑租摺　計四個
一　碼頭租摺　計念三個
（附註）自計開第二頁損底冊起至碼頭租摺止另附來移交總冊一本

佈告

爲佈告本籌備處成立即日就職啓用鈐記由

爲佈告事案奉
江蘇省民政廳蘇字第四七九號委令內開茲委任該縣長兼該縣市政籌備處主任此令等因奉此本主任遵於八月一日將市政籌備處組織成立即日就職視事啓用鈐記除分別呈報咨行外合行佈告全市民衆一體週知此佈

中華民國十八年八月一日

兼任無錫市政籌備處主任孫祖基

爲嗣後市民如有請求或報告情事一律須用呈文署名蓋章黏貼印花

爲佈告事本處成立伊始力圖刷新查以前市民來文程式不一殊失整齊劃一之旨嗣後市民如有請求或報告情事一律須用呈文署名盖章黏貼印花以昭鄭重自經佈告之後凡非正式呈文概不受理合行佈告全市民衆一體周知此佈

中華民國十八年八月七日

兼任無錫市政籌備處主任孫祖基

爲佈告全市民衆如在本市區域内興工建造無論公私機關及市民房屋均須照章來處請領執照方准動工由

爲佈告事案查建築執照案件業由縣建設局交代來處嗣後凡關市内建築及土木事項均由本處辦理爲此示仰全市民衆一體知悉此後如在本市區域内興工建造者無論公私機關及市民房屋均須照章先行來處請領建築執照方准動工毋稍玩忽切切此佈

中華民國十八年八月七日

兼任無錫市政籌備處主任孫祖基

爲佈告市民往時疫醫院注射免費防疫針如患時疫不准挑痧立送該院醫治由

爲佈告事查近來滬濱虎疫流行蔓延及於内地本處爲防患未然計在東門外延壽司殿設立臨時時疫醫院聘定醫師即日開診全市民衆隨時可赴該院注射免費防疫針如患時疫不准挑痧立送該院醫治無論貧富醫費藥資一律免收合行佈告全市民衆一體周知此佈

中華民國十八年八月十九日

兼任無錫市政籌備處主任孫祖基

批

具呈人　陳振源高元楹陳啓宇等

爲呈請取締楊復興磨坊妨碍衛生阻塞交通　由

呈悉所稱各節如果屬實亟應從嚴取締已由本處函致縣公安局轉飭查明取締外仰即知照此批　八月六日

具呈人　王應平

爲請停給執照由

呈悉事屬地產糾葛准予暫緩給照此批　八月七日

「附原呈」

謹呈者祖遺東北五圖裏城脚房屋一所頭進兩間二進兩間三進基地兩間與族弟達章均分一間到底不意族弟達章心存不良將共有基地私挑瓦屑好築房屋顯係吞沒基地致起糾葛正在理涉理應暫停建築以息爭端爲此仰祈停給建築執照實爲德便不勝迫切待命之至謹呈

無錫市政籌備處主任孫

具呈人王應平

具呈人　王達章

爲呈請扣留王應平建築執照由

呈悉已與王應平併案辦理矣仰即知照此批　八月七日

「附原呈」

爲祖遺房屋基地界限未清混領執照違章建築請求恩准扣留以清界限而保產權事竊民有祖遺坐落東北五圖北城頭街口平屋兩間後有天井與同曾祖王諱天連公所遺產即與民各執一半各歸採息詎有堂兄應平聽信唆使將民屋後自置之產朦領執照希圖侵佔不思物各有主豈可任意建築有違警章目無法紀凡有民間未給執照當然不能興工以維威信爲此據情具呈仰祈局電鑒俯准責令該工頭潘阿三無照建築依法處理至於界限糾葛另有討議以俟民等彼此剖白後再請給發遵章興工不勝戴德謹呈

無錫市政籌備處主任孫

具呈人王達章印

具呈人　高仲均

爲呈請停給建築執照由

呈悉事屬爭執產權姑准暫予扣留執照俟解決後再行呈請發給可也此批

[附原呈]

爲無糧佔地朦請建築請求免予給照事竊公民世居本市歡喜橋下住宅基地及近年購入基地所有單契最近遵章投驗歷來照單完糧執有印串可憑不料宅後基地一方有人在彼搭蓋草棚公民於前月報請建設局局長姚查明屬實勒令拆除在案頃又風聞此項基地上復有鄧姓及高姓族人串通一氣向　貴科朦請領取執照建築圍牆實屬恃强違法侵佔公民爲保全產權起見爲特具呈請求　貴科凡歡喜橋高姓基地上日內如有人請領建築照者不論其人爲高或爲鄧姓務請先令呈驗單契糧串倘使無據無糧顯係朦混侵佔即乞明察秉公駁斥免予給照如已朦領即請吊銷實爲德便謹呈

無錫市政籌備處主任孫

具呈公民高仲均

爲呈請制止强楚寶朦領航照搗亂業規由

具呈人　薛松壽　馮鑑明　馮根海　商號　豐裕祥等

呈悉據稱各節確係實情准予暫緩驗照仰候本處派員查明具復再行核辦此批

八月八日

[附原呈]

呈爲朦領航照搗亂業規請求據理駁復制止給照以安民生而維航班事竊敝處余巷鎮雖離城四十里而商店祗有十餘家居戶數十戶皆因謀交通上之便利曾設航船一只公推厲喜寶擔載承職當經呈奉前縣市兩府頒給執照開行嗣因相繼添放以極小市集而多船紛爭致各受虧耗商市蒙其莫大影響衆知其弊明在供過於求爰經當地人士公平攤派歷無數波折手續方得妥洽規定依原戶照名於民國十六年遵章倒換新照一紙計中則二百四十九號由船戶三人分當承職每三天來回一次一班挨班輪流每日交通有船船戶商人兩得利益而船戶糾紛斷逃等事自此免除現船戶人極勤慎信用可靠即就現狀交通觀察實爲供求相合至稱使利之時殊無再添新船必要倘果添放必致復蹈復轍平添糾紛

猶爲小事惟于爭競結果終必累及商人前事昭昭在人耳目殊因航船端非他業可比流弊甚多故向例縣政府給照視爲重事每不輕易批准即所以維護航政之道也今敝鎮有强楚寶者具呈　朦請鈞局縣府領給新照擬在同一航綫添放班船不顧危害糾紛實欲領得新照即善價出售也商等洞燭其情以事關切己用敢環呈局長電鑒伏懇俯賜據情陳復依理駁斥制止給照以免船商兩困而杜航班糾紛實爲公德兩便謹呈

余巷鎮薛松壽
街長馮鑑明
副馮根海
村長馮安全
副胡洪海
現保馮良臣
商店張德興號

具呈人　無錫航業公會船船業事務所航船戶朱長壽等

爲雙廟鎮謝燦培攙奪航業呈請制止給照　由

呈悉候派員查明核辦此批　八月九日

「附原呈」

呈爲攙奪航船營業危害鄉里交通請求據情陳復制止給照以安生業而杜糾紛事竊查本邑北鄉雙廟鎮離城二十餘里商店居戶殊屬稀少近年更形衰落全鎮商店祇有八家與西鄉錢橋等鎮比較其市情不及什之一昔請求向由朱長壽辦照開行航船一只尚能勉糊其口嗣由毛文榮徐朝合辦航照添開班船一只從此供過於求營業狹窄開支難持馴至去年虧累相波及商家最大欠數竟位千元以外糾紛不解勢將涉訟當經敝所以航船夫敗無產可破徒爭無益力爲設法一面以兩船規定班次使一來一往各無抵觸一面竭力整頓其營業規則使得能維持生活徐圖補救經此一番苦心至今未滿一年對未理及債項市情仍如前日之一小村落乃忽有該原船歇業謝燦培者朦向　縣府前領執照業經　縣府

批示候令行　鈞處查復核辦在案竊惟航船之設原爲便利交通然供求稍不適當則轉危害交通立見弊竇敝所以同業有年納市捐之義務不容袖視敢爲陳述實情具文懇請

鈞處宅察俯賜據情陳復依理駁斥制止給照以維弩末之航業而杜糾紛於無窮實爲德便謹呈

無錫市政籌備處兼主任孫

具呈人無錫縣航業公會航船業事務所

原案執照航業戶朱長壽

毛文榮

徐朝良

具呈人　徐金福等

爲呈請發給闢築公路執照由

呈悉該市民等集資發起開闢之路以利交通事屬可行惟未經路旁業主之同意難免引起糾紛應即停止工作仰候本處召集雙方協商後再行核辦此批　八月十日

「附原呈」

呈爲募集經費闢築公路環請准給執照出示佈告以利交通事竊市民等以處此青白旗幟之下訓政開始之期遵照　先總理衣食住行爲民生必需之旨公衆發起自恩覃衖起南門外跨塘橋下塘街爲止築一公路約英尺長六十餘丈闊八尺以利交通且亦爲世居觀音堂地方居住民衆五十餘家向來出入必需之路計東段原有恩潭衖中段原有當衖西段直至下塘街經兵燹之後迄今未曾闢築茲今市民等集資勸募開通此路以便行人理合呈請

鈞處俯准所請發給執照出示佈告以利交通不勝感激之至謹呈

無錫市政籌備處主任孫

市民徐金福印

潘耀根

潘榮岀　順根　袁天福　沈个根　潘榮泉　潘聰根

具呈人　唐梅初等

爲呈請取締陶桂泉無照築路擅侵民地　由

呈悉已於徐金福等呈內批示矣仰即至照此批　八月十日

「附原告」

爲呈請事竊陶桂泉等未領執照私行築路擅侵民地應請即予取締竊呈人等有坐落南門外南下塘廟橋南首造字八百二十四號基地各一所突於昨日被陶桂泉等糾衆數十人侵佔民地擅開私路無照建築殊屬藐視定章暨他人所有之產權除據情呈報公安第三分局外合亟呈請

鈞處察核迅予取締該陶桂泉等無照築路與侵佔他人之地俾維定章而保產權實爲公便謹呈

無錫市政籌備處主任孫

具呈人唐梅初
陳漢章

具呈人　朱小相

爲呈請據情轉勸王業主垂憐援助由

呈悉查勘該屋牆壁鬆動舊柱腐朽危險堪虞業據該業主呈報來處尚待租戶遷讓即行拆舊翻造在案所請應無庸議此批　八月十三日

「附原呈」

爲奉函瀝呈苦衷仰祈察核迅賜據情轉勸王孔藻垂憐救援以全一門老幼蟻命免塡溝壑事竊本月七日接得貴局大札內開誦讀之下不得不將經過損失苦衷瀝陳　鈞聽伏查是項房屋由美文印刷所將生財抬高盤與前大觀樓裴任二人而裴任經營一月失敗即由謝紹麟紹介使民担負受盤當由王業主勸民接收言明修作不意接受後營業不振虧去一千餘元連受盤時之津貼約達五千餘元之多嗣由王業主目覩爲難囑民設法改組始於去年租出爲中央戲院該屋改修形式尺寸均由王業主監視主張民於租金之外另出洋五元貼還王業主旋於十月加租洋十四元自今計及數月忽又使民遷讓不思民之生財虧耗纍纍有不知加租時摺上附註中央戲院遷讓修理悉照原契約辦理現在王業主之被人攢掇但欲使民置於死地不顧民之家產當然遽以法律解決殊於道德法理完全抹煞今民不能遵辦以冀後部承接俾可彌補前虧並非有意茲奉函爲合將附註錄下備呈　公覽俯憐准予轉懇王業主施行再此事已由丁鏡藻在民事起訴應依法庭解決合併聲明

具呈人朱小和

環城馬路

昔人聚族而居，築堡壘以禦外侮。此城垣之所以致用也！時至今日，城垣於根本上已失其効用。徒成禁錮之物，且甚妨碍交通，阻滯水流。於人烟稠密之城市，空氣既已混濁，飲水又不清潔，而又環以城垣，於衛生上，尤有莫大之害焉！吾邑城垣，到市政局，早有拆除之議論，良以本邑爲工業區域，故拆除城垣，以築環城馬路，實刻不容緩之事也！步敬浦之後，開風氣之先，夫環城馬路，即依拆除城垣之原址而從事建築，則經費既有所自，工程亦尚實施，廢無用之桎梏，爲有用之建設，此必吾邑人士所樂觀厥成者也！

無錫市政籌備處處理文件進行順序圖

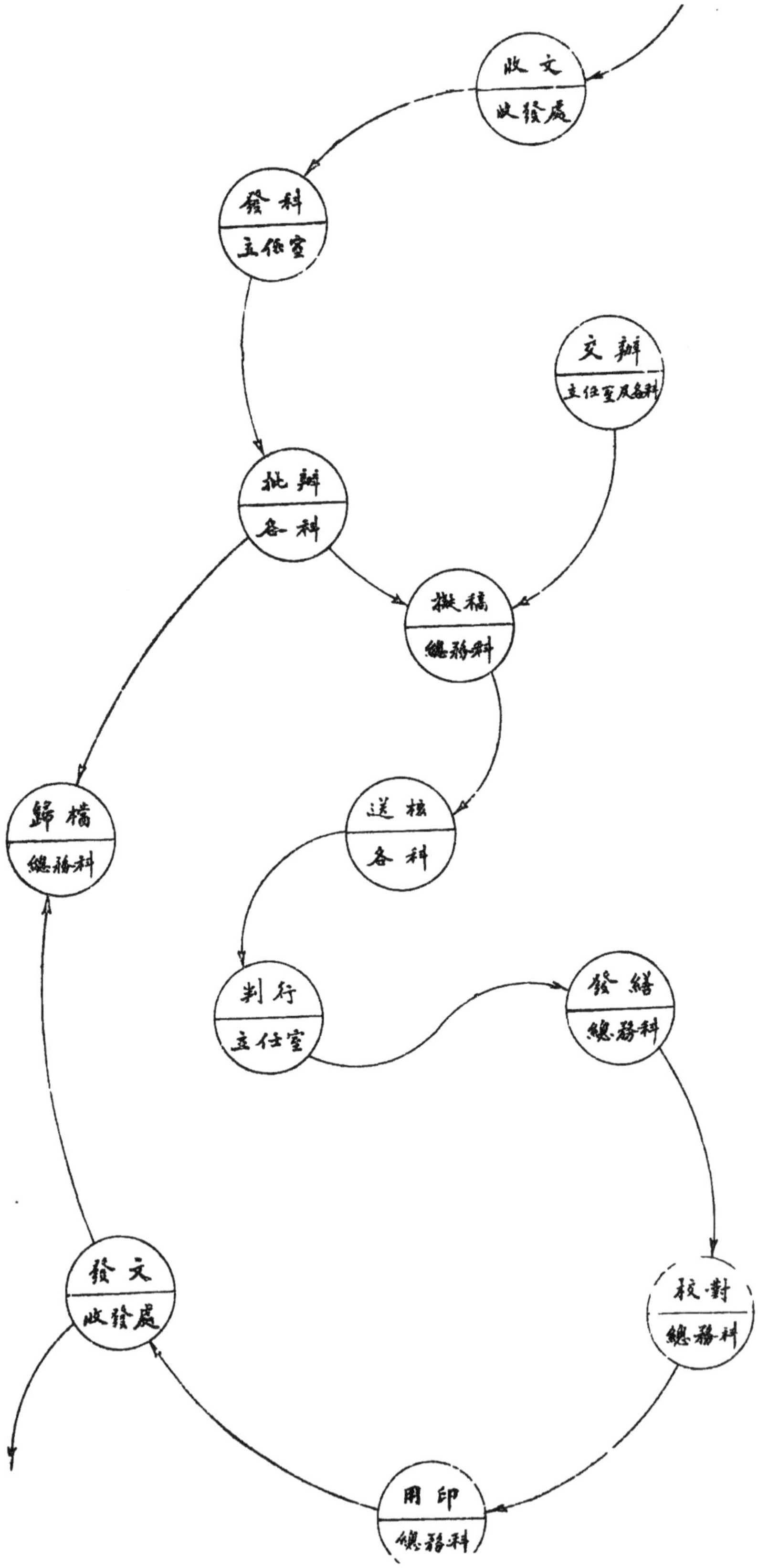

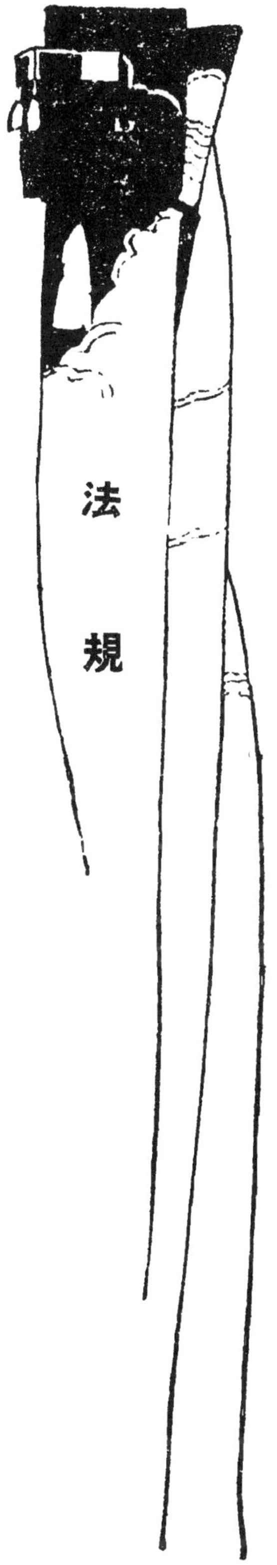

無錫市政籌備處處務會議規則

第一條　本規則依據無錫市政籌備處組織條例訂立之

第二條　本會議出席人員如左

1.主任

2.秘書

3.各科科長

凡本處職員遇必要時經主任之許可亦得列席會議但無表決權

第三條　本會議應行議決之事項如左

1.關於本處之組織細則事項

2.關於市單行規則事項

3.關於預算決算事項

4.關於市產之變更及處分事項

5.關於各科間相互關係之事項

6.關於建設計劃事項

主任認爲必要時得將其他事項提交處務會議審議

第四條　本會議以主任爲主席主任因故缺席時得由秘書代理或由主席指定一人爲代理主席

第五條　本會議每星期二上午九時開會一次遇有特別事件得由主席召集臨時會議

第六條　會議時須有應出席人員過半數以上之出席方得開議

第七條　議案須先期以書面提送秘書處編列議事日程

第八條　議事順序如左

1.宣讀前會紀錄

2.報告

3.討論

（一）預定提案

（二）臨時提案

第九條　會議紀錄由主任指定人員專司之

第十條　凡本規則未經規定事項得依據民權初步之條例行之

第十一條　本規則如有未盡事項得提出處務會議議決修正

第十二條　本規則經處務會議議決施行

無錫政市籌備處添放人力車辦法

第一條　本處爲開闢路綫及適應需要便利交通起見在本市區內添放營業人力車三百輛

第二條　凡欲承領本處添放車輛者須遵照布告限定日期開具公司字號或眞確姓名住址及承領車數來處具文呈請掛號以便登記俟限滿截

止後由處核見輛數酌定辦法再行通知承領人其先經呈請及口頭申說非正式具呈者概不作數

第三條　承領人接到前項通知後於十日內即照本處所備車樣自製車輛邀同妥實舖保並捐費連車輛送處由工務科檢驗合格者准予取領牌照及行車執照

第四條　無論個人或車業公司均可直接向本處領取新車牌及行車執照但每人至多不得過五輛每公司至多不得過三十輛

第五條　凡領取新車輛牌照者須遵照本處之車輛牲力章程辦理

第六條　凡領取新車牌照者每輛須繳納築路捐六十元牌照費一元

第七條　凡領取新車牌照者不得冒名頂替或將所領牌照提價出售但如有過戶等情亦須遵照本處車輛牲力捐章程辦理

第八條　添放之車輛須照章按月納捐並須遵守公安局及本處所訂之取締及漏捐罰則辦理

第九條　本辦法如有未盡事宜得隨時修正之

第十條　本辦法自公布日施行

無錫市政籌備處請領補助費暫行條例

第一條　無錫市區域內各團體機關向本處請領補助費者悉依照本條例規定辦理

第二條　凡辦理本區域內社會事業之機關或團體其所辦事務對於市民確有裨益辦理著有成績並成立在一年以上者得呈請發給補助費

第三條　凡有左列各款之一者不得請領補助費或應停止其補助費

1. 未經本處立案許可設立者
2. 所辦事業不在本市區域範圍內者
3. 所辦事業與市政無關者
4. 屬于其他主管機關管轄者
5. 所辦事業屬於營業性質者

6. 發現有違背善良風化之行爲者

7. 不遵守本處公布之一切規章者

第四條 各團體機關呈請發給補助費時應具呈聲叙歷年辦理成績並附各項證明書類全年度收支詳細預算書及財產目錄呈由本處派員調查後核奪

第五條 凡受本處補助費之各團體機關無論所受補助費爲其收入之一部或全部應將按月收支各款於次月十五日以前造具收支計算書呈送本處審核

第六條 本處審查各團體機關收支計算書如有疑義時得令行查復該團體或機關遇有前項查詢應於文到五日內呈復

第七條 關於各該團體或機關之內部情形及所辦理之事業本處得隨時派員查察及指導

第八條 凡不服從本處之指導或發現其他情弊者本處得停止其補助費或勒令停辦

第九條 以前各團體或機關向無錫市行政局領取補助費凡未經遵照本條例呈由本處核准者一律停止發給

第十條 本條例自公布之日施行並呈報主管廳備案

無錫市政籌備處招考衛生指導員規則

一、本處爲指導市區内公共衛生及督飭清道夫清河夫清除街道及河流起見特招考衛生指導員五人

二、凡志願應試者須具下列各條件

1. 年齡二十歲以上三十歲以下者

2. 身體健全品行端正向無劣跡者

3. 在初級中學畢業或具有同等程度而在教育界務一年以上者

4. 能取具無錫市區内妥實商店保證者

三、報名日期自公布日起至考試前一日止

四、報名時須呈繳下列各件

1.各項證明資格文件（如畢業證書及聘書等）

2.最近四寸半身照片兩張

3.保證書

五、考試項目如下

1.黨義

2.國文

3.衛生學

4.常識測驗

5.體格檢查

6.個別談話

六、關於考試事務由本處組織考試委員會辦理之

七、凡經考試及格者隨即由本處分派各衛生區服務每月致送薪膳銀二十五元如服務成績優良得由本處考核酌量增薪

八、凡經考取之衛生檢查員應遵守本處所訂之衛生檢查員服務規則其規則另訂之

九、本規則由處務會議通過後施行

無錫市政籌備處暫行清潔道路規則

第一條　本處為清潔道路保持公衆健康起見維持制定本規則凡屬本市區內居民均須一律遵守

第二條　本規則內所稱之道路係包括市區內公衆通行街道橋梁菜場明暗溝渠及河道而言

第三條　本處設有衛生指導員負責督飭衛生警士清道夫及清河夫每日分區掃除市內公共道路出清道旁垃圾箱內垃圾並打撈河面污物

第四條　每日上午自黎明起至十時止下午自二時起至日落止爲清道夫及清河夫服務時間

第五條　凡路旁空地及屋角牆隅等處堆積之污物應由土地房屋之所有者使用者或占有者負責掃除污物保持清潔之義務

第六條　凡沿街道之商店住戶不得任意在窗門舖面曬臺等處拋擲污物或傾倒水液

第七條　經掃除後之垃圾應棄置於公共垃圾箱內非經本處所指定之地點不得隨處傾棄

第八條　不准在便所以外隨地便溺

第九條　凡挑運糞便及一切污穢之物必須在夜間十二時以後早晨七時以前（糞船於早晨七時以前須一律出城）並須加蓋勿使穢氣洩漏並不得沿途傾泄任意停留

第十條　公衆通行道路禁止左列各項

（一）不准拋棄貓鼠及各種畜類屍體

（二）不准拋棄菜葉瓜皮菓核

（三）不准拋棄破布破皮塵芥及一切污物

（四）不准拋棄禽畜羽毛皮骨水族鱗壳內臟

（五）不准傾潑洗滌便溺器水及一切混濁有臭污水

（六）不准傾倒藥渣及各種渣滓

（七）不准堆積瓦礫柴炭

（八）不准屠宰或放縱豬羊雞鴨等

（九）不准晒衣物

（十）不准羈絆馬驢

第十一條　供人飲料用之湖河池井水遵守左列各項

（一）水中不得投棄芥塵瓦礫布片紙屑及一切污穢之物

（二）水中不得投棄各種動物水族等皮毛骨內臟及其他貓鼠鷄犬等各項禽獸屍體

（三）水中不得傾棄果皮菜葉及一切廢棄或腐敗物

（四）水中不得傾倒一切用過之水

（五）水中不得洗刷便溺器具抹布痰盂等汚穢之物凡商舖住戶洗滌所用之水須先由河中或井中取汲後就他處洗滌洗滌汚水應傾入坑厠

（六）水中不得吐痰擤涕或便溺

（七）水中不得傾棄色水及漂洗物品

（八）染色工場肥絲及漂頭廠等應開設郊外其既已開設市內一時不及遷移者應在工場或廠內自置水池漂洗物品並應自備水船將無用顏水及漂餘汚水等裝運郊外

（九）水中不得傾棄毒質藥品及其他有礙衛生之物質

（十）其他一切有害飲料水之清潔及阻礙河流之物品均不得傾入水內

第十二條　凡魚肉菜菓各舖及飯館茶坊酒肆等之廢棄物汚水等類均須另貯一器納入垃圾桶內或運送適當處所不得任意傾入河流或溝道旁

第十三條　凡飲食物店舖必須於相當地點開濬溝渠放洩汚水並且於河水溝渠內時時洒潑臭藥水或撒布生石灰免致發生臭氣妨礙衛生

第十四條　公衆通行道路不准陳列魚肉菜菓各種小攤及柴担並不准放置櫈榻臥具妨礙交通

第十五條　凡與市街或居民接近地方不准停厝屍棺

第十六條　當陰雨時淸道夫應查視所派定路綫內溝渠如有堵塞隨時疏通

第十七條　凡市區內停泊船隻須將灰糞垃圾菓皮及菜皮等一切穢物傾倒岸上垃圾桶內或適當地點不得任意拋棄河中或堆積沿河

第十八條　凡違反以上各條之一者按照違警罰法處罰

第十九條　以上各條衛生指導員及警察須向商舖住戶及小販雜攤隨時勸諭告誡

第二十條　本規則自公布日施行

無錫市政討論委員會組織條例

第一條　本委員會爲無錫市政籌備處之諮詢及建議機關

第二條　本會設委員十五人至二十一人均由無錫市政籌備主任聘任之

第三條　本會委員之資格如左

1.對於市政有相當知識經驗者

2.素行公正熟悉本市社會狀況及經濟狀況者

3.辦理本市社會事業著有成效者

第四條　本會之職權如左

1.建設本市應行興革事宜

2.討論市政籌備處主任交議事件

3.討論市籌備處諮詢事件

4.討論市民請願案送市政籌備處參酌辦理

第五條　本會設常務委員三人由全體委員互推之

第六條　本會每月開常會一次由常務委員輪流担任主席如有特殊事故得經市政籌備處之函請或常務委員二人以上之同意或委員五人以上之請求時召集臨時會議

第七條　本會開會以委員半數以上之出席經出席委員過半數以上通過成立決議案送由市政籌備處參酌施行

等八條　本會會議規則由委員自定之

第九條　本會委員爲義務職

第十條　本會得設文書處置文書員一人掌理文牘及保管檔冊事項

第十一條　本會與市政籌備處往來公文互以公函行之

第十二條　本條例如有未盡事宜得提交無錫市政籌備處務會議修正之

第十三條　本條例自公布之日施行

無錫市政籌備處暫行車輛牲力捐章程

第一條　凡在本市區內行駛各種車輛牲力須向本處工務科登記檢驗合格者(章程另訂)領取牌號及行車執照後方得向財政科繳捐取領捐照

第二條　繳捐期分季捐月捐二種

(一)季捐以每季首月十五日前爲繳捐領照時期

(二)月捐以每月十日前繳捐領照時期

如逾期不繳經本處稽查員查出者按照漏捐規則處罰

第三條　各種車輛牲力車捐率開列於左

(一)營業汽車　每月每輛捐銀二元五角

(二)自用汽車　每月每輛捐銀二元

(三)營業運貨搭車　每月每輛捐銀五元五角

(四)自用運貨搭車　每月每輛捐銀五元

(五)營業馬車　每月捐銀二元五角

(六)自用馬車　每月每輛捐銀二元

(七)營業人力車　每月每輛捐銀一元

(八)自用人力車　每月每輛捐銀五角

(九)機器脚踏車　每月每輛捐洋一元

(以上每月每輛各附征清道捐二角)

(十)自用營業脚踏車　每季每輛捐洋一元　(附征清道捐二角)

(十一)自用營業騾馬　(每月每頭捐洋一元)　(附征清道捐二角)

第四條　凡開設營業汽車行其汽車有五輛以下者須繳開行費五十元五輛以上者一百元(公共汽車每輛載客六人以上者不在此例)如有偷漏等情一經查出按照漏捐規則處罰

第五條　車輛牲力遇有過戶等情應將牌號執照繳回本處工務科註銷每輛收手續費洋一元

第六條　各種車輛每年須更換牌號一次并照繳牌號費

第七條　凡車輛牲力停止營業時應將牌號向本處財政科聲請補給每輛納手續費洋二角

第九條　各種車輛牲力之行駛不得違犯公安局及本處取締規則

第十條　本章程自公布之日施行並呈報主管廳備案

無錫市政籌備處徵收店房捐章程

第一條　凡在本市區域內之房屋供營業之用者無論租屋典屋己屋均適用本章程徵收店房捐

第二條　店房捐按照每月租價百分之十征收

第三條　凡租金租價應查驗其租契及租摺所列之數計算收捐房主租戶各半担任

第四條　凡典屋己屋及租地建築之屋以鄰近店屋之舖面大小建築優劣為比例定其租價計算收捐如遇爭執事應交房產估價委員會定奪

第五條　凡店房內進屋宇供堆貨物或店員住宿用者一律照本章程收捐

第六條　凡店屋應每年編查一次載明商號房主及店主姓名及租價

第七條　醫院依租價七折計算收捐以示優異

第八條　凡有新造店屋從新改建或遷徙閉歇或被災情事及店屋出賃時應由房主租戶用正式呈文報告本處財政科註冊

第九條　租屋營業者所有房捐全數向租戶征收其房主應出半數由租戶於月租內自行扣回典屋或已屋向典主及房主直接征收之

第十條　店房捐以每月十六日起至月底止爲收捐期間捐款收清后給收捐憑証

第十一條　租戶或典主房主照繳店房捐如有隱匿不報或以多報少或以其他方法意圖朦混除責令補繳捐款外應以所補捐款十倍以下五倍以上罰金此項罰款以三成充賞告發人

第十二條　凡每月應繳店房捐如逾月終延玩不繳者處以應繳捐數五分之一之罰金

第十三條　本章程自布日施行並呈報主管廳備案

無錫市政籌備處征收茶捐章程

一、凡在本市區内以營業爲宗旨開設茶館者均應遵照本規則繳納月捐

二、茶館捐每棹一張月捐大洋七分

三、茶几及靠壁茶棹減半征捐茶榻以全棹論

四、各茶館於每月十五日前來處繳捐或巡交收捐員以捐照爲憑逾期不繳按捐額一倍處罰之

五、如有增加棹數時須先期呈報本處註冊違者按照漏捐數額加倍處罰

六、茶館開張及歇業均於十日前來處報告不得逾期

七、本章程自公佈日施行並呈報主管廳備案

無錫市政籌備處房產估價委員會章程

第一條　本會爲應市政籌備處或業主房主租戶之請求估計房產價格爲抽收房捐之標準而設

第二條　本會設委員五人由市政籌備處財政科長工務科長及縣政府公安局縣商會各派代表一人組織之

第三條　本會設常務委員一人由委員互選之掌理本會一切事務

第四條　會期爲無定期由常務委員隨時召集之

第五條　本會開會時以常務委員爲主席常務委員缺席時得由到會推舉臨時主席

第六條　本會處理事項列左

(甲)業主或房主租戶接到市政籌備處捐票後認爲與產價不符時得請求估計之

(乙)市政籌備處認爲某處房屋之房產與時値不符應行增加時得向該房主業主或租戶估計增加之如房主不服得請求本會復估

(丙)凡私有房產變賣爲市有或市政籌備處於必要時收買私有房產對於產價發生爭執不能解決時得請求本會估計之

(丁)凡租市有地產建築之房屋期滿時如雙方對於產價有所爭執得請求本會估計之

(戊)凡買賣房產對於產價遇有爭執時得請求本會估計之

第七條　房主業主或租戶接到估價委員會通知後如有異議須於一星期後請求復估逾期作默認論

第八條　凡請求估價者須提出理由用書面通知本會再行審核遇必要時得實地勘估之

第九條　遇必要時估價委員會得令雙方事主出席說明但無表決權

第十條　本會備通知書兩種於估定價格後由常務委員根據議決案分別塡送市政籌備處及業主房主或租戶

第十一條　委員因公出外查勘時所有用費均由市政籌備處撥支

第十二條　本會一切繕寫事宜由市政籌備處總務科兼辦之

第十三條　本會附設市政籌備處

第十四條　本章程自公布日施行並呈報主管廳備案

無錫市政籌備處拓寬道路章程

第一章　總則

第一條　本市道路拓寬應照本章程辦理

第二條　本章程內規定之尺度以公尺計算一公尺即一米達合舊營造尺庫平制三、一二五尺合英呎三、二八呎

第二章　拓寬道路標準

第三條　本市道路分左列各等級拓寬之

（一）特等路　甲等寬度十八公尺（工業運輸大道及風景道）

乙等寬度十五公尺（公園路）

（二）幹　路　甲等寬度十二公尺

乙等寬度九公尺

（三）支　路　甲等寬度六公尺

乙等寬度四公尺

（四）絕　巷　三公尺

（五）水　衖　二、五公尺

第四條　其他道路未經規定寬度隨時調查規定之

第五條　凡道路之現有寬度其有超過本章程之規定者應保持其現狀

第六條　道路寬度於規定以外遇道路之交叉口及房屋參差不齊之道路如本處認為必要時得增加其寬度

第七條　交叉口之轉角半徑其規定如下

（甲）特等路與特等路六公尺

（乙）特等路與幹路五公尺

（丙）幹路與幹路四公尺

（丁）特等路與支路三公尺

第八條　戲院影戲院工場危險物堆棧及各種公衆集合所其附近道路之寬度依照本處取締建築章程規定辦理

第九條　建築駁岸或碼頭以高岸爲標準如係翻造須照原址凡在幹河上者應收進〇、五公尺碼頭無論如何不得僭出駁岸原有駁岸或碼頭之僭出者祗准拆除收進不得修理

第三章　拓寬辦法

第十條　凡現有道路不及本處所規定之寬度者除本處責令拓寬外於建築房屋時須一律照規定寬度退讓

第十一條　除特等路及甲等幹路外凡修理臨街房屋具有下列二項性質且經本處認爲不妨礙路政者得免退讓

（甲）臨街第一進不添換梭柱不動牆壁不裝斜撑者

（乙）圍牆及圍牆同性質之物自地面起一公尺以上不動者

第十二條　凡特等路及甲等幹路兩旁之房屋無論內部新造改造或修理須一律照規定寬度退讓

第十三條　本市現有道路由本處分期逐段拓寬凡在拓寬界綫以內由本處指定日期一律拆讓如有藉故拖延本處得直接僱工執行其費用歸業主負担

第十四條　現有街巷拓寬尺數每旁自舊建築綫向後退讓三公尺以上由本處指令拆讓者除公地外由本處依照本章程十六條辦理

第十五條　人行道之建築費由兩傍業主負担其不領地價及遷移費者准予免繳

第十六條　收買土地遷移房屋依據　內政部土地收用法徵收之

第四章　丈勘手續

第十七條　凡業主修理或建造房屋圍牆籬笆駁岸等須呈由本處派員勘丈如本處有調查契據之必要時業主須將契據繳驗以憑勘查有無侵佔公地等情事

第十八條　街巷寬度依規定尺數之半自本處規定之中心綫向左右度之其未經規定者暫依現有街心爲標準

第十九條　沿河街道其下岸房屋不及該街全長三分之一者寬度自河岸起計算

第二十條　凡馬路及新築街道兩旁房屋之陰溝管須與市設總陰溝管連接者其在公路界內之工作須呈本處派人施工工費由房主担任

第二十一條　凡建修臨街房屋圍牆籬笆等違反下列諸條者除令拆讓外處以十元以上一百元以下之罰金

（一）避匿不報圖免拆讓者

（二）興工後呈報者

（三）經本處勘丈標竿後擅自變更標竿位置者

第二十二條　本章程如有未盡事項及應行修改之處由本處隨時增訂之

第二十三條　本章程自公佈日起施行並呈請主管官廳備案

無錫市政籌備處規定道路等級一覽表

特等路寬十八公尺

一　工業運輸大道　　路途特別規定

風景大道　　仝　上

公園道寬十五公尺

一　第一公園大道　自城中公園經圜通路光復路漢昌路工運路通惠路寶善橋五里街西門新馬路與應道巷直達公園路

二　第二公園道　另行規定

甲等幹路寬十二公尺

一　第一環形路（環城馬路）

二　公園支道

通勤路廣勤路直達于胥樂園　西門新馬路經迎龍橋開原路經梅園到萬頃堂　跨塘橋下塘經保安寺街到古蹟公園　西新路經夾城裏到城南公園

三 城內十字形路

(一)三下塘稅務前鳳光橋直街大市橋街倉橋直街打鉄橋直街

(二)駁岸上觀前街寺巷東大街西大街

四 城外放射形路

北大街北塘街大三里橋 北長街南長街日暉橋街 南塘直街熙春街亭子橋直街

五 梁溪路 圖書館路

乙等幹路寬九公尺

一 第二環形路 自東門亭子橋經長坟上興隆橋羊腰灣路跨運河過黃泥橋金鉤橋沿河至南新橋小鹽場西新橋過河經迎龍橋沿河直達興龍橋丁巷里擺渡口江尖張成街經牛師街過四堡橋荷葉村經壩上橋大有棧沿河至工運橋廟巷橋直達亭子橋

二 城內井字形路

三下塘斜橋直街盛巷學佛路堰橋直街毛竹橋巷周巷駐駁橋街黃石街西河頭縣前街小河上大河上新街巷七尺渡前西溪直街

三 城外

中正路東新路交際路萬全路廣勤路第一二三四支路

甲等支路寬六公尺

一 第三環形路

東亭鎮六國橋南橋榮巷惠山錢橋劉潭橋塘頭回至東亭鎮

二 第四環形路

張涇橋安鎮后橋鴻聲里大牆門新安華大房庄方橋周橋南橋榮巷徐巷萬塘橋張鎮橋洛社秦巷寺頭東北塘八士橋回至張涇橋

三 留郎橋直街太平橋直街迎迓亭青果巷虹橋直街南市橋上塘街大婁巷小婁巷留芳聲巷旱橋街學前街孤老院巷南市橋巷映山河運元街前書院街道場巷三皇街西溪直街熙春街八兒巷花園街顧家街蘇家街進士坊巷捕衙街察院街沈果巷樂皇廟街虹寬橋路睦親坊巷棉花巷後

巷後祁街顧橋直街通濟路裁衣浜黃泥降放鴨灘江陰巷華盛街露華弄堰頭弄長安弄後橫街松攷潭後竹場巷北水關橋街北柵口周師弄
虹橋浜烟簡頭浜北倉門南倉門前太平巷後太平恆德里四倉廳弄西門倉浜跨塘橋龍嘴西門大街日暉巷老棚下中市橋巷南下塘歡喜巷
天主堂街

乙等支路寬四公尺

福田巷　田基浜　神仙橋弄　東河頭巷　大官弄　槐樹巷　百歲坊巷　大王廟弄　許家巷　硝皮巷　堵家弄　施九　潤寶巷　鎮
巷　中市橋巷　歡喜巷　新開河上　沙巷　希道院巷　姚寶巷　大成巷　石皮巷　鶯橋巷　小婁弄（城內）　東鼓樓巷　孝貞女坊
巷　毛桃巷　皂莢弄　靈官廟弄　小虹霓橋路　北禪寺巷　虹橋灣　斂綫巷　升平巷　時郎中巷　育才弄　太平巷（城內）　鼓樓
巷　壩橋巷　西門大街　石灰巷　光復門內城腳　東門城頭弄　西郎君巷　西門內城腳　孟院弄　長康里　民生里　秦棧弄　蔡
家弄　祝棧弄　唐棧弄　小婁弄　接官亭弄　朱聽弄　灣巷　小泗房弄　芋頭沿河　貨弄　混堂弄　半弄　南門顧橋下　黃泥橋
北街　北門新街巷　帶鈎橋街　淘沙巷　丑弄

絕巷寬三公尺

附註　其他街道未經規定者得隨時調查規定之

無錫市政籌備處財政科征收員服務及懲獎規則

第一條　各種捐欵由財政科長秉承主任專派征收員於指定地段內或指定該欵項內挨戶及逐項征收不得遺誤

第二條　各征收員均應覓具切實保證書呈處備案如有虧短等情即責令保證人照數賠償

第三條　各征收員征收捐欵須按日繳解會計室並填具日報表由財政科長審核後交會計股保存備查

第四條　如征收欵項遇有爭執不決或有抗捐不繳者均應隨時報告財政科長核辦不得擅自處理

第五條　各征收員收捐時應一律佩掛本處證章以資識別

第六條　各種捐稅票冊由各原征收員保管之其底簿及租捐等均歸征收股長保管之

第七條　每屆月終征收股長應將各征收員日報表彙核後陳由財政科長審核之

第八條 各征收員征收捐欵以指定地段內或指定額數內所發票面總額於發票之日起一個月內征及九成爲及格九成以上酌給獎金九成以下應即記過如有二次不及格者撤差所餘一成限自發票之日起十五日內繳收清楚

第九條 凡捐稅確係無從征收或抗捐不繳者應將原票繳回征收股長並聲叙理由如查明有虛捏情事由財政科長呈請主任懲戒之

第十條 各征收員如有需索舞弊及侵吞捐款等情事經發覺除撤差外依法懲治

第十一條 各種捐冊憑照均由本處印發

第十二條 本規則自公布之日施行並呈請主管廳備案

無錫市政籌備處漏捐車輛牲力處罰規則

第一條 凡本市區內各種車輛牲力無本處牌號捐照者均爲漏捐一經公安局或本處稽查員查出即按照本規則處罰

第二條 各種營業或自用車輛及牲力等如有漏捐者除補捐外再按照捐數加倍處罰

第三條 凡車輛懸有牌號而未帶捐照或帶有捐照而未懸牌號者一經查出當事人須於當日繳驗同號捐照或牌號並按照捐數半倍處罰

第四條 凡車輛懸有牌號而所帶捐照號數與牌號不符者一經查出限於二日內調齊否則按照日數半倍處罰

第五條 凡有僞造假冒頂替或分割牌照希圖取巧者一經查出除補捐外再按捐數五倍以上十倍以下處罰如情節重大得將車輛沒收

第六條 自用車輛及牲力等有違章營業者查出後按照營業車輛及牲力等二個月之捐額處罰具結釋放再犯者得沒收其車輛

第七條 無牌照之車輛牲力在途行駛者應即扣留轉解本處倘於五日內無主認領者得沒收之

第八條 凡查見漏捐車輛及牲力等即交崗警或警所扣留轉解本處核辦

第九條 凡開設汽車行並不照章納費或有虛報車輛等情查出後除補繳外按照捐數加三倍處罰

第十條 本規則自公布日施行並呈請主管廳備案

無錫市政籌備處市有房屋租賃章程

第一條　本處所管理之市有房屋凡欲租賃者須依照本章程向本處訂租

第二條　凡以前董事事務所勸學所市公所市行政局等所訂契約無論滿期未滿期均須來本處重訂新約以資整理

第三條　凡租用本處房屋者須遵照本處印就之租賃契約填寫清楚各執一紙以作憑證

第四條　租戶須覓妥實見中舖保並須預付押租銀若干元（押租額數依房租之價額酌定之但不得少於房租十倍）此項押租於退租之日憑租賃契約發還租戶

第五條　每月房租逢月之二十四日至二十九日由本處財政科派員收取以租摺爲憑倘到時延欠租金本處得將押租作抵如延欠三月以上不補繳者得勒退租出屋

第六條　除房捐照按店房捐章程辦理外各項捐稅均由租戶自理

第七條　租戶不得將所租房屋分租轉租或頂給他人

第八條　租戶倘有不合法行爲時本處得勒令退租出屋

第九條　彼此退租須在一個月前知照或依規定期限解約屆期遷讓各不貼費

第十條　如須增加房租由本處在一個月前知照租戶承認照加者准其續租倘不願照加應於滿月之日無條例遷讓

第十一條　租戶如欲改換裝修者須先得本處同意遷出時照原式裝還一切改換裝修費用由租戶自備

第十二條　凡租戶發現房屋上漏下濕如欲修理者須先報明本處派員查勘由本處僱匠修理如其損壞部分係租戶使用不當所致所有修理費應歸租戶負擔至修復原狀爲止

第十三條　租金悉照陽曆計算照第五條之規定每月月底收租起租之月不滿一月者按日計算如租戶退租不滿一月者亦照全月計算

第十四條　本處得隨時派員入屋查勘

第十五條　本章程自公布日施行

無錫市政籌備處取締建築章程

第一編 通則

第一章 總綱

第一條 本章程以限制建築預防危險使利交通適合衛生保持公安維持市區美觀為宗旨

第二條 本章程對於在本市區內起造改造增築修理及拆卸公私建築物均適用之

第三條 本章程內所用尺度以公尺為標準以英尺為輔助

第二章 取締建築物

第四條 本市區域內左列各種建築物不准建造

一 草屋

一 過街及跨河建築物(私弄例外)

一 巷門及其他同樣之物

一 其他侵佔公路妨碍交通之一切建築物

第五條 凡屋頂表面舖蓋材料除本處特許外不得用木板松皮稻草及其他易於惹火之物

第六條 凡房屋鄰接處不得借用他人所有之牆壁

第七條 檐口或其他伸出物不得挑出至他人基地上

第八條 舊法空斗墻及土牆非得本處許可不得建造

第九條 高十八公尺以上之建築物須裝避雷針

第十條 檐口須設水落管於建築綫內直通至地面不得滴水於街面

第十一條 建築物之招牌披水板屋檐等在距地面十尺以內不得伸出建築綫以外十尺以上者照下列二種規定

(甲)街濶八公尺以上者 挑出二英尺半

(乙)街濶八公尺以下者 挑出一英尺半

第十二條　階石牆身以及一切任何裝修一概不准突出建築綫外

第十三條　涼棚遮陽等非經本處核准不得掛用

第十四條　凡違背以上各款之規定者除強制拆除幷處以五元以上二十元以下之罰金

第十五條　凡建築物之一部或全部有傾斜龜裂腐朽等危險情形經本處查勘認為危及公衆或居住人之安全者本處得照下列辦法通知業主限期照辦違者由本局雇工執行所有費用仍向業主繳或以該屋舊料充公抵償工價

（甲）圍築籬笆出空房屋臨時設法支撐以防不測

（乙）危險部分如無礙路綫尚堪修理者限期修理

（丙）危險部分如有碍路綫及河道或不堪修理並限期拆卸

第十六條　本處派員檢查危險建築物任何人不得加以阻撓

第十七條　凡下列之建築物如遇頹壞祇許拆除不得藉口舊有重行建築

（甲）面臨河道或公共溝渠之建築物侵佔填築或樹樁建屋跨出水面者

（乙）過街棚過街樓及與上列同性質之建築

（丙）未經政府明令規定之寺廟同性質之建築物

（丁）違反本章程之一切建築物

第十八條　凡危險建築物如本處認為其危險之程度甚為迫切而不及通知業主拆除者本處得隨時拆除之

第二章　建築執照

第十九條　凡本市區內一切建築物無論建造改造增築修理拆卸公私建築物之全部或一部於興工前將建築物之地點用途面積連同圖樣說明書等呈報本處領取建築執照後方准興工其手續規定如次

（一）呈領建築執照人須用本處所製呈請書逐項填寫送本處收發處聽候查勘

（二）本處查勘後如認有查閱契據之必要時業主須將有關係之契據一併繳呈以憑勘驗

（三）本處查勘後如有調查及校正之必要時建造人須來處聽候辦理

（四）本處派員實地勘驗如在臨街之處由處發立標發規定建築綫發立後如有遺失應即繳手續費洋四角呈請補發如隱匿不報作私移標發論

（五）本處查勘核准後即由領照人到處繳納照費領取建築執照准予動工建築

（六）既給執照後如發生違背定章情事或其他轇轕時本處得吊銷憑照制止建造

（七）本處核准發給之執照不得爲產業所有權之證明

第二十條　繳納執照費規定如左

（甲）住宅　平屋每間納費五角
　　　　　樓屋每間納費七角

（乙）市房　平屋每間納費六角
　　　　　樓屋每間納費一元

（丙）廠房　紡紗、麵粉廠廠屋不論多寡一律納費一百元（工房均在外）
　　　　　繅絲、織布、榨油廠廠屋不論多寡一律納費五十元（工房均在外）
　　　　　礱米、滯頭、織襪等廠廠屋不論多寡一律納費五十元（工房均在外）

（丁）圍牆駁岸每十五公尺（約五十呎）納費五角不滿十五公尺者照十五公尺計算

（戊）房屋代酌或修理五間以內納費一元
　　　　　　　　　五間以外每間加七角

（己）改建門面及裝修每間納費一元

（庚）碼頭每座納費五角

第二十一條　免除繳納執照規定如左

（甲）本處查勘後如認改造程度極輕微者

（乙）學校及公共建築

（丙）關於公共衛生及交通者

（丁）拆卸建築物

第二十二條　凡領照報勘後如增加建築之面積應先呈報本處聽候查勘補繳照費加給恩照

第二十三條　領照後過三個月尚未動工者該執照即歸無效

第二十四條　凡過期或遺失建築執照得聲明理由經本處調查屬實准予繳納手續費一元補發執照如不呈請補領作無照動工論

第二十五條　承造人領照後應將該照懸掛建築處以便隨時稽查

第二十六條　凡工程完竣後七日內承造人應將所領執照繳同本處報請勘驗如與圖說及執照符合者於執照上加蓋驗收圖記由本處編立門牌

第二十七條　凡未經繳費領照擅自建造或以多報少者按應繳照費三倍罰繳

第二十八條　以賄賂欺詐及他其不正當方法領得執照者一經查出屬實除吊銷執照將承造人送交法庭按律懲處外得令拆壞已成建造物之一部或全部

第四章　興工建造

第二十九條　凡臨街建築物街闊在八公尺以上者建築物之高度不得超過街闊之一倍半街闊不及八公尺者不得超過街闊之二倍但業主願將房屋自行退後得以退後之數加入該街原有之寬度內計算

第三十條　凡建造臨街房屋應於臨街部分圍以籬笆防止磚瓦等物墜落以免發生危險

第三十一條　建造所用之臨時小屋料房圍柵欄支架或所用之物料磚瓦砂石等均不得搭蓋或堆置於街面其有特殊情形經本局之許可者得在建築綫外一公尺範圍內使用但夜間須懸紅燈使行人注意

第三十二條　新建築物之基地較人行道面（未有人行道者以路脊為準）至少應高出三吋

第三十三條　屋內所舖之地板至少須高出人行道六吋

第三十四條　因建造房屋損及道路橋樑及附近房屋等情事由承造人負責賠償之

第三十五條　營造中如發生事故有坍塌崩潰之危險時本處得隨時勒令業主或承造人拆除建築物之一部或全部

第五章　材料

第三十六條　凡營造人運送材料或拆卸舊料時均不得阻碍交通如有零落路上者應隨時清除之

第三十七條　磚瓦須用燒透堅實者如用舊磚須將舊灰刮淨

第三十八條　經潮濕或結團塊之水泥不得使用

第三十九條　未燒透或小塊不能水化之石灰不得使用

第四十條　水泥混凝所用之砂石不得含有泥質貝壳及其他植物性等質

第四十一條　枯朽木材不得用以建造

第四十二條　其他材料如因品質不良認爲有發生危險者本處得禁其使用

第六章　構造

第四十三條　地基掘土不得淺過三呎如非實土須加打木樁或其他有效物料

第四十四條　基礎寬度不得少過該建築物下層牆厚之三倍厚不得少過二倍但鉄筋混凝土基礎得根據計算而規定之

第四十五條　磚石牆壁高八尺以上十五尺以下者及二層以上之最高層牆壁厚不得少過九寸但鉄筋混凝土或鋼鉄爲骨架之牆不在此限

第四十六條　藏於牆內之水管或煙突不得大於牆厚三分之一否則將該部分之牆加厚

第四十七條　以磚石砌作柱用者須用水泥灰砂漿砌結該柱之徑不得小過柱高十二分之一

第四十八條　磚牆前長三十呎以上而無橫牆協助者又高度在二層以上者均須增加牆之厚度或須用鉄夾板鉄牽條等牽制之

第四十九條　室內採光面積連天窗在內須有該室地板面積十分之一以上

第五十條　窗門均須可以開閉但其面積多過前條比例者不在此限

第五十一條　凡幹路臨街房屋其每層高度規定如左

（一）樓下層　十四尺

（二）二層樓　十二尺

（三）三層樓　十二尺

（四）四層樓　十一尺

第五十二條　面樓地板用木板者厚至少一寸

第五十三條　露台或窗口或屋頂上面之欄杆高不得少過三尺空隙至多不得過六寸

第五十四條　屋頂上舖材料須用磚瓦石鐵或其他不易燃燒之物料

第五十五條　建築物之烟突應照次列諸條規定

（一）烟突不得與木造部分接觸

（二）烟突須垂直烟道不得有百二十度以下之彎曲

（三）烟突高出屋頂面以三尺爲最少限制

第五十六條　開鑿新井應照下列規定

（一）凡鑿井不得使鄰屋基礎發生危險

（二）鄰近五十尺以內有溝渠及汚水池者不得鑿井但祇供灌溉用者不在此例

（三）井之周圍應設圍欄以免危險又井口須有凸緣及小溝以免汚水流入

第五十七條　凡違反本章程第一編各項規定經本局通知後不依限遵辦者除勒令修正或拆除外并科以罰金

第二編　分則

第七章　特種建築

第五十八條　次列各種建造物應於動工前來處繳呈設計圖詳細圖計算書說明書及附近房屋配置圖各二份經本處審定後一份存本處一份懸掛工場後始得興造

（一）特等路及甲等幹路兩旁之建築物

（二）三層及三層以上之房屋

（三）學校寄宿舍商場百貨店及各種公衆集會所

（四）醫院戲院影戲院遊戲場旅館飲食店浴室及公衆便所等

(五)工廠及堆棧
(六)木造建築物其梁之開間在廿四呎以上者
(七)建築物設有地下室者
(八)鉄骨及鋼條混凝土構造物
(九)圍牆長四十五呎高二十呎以上者
(十)橋樑駁岸碼頭水池
(十一)其他本處認爲重要之建築物

第五十九條　關於前項特種建築所呈圖樣須一律用日光晒藍印紙

第六十條　呈請圖樣及說明書如有不合格式或不完全或錯誤時得發還更正補充後再行呈請核辦

第六十一條　凡核准之圖樣須懸掛建築作場以備本局稽查員之查驗

第六十二條　距市房屋一百公尺內不得設坟墓距鬧市一千公尺內不得設火油池等同樣危險建築物

第六十三條　城內及繁盛區域不得建設染坊及肥絲廠滯圳廠等妨害衛生處所其在僻偏區而准予建造者應另設排水管通過濾過池不得直接排洩至河道內

第八章　營業厨房

第六十四條　凡營業用廚房其所佔地位須用防火材料建築樓地板

第六十五條　凡營業用厨房面積不得少過四十方尺地面或樓地板面並須舖水呢膠漿或磁磚四周牆脚須塗至少半英寸厚之水泥膠漿高一呎六吋

第六十六條　凡營業用厨房之窗戶至少二扇可以向屋外開閉

第六十七條　凡營業用厨房之煙突內徑至少八寸通出屋面高至少三呎倘左右建築物有較高者應酌量增高之

第六十八條　凡營業用厨房地面須做斜坡設陰明溝管向外出水

第九章　公衆便所

第六十九條　無論大小男女公衆便所均應遵照本章規定繪具詳圖呈准本處方得建造

第七十條　公衆便所不得直接建於街道之兩旁或本處視爲不適當之場所

第七十一條　公衆便所之周圍須闢一公尺以上之空地或通路

第七十二條　公衆便所內之地面踏板糞窖等處須用防水材料

第七十三條　公衆便所之採光面積照第四十九條之規定窗之下口距地面至少須五呎

第七十四條　公衆便所之屋頂須裝設換氣窗至少二個

第七十五條　公衆便所內之楞角綫脚均須圓形以不易積聚垃圾而便於洗滌爲合式牆脚須塗至少半吋厚之水泥膠漿高二尺

第七十六條　劇場工廠學校旅館茶館飲食店浴室商場公衆集場所等應擇相當地點分別添公衆廁所

第七十七條　浴堂之廁所不得附設於浴室內但水冲式者不在此例

第十章　樓梯及走廊

第七十八條　凡建築物之上樓居住二十人以上者須設太平梯

第七十九條　公共建築物之樓梯及樓上走廊均須用防火材料構造

第八十條　公共用之樓梯其踏步不能高於七吋踏面不能狹於十吋又十五步以上之樓梯應於中央設四呎長平臺一處

第八十一條　公共用之太平梯寬至少三呎六吋其踏步不能高於八英寸踏面不能狹於九英寸又十五步以上者於中央應設三呎六寸長平臺一處并註明太平梯字樣

第八十二條　凡梯級梯口不準堆置器物或設座容人停留

第八十三條　凡樓梯之位置須直接可通至屋外或通路或接進出入口

第八十四條　公共用之走廊其寬度須在四呎以上及充分光綫與設備

第十一章　劇場（遊藝場）

第八十五條　凡以人或獸類演唱技藝歌劇或電影以供人娛樂爲營業之場所者概稱爲劇場（遊藝場）均須先呈准本處立案再行呈報

第八十六條　劇場之周圍須闢三公尺以上之空地或交通路

第八十七條　劇場外牆窗戶之總面積不得少於其他面面積六分之一如外面無壁不敷開窗時得以天窗代之

第八十八條　建築物收容人數在五十人以上者應設太平門其規定如次

五十人至百五十人　設四呎寬太平門一處

百五十人至三百人　設四呎寬太平門二處

三百人至五百人　設五呎寬太平門二處

五百人以上每增二百五十人增設五呎寬太平門二處

第八十九條　太平門要自動轉鉸鏈須能外開附近不得堆積物件妨礙交通門上裝紅底白字之太平燈字體不能小于六英寸見方

第九十條　凡劇場每層收容人數在一百人以上者應設太平梯其規定如次

一百人至二百人　設四呎闊樓梯一座　三呎半闊太平梯一座

二百人至四百人　設四呎闊樓梯二座　三呎半闊太平梯二座

四百人至六百人　設四呎半闊樓梯一座　三呎半闊太平梯二座

六百人以上每增二百人增太平梯一座

第九十一條　樓梯及太平梯之収縮辦法除依照第十章規定外並須呈繳詳細圖樣以備審核

第九十二條　座位每位寬不得少過一呎五吋深不得少過二呎四吋座位傍所留通路不得小過四呎

第九十三條　凡大水缸之設備規定如次

（一）收容人數在四百人以下者須有消防水桶二十四個常貯清水分置四隅四百人以上者類推增置並常備水龍一具或幷鑿井一口

（二）電影院映片室內須備常濕之毛毯一張水桶四個

（二）配影之劇場須另於戲台設人力噴水管或化學滅火機二具水桶八個

第九十四條　映片室應用防火材料構造不得直接與觀覽席交通

第九十五條　屋內須設適當之換氣孔或其他換氣裝置

第九十六條　廁所須分男女依照第十章之規定各别設置並須每日掃除之

第九十七條　凡違背本章程之規定除勸令照章修改或設置外得處以五元至五十元之罰金

第十二章　旅館茶館及公衆集會所

第九十八條　旅館茶館及公衆集會所等如須呈請本處核准後再行呈報建築

第九十九條　凡樓梯太平門太平梯之設置照第八十九至九十一條辦理

第一百條　走廊照八十四條辦理

第一百〇一條　室內採光面積須有該室地板面積八分之一以上

第一百〇二條　便所照第九章辦理

第一百〇三條　凡收容一百人以上之旅館二百人以上之茶館須於適當地點闢自流井一所

第十三章　工場

第一百〇四條　建築物之周圍須闢二公尺以上之空地或通路

第一百〇五條　外牆窗戶之面積不得少於地面或樓面面積六分之一如外牆不能開闢窗戶者得以天窗代之

第一百〇六條　工人在三百人以下之工廠除正門外須另闢寬四尺以上之太平門一處三百人以上至六百人設二處以下類推太平門之裝置照本章程八十九條辦理

第一百〇七條　二層以上之工場須依照前條比例每層分設太平門置太平門梯直接通至地面太平梯之構造照本章程第十章規定辦理

第一百〇八條　凡關於工場消防之設備應照本章程第九十三條第一款辦理並應添設噴水管或化學滅火機

第一百〇九條　鍋爐間之煙突高出地面至少五十呎須繪具詳細圖樣連同計算書呈繳本處以備審核

第一百十條　工作物料或製造品其容易燃燒或爲引火媒介者如石油汽油自來火酒精及其他危險品之工場及堆棧應照下列諸條規定

(一)建築物之周圍須留八公尺以上之空地或道路

(二)建築物之任何部分須用防火材料構造

第一百十一條　本章罰則照本章程第十四條辦理

第十四章　學校

第一百十二條　教室之窗戶面積不得小於其地面或樓面面積七分之一但教師座位後方之牆壁上不得開闢窗戶窗戶之高度須設於離地面或樓面三呎高左右

第一百十三條　教室內高度不得小過十三呎

第一百十四條　學生座位每人闊不得小過二呎九吋深不得小過三呎三吋但小學校得酌減之

第一百十五條　小學校舍不得高過二層

第一百十六條　學校廁所照本章程第九章規定辦理

第一百十七條　樓梯照第十章規定建造

第一百十八條　凡違反本章程第二編各項規定經本處通知後不依限遵辦者除勒令停止營業以待修正或拆除外并科以罰金

第十五章　附則

第一百十九條　建築物改換用途時(如以住屋改設戲場旅館或製造廠等)應先報告本處查勘核准後始得使用

第一百二十條　本章程自公布日施行並呈請主管廳備案

國民政府公布市組織法

第一章　總則

第一條　市直隸於省政府不入縣行政範圍

第二條　市冠以所在地地名稱某市

第三條　凡人口滿二十萬之都市得依所屬省政府之呈請暨國民政府之特許建爲市

第四條　市區域之劃定變更及擴大市政府呈請省政府核定之

第五條　本法不適用於特別市

已劃入市之地域不得脫離本市以建立他市

第二章　市之職務

第六條　市於不抵觸中央及省政府法令範圍之內辦理左列事項

一　市財政事項

二　市公產之管理及處分事項

三　市土地事項

四　市農工商業之調查統計獎勵取締事項

五　市勞動行政事項

六　市公益慈善事項

七　市街道溝渠堤岸橋梁及其他土木工程事項

八　市河道港務及船政管理事項

九　市交通電氣電話自來水煤氣及其他公用事業之經營取締事項

十　市內公私建築之取締事項

十一　市公安消防及戶口統計等事項

十二　市公共衛生及醫院菜市屠宰場公共娛樂場所之設置取締事項

十三　市教育文化風紀事項

第七條 市區域內之國家行政事務中央不直接辦理時得委託省政府辦理之

市區域內之省行政事務省政府不直接辦理時得委託市政府辦理之

第八條 市設市政府依中國國民黨黨義及中央及省法令總理市行政事務

第九條 市政府於不抵觸中央及省法令範圍內對於全市行政事項得發布命令及單行規則

第十條 市設市長一人由省政府呈請國民政府任命之指揮並監督所屬職員 市長為薦任職

十一條 市政府設財政局土地局社會局工務局公安局於必要時市政府得增設衛生局教育局港務局

第十二條 市政府各局分掌左列事務

一 財政局 第六條第一款第二款所包含之一切財政事項屬之

二 社會局 第六條第四款至第六款所包含之一切土地工商公益等事項屬之

三 工務局 第六條第七款至第十款之一切工程及其他公共事業屬之

四 公安局 第六條第十一款之一切公安事項屬之

五 土地局 第六條第三款之一切土地事項屬之

六 衛生局 第六條第十二款之一切衛生事項屬之

七 教育局 第六條第十三款之一切教育局文化風紀屬之

八 港務局 第六條第八款之一切河道港務及船政事項屬之

第十三條 在未設衛生局之市第六條第十二款之事項由公安局掌理之

在未設教育局之市第六條第十三款之事項由社會局掌理之

在未設港務局之市第六條第十款之事項由工務局掌理之

第十四條 市政府各局設局長一人由市長呈請省政府任命之 局長准受薦任職待遇

第十五條 市政府設秘書處掌理文牘庶務及其他不屬於各局專管事項

秘書處設秘書長一人由市長呈請省政府任命之 秘書長准受薦任職待遇

第十六條　市政府得設置參事二人由市長呈請省政府任命之輔助掌理關於法令起草審議及市政設計之事項

參事准受薦任職待遇

第十七條　市政府依事務上之需要得聘用專門技術人員

第十八條　市政府關於特殊事項之調查或研究得由市長聘任專家組織臨時委員會

第十九條　市政府設市政會議由市長秘書長參事各局局長組織之

第二十條　左列事項應經市政會議議決

一　關於秘書處與各局之組織細則事項

二　關於市單行規則事項

三　關於市預算決算事項

四　關於新課稅捐募集市債及公共事業之經營事項

五　關於市政府各局處間權限爭議事項

市長認爲必要時得將其他事項提交市政會議審議

第二十一條　前條第一項第一款所指之細則應由市長呈請省政府核准備案

第二十二條　市政會議開會時以市長爲主席

第二十三條　凡設有第四章規定之參議會之市由參議會選舉代表四人加入市政會議任期二年每年改選半數前項代表被選者不以參議會議員爲限

第二十四條　市政會議隨時由市長召集但至少每月開會一次

市政會議之議事細則由該會另定之

第三章　市參議會

第二十五條　市得設立以市民代表組成之參議會任期二年每年改選半數

前項參議會得於市成立一年後由省政府斟酌市政設施情形呈請國民政府核准設立之

第二十六條　市參議會之選舉法另定之

第二十七條　第二十條第一項第一款至第四款事項於經市政會議議決前應交市參議會審議

第二十八條　市參議會關於市政興革事項得提出建議案於市長

第二十九條　市參議會推舉議長副議長各一人任期一年

第三十條　市參議會每年開常會兩次每次會期以一月爲限

前項常會經參議會議員過半數之同意或市長認爲有必要時得延長之但不得過十五日

市長於必要時得召集參議會特別會議

第三十一條　市參議會之議事細則由該會另定之

第三十二條　市參議會得依全體議員過半數以上之同意將該會通過之議案請求市長交付市民複決此項請求如被市長拒絕參議會得請求省政府裁決之

關係前項複決之程序另定之

第三十三條　市參議會認爲市長違法失職時得依全體議員三分之二以上同意向省政府國民政府請求罷免

第四章　市財政

第三十四條　左列各款定爲市收入由市政府徵收之

一　土地稅

二　土地增加稅

三　房捐

四　營業稅

五　牌照稅

六　碼頭稅

七　廣告稅

八　市公產收入

九　市營業收入

十　其他法令特許徵收之稅捐

第三十五條　市政府於前條各項稅捐之外新課稅捐須經省政府核准

第三十六條　市政府於必要時得募集市債但須經省政府之核准

第三十七條　市政府之會計依審計法受審計分院之監督

第五章　市之監督

第三十八條　省政府各廳廳長及大學區校長於其主管事務對於市政府之命令或處分認為違背法令或踰越權限者得呈請省政府停止撤銷或變更之

第三十九條　市政府怠於履行其法定職務時省政府各廳廳長及大學區校長得呈請省政府糾正之

第四十條　市政府與縣政府發生爭議時由省政府裁決

第六章　附則

第四十一條　本法於各特別區置市時準用之

第四十二條　本法自公布日施行

在本法公布以前成立之市應於本法公布後兩個月內遵照本法改組

國民政府公布土地徵收法

第一章　總綱

第一條　國家依左列情形行征收土地之必要時依本法行之

一　興辦公共事業

二　調劑土地之分配以發展農業或改良人民之生活狀況省市縣及其他地方政府興辦前項各款之事業地方自治團體或人民興辦前項第一款之事業時亦同

第二條　前條第一項第一款之公共事業以合于左列各款情形之一者為限

一　關於創興或擴充公共建築物之事業

二　關於開發交通之事業

三　關於開闢商港及商埠之事業

四　關於公共衛生設備之事業

五　關於改良市村之事業

六　關於發展水利之事業

七　關於教育學術或慈善之事業

八　關於創興或擴充國營工商業之事業

九　關於佈置國防及其他軍備之事業

十　其他以公共為目的而設施之事業

第三條　興辦事業人以其事業移轉於他人時本法規定之權利義務當然一併移轉

第四條　本法稱徵收者謂收買或租用

稱興辦事業人者謂以第一條第一款或第二款之目的需徵收土地之主管官署地方自治團體或人民

稱土地者凡宅地田園礦山沙地荒地街市道路河川溝渠池沼葬地等皆屬之

稱土地所有人者謂被征收之土地所有人

稱關係人者謂於被徵收之土地有權利之人

第五條　本法稱地方行政官署者在縣爲縣政府在市爲市政府在特別市爲特別市政府

市謂依法律直隸省政府之市行政區域

特別市謂依法律直隸中央政府之市行政區域

稱地方自治團體者謂縣市所屬之各自治團體

第二章　徵收之準備

第六條　興辦事業人得於通知地方行政官署及土地所有人或占有人後入該土地內測量繪圖及調查但興辦事業人爲地方自治團體或人民時應於呈經地方行政官署核准後行之

第七條　興辦事業人因測量繪圖調查有必要時得除去該土地障礙物但興辦事業人爲地方自治團體或人民時應於呈經地方行政官署核准後行之

第八條　徵收土地計劃確定後應由興辦事業人擬具計劃書並附地圖分別呈經左列機關核准

一　國民政府直轄中央各機關省政府特別市政府徵收土地時由國民政府內政部核准

二　縣或市徵收土地時由省政府核准

三　地方自治團體或人民徵收土地時由縣或市轉呈省政府核准其在特別市者由特別市政府轉報國民政府內政部核准

第九條　前條核准機關爲核准後應將興辦事業人之名稱事業之種類及興辦事業之地域公告之

第十條　土地之租用其期限在十年以內及土地之收買爲擴展公共道路而無須拆毀人民之房屋者若係國家省特別市事業得省略第八條核准手續由興辦事業之主管官署自定決定之

前項土地之徵收應由興辦事業之主管官署於決定之後將興辦事業人之名稱事業之種類及興辦事業之地域公告之並呈報國民政府內政部備案

第十一條　興辦事業人於國民政府內政部省政府或特別市政府核准公告後一年內不爲第十二條之通知或呈請時該項核准失其效力

第三章 徵收之程序

第十二條 第八條核准機關爲核准後若係國家或省事業之主管官署通知地方行政官署由地方行政官署公告所徵土地之詳明清單並通知土地所有人及關係人若係特別市或縣市事業即由該地方行政官署自爲公告及通告者係地方自治團體或人民之事業應呈請地方行政官署爲之

興辦事業之主管官署於爲第十條之決定及公告後應通知地方行政官署由地方行政官署公告所徵土地之詳明清單並通知土地所有人其屬於特別市事業者由特別市政府自爲公告及通知

第十三條 興辦事業人於地方行政官署爲前條之公告及通知後得入該土地內測量及調查

第十四條 土地所有人或關係人於地方行政官署已爲前條之公告或通知後不得以不當方法希圖妨礙徵收

第十五條 國家或省徵收土地時興辦事業之主管於有第十二條之公告及通知後爲取得關於該土地之權利應與土地所有人及關係人協議之

協議無結果或不能爲協議者應囑託地方行政官署組織征收審查委員會議定之

特別市縣市征收土地時準用前二項之規定但得自行組織征收審查委員會

第十六條 地方自治團體或人民爲興辦事業人時於有第十二條之公告及通知後爲取得關於該土地之權利應與土地所有人及關係人協議之協議無結果或不能爲協議者應聲請地方行政官署召集征收審查委員會議定之

第十七條 依第十五條第十六條囑託或聲請召集征收審查委員會召集者應於囑託書或聲請書上記載左列各事項提出於地方行政官署

一 土地所有人及關係人之姓名住址或其名稱事務所

二 所征收土地之坐落四至

三 所徵收土地之面積及其附着物之種類數量

四 補償金額

五 收買時期

六　租用期限

第十八條　地方行政官署接受前條囑託書或聲請書後應公告之並通知土地所有人及關係人

其地方行政官署局為興辦事業人得自行公告前條所列各事項並通知土地所有人及關係人

第十九條　土地所有人或關係人得自前條公告之第一日起算於二十日內提出意見書於地方行政官署

第二十條　地方行政官署於前條期限屆滿後應即召集徵收審查委員會

第二十一條　徵收審查委員會應自開會之日起算於七日內議定之但地方行政官署認為必要時得延展之

第二十二條　徵收審查委員會議定後應添具議定書報告地方行政官署

地方行政官署於接受前項報告後應將議定書送達於興辦事業人土地所有人及關係人

第四章　徵收審查委員會

第二十三條　徵收審查委員會得就左列事項為議定

一　徵收土地之範圍

二　補償金額

三　收買時期或租用之期限

興辦事業人之主張違反本法或其他法令之規定者徵收審查委員會得駁斥之

第二十四條　徵收審查委員會置委員長一人委員四人或六人委員長由地方行政官署之長官充任委員為四人時由地方行政官署之代表指派一人為六人時指派二人其他半數委員員額由地方行政官署所指定之工農商等法定團體選派代表充之

第二十五條　徵收審查委員會非有全體委員過半數以上之同意不得表決

第二十六條　徵收審查委員會於必要時得指定鑑定人執行鑑定

第二十七條　徵收審查委員會認為必要時得命興辦事人土地所有人及關係人到會陳述意見並得命鄰近土地之所有人到會陳述意見

第二十八條　議定應作成議定書並附理由由委員長簽名

第十九條 徵收之土地跨連二個以上之地方行政區域者徵收審查委員會由各關係地方行政官署聯合組織之

第五章 損失之補償

第二十條 土地所有人及關係人因土地徵收通常所受之損失應由興辦事業人補償之

土地所有人已依不動產登記程序呈報其地價時興辦事業人得照所呈報之價額給予補償

第二十一條 土地除徵收者外尚有餘地不能爲從來之利用時土地所有人得要求興辦事業人一併徵收之

第二十二條 土地之附着物應由興辦事業人給與遷移費使於一定期限內遷移之但因一部分之徵收其附着物需全部遷移時其所有人得要求全部之遷移費

土地附着物若因遷移致不能爲從來之利用時所有人得要求徵收之

第二十三條 土地內如有墳墓應由墳主遷移其貧者當由興辦事業人酌量資助之

第二十四條 依第七條之規定興辦事業人除去障碍物時其因此及于他人之損害應補償之

第二十五條 興辦事業人于地方行政官署爲第十二條之公告後廢止或變更其事業致土地所有人及關係人受損失者應補償之

第六章 徵收之效果

第二十六條 興辦事業人應於徵收土地前給於土地所有人及關係人

有左列情形之一者興辦事業人得將補償金提存之

一 受補償金人拒絕受領或不能受領時

二 應受補償金人之所在不明時

三 受補償金人不服征收審查委員關於補償金額部分所爲之議定時但經受補償金人之請求者應給付之

第二十七條 補償應以現金給付

但以第一條第一項第二款或第二條第二款或第五款之目的徵收土地時得由國民政府或省政府核准發行興辦該事業之公債券充給付補償金一部之用 前項公債券至多以搭發補償金三分之一爲限

第七章　監督強制及罰則

第三十八條　省政府對於縣或市徵收審查委員會所為逾越權限或違反法令之議定得撤銷之
內政部對於特別市徵收審查委員會所為逾越權限違反法令之議定亦同

第三十九條　義務人拒不履行或其補充法令所定義務或雖履行而不於一定期限內完竣之者地方行政官署得自執行之並得命他人代為執行

第四十條　違反第六條規定未經地方行政官署核准擅入他人土地內者處二十元以下之罰鍰

第四十一條　違反第七條規定未經地方行政官署核准拆去障礙物者除照價賠償外處五十元以下之罰鍰

第四十二條　鑑定人於徵收審查委員會為虛偽之陳述者處三百元以下之罰鍰

第四十三條　鑑定人及依第二十七條規定受傳喚之人無故不到者處二十元以下之罰鍰

第八章　訴願及訴訟

第四十四條　對於縣或市徵收審查委員會之議定有不服者得訴願於省政府
對於特別市徵收審查委員會會議有不服者得訴願於內政部
前二項訴願應自受議定書之日起算於十四日內提起之但須扣去在途期間

第四十五條　對於徵收審查委員會之議定有不服者得向該管地方法院起訴但以未經提起訴願者為限
前項訴訟應自收受議定書之日起算於一個月內提起之

第四十六條　訴願或訴訟之提起不停止事業之進行及土地之徵收

附則

第四十七條　內政部省政府或特別市政府於必要時得擬訂補充本法之單行章程呈請國民政府核准備案

第四十八條　本法施行後從前中央及地方關於土地徵收之法規廢止之

第四十九條　本法自公布日施行

國民政府公佈管理各地方私立慈善機關規則

第一條　依各地方救濟院規則第十二條規定仍准維持原狀或新請立案之私立慈善機關應遵照本規則辦理

第二條　各地方私立慈善機關應將機關名稱在地址所辦事業財產狀况現任職員姓名履歷詳細造冊呈報主管機關查核轉報內政部備案

第三條　地方私立慈善機關每屆月終應將一月內收支款目及辦事實况逐一公開并分別造具計算書及事實清冊呈報主管機關查核

第四條　因臨時救濟事件組織慈善機關者除查照第二條規定辦理外併應於事畢日分別查照前條規定辦理

第五條　各地方私立慈善機關或因臨時組織之慈善機關如須捐募款項時應先呈請主管機關核准其收據捐冊並應編號送由主管機關蓋印方爲有效

第六條　主管機關對於各地方私立慈善機關各項冊報認爲有檢查之必要時得隨時派員檢查之

第七條　本規則自公布日施行

國民政府公布各地方救濟院規則

第一章　總綱

第一條　各省區各特別市各縣市政府爲教養無自救力之老幼殘廢人並保護貧民健康救濟貧民生計於各省區省會特別市政府及縣市政府所在地依本規則規定設立救濟院

各縣鄉區村鎮人口較繁處所亦得酌量情形設立之

第二條　救濟院分設左列各所

一養老所　二孤兒所　三殘廢所　四育嬰所　五施醫所　六貸款所

各縣各普通市及鄉區村鎮設立救濟院時對於前項列舉各所得分別緩急次第籌辦亦得斟酌各地方經濟情形合併辦理

第三條　救濟院設院長一人綜理院務副院長一人襄理院務各省區由民政廳各特別市由市政府各縣各普通市及鄉區村鎮由縣市政府就當

地公正人士中選任之

第四條　救濟院各所各設主任一人辦事員若干人管理各該所事務由院長副院長選任並呈報主管機關備案

第五條　救濟院按照各所情形分別選任教員醫士看護婦及雇用乳媼公丁若干人

第六條　救濟院地址得利用寺廟或公共適宜場所

第七條　救濟院基金由各地方收入內酌量補助或設法籌募

各地方原有之官立公共慈善機關其性質有與本規則第二條各所名義相當者得因其地址及基金繼續辦理改正名稱使隸屬於救濟院

第八條　救濟院各所之基金應組織基金管理委員會分別管理之

基金管理委員會由地方法團公推委員若干人組織之救濟院院長副院長為當然委員

第九條　救濟院基金無論何項情形不得移作別用

第十條　救濟院基金管理委員會得呈准主管機關以其基金購置不動產一經購置以後非呈准主管機關不得變賣

第十一條　救濟院經費以基金利息及臨時捐款充之

第十二條　各地方慈善事業由私人或私人團體集資辦理者一律維持現狀但須受主管機關監督

第二章　養老所

第十三條　凡無力自救之男女年在六十歲以上無人撫養者均得收養於本所

第十四條　養老所收養之衰老男女應教以有益身心之課程並按其體質令服左列各種操作但衰老或疾病難支者得免除之

（甲）室內操作

一　糊裱紙類物品

二　紡織及編造等物

三　簡單書畫等類

(乙)室外操作

一　飼養家畜

二　栽種植物

(丙)本地適宜簡單工藝

(丁)其他體力堪勝之操作

第十五條　養老所應注意留所者之心理得給以娛樂或講演以調劑其生活

第十六條　養老所應爲左列之設備

(一)教室

(二)工作室

(三)遊戲場

(四)男寢室　女寢室

(五)飯室

(六)男浴室　女浴室

(七)其他應備房間

前列各室及場所應酌量情形次第籌辦均須保持清潔適合衛生

第十七條　飲食起居須守規定時間衣服被褥須隨時晒灑

第十八條　凡罹疾病者應隨時送入施醫所診治其患傳染病者須隔離之

第十九條　凡死亡者須由該所主任報經院長副院長會同公安局或司法官廳派員勘驗後備棺殮葬其有親屬者應通知其親屬限於二日內具領逾限不領仍由救濟院埋葬

死亡者遺留私有物品交其親屬無親屬者收作公產

死亡者由院埋葬時應將其姓名年籍註明石標立於塚前

第三章　孤兒所

第二十條　凡在六歲以上十五歲以下貧苦無依之幼年男女均得收養於本所

第二十一條　依前條規定入所之幼年男女除被人遺棄由司法官署或公安局送養者外均應由其親鄰妥實保證方得入所

第二十二條　孤兒所孤兒應按照年齡送就近相當學校免費肄業所內設備事項準用第十六條之規定但一二兩項得酌量辦理

第二十三條　孤兒所收養之幼年男女於成年出所時應介紹以相當職業

第二十四條　孤兒所收養之幼年男女如有願領作養子養女者須具領狀並覓取殷實舖保二家經所調查屬實方准照領後倘有虐待或轉賣情事除將原領之人收回外並由院將領主保人一併移送司法官廳依法訊辦

前項領出之男女救濟院得隨時訪查驗視

第二十五條　第十七條至第十九條之規定孤兒所得適用之

第四章　殘廢所

第二十六條　殘廢所設備事項除準用第十六條之規定外對於入所者應分肢體殘廢及盲啞三種就其各個能力於左列課程中分別選授之

(一)千字課(二)手工(三)簡易算術(四)平民常識(五)音樂(六)詞曲(七)說書(八)各種工藝

第二十八條　殘廢所經費充足者應增聘教員開辦盲啞學校

第二十九條　殘廢人受教養後確能自謀生活者應爲介紹職業令其出所

第三十條　第十七條至第十九條之規定殘廢所得適用之

第五章　育嬰所

第三十一條　凡貧苦及被棄之男女嬰孩均得收養於本所前項嬰孩須在六歲以下者

第三十二條　育嬰所僱用飼嬰之乳媼每媼飼嬰一名爲限如有困難情形時育嬰所得呈准院長副院長改用適宜之代乳品

第三十三條　育嬰所應設置遊戲場浴室並置各種有益之玩具

第三十四條　收養男女嬰孩年滿六歲以上時應送入孤兒所其無父母及無主之嬰孩並準用第二十四條之規定辦理

第六章　施醫所

第三十五條　施醫所為診治貧民疾病並輔助衛生防疫各行政而設

第三十六條　施醫所醫士須精選長於醫術得官署許可證者聘任之

第三十七條　施醫所應設備左列各室

（一）醫士室（二）診士室（三）手術室（四）藥劑室（五）掛號室（六）待診室

第三十八條　除救濟院收容之人或赤貧無力者外得酌收掛號費其數目由主管機關參酌地方情形自定之

第三十九條　診治時間每日上午八時至十二時下午一時至五時但遇有危急症應隨時診治

第四十條　西藥由施醫所備辦概不收費中醫除赤貧者外由病人自購

第四十一條　施醫所醫士不許收受病人餽送

第四十二條　施醫所輔助衛生防疫各行政應受主管機關之指揮

第四十三條　每年種痘時期由施醫所負責種痘并須先期佈告

第七章　貸款所

第四十四條　貸款所為救濟貧民貸與營業資金而設

第四十五條　凡貧苦無資營業之男女向貸款所貸款者須合左列各款之規定

（一）年在十五歲以上確無不良嗜好者

（二）志願作本營業或曾為營業而確無資力者

（三）具有殷實舖保或妥當保人者

第四十六條　貧民貸款須按前條調查確實方准照貸

第四十七條　每人貸款額數以五元至二十元為限概不取息

前項貸欵得斟酌情形規定陸續歸還辦法

第四十八條　貸款期滿仍不還本者責成保人代償

第四十九條　逾期不能還本查明實有意外變故時得由主任呈明院長酌量辦理

第五十條　凡假營業名義借欵而不營業者除追還貸欵外並送交公安局予以相當處分

第八章　附則

第五十一條　救濟院各所收支欵項及辦事實况均由院長副院長按月公布並分別造具計算書及事實清冊呈報主管機關査核

第五十二條　救濟各所辦事細則由各該主管機關核定之

第五十三條　救濟基金管理委員會之組織及辦事細則由各該主管機關酌定具報内政部備案

第五十四條　凡捐助救濟院欵項或不動産者由主管機關核給獎勵其捐額値國幣五千元以上者具報内政部核奬

第五十五條　本規則所稱各主管機關其區別如左

（一）省區政府所在地以民政廳爲主管機關

（二）特別市以特別市政府爲主管機關

（三）各縣各普通市及鄉區村鎮以縣市政府爲主管機關

第五十六條　各縣及普通市之救濟院一切組織設施冊報等項經縣市政府處理後仍應呈報該管民政廳考核其依本規則之規定應報内政部核辦或備案者亦應呈由該管民政廳核轉

第五十七條　本規則如有未盡事宜得由内政部修正之

第五十八條　本規則自公布日施行

薛篤弼說：「市政之在我國，向不注意，其實市政爲文化精神之表現，市政辦理良善，則一切政治，文化，風俗，教育 均隨之而優良，換言之，即代表國家文明也，然後此精神，推之於鎮村，則文化亦隨之而逐漸發展，……欲建設新的市政，非市民與官廳合作，不易成功，因爲吾人革命，打倒軍閥，打倒帝國主義，是要全民共同努力的，現在地方上不安甯，不整齊，不清潔，我們也要上下一致，共同努力，往安甯整齊清潔上做去，古所謂守望相助，疾病相扶持，就是這個道理！」

會議記錄

第一次處務會議紀錄 十八年八月一日

出席者　孫祖基　朱士圭　聶文杰　李冠傑　沈維棟　江祖岷

主席孫主任　　紀錄金禹範

（一）恭讀遺囑

（二）討論事項

一、籌備處辦事細則案　議決俟省府條例頒布後再行起草

一、處務會議條例案　議決由沈科長起草

一、處務會議開會日期案　議決定每星期二上午九時至十時

一、規定各科工作計劃案　議決由各科起草後至下二次會議再行提出討論

一、出版刊物案　議決分定期與不定期二種

（甲）定期刊物定名爲『無錫市政』每月廿五號出版一次編輯體裁由編輯股擬定于下次會議提出（乙）不定期刊物擬印行單行本至宣傳事宜每科指定一人担任撰述關於新聞消息等於每日下午四時以前交編輯股發出

一、填寫職員履歷表案　議決由總務科製就表格分發填寫

一、職員考核法及工作報告案　議決由沈秘書會同工務科長朱士圭起草于下次會提出討論

一、撤消市産保管委員會案　議決由江總務科長先行接洽再定辦法

一、處理文件順序　案議決由沈秘書擬定辦法提付下次會議討論

一、改訂一切舊章案　前市行政局一切章程今已不適于用議決由各科詳細審查後另行訂定

一、取消舊證章案　議決即日登報取消新證章由江科長擬定式樣製用在新證章未製成以前暫發長條鈐印臨時出入册以資識別

第二次處務會議記錄 十八年八月六日

出席者 孫祖基 沈維棟 聶文杰 朱士卜 李冠傑 江祖岷

主席孫主任 紀錄金禹範

(一)恭讀遺囑

(二)宣讀上次記錄

(三)報告事項

先由主席報告上次議決各案已分別執行外謂此次進省謁見經民廳長及鈕主席談及第一區公所亦應設立專司組織鄉鎮訓練人民及辦理人事登記諸事云云

次由江科長報告接洽市產保管委員會經過情形畧謂前日與陳湛如錢孫卿二君接洽結果決定該會各委員會同本處負責人員定期開會辦理交代

(四)討論事項

一、沈秘書提議本處處務會議議事規則已現擬定請付討論案 議決照原提案通過

一、沈秘書提議本處職員工作週報表格式現已擬定請付討論案 議決照原案通過

一、沈秘書提議處理文件順序表案 議決照原案通過

一、編輯股提議發刊『無錫市政』辦法案議決照原案修正通過

一、工務科提議請購置儀器案 議決將其中重要者分批購備

一、工務科提議建築執照式樣案 議決照原案通過

一、規定拓寬城內各街道案 議決照原提案通過

一、派員出席市產保管委員會案 議決星期六下午二時由江聶二科長出席

一、設立時疫醫院案 議決由李江二科長負責籌備定一星期內辦妥

一、人力車取締辦法案 議決由朱聶二科長擬定辦法下次會議提出討論

一、北門外應設立菜場案 議決由工務科負責籌備計劃

一、接收南門清名橋菜場案 議決俟該菜場道路竣工後即日派員驗工接收

一、起草公園管理規則案 議決由社會科起草

一、確定公园名稱案 議決由社會科設法徵求名稱

第三次處務會議記錄 八月十四日

出席者　孫祖基　沈維棟　聶文杰　朱士圭　江導山　李冠傑

主席　孫主任　紀錄　金禹範

(一)恭讀遺囑

(二)宣讀上次紀錄

(三)報告事項

主席報告（一）江蘇省政府及江蘇省土地委員會指令本處呈報成立及啓用鈐計應准予備案(二)本處職員工作週報表現已印就分發塡寫每週由各科長彙齊後送主任核閱(三)『無錫市政』第一期大約在廿五號可以出版請各科將所有一切刊載之稿件于本月廿日前送交編輯股以便刊載

江科長報告畧謂市產保管委員已於上星期六下午會同聶科長辦理接收當時市產保管委員出席者爲錢孫卿陳湛如蔡松如三君各種文件現有聶科長保管

李科長報告時疫醫院經過情形畧謂時疫醫院承各界熱心捐款甚爲湧躍現已籌備就緒下星期內即可開診

(四)討論事項

一、沈秘書提議本處各科所擬計劃應經處務會議議決通過去方得表發　議決通過

一、工務科提議本處拓寬道路章程案　議決交沈秘書江科長審查

一、工務科財政科提議添放人力車輛案　議決由財政工務二科擬定添放辦法後俟下次會議再行提出討論

一、工務科提議常雇砌街匠二人小工二人隨時在外修理街道案　議決交本星期五預算會議列入預算

一、工務科提議本市分區案　議決照原則通過

一、社會科提議本科工作計劃現已擬定請付討論案　議決交下星期一審査會議討論

一、財務科提議本處住房捐章程現已擬定請付討論案　議決請江科長審查

一、財政科提議本處房產估價委員會章程請付討論案　議決交李科長審查

一、財務科提議擬定征收店房捐章程請付討論案　議決交沈秘書審查

一、財政科提議擬定征收車輛牲力捐章程請付討論案　議決交朱科長審査

一、財政科提議擬訂本處市有房屋租賃章程請付討論案　議決修正通過

一、財政科提議前市行政局補助各公團經費應否照舊補助案

議決各項經費條例交下次會議討論

一、總務科提議本處工作人員發到問題　議決由各科自行辦理

一、組織市政府討論委員會案　議決由沈秘書起草條例提出下次會議審查

第四次處務會議紀錄八月二十日

出席者　孫祖基　沈維棟　聶文杰　朱士上　江祖岷　李冠傑

主席　孫主任　紀錄　金禹範

（一）恭讀總理遺囑

（二）宣讀上次紀錄

（三）主席報告（一）本民政廳農礦廳建設廳令本處呈報啓用鈐記指令呈悉（二）市有房屋租賃章程業經本處公佈依照章程規定凡以前學務處市公所及市行政局時代所訂契約無論滿期未滿期須一律重訂新約以資整理現在本處新製租賃合同業已印就即日起登報通知租戶限九月十五日以前來處換約（三）時疫醫院已於昨日開診

李科長報告（一）接收縣公安局衛生事宜本處已派公益股長張之彥前往接收當時收到卷宗十七件（一號至十八號）內缺十一號卷宗一件係產婆登記等事項（二）本月十二日縣黨部召集各

一、總務科提議職員履歷表格式現已擬就請付討論案　議決修正通過

一、戚墅堰電氣廠請求自由車執照免費案　議決官辦機關暫照七折徵收照費

機關團體開第一次籌建中山大禮堂籌備會本處亦指派代表出席當時決定該堂建築費爲一萬五千元其餘募集之地點未定（三）本月九日縣黨部召集國貨展覽會籌備會本科派員出席十四日開第二次籌備會本處被推爲設計委員付主席該會擬商借公園全部爲會場經濟擬由救國會提撥一千五百元工整會一百元本處一百元其餘募集之

（四）討論事項

一、國貨展覽會籌備委員會函請借用公園爲會場並請補助經費一百元請付討論案　議決補助費照撥公園准予借用借用條件交公園管理委員會訂定之

一、沈秘書提議擬具市政討論委員會組織條例請付討論案　議決修正通過

一、沈秘書提議擬具請領補助費暫行條例請付討論案　議決修正公布

一、江科長沈秘書會提審查拓寬道路章程及規定道路等級表已完竣請付討論案　議決修正通過

一、沈秘書提議審查征收茶捐章程及征收店房捐章程已完竣請付討論案　議決修正通過

一、李科長提議擬具暫行清潔道路規則請付討論案　議決交沈秘書江科長審查

一、李科長提議擬具公園管理暫行條理請付討論案　議決交沈秘書江科長審查

臨時處務會議紀錄 八月二十一日

出席者　孫祖基　沈維棟　聶文杰　朱士仁　江祖珉　李冠傑

主席　孫主任　　紀錄　金禹範

（一）恭讀總理遺囑

（二）宣讀上次紀錄

（三）報告事項

孫主任報告略謂昨日處務會議因時間匆促各項條例未及審議者尚多故今日特開臨時會議俾資討論

（四）討論事項

一、聶科長提議房產估價委員會章程已經審查完竣請付討論

一、聶科長提議擬具財政科征收員服務及懲獎規則請付討論案　議決交朱李兩科長審查

一、聶科長提議擬具漏捐車輛牲力處罰規則請付討論案　議決交李朱二科長審查

一、沈秘書提議各科工作計劃已彙集應付討論案　議決交沈秘書審查

一、李科長提議產業登記案卷及垃圾箱款項應否請公安局補行移交案　議決請縣政府轉令公安局即日移交

案　議決修正通過

一、朱聶二科長會提擬具添放人力車辦法請付討論案　議決修正通過

一、江科長沈秘書會合提議審查暫行清潔道路規則完竣請付討論案　議決修正通過

一、江科長沈秘書會提議審查招考衞生指導員規則請付討論案議決修正通過並指定沈秘書江科長李科長三人爲考試委員

一、朱科長提議審查車輛牲力捐暫行章程完竣請付討論案

議決修正通過

一、朱科長提議擬訂取締建築章程請付討論案　議決交沈秘書審查

第五次處務會議紀錄 八月廿七日

出席者　孫祖基　沈維棟　江祖岷　朱士圭　李冠傑

主席孫主任　　紀錄金禹範

(一)恭讀總理遺囑

(二)宣讀上次會議紀錄

(四)報告事項

主席報告略謂前數屆會議通過之市有房屋租賃章程請領補助費暫行條例拓寬道路章程(附規定道路等級表)市政討論委員會組織條例添放人力車辦法征收店房捐章程房產估價委員會章程暫行車輛牲力捐章程征收茶捐章程暫行清潔道路規則業經先後公佈施行(二)請領補助費暫行條例拓寬道路章程(附規定道路等級表)徵收店房捐章程房產估價委員會章程暫行車輛牲力捐章程徵收茶捐章程六種規章已備文呈請民政廳備案(三)衛生指導員已登報招考考期定九月五日(四)昨日晶科長會同工務科楊股長赴申採辦工程測繪器具(五)縣政府函本處擬舉辦筵席捐請飭屬勿得在市區內舉辦同性質之捐稅以免架疊復算已飭屬遵照

(四)討論事項

一、主任交議市政討論委員會組織條例已公佈施行委員應如何延聘案　議決函聘榮德生唐星海薛明劍楊翰西蔡兼三江應麟王傳璧錢孫卿蔡有容高踐四華少純陳湛如陳品三姚鴻治周寄湄華邱椿薛壽萱胡桐孫等十七人爲本處市政討論委員會委員

一、沈秘書提議審查取締建築章程完竣簽注意見請付討論案

議決修正通過

一、主任交議編訂門牌應如何進行案　議決請朱李二科長擬具辦法交下次會議討論

一、沈秘書提議審查各科工作計劃已完竣再擬具本處工作計劃草案請付討論案　議決交各科傳觀後發表

一、朱科長提議審查財政科徵收員服務及懲獎規則又漏捐車輛牲力處罰規則已完竣請付討論案　議決修正通過

一、工務科提議擬具管理及取締人力車章程檢驗車輛辦法請付討論案　議決交江李二科長審查

一、工務科提議南門外菜場已完工擬請公安局即日執行將所有菜攤遷入營業並佈告案　議決佈告定九月一日開幕並函請公安局令附近菜擔遷入營業

一、工務科長提議擬招致技術員二名練習生二名　議決先聘技術員一名練習生一名

一、工務科提議改正取締股呈報發給建築執照手續案　議決通過

一、社會科提議擬訂衛生指導員服務細則請付討論案　議決交沈秘書審查

一、總務科提議擬具『無錫市政』簡則請付討論案　議決交沈秘書審查

公園道

公園道爲補充公園之不足，以資市民遊憩暢懷之大道，查本市現有公園三處，而幅幀不廣，且失聯絡，亟宜求補充之方法，故宜闢公園道，以補不足，公園道之式樣，擬定車道寬闊十公尺，道之中央樹立電燈柱，柱式一列，燈樣用最新直綫派，以壯觀瞻，而便交通，兩傍人行道，各寬二公尺半，道邊各植樹一排，採選樹木，富有庇蔭，而易於栽植者，相距約五公尺，以期綠蔭濃厚，夾道對峙，成爲一美化之康莊大道。

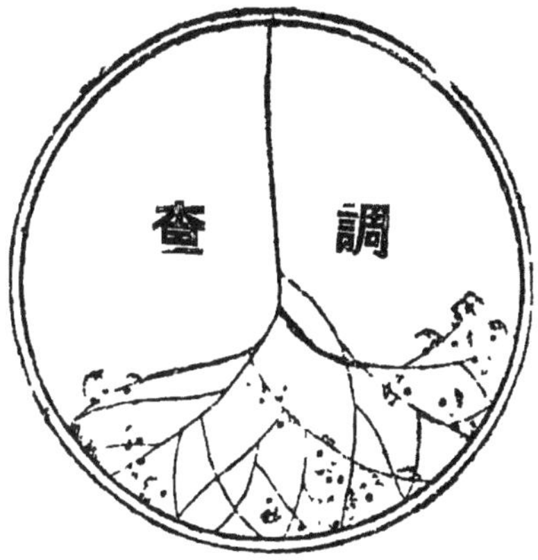

社會調查綱要

八月一日中央常會閉會、組織部提出之社會調查綱要草案、當經通過、茲誌各縣現狀調查綱要、其全文如下、

一、土地與人口

一、耕地面積與荒地面積之比較情形、二、官荒地畝、與民荒地畝之比較情形、三、每畝田最高價格最低價格與平均價格、四、每畝地最高價格最低價格與平均價格、五、湖塘山丘等之最高價格最低價格與平均價格、六、公有土地有無營管機關、其狀況何似、七、每畝土地過去稅收的情形、八、無人納稅之荒地有幾何、九、有人納稅而不耕之地有幾何、十、自國民革命軍達到後有無整理之耕地、十一、全縣戶籍總數、十二、男女老幼以及壯丁人口總數比較情形、十三、遊民及乞丐等之人數、十四、曾否清查戶口及其方法之概要、

二、產業與產品

一、全縣生產力與生產額之統計比較、二、全縣之天然富源、三、大規模之工商事業、四、出產品的名稱種類及產量、五、每年輸出數量及銷售場所、

三、交通與建設

一、車輛及一切運輸情形、二、最長度與最寬度之道路及其建築情形、三、河道或漁港商港之現狀及濬治的情形、四、電話交通及電報交通的情形，五、自國民革命軍達到後、有無新建及關於河道與馬路之新計劃、

四、農業與農村

一、灌溉排水用具之設備有無改良、二、有無採用西式農具及公共設備、三、肥料種類來源及每種每石平均價格、四、每歲

出產佔多數之農產物、五、一般農村組織之情形及其特殊現象、六、有否實行類似保辦等制度或其他自衛的組織與方法、七、有否試行新的生產方法或舉辦農村合作事業、八、一般農民之佃租方法、九、一年中每畝平均之農產量及繳納租額之比較情形、十、農忙時期與尋常時期僱農工資之比較、十一、一般農民借貸之利率及期限方法種類等、

九、工業與工人

一、全縣較大的工廠及其產品種類製造能力、二、工廠性質及其營業現狀、三、手工業的類別及其盛衰原因和趨勢、四、有無改良各種產品之新計劃、五、一般工人受待遇的各種情形、六、全縣工人總數及其組織者之數目、七、失業工人與在業工人之比較、八、勞資雙方的感情如何、有無仲裁機關、

六、商業與商人

一、每歲最易銷售之商品種類名稱、二、大部份商品之來源與銷售概況、三、有無關於促進商業之新計劃、四、有無新的商業事業之舉辦及其現狀、五、商人團體有無組織、其組織之情形如何、六、一般商人借貸之利率、及期限方法種類等情形、七、店員每月工資之最高額與最低額、

七、教育與風化

一、全縣教育機關及教育行政機關之名稱與數目、二、全縣教育經費之籌措、與其清理保管等情形、三、關於全縣受過小學教育、中學教育、大學教育、或入私塾義塾者、以及成年人識字者等等人數之統計、四、在學青年與失學青年之比例、五、有無公共閱報室通俗圖書館、公共運動場等、及其他各種之設備情形、六、農村教育發展之程度與困難、七、職業教育發展之程度與困難、八、有無實用科學上研究者與發明、九、有無科學與文藝之集會結社與出版、十、青年學生之體育訓練情形、十一、一般人民崇信何種宗教、用何種儀式、十二、宗教信仰不同者有無惡感、教民與非教民有無衝突、十三、全縣大小廟宇數目、及廟產之總額、十四、縣中公正紳耆與宿學之士、並舉示姓名、及其人格學問上之特點、十五、每年賭風最熾時期、及成年男子或婦女賭博者與全人口之比例、十六、男子或女子嗜酒與吸雅片者、各約佔全人口幾分之幾、十七、普通結婚年齡採用儀式、以及蓄婢納妾童養媳或姦淫買賣人口等風氣、十八、普通舉行喪殯禮節之繁簡、奇子承繼遺產的習俗、以及待遇寡婦之習慣等情事、十九、有無婦女纏足男子蓄髮等風氣、其人約佔全人口幾分之幾、二十、有無迎神賽會、或定期演戲等情事、

八、社會與公安

一、有無育幼養老救災濟貧等團體之組織、以及各種事業之辦理情形、二、人民集會結社之團體性質及其名稱、三、人民言論出版等情形、四、全縣人民的食料、是否足資供應、有無爲人民修養身心之娛樂機關之設置、以及改良情形、六、每年有無災荒、何種災最烈、在何季候發生、與被害之程度、并有無防止方法、七、人民每年患疾病者以何種爲最多、其原因何在、八、民間疾病有無特別施救法術、及素負盛名之醫士、九、關於一切公法團體名稱組織經費及其工作情形、十、有無民團或其他捍衛機關、其組織如何、編制如何、人數若干、槍支總數、經費如何籌措、以及主管之人或機關等情形、十一、有無秘密性的人民團體、若青紅幫理教等、其勢力及影響何如、

九、財政與金融

一、全縣每年財賦徵收總額、二、每年忙漕正稅總額、及其征稅方法、三、有無預征情事、或其預征之總額爲幾何、四、每年地方有無其他各種附加稅之施行、並其名稱數量與征收方法、五、各種徵稅之計算法、或有無弊端、以及有無有地無糧有糧無地與不報免徵等事、六、全縣金融流通情形、及最通行之紙幣名稱、七、有無地方或私人發行之兌換券、與他種紙幣、其全額若干、信用如何、

十、行政與司法

一、鄉區之如何劃分、及鄉村間行政制度之實況、二、行政與司法官吏之賢明與貪污、三、懲治盜匪之工作、四、懲辦豪劣及其奔競之工作、

無錫紡織廠調查報告書

無錫縣社會調查處
調查員　薛英

衣食住行，爲人生所必需；紗與布爲製衣原料，所關尤鉅。惜乎國人經濟力薄弱工業人才缺乏，機械等概需購自外國　動受經濟侵略之壓迫，益以國內政治，屢生變化，工人程度低下，易受煽惑，故紡織工業雖直接關係於民生，而積年努力之結果去自給之程度尚遠。吾錫紡織工業，素稱發達，惟據現在情形以觀，各廠所用原料，十之九須仰給外貨，即紡織機械亦甚缺乏，出品每不能敵舶來品之光明鮮豔，自非亟加改良不可。茲將調查所得，分誌於後

甲、紡織廠

一、導言：　無錫之紡織廠，共有業勤、振新、廣勤、申新第三、豫康、慶豐六廠。內振新自民國十六年冬停工以來，迄未復業．此外業勤、豫康二廠，專營紡紗。廣勤、申新第三、慶豐、三廠，紡紗以外，兼營織布。

二、歷史：　業勤紗廠，創設最早，尚在遜清光緒二十年，惟今爲復興公司租賃營業。次振新，創設於遜清光緒三十一年。廣勤創設於民國六年八月。申新三廠創設於民國八年。豫康創設於民國十年十一月。慶豐創設於民國十一年。

三、資本額　業勤廠創設時之資本額，未與調查．今復興公司之營業資本額爲二十一萬元。廣勤廠資本額一百萬元；另有公積金二十萬元。申新三廠資本額三百萬元。豫康廠資本額一百十五萬元。慶豐廠資本額八十萬元。

四、負責人：　復興公司經理楊伯庚。廣勤廠總理楊翰西。申新三廠經理榮德生。豫康廠經理楊壽常。慶豐廠長唐保謙。

五、機械及原動力　業勤廠引擎馬力四百匹，每日用煤十四噸，紗錠一萬八千八百三十六枚。廣勤廠引擎馬力六百匹，每日用煤二十五噸，紗錠二萬枚，織布機七十架。申新三廠自發電透平二座，馬力四千匹，除自用外，尚供給茂新一二廠及開原電燈廠之用，此外有紗錠五萬一千零八枚，布機五百零四架。豫康廠引擎馬力五百匹；每日用煤十六噸；紗錠一萬八千枚。慶豐廠透平馬力一千二百四十匹；每日用煤二十六噸，每匹馬力每小時用煤二、四磅．全廠紗錠一萬二千四百枚；織布四百架。各種應附機械，各廠均全：

六、原料及出品．　業勤廠每年用棉二萬五千担，出產十支十二支十四支十六支棉

紗六千至七千件，值銀一百四十萬元。廣勤廠每年用棉四百七十四萬五千斤，出產棉紗一萬二千箱．布二萬五千匹，值銀二百零八萬零七百五十兩。申新三廠每年用棉七萬二千一百五十一担，產紗四萬六千八百件，布一百萬九千二百匹，值銀九百萬元。豫康廠每年用棉二萬三四千擔，產紗七千件．值銀一百三四十萬元。慶豐廠每年用棉四萬担；產紗一萬二千件，絨布二萬五千匹，布六萬匹，值銀三百六十萬元。

七、出品商標： 業勤廠爲四海昇平。廣勤廠爲織女，飛鷹。申新三廠爲人鐘，平蓮，好做，握手，美女。豫康廠爲月娥，九龍。慶豐廠爲雙魚，牧童。

八、運銷情形． 各廠產紗及布，大部運銷本省各縣，間有推銷至安徽，河北，廣東，陝西，甘肅，南洋者。

九、職工待遇： 復興公司有職員四十名，工人男子二百名，女子八百名，童子七十名；待遇職員每月最高一百元，最低十二元，工人男子每月最高六十元，最低十一元，女子每月最高二十四元、最低六元，童子每月最高十九元．最低六元，廣勤廠有職員五十六人．工人男子（連童子）四百八十五人，女子一千四百七十八人；待遇職員每月最高六十元，最低六元，工人男子每月最高八十三元，最低十元八角，女子每月最高二十七元．最低六元，童子每月最高九元，最低六元。申新三廠有職員一百零五人．工人男子七百五十五人，女子三千二百二十一人，童子一百五十八人；待遇職員每月最高二百元，最低十二元，工人男子每月最高一百五十元，最低九元，女子每月最高三十元，最低七元五角，童子每月最高十元五角，最低六元。豫康廠有職員五十三人，工人男子二百五十二人，女子九百九十二人，童子一百四十人，待遇職員每月最高五十一元，最低二元，工人男子每月最高六十元，最低十一元，女子每月最高二十四元，最低六元三角，童子每月最高十五元六角，最低六元。慶豐廠有職員一百十五人，工人男子三百五十人，女子一千四百六十人，童子一百九十八人；待遇職員每月最高一百五十元，最低二元，工人男子每月最高三十六元，最低十元九角，女子每月最高二十八元，最低四元五角，童子每月最高九元五角，最低四元五角。職員膳食，俱由廠供；紅利或分總數十三分之一，或分總數十分之一。工人膳食，俱行自備，紅利無規定；獎勵亦無定。教育及娛樂組織：廣勤廠有廣勤小學，于胥樂公園，體育場，通俗教育館。申新三廠有俱樂部及運動場。業勤廠在籌備中。餘均付缺：

十、困難情形一般： 各廠困難情形，可彙併爲數點：（1.）原料昂貴。（2.）捐稅繁重。（3.）工價比前增加。（4.）出數比前減少。（5.）工人知識沖弱，易受人愚弄。倘有一點爲業勤廠所特有者，機械老舊，祇紡成粗紗；且出品遲鈍，粗細不勻，售價較新廠出品有十餘元之高下是也。

十一、調查心得： 生活程度，繼長增高，工人待遇，固宜增加，但同時宜提倡增高工作能力。夫改良農產，不論政府或私人，俱已加以注意矣，獨對此點，向未慮及，竊意工人待遇增高，資方負担加重，苟工作不增加，出品不改良，資力受損過鉅，勢必入不敷出，此有關於工業前途至鉅。據廣勤廠稱，該廠現改計工制爲計件給價制，初改變時，工人不知底蘊，曾起風潮，但自改制以後，工人之能力強者，工資增加甚多；竊意此法寓獎賞於勸勉，倘研究無弊害，他廠當亦不妨試行也。

乙、染織廠

(一)導言：無錫現有染織廠，麗新、勸工、南昌、瑞生祥、麗華、大生、光華、新藝、競華、九綸、恆豐、新華、大華、華豐、蘊華、十五處，又正在備籌而一部份開工者、有振華、九華、二處，前經開設，中途停業，現已籌備復工者，有怡盛一處；前經開設，現已停業者，華成森一處。內已開設或正在籌備之十八處中，設於城廂者十處，設於鄉間者八處。資本額以麗新爲最鉅，設備亦獨周，其餘設備均不全，資本最小者僅二三千元。

(二)歷史： 勸工廠成立於遜清宣統元年。瑞生祥、南昌廠，俱設立於民國二年。麗華、光華、廠俱設立於民國六年。麗新廠成立於民國九年一月。新藝廠成立於民國十一年。新華廠成立於民國十五年一月。恆豐、九綸、競華廠俱成立於民國十五年。蘊華廠成立於民國十六年。華豐廠成立於民國十七年八月。大華大生二廠，俱成立於本年。

(三)資本額： 勸工廠資本額四萬元。瑞生祥資本額九千元，南昌廠資本額五千元。麗華廠資本額四萬元。光華廠資本額一萬元。麗新廠資本額六十萬二千八百元。新藝廠資本額七千五百元。新華廠資本額一萬五百元。恆豐廠資本額三千元。九綸廠資本額五千元。競華廠資本額一萬元。蘊華廠資本額二千五百元。華豐廠資本額三千元。大華廠資本額一萬元。大生廠資本額一萬零二百元。

(四)負責人： 勸工廠經理吳玉書。瑞生祥經理陳偉雲。南昌廠經理龐子輝。麗華廠經理吳仲炳。光華廠經理蔣鏡海。麗新廠經理唐驤廷，副經理程敬堂。新藝廠經理陳仲藩。新華廠經理高修彥。恆豐廠經理黃蔚如。九綸廠經理胡慕陶。競華廠經理吳純如。蘊華廠經理任士記。華豐廠經理徐子周。大華廠經理諸質珊。大生廠經理徐湧潮。

(五)機械數及原動力： 各廠資本微薄，除麗新廠有引擎馬力三百匹，另馬達二十座，共馬力四百匹，麗華廠有馬達四座，馬力二十五匹；恆豐廠有馬達一座，馬力三匹外，餘俱用人力。各機械數計勸工廠有木機一百五十座，鐵木機五十座。瑞生祥有木機五十七座，南昌廠有鐵機二座，木機十八座。麗華廠有木機一百五十二座。鐵木機四十二座。光華廠有鐵木混製機四十座木機六十座。麗新廠有鐵織機五百十二座；鐵木混製機一百五十座；絲布紗綫機全副；漂染整理機全副；餘提花機漿紗機等附屬機械均全。新藝廠有木機七十五座。新華廠有鐵木機四十座。恆豐廠有鐵織機二十二座。九綸廠有木機五十座。競華廠有木機二百座。錦華有木機五十座。華豐廠有鐵木機二十五座，搖車十一部：筒紆機各一部。大華廠有鐵木機二十座。大生廠木機六十座。

(六)原料及出品： 各廠所用原料，大概為二十支，十二支紗及四十二支六十支雙股線。每年需用原料總數：勸工廠每年用原料四百四十件；出布二萬匹，值銀二十四萬元。瑞生祥每年用原料一百十件，出布七千匹，值銀四萬元。南昌廠每年用原料三百七十五件；出布三千匹，值銀二萬一千元。麗華廠每年用原料三百四十件出布二萬匹，值銀二十萬元。光華廠每年用原料一百件，出布五千匹，值銀六萬元。麗新廠每年用原料二千件，另用顏料約值銀十二萬元，出布十萬五千匹，，值銀一百二十萬元。新藝廠每年用原料紗綫七十件，人造絲一箱；出布七千匹，值銀四萬元，新華廠每年用原料二百件：出布七千匹，值銀十萬元。恆豐廠每年用原料一百件，出布四千匹，值銀六萬六千元。九綸廠每年用原料紗綫五十件，人造絲五箱，出布五千匹 值銀二萬元。競華廠每年用原料一百六十件；出布六千匹，值銀八萬元。錦華廠每年用原料四十件，出布四千匹 值銀二萬元。華豐廠每年用原料八十件；出布四千匹，值銀四萬至五萬元。大華廠每年用原料八十件，出布四千匹，值銀四萬七千元。大生廠每年用原料五十五件；出布三千八百匹，值銀一萬九千元。

(七)出品商標： 勸工廠為小金山及勸工牌。南昌廠為牛郎織女。麗華廠為雙飛龍。麗新廠為雙鯉，司馬光，天孫織錦，鯉星，惠泉山，千年如意。新華廠為壽星，葫蘆。華豐廠為蝴蝶，萬象。餘均尚未訂言。

(八)運銷情形： 各廠出品，大都運銷本省各縣市，間有運銷至南洋者。

(九)職工待遇： 勸工廠有職員三十八人，工人男子二十人，女子一百五十人，童子三十八；待遇職員每日最高三十元，最低三元，工人男子每日最高八角，最低四角，女子每日最高六角，最低三角，童子每日最高二角五分，最低一角五分。瑞生祥有職員五人，工人男子五人，女子八十人；待遇職員每日最高一元，最低二角五分，工人男子每日最高五角，最低二角，女子每日最高四角，最低一角。南昌廠有職員四人，工人男子二人，女子二十六人，待遇職員每月最高十六元，最低六元，工人男子每月十元，女子最高每匹布給工資一元二角，最低每匹布給工資五角。麗華廠有職員二十六人，工人男子二十人，女子一百九十人，童子二十人，待遇職員每月最高三十元，最低十元，工人男子每日最高八角，最低四角，女子每日最高六角 最低三角，童子每日最高二角五分，最低一角五分。光華廠有職員十三人，工人男子十人，女子一百十人，童子十人，待遇員每月最高三十元，最低三元，工人男子每日最高七角，最低四角，女子每日最高五角，最低三角，童子每日最高二角五分，最低一角五分。麗新廠有職員六十三人，工人男子二百五十人，女子四百人，童子二十人；待遇職員每月最高一百二十元 最低五元，工人男子每日最高二元五角，最低三角，女子每日最高一元一角，最低三角，童子每日三角內外。新藝廠有職員男子十人 女子二人，工人女子七十五人，童子二十人；待遇職員男子每月最高二十元，最低十二元，女子每月最高十元，最低八元，工人女子每日最高五角，最低三角五分，童子每日最高二角，最低一角。新華廠有職員十四人，工人男子四十人，女子四十五人；待遇職員每月最高二十元，最低三元，工人男子每日最高八角，最低四角，女子每日最高四角，最低二角。恆豐廠有職員七人，工人男子三人，女子三十人；待遇職員每月最高四十元，最低六元，工人男子每月最高十八元，最低十元，女子每月最高十四元，最低九元。九綸廠有職員男子六人，女子二人 工人女子五十人，童子二十五人；待遇職員男子每月最高十元，最低五元，女子一人，月支七元，一人月支五元，工人女子每日最高五角，最低三角，童子每日最高三角，最低二角。競華廠有職員十三人，工人男子十二人，女子二百人，童子三十人，待遇職員每月最高二十元，最低三元，工人男子每日最高七角，最低三角，女子每日最高五角，最低二角，童子每日最高二角五分，最低一角五分。縕華廠有職員四人，工人男子四人，女子六十人，童子七人；待遇職員每月最高十二元，最低二元，工人男子每日最高七角，最低三角，女子每日最高五角，最低二角，童子每日最高二角五分，最低一角五分。華豐廠有職員十一人，工人男子十五人，女子三十六人，童子三人；待遇職員每月最高二十元，最低一元，工人每日最高一元，最低三角，童子每日三四角不等。大華廠有職員男子十二人，女子二人，工人男子三十人，女子二十人，童子五人；待遇職員每月最高二十元，每低十元，女子各月支銀十元，工人男子每日最高九角，最低六角，女子每日最高三角，最低二角，童子每日最高二角，最低一角五分。大生廠有職員十二人，工人女子五十四人，童子三十人；待遇職員每月最高二十元，最低五元五角，工人女子每日最高三角，最低二角，童子每日最高一角八分，最低一角二分。職員膳食，俱由廠供，紅利或分十成之二，或分十四成之二；或無規定。工人膳食，俱行自備，紅利麗新廠規定百分之五，餘無規定。教育及娛樂組織，麗新廠有補習夜校及娛樂部，餘均付缺。

（十）困難問題一般： 綜合各廠所述，困難問題，可彙合為數點：（1.）染織原料，俱須仰給外國。（2.）缺少整理工場，除麗新外，各廠俱因資本微薄，不能自行設立。（3.）染織為專門工業，有經驗而曾受訓練之工人，不易招聘。（4.）工人能力薄弱，外國工人一人可司機五六座，（指電動機鐵織機而言）而無錫各織廠工人，祇能司機一座；

（十一）調查心得：

（1.）宜增設細紗廠：A.江浙染織業就抵制時期抽取基金所組織之濟生細紗廠，資本短絀，急宜設法擴充。B.獎勵開設細紗廠。

2.）宜獎勵設立製造硫酸、硝酸、鹽酸、及顏料工場：三酸及顏料，於工業上需用至鉅，而現所用者俱係外貨。

（3.）宜設整理工廠：裝置刷毛、燒毛、煮布、漂白、上絲光、染色、烘布、去水、拌布、研光、捲布、碼布、等機，專代各小廠整理出品

（4.）訓練工人，俾瞭解自身對於國家之地位，並提高其生產能力。

（註）、上列各項有一部為本處彈君楚材所調查

無錫麵粉廠製絲廠造紙廠調查報告書

無錫縣社會調查處
調查員 薛英

甲、麵粉廠

我國以農立國，而長江南北，尤爲米麥出產之所，無錫夙以產米麥稱，且于水利之特長，以是麵粉廠之設立極早。然因資本過鉅，國民經濟力之薄弱，工業人才之缺乏；幷以近年來政局之腐化，因之農產歉收；原料價昂，外國麵粉乘機輸入，致麵粉事業未見如何蓬勃，玆據調查所得，逐項敘述如下：

一、歷史： 無錫麵粉廠之設立最早者，廠爲茂新一廠，尚爲遜清光緒二十七年，初名保興，後改組爲今名。次九豐，成立於遜清宣統元年。次泰隆，成立於民國三年十二月。茂新二廠原名惠元，由邑商合資創辦：民國九年，讓渡與茂新公司，改併第二廠。

二、資本額： 茂新一二廠資本額共一百二十萬元。九豐資本額爲二十萬兩。泰隆資本額爲二十萬元。

三、負責人 茂新一二廠經理榮德生。九豐總理蔡緘三。泰豐經理孫華伯。

四、機械數； 茂新一廠共有鋼磨三十六部，惟現祗用二十四部。茂新二廠現有鋼磨二十四部。九豐現有鋼磨三十五部。泰隆現有鋼磨十一部。麥篩粉篩等附屬機械均全。

五、原動力： 茂新一二廠俱用電力，由申新一廠發電機所輸送，計一廠有馬達四座，馬力五百匹；二廠有馬達一座，馬力七百五十匹。九豐引擎馬力四百五十匹，每日用煤十二噸，另馬達一座，馬力三百匹，泰隆引擎馬力二百八十匹，每日用煤十噸。

六、原料及出品： 茂新一二廠每年各用小麥四十萬石，出產麵粉各一百萬元，麩皮各十二萬包，各值銀三百四十萬元。九豐每年用小麥三十萬石，出產麵粉七十萬包。麩皮十萬包，值銀二百四五十萬元。泰隆年用小麥二十萬五千石，出產麵粉五十一萬六千石，麩皮七萬五千包值銀一百八十二萬六千五百元。

七、出品商標： 茂新一二廠俱爲紅綠兵船。九豐爲山鹿及五福。泰隆爲鳥球及龍船。

八、運銷情形： 各廠出品，大部運銷本國江蘇浙江河北遼東等地。歐戰時期，外國工業停頓，英時服務南洋羣島，曾親見有紅綠兵船麵粉銷售市上，該時銷路既暢，營業自曾發達於一時也。

九、職工待遇： 茂新一廠有職員三十三

人，工人最多時用三百人；待遇職員每月高二百元，最低六元，工人每月最高一百十七元六角。最低十三元二角。茂新二廠有職員二十七人，工人二百十五人；待遇職員每月最高五十元，最低四元，工人每月最高四十五元。最低十三元二角。九豐有職員五十餘人，工人二百十餘人；待遇職員每月最高四十五元，最低六元，工人每月最高四十八元。最低十二元五角。泰隆有職員二十四人，工人八十八人；待遇職員每月最高五十元最低六元，工人每月最高四十四元，最低十二元。此外職員膳食，由廠供給，年終紅利，照規定成數分配，工人除酌給津貼外，年終另給雙薪一月。十、困難情形： 據各廠陳述，困難情形極多，彙集之可分下列三端：

(子)近年農產歉收，原料出品稀少，惟特價格騰貴，抑且供不應求，最近五六年，一歲中停機之日，幾及其半。

(丑)生活程度增高，薪金工資增加；一切捐稅，全由廠方負担；袋皮燃料五金附屬品，價格日見高漲；而麥粉價因受外粉輸入影響，不能增加，以最近麥價最高七元五角與粉價比較，除去各項開支，幾無餘利。

(寅)工人囂張，不服節制，風潮屢起，最近同盟罷工，幸賴縣政府調解，始行復工。

(註)上列各項，半為强君楚材所調查。

乙、中國第一製鎂廠

乙、中國第一製鎂廠：

該廠廠址在無錫惠商橋，經理陳彬園，為民國八年十月所成立，資本三萬元，另有公積金三千一百元，專事購進純碱苦滷，精製成炭酸鎂，每年須用純碱二千担，苦滷一萬二千担，每年出炭酸鎂一千五百担，商標無敵牌。年來日本炭酸鎂價步跌，而該廠因原料昂貴，工價增高，成本浩大，不能與競爭，故實際該廠出品，祗能供上海家庭工業社所自用，他處絕少購用者也。內部設備有鍋爐，水汀，磨粉機，抽水機等；共有馬達三座，馬力二十五匹；職員五名；工人男子十八名，女子八名；待遇職員每月最高三十元，最低十六元，工人男子每月最高二十四元，最低十二元，女子最高十元，最低六元，膳俱自備。

丙、利用造紙廠

該廠廠址同製鎂廠，經理陳蓉軒，成立於民國十五年七月，資本二萬一千九百元。蒐集廢紙及竹料，製造連史及毛邊，有厚薄二種，每日能出薄紙十萬張，或厚紙六萬張，品殊精良，惟因不用外國木漿，每令原料成本核至三元，加以煤火人工電力雜費及包裝運輸，每令成本需五元以上，而日本改良連史，貶價競爭，每令售價只四元餘，致不勝其壓迫，兼以國人不加注意，政府未與提倡，今已停辦，倘擬改造厚紙，專供製牙粉袋之用，不識果能繼續開工否也，原有商標『利用』；職員，五人；工人男子二十二名，女子六名。設備造紙機，切紙機，打漿機，抽水機等，俱具體而微。

無錫縣紗廠一覽表

十八年八月

廠名	廠址	性質	經理或廠長	資本	廠屋機械總值	共有紗錠	職工人數	每年出品件數總值	成立年月	商標
業勤紗廠	東門外興隆橋	公司	楊伯庚	三〇〇・〇〇〇元	六〇〇・〇〇〇元	一六・八三六錠	一・一二〇人	七・〇〇〇件 一・四〇〇・〇〇〇元	前清光緒二十年	四海昇平
廣勤紗廠	廣勤路長源橋	公司	楊翰西 戴奎甫	一・〇〇〇・〇〇〇元	一・〇〇〇・〇〇〇元	三〇・〇〇〇錠	二・〇一九人	一三・〇〇〇件 二・六〇〇・〇〇〇元	六年八月	織女 飛鷹
申新三廠	西門外迎龍橋	公司	榮德生	三・〇〇〇・〇〇〇元	六・〇〇〇・〇〇〇元	五二・〇〇八錠	四・三三九人	四六・八〇〇件 一〇・七〇〇・〇〇〇元	八年創辦 十年成立	人鐘平運・好做握手・美女・
豫康紬廠	廣勤路梨花莊	公司	楊冠常	一・一五〇・〇〇〇元	一・一五三・〇〇〇元	一八・〇〇〇錠	一・四三七人	七・〇〇〇件 一・四〇〇・〇〇〇元	十年十一月	月娥 九龍
慶豐紗廠	周山濱	公司	唐保謙 蔡兼三	八〇〇・〇〇〇元	九九〇・〇〇〇元	三二・四〇〇錠	二・一一五人	一三・〇〇〇件 一・六〇〇・〇〇〇元	十一年	雙女 牧童
振新紡廠	西門外太保墩									

（註）一 業勤紗廠於本年租辦與復興公司營業
二 振新紡織廠於十五年冬停工

無錫縣社會調查處製表

圖表四：此處原爲《無錫紗廠全年輸進原料及出品銷路最旺區域圖》，見書後。

圖表五：此處原爲《無錫各染織廠男女工資比較表》，見書後。

圖表六：此處原爲《無錫各麵粉廠全年出品及總值比較表》，見書後。

無錫社會救濟事業機關

△調查報告書

無錫縣社會調查處
調查員　薛英

救災恤鄰，撫孤拆友，千古以爲美德，我國舊社會對社會救濟事業，向極重視；無錫物產豐腴，文化發達，社會救濟事業，歷經先賢提倡，尤較各地爲發達。雖什日情形，大多注重消極事業而忽畧積極事業，然自創設以來，維持迄今，主持者或曾斥重金，或曾耗心血，要俱未可厚非。茲據調查所得，分項敘述：惟時間匆促，諸仿容未周至，識見淺薄，觀察或欠透徹，所望閱者隨時糾正，實深欣幸！

一、歷史：　無錫之社會救濟事業機關，其規模較鉅而爲社會上所共聞共知者，計有育嬰堂，普濟堂，同仁堂，恤善堂，清節堂，孤兒院，溥仁慈善會，紅卍字會，勞工醫院，平民習藝所，等十所。其間育嬰堂設立最早，尚在遜清康熙年；爲知縣吳興祚與秦松期所倡設，尋廢棄，乾隆初金匱知縣王永謙募王邦采秦武由等捐建堂廡，咸豐十年，堂毀；同治六年，復修建。次普濟堂設立於遜清乾隆年；由過涚等姓私人捐建；至光緒中葉，由楊蔡等姓私資重建；民國以來，復經現任董事捐資設女養老院。同仁堂設立於遜清嘉慶年，由秦震鈞華祖程開泰三人捐私產建立。恤善堂設立於遜清道光年，由許永昌創設。清節堂設立於遜清同治年，初由秦鳳翔於金鏞董其事，漸由十鳳儀朱鎬賓士鏞秦燠王元鑄朱鳳銜孫守銘貢鎮寶汝傑等董理。孤兒院設立於民國八年，原爲紀念卜舫濟夫人黃氏而創設。溥仁慈善會設立於民國十一年，爲孫鶴卿吳玉君繆建章等所創辦。紅卍字會爲民國十四年無錫各界人士遵紅卍字總會頒發各分會章程所組織。勞工醫院設立於民國十六年；所以便利工人之患病者，免費診治者也。平民習藝所設立最後，爲本年一月所成立，係由救國會撥基金二萬餘元所創設。

二、事業：　育嬰堂專事收養無人撫育之嬰孩，各給衣服，分介乳婦撫養；什時入堂嬰孩，十死六七，其原因在入堂嬰孩，患病者多；（所死亡之嬰孩，十之五患梅毒，）現方力謀改良，一方增高乳婦待遇，一方延醫檢驗入堂嬰孩；現時由堂撫育嬰孤，據云共有二百八十七名，惟大都寄育外間，實際留堂者，僅三數十名耳。同仁恆善二堂，其所辦之事業，俱為施衣 施米，施藥，施棺，掩埋，數種。清節堂專為收容貞女節婦而設立，惟堂中婦女，大概自備資斧，僅額定二十名，年發銀餅六元已耳。普濟堂專事收養年老而孤獨之男婦，現在留堂者計男八十五名，女二十二名，所有膳宿等項，俱由堂中供給。孤兒院內現有孤兒十二名，年俱十餘齡，由院教習工藝，年長遣嫁；留院女兒，俱伶俐活潑，惟無一男孩，且教育因墨瑪利梭停辦數年，亦已停止數年，為可惜耳。溥仁慈善會與紅卍字會，平時施米，施衣，施藥，給養鰥寡孤獨，遇各地有水旱刀兵等災，則舉辦賑急，事業略同；惟紅卍字會隸屬於總會，溥仁慈善會常聯合紅卍字會以進行，民國十四年曾聯合常州紅卍字分會，集款五萬餘元，辦理海州急賑，民國十五年，革命軍北伐，嘗聯合江南各紅卍字會，組織兩聯救濟隊 出發戰區，十六年靖江孫軍騷擾，兩機關復聯合集款往賑，十七年陝豫甘魯兵旱為災，復聯合南方慈善團體，分區往賑，現尚在聯合上海紅卍分會辦理豫賑也。勞工醫院專為免費診治勞工之患病者而設；尚非工會會員，則仍須取費。平民習藝所先行開辦乞丐一部，共已收容百數十名，現婦稚部亦已收容有數十人，專事教習工藝，並算數國語常識等必要科目，工藝門類，現分褙糊，印刷，泥壁，縛草，織襪，縫紉，園藝，七項，後起之秀，前途尚當續有進展也。

三、經濟： 育嬰堂共有田五百九十八畝一分，基金：千五百元，全年收入計有五千另六十四元，惟事務給養諸費，支出甚鉅，逐年虧耗，已負債四千六百九十四元，現概由同仁堂墊借，經濟既須仰賴於同仁堂之輔助，實際為一同仁堂之附庸機關耳。同仁堂共有田八百四十畝，房屋百餘間，全年收入六千一百九十七元，每年補助育嬰堂約八百元，其餘留為本堂費用。恆善堂共有田一百十二畝，房屋十六處，基金二千元，全年收入共有三千四百元。清節堂之田房收入，全年計有百八十元。普濟堂四鄉有田六百餘畝，全年收入共有八千七百六十二元，給養每年需費四千餘元，其餘用作棺葬建築修理諸費。孤兒院共祇有基金三千一百元，全年利息收入，祇有數十元；維持方法，尚須賴各界捐助。溥仁慈善會，紅卍字會，均毫無基金，經常臨時兩項支出，全恃會長以及各會員捐助。勞工醫院每月由總工會撥經常銀七百五十元，另由縣政府無錫市政局各撥補助銀一百元。以外並無收入。平民習藝所現有基金萬六千餘元，另組董事會保管支撥，每月由董事會撥銀千四百五十餘元爲經常費，臨時費由董事會通過後撥給，茲方籌擬逐步擴充也。

四、負責人員： 同仁育嬰二堂，現由董事秦振鎬秦銘克秦仁存佑治華日曾華廷輝負責管理，另聘辦事員十餘人，處理一切。恤善堂之董事，現爲華文川蔣士松，另有職員一人。清節堂之董事 現爲孫祖義王淇卿楊懷谷俞慕儀蔣蔭臣，董事以外無司事。普濟堂現任董事楊壽枏蔡文鑫榮宗敬高致清，董事外有司事七人。孤兒院正院長爲唐紀雲，副院長爲李克樂，此外另有書記司庫主任助理幹事委辦等共十人、除管理員一人外，均義務職，亦不常駐院也。勞工醫院附設於總工會，負責人員隨總工會而轉移 濟仁紹善會負責人鄒衛彬張彥文，此外復有司事五人。紅卍字會正會長蔡文鑫，副會長華文川胡世榮唐棨鎮，此外復有各股幹事。小民習藝所常務董事錢孫卿蔡緘三華繹之，主席錢孫卿，此外復有董事十人，基金保管委員七人；內部司事，正所長姚澂治，副所長吳邦周，復有管理會計員等八人。

五、各機關之聯合整理改進會： 現無錫之同仁育嬰恤善普濟各慈善機關，正在組織慈善團體聯合整理改進會，已推舉秦仁存等爲主席，呈縣聘任；將來無錫之慈善事業，一經整理改進，行見蒸蒸日上也。

六、調查心得： 社會救濟事業，關係公衆利益，辦理頗匪易易。無錫各社會救濟事業機關，雖或限於經濟，或限於地位；惟區區微意，有當貢獻於聯合改進會諸君子及邑中各界人士者，謹誌數端，藉供擇擇。

甲、整理時應注意之點：

一、審查資產。 此次進行調查時，各機關對資產數目，多不詳悉，以本機關之職員，不悉本機關之資產數目，寧非怪事。竊意整理宜先從審查資產入手，聘請專家，嚴加考核，庶幾收入不致減損，事業易於舉辦。

二、稽核經濟。 經濟出納，每招人疑，在主持者自是我心無愧，在指摘者却屬何豈無詞，是以經濟出納，允宜常加稽核。並當按月或按年公布或呈報行政機關。能遴用會計專門人才 應用完善之會計制度，自屬益公。

三、檢察辦事人員： 人之好善，誰不如我，雖然，利令智昏，物誘在前，每易受惑 抑且人心不同，如其面焉，是非嚴加檢察，難免或有不肖之徒，錯雜其間，尤宜嚴訂規章，倘有弊竇發現，務必拘送法院，嚴厲懲辦，庶乎梟棍無由攙入，而社會救濟事業機關，終能救濟社會也。

乙、關於改進之點

一、統一組織： 現有各機關，雖同爲辦理救濟事業，然而各自爲政，絕少聯絡，此後自應由市政府遵照部省各令將全邑各機關劃歸爲一有系統之組織就地方之需要分由各部辦理各救濟事業。如某也辦理貸欵，某也辦理育嬰，某也辦理養老，分頭進行，有條不紊，先就內政部所規定之六項，其複沓者分別歸併，缺乏者酌量添設，庶幾人才集中，經濟集中，事業益見發達。

二、參加教育習藝設施：　現有各社會救濟事業機關，除平民習藝所外，大都養而不教。竊意清節育嬰普濟三堂，急宜參加教育習藝設施，蓋人口無歸束，自必如野馬無韁，無可羈勒，苟令有一歸束，庶乎放心可以收回；抑且人有一藝之長，即可圖謀自立。至於清節堂所攜入之孤兒，育嬰堂已長成之嬰孩，尤應加以教育，責令習藝，俾長成後能自立。竊認此問題極重大，然耶否耶？

三、籌擬擴充：　原有各社會救濟事業機關，經費或數千元，或萬餘元，範圍俱不可謂不廣；但社會上之貧苦無告者，實甚衆多，雖救濟爲消極事業，應使社會上之受救濟者，漸進而使至於無須受救濟，且社會愈進化，貧苦無告者當愈減少，但現各機關實尚有籌擬擴充，或添設各市鄉分所之必要也。

四、附帶聲明：　平民住屋、平民合作社，平民醫院，貧民貸款所及殘廢院等救濟機關。無錫尚付缺如。再上所列僅約略敘述，若各機關之各項詳細情形，另列調查表。

破壞與建設

總理有云：『夫一般人以爲革命黨人只知破壞，不知建設，此大誤也。就吾黨觀之，只見其急於建設，不能待破壞之完成，所以無用舊物，尚有留置，未經破壞。吾人雖革去滿洲皇統，而尚留陳腐之官僚系統，未予掃除，此皆吾黨破壞之道未工之過也。』

圖表七：此處原爲《無錫社會救濟事業一覽表》，見書後。

無錫市養魚調查表

養魚主姓名	住址	池塘名稱	面積	公有或私有	已產或租賃	每年租金數目	魚秧來處	養魚方法	每年產價約數
章裕泰	南門陶沙巷	將大池	四畝	私有	已產	無	安徽來	飼以豆腐漿水草	五六百元
又	又	沙池	五分	又	又	又	又	又	一百元
又	又	長沙	一畝	又	又	又	又	又	一百元
又	又	中池	五分	又	又	又	又	又	一百元
又	又	大新池	五分	又	又	又	又	又	一百元
又	又	荷花池	三分	又	又	又	又	又	六十元
又	又	小檜池	三分	又	又	又	又	又	六十元
陳阿大	西門棉花巷	陳大池	五畝	又	又	又	本地來	又	四百元
章裕泰	西門陶沙巷	白水塘	三畝	公有	租賃	一百元	安徽來	又	五百元
又	又	大河池	九畝	又	又	三百四十元	本地來	又	七百元
宋湧泉	南市橋巷底	長生池	一畝二分	公有	又	十元	又	又	四五十元
又	又	小長河池	又	私有	已產	無	又	又	四五十元
又	又	鏈刀池	六分	公有	租賃	二元	又	又	二十餘元
又	又	孫河池	七分	又	又	一元半	又	又	二十餘元

吳阿榮	又	盤蘭池	三分半	私有	已產	無	又	又	十餘元
又	又	臘鴨池	五分	公有	租賃	每年一元半	又	又	一二十元
又	又	假山池	二分半	又	又	又	又	又	十餘元
又	又	楊河池	四分	公有	租賃	又	又	又	一二十元
凌庭楨 吳盤根	又	元寶池	八分	私有	已產	無	又	又	二三十元
凌榮泉 朱湧泉	又	施家池	五分	又	又	又	又	又	一二十元
唐阿炳 鮑阿盤	又	龍頭池	二分半	又	又	又	又	又	十餘元
朱湧泉	又	花園池	二分	公有	租賃	一元	又	又	十餘元
又	又	蔣河池	四分	又	又	又	又	又	一二十元
凌榮泉	又	大長河池	一畝二分	私有	已產	無	又	又	四五十元
又	又	祠堂池	又	公有	租賃	四元	又	又	四五十元
顧川大	又	血軛池	四分	私有	已產	無	又	又	一二十元
凌阿二	又	板壁池	一畝	又	又	又	又	又	三四十元
杜榮寶	又	轉槽池	八分七厘	又	又	又	又	又	二、十元
備考									

中華民國十八年八月十日調查　　調查人楊翔九

無錫市魚行調查表

魚行牌號	行主姓名	開設地點	資本數目	過儎魚類約數 鮮	冰	醃	乾	行佣數目	每年盈利約數
陳公泰	陳仲軒	南門外黃泥埲	三百元	正業	無	副業	副業	每元五分	每年銷數約有三四千元盈利有一二百元
同豐春	吳三樂	南門外黃泥橋	四百元	又	又	又	又	又	每年銷數約四五千元盈利約有二百餘元
謝公順	謝根寶	南門外界涇橋	三百元	又	又	又	又	又	每年銷數約有二三千元盈利約有一二百元
徐公記	徐俊培	南門上塘	三百元	又	又	又	又	又	每年銷數約有二三千餘千盈利約有百餘元
章協泰	章仲泉	北門吳橋	二百元	又	又	又	又	又	每年銷數約有二三千元盈利約有一二百元
協順	周明源	北門大橋下	三百元	又	又	又	又	又	每年銷數約有二三千元盈利約有一二百元
公記	邵全福	又	二百元	又	又	又	又	又	每年銷數約有一二千元盈利約有百餘元
公泰裕	陳雲記	西門外	五百元	又	又	又	又	又	每年銷數約有六七千元盈利約有三四百元
劉同豐	劉振記	又	三百元	又	又	又	又	又	每年銷數約有三四千元盈利約有二百餘元
王協聚	王福祥	西門外西倉橋	五百元	又	又	又	又	又	每年銷數約有五六千元盈利約有二三百元
洪茂愼	胡燮仁	北塘	二千元	又	又	正業	正業	無	每年盈利約有七八百元
元茂	陳竹祺	又	一千元	又	又	又	又	又	每年盈利約有三四百元
通茂裕	周斌奎	又	二千元	又	又	又	又	又	每年盈利約有五六百元
正茂裕	浦竹卿	又	二千元	又	又	又	又	又	每年盈利約有三五百元

元　大　十景山　又　五百元　又　又　又　又　又　每年召租約有二百餘元

備考　本市魚行業純粹係代客賣買中間以其資本甚少往往出貨價收回後再付魚價每年各魚行營業狀況流數多者約有六七千元少者僅千餘元而已本市冰鮮醃臘魚行業均係由貨行之副業所有冰鮮醃臘魚均由上海江陰青浦等處轉來非與客帮直接交易是以無行佣

中華民國十八年八月十日調查　調查人楊翔九

建國大綱第二條：

建設之首要在民生故對于全國人民之衣食住行四大需要政府當與人民協力共謀農業之發展以足民食謀織造之發展以裕民衣建築大計劃之各式屋舍以安民居修治道路運河以利民行

圖表八：此處原爲《無錫第一區各魚行全年銷數及資本贏利統計表》，見書後。

氣候調查表

中華民國十八年七月
記載者范昱

日	降雨量（公厘）	降雨時候	降雨時間 小時	分	溫度	風向	備註
1.	0	7:00 7:45		45	F 78°		
2.	1.6	8:00-8:15 21:15-23:00	1	15 45	F 77°		
3.	46.5	5:00-5:25 22:50-次日15:00	16	25 10	F 78°		
4.	50.3	16:00-次日9:200	17	00	F 77°		
5.	45. 0.8	9:00-19:25 20:20-22:00 次日5:00-8:30	10 1 3	25 40 30	F 74°		
6.					F 76°		
7.					F 76°		
8.	1.6	次日3:30-3:50	2	20	F 77°		
9.	14.2	11:25-12:45		50	F 79°	下雨時有狂風	
10.					F 81°		
11.					F 82°		
12.					F 84°		
13.					F 85°		
14.					F 86°		
15.					F 91°		
16.					F 86°		
17.	000	9:00-9:02	0.	02	F 86°		
18.					F 83°		
19.					F 84°		
20.					F 86°		
21.					F 87°		
22.					F 89°		
23.	0.5	15:00-15:10			F 82°		
24.	000	20:00-20:05			F 92°	五時五十八分有雷電發西北風	
25.					F 90°		
26.					F 89°		
27.					F 90°		
28.					F 90°		
29.					F 90°		
30.					F 89°		
31.					F 90°		
總計	160.6		56	22			

無錫縣社會調查處

記入須知

1. 降雨時候每日自上午九時起算九時前歸入前一日範圍內
2. 溫度以每日正午十二時華氏表所載為標準
3. 雪與雹記載其融解量
4. 雷電地震等記入備註欄

圖表九：此處原爲《無錫市區域與上海蘇州市區域居民負擔市税比較圖》，見書後。

圖表十：此處原爲《無錫市政籌備處工作人員一覽表》，見書後。

無錫市政籌備處每週工作紀要

第一週 八月一日至二日

▲八月一日舉行成立式主任召集全體工作人員談話

▲分別派委秘書各科科長科員事務員及書記

▲舉行第一次處務會議

▲佈告民衆本處於八月一日組織成立啓用鈐記

▲呈省政府暨各廳會呈報本處於八月一日組織成立啟用鈐記並函知各關係機關

▲派工務科龔技術員及顧事務員前往建設局接收建築執照

▲收回道遙游房屋擴充辦公處所

▲擬訂本處處務會議規則職員工作週報表格式及處理文件進行順序圖

第二週 八月四日至十日

▲舉行第二次處務會議

▲函各特別市暨普通市政府徵集各種市政刊物以資借鏡

▲函各地市政專家徵集市政著述

▲頒發本處職員臨時出入証章

▲接收市產保管委員會

▲闢市政圖書室搜羅中外市政要籍俾資參考

▲擬訂全市道路計劃及分區計劃及公園分佈計劃

▲改良建築執照式樣

▲籌備臨時疫醫院邀集各慈善團體及各業代表開會募集經費

▲查填市區漁業調查表

▲調查米價飛漲原因函請縣政府嚴查私運抑平糧價以維民食

▲派員出席各機關召集之各種會議

▲擬訂市有房屋租賃章程

▲擬訂清除垃圾辦法及清潔道路規則

▲擬訂拓寬街道章程及取締建築章程

▲擬訂取締人力車簡則

第三週 八月十一日至十七日

▲舉行第三次處務會議
▲各科擬訂工作計劃大綱
▲呈請市公款將城鄉各當舖另星存款彙齊移存中國銀行
▲擬訂清貧補助費暫行條例
▲擬訂市政討論委員會組織條例
▲修訂徵收店房捐車輛牲力捐及茶捐各種章程
▲修訂漏捐車輛牲力處罰規則
▲修訂道路寬度等級表
▲擬訂添放營業人力車辦法
▲擬訂公園管理暫行條例
▲擬訂招考衛生指導員規則
▲擬訂飲食物營業取締規則
▲製無錫市分區圖
▲製無錫市道路圖
▲調查市區產棉情形
▲繼續籌備臨時時疫醫院聘定院長醫師等十六人並向溥仁慈善會商借醫藥用具裝設電話定十九日開診
▲派社會科公益股股長張之彥接收公安局衛生科案卷市區衛生事宜由本處社會科接管

第四週 八月十八日至二十四日

▲舉行第四次處務會議
▲舉行臨時處務會議一次
▲編訂本處工作計劃大綱
▲擬訂市有基地租賃章程
▲測量寶善橋公園道並估計土方
▲重製分區圖及公園道路系統圖
▲繪製全縣地圖
▲察看自本處至開原路路綫
▲察看南門菜市場周圍砌街工事
▲擬訂管理及取締人力車章程
▲擬訂檢驗人力車辦法及各項表式
▲擬訂查勘呈報建築表式
▲繼續籌募時疫醫院捐款
▲擬訂並分發預防及治療虎疫之標語及傳單
▲登報招考衛生指導員
▲擬訂衛生指導員服務細則
▲擬訂清道夫服務細則
▲計劃糧食管理問題並擬訂糧食登記規則
▲擬訂各種調查表式
▲派員出席各機關召集之各種會議

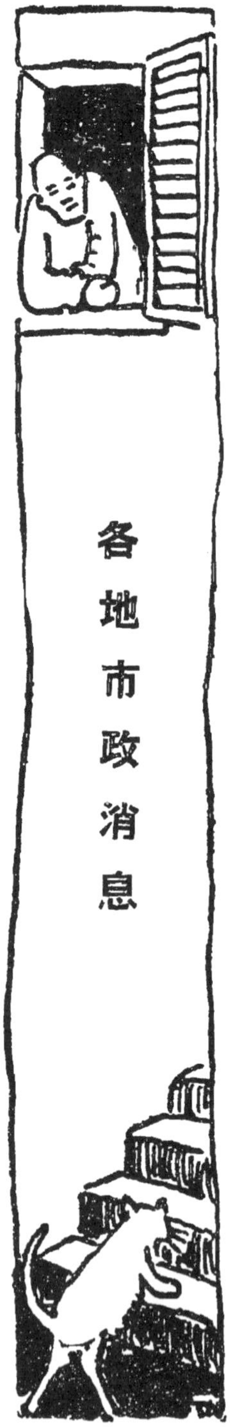

上海 社會局查禁私募捐款

市社會局，據淞滬教養院呈報，近有以淞滬乞丐游民教養習藝院名義，派人在閘北一帶募捐情事，當以該院並未呈請註冊，竟敢擅自派人向外募捐，實屬有違政令，函請公安局轉飭該管巡所，隨時查拿，依法懲辦，並請通飭各區，嗣後如有持簿募捐者，應即查詢其團體名稱，並核閱其捐簿有無該局鈐印，如發覺未經蓋印之捐簿，而擅向各商號住戶募捐者　應即扣留懲辦。

■市政府派定市中心區域建設委員會委員

市政府自劃定市中心區域後，除呈報國民政府行政院備案外，特設立市中心區域建設委員會，以便將該區域內將來一切建設事宜，先行討論研究，而備實施張本，聞已指定工務局長沈怡，爲該會主席，並派黃伯樵奚定謨徐佩璜朱炎鄭葆成朱有騫鄒恩泳鄭肇經薛次莘黃衡等爲委員，由沈主席召集組織，該會不日即可成立云。

■社會局嚴禁操縱米價

上海特別市社會局，昨訓令南北市米業團體云，爲令遵事，查本埠米價飛漲，影響民食，節經本局令飭該聯合會，妥籌疏通來源，調節供求辦法在案，乃查近日最高米價，尚未超過十六元限度，而二三號米價，節節上漲，竟與頭號米相埒，查產地米價，已經限制，浦東新粳，亦見上市，湘米出境，將成事實，米價理當漸平，乃仍逐日上漲，且有輕斛暗盤情弊，顯係奸商蓄意抬價，乘機操縱，若不嚴加禁止，民食頓起恐慌　殊與治安有礙此令。

■女檢查服務眞相

上海特別市公安局女檢查員，八月初起實行派赴各路，由本處武裝人員協同搜查行來婦女，開二日以來，破獲之案件不少，女檢查員，都年輕勇敢，身穿白布旗袍，

白襪白鞋，領口上釘有綢製之『市公安局女檢查員』八字

◘市政府令飭社會局檢較度量衡

市政府准工商部咨送度量衡標準器暨檢定證書各一份，後當即令發社會局飭即遵照，檢較具報備查矣。

◘貧民借本處設立後之成效

本市第一貧民借本處，自擴大區域後，貧民稱借紛至沓來，咸稱便利，其中以小生意添本，及失業後，思為小販者居多，該種人平時類皆借用禮拜錢，（即印子錢）如借洋十元，每禮拜還洋一元，須還十二次，（即本利十二元）方算清訖，（實際不滿三個月）而實際借得祇有九元四角，因尚須扣除鞋襪錢六角，試為計算月利竟在十六分以上，日前有代放印子錢之某甲，亦問該處稱借，經調查明白，不准借給，但猶恐有人利用作惡，故審查更形精嚴，至閘北第二借本處，亦將于日內開辦，終以借本有限，南北兩市貧民，猶未能普受其惠，據該處估計如有借本七八萬元，南北可不限定區域，現在只有借本三萬另二百元云。

◘社會局對商店職工工作時間之批令

本市南貨業職工，每日工作以十二小時為限，曾載明勞資協定條件中，茲聞該業職工會，以各店時有強令職工服務超過規定時間時，特呈報市社會局核辦，該局據呈後，以協定條件，資方自應遵守，不得強令工人延長工作時間，惟各業所訂營業時間，資方自有權限，工人亦不得干涉，已于昨日分別令批商民協會、南貨業分會，及該業職工會，切實遵守，以杜糾紛云。

◘社會局定期開辦第二貧民借本處

上海特別市社會局，自成立第一貧民借本處以來，成績卓著，最近又自烏鎮路起，北沿滬寧鐵路界綫，西至廣肇山莊旁，南達吳淞江止，設置第二貧民借本處，并佈告市民一體週知。

◘市政府公佈取締婚喪儀杖暫行規則

上海特別市取締婚喪儀杖暫行規則，業由市政府公佈，茲錄其規則如下，第一條，凡市民舉行婚喪禮節，有整隊之儀式 及行杖游行道路者，須先期填具報名書，經公安局屬該管各區所長之許可，發給婚嫁或運棺證，第二條，前項報告書及證書，均由公安局屬該管各區所戶籍處發給，概不收費：第三條，凡未經許可給證，擅用婚喪儀杖游行者，由公安局制止不准通行；第四條，左列儀杖冠服，不得使用，違者由公安局分別扣留，或沒收，并得酌量處罰，一、具有官銜燈扇執事，二、含有

封建色彩之旗鑼傘蓋等，十、前清冠服及皂隸衣帽，第五條，本暫行規則，自特別

蘇州 體育場决收歸市有

吳縣公共體育場，現歸縣教育局管理，市政府以此項事業，應歸市有現當依據施政大綱，亟須收歸市有，現當十七年度終了，十八年度開始之際，正當結束，應即收回，已函知市教育局，請即辦理結束，俾定期前往接收云。

◻蘇州市添建公園

黨國要人，葉楚傖，錢大鈞，顧祝同，及蘇州市長陸權，以蘇州山珍水嫺，為靈淑之區，人口亦在二十萬以上，惟對于民衆公共娛樂場所，僅五卅路一處，爰發起添建公園一處，俾民衆于業餘之暇，得以遊玩，但需費頗鉅，一時頗難籌集，特分發募捐冊於國府中央各要人捐資，俟集有成數，即行開始在城中擇地建築。

市政府公佈之日施行

◻全市清潔運動

八月六日上午，蘇州市各區臨時行政委員，會同各區警察，舉行全市清潔大運動，

南京 保管京市公債基金

南京市政公債二百萬，前經國府公布條例，後市民對于此項公債年息及擔保品稍懷觀望態度　財政局金國寶局長有鑒于此，遂將利息增為八釐，本年底即開始第一次還本十五萬元，付息十二萬元，擔保品，亦加厚，已將修正條例送呈國府重行公布，財政局近編造十八年度預算時，即將應還本息五十四萬，列入新預算中，此次七月分市府經費，應撥之四萬五千元公債基金，金局長已呈請劉市長准予撥入市民

參加者八百餘人，均由各該管長督率，至下午竣事。

◻市政府測量土地

蘇州市政府辦理測量市土地，對於蘇吳路第一橋，至亞西亞火油公司止之第一條基線，業已測定，餘二條基線，在測丈中，俟各線測竣後，即開始清丈全市。

銀行，另組基金保管委員會，備年底還本付息，以全信用。

◻預備將電燈電話廠歸市府監理

京市府昨交部及建委會，轉令本市電燈電話各廠局，依照二中全會決議案，即歸本市府監理。

辦理市民消費合作社

京市社會局辦理市民消費合作社，股份八月份可收齊，刻正積極調查社員需要品。

■京市房屋租賃章程

京市府已公布市民房屋租賃暫行章程，計五章，二十六條，分總則，租賃，解租，租金，附則，五大綱，關於租金規定為押租不得超過每月房租二倍，其每月房租數額，不得超過房屋及地基價值總額千分之十二，但因改良設備，或其他原因必須增價時，應呈請社會局會同財政．土地．工務．三局組織評價委員會辦理之。

漢口　財政局派員赴滬甯接洽輪船客票附加稅事

財政局派員赴甯滬財局接洽輪船客票附稅，邀各輪船公司討論稅率，及徵收辦法

衛生局為公共衛生　建設三　屠宰場，上段穎花園，中段濟生三馬路，下段西商馬道上首，鐵路外，建築費三千元。

■社會局調查戶口推及租界

市社會局調查本市戶口，已由交涉署函日德兩領事，於日法租界同時舉行。

漢特市將闢新市區

市長劉文島，意將後湖開闢為新市區，多建房屋，以備民居。

南昌　建設中之新南昌

幕氣沉沉之南昌，自革命軍到後，已走向建設之途　令廳長用費虹氏　對於新江西之建設進行尤力，若娛樂場之設立　若公園之開闢，若馬路之建築等，均已克觀厥成、其增進物質文明，補助社會教育，誠不無一述之價值也。娛樂場計有中央電影院、江西電影院．豫章電影院，昌新大舞臺、大新舞臺等，就中以大新舞臺之布景及藝員較有可觀。日前曾排演貴慈如，一時座為滿云。公園之已成者，如鐵柱公園，大成公園豫章公園等，均就舊萬壽宮大成殿豫章道署等廢址拓建而成．就中以豫章為最，際茲夏令，儘有時裝男女相與攜手其間，為斯園之點綴，殆即所謂地靈人傑者歟：馬路之著者，如中山馬路，環湖馬路，環城馬路，就中以中山馬路之工程為最佳，此路橫貫南安市之中心．長約數里　沿路新建新式商店，氣象一新。百花洲為南昌之名勝，湖水深碧，牛植芰荷．畫舫清歌，游人麕集，誠勝地也。近則環湖改建馬路，湖西傍中山馬路一帶之第一中學舊址，則拆改新式建築，將來工事完畢，可於全國各公園中占一相當位置也！

青島　青市府擬裁撤外交科

市政府擬將原有外交科裁撤，關於外交重要事件，由中央直接辦理，交際事宜，由洋文祕書負責。

太原 建設太原市之計劃

民政廳近奉閻主論令 即指請專員規定城內外市政建設計劃，邱廳長奉論後，已於前日邀請德國工程師一人，王建設廳長，袁公安局長，及市公所多人，開會討論，建設步驟，結果以實地測量市區爲第一步，擬即由建設廳擔任此項工作，他如交通計劃，建設工程事宜，項剋正從事搜集，並擬懸賞徵集太原市建設圖案，以資參攷。

杭州 杭州訂頒各縣街道規則

建設廳會各縣道路雖已定有辦法，而城市街道大都異常偾仄，非明定章程，不足以資標準，茲特訂頒各縣修築街道規則，以期劃一，規則如下，一等八十八市尺，車道六十八尺，人行道兩邊各十尺，三等六十二市尺，車道四十二尺，人行道兩邊各十尺，三等四十八市尺，車道二十二尺，人行道兩邊各八尺，四等三十六市尺，車道二十四尺 人行道兩邊各六尺，五等二十八市尺，車道十八尺，人行道兩邊各五尺，六等二十六市尺，七等十八市尺，案經省委會議決通過，已通令各縣遵照辦理。

青島失業工人之救濟

總商會與社會局籌設失業工人辦事處，曾設碼頭四六倉庫，收容工友約四五千人，總計失業工友約萬三千人。

北平 北平要訊

市財政局長謝宗用，整理籌款計劃；一、驗契稅，二、牙稅；三、郵包稅，四、市政捐；五、證券登記捐；六、清理田賦稅；并宜傳財政公開。

本市要聞

自治區區公所成立

茲聞縣政府，近奉民廳訓令，關于各區區公所，均須于八月十五日以前成立，區長人選，以區長訓練所畢業人員分發任用，孫縣長奉令後 即行遵照辦理，將全縣按照原來自治區域劃分爲十七自治區，將民廳開來區長訓練所畢業人員，分發任用，茲又聞區長訓練所畢業學員，內成立限期將屆，故于月之十一日，下午二時假縣教育局開第一次常會，決定于本月十五日接收成立，并探得其開會詳情如下：當時出席者，有朱承洪，朱寄塵，蔣執中，胡仲芳，張宗圻，袁棠，錢鏞亮，映森，蘇文彬，屠克強，王複初，袁士魁，李學麒，杜錫楨，張光弟。主席朱承洪，紀錄王複初。行禮如儀，首由主席報告：一、接到分會簡章，規定每月開常會一次；二、繆會長訓令十七區長努力工作，在最近兩月內爲實習期間，其訓令歸孫縣長發給，八，今日分會長參加縣府紀念週，縣長擬于今日下午四時召集各區長談話云。討論事項（一）區公所開辦費應如何辦理案，議決請縣長在區公所未成立以前，每區暫撥一百元，以作開辦之用，不敷之數，再由各區區長呈報縣政府支撥，（二）各區公所行政費應如何支付案，議決請縣長確定領款地點，及每月領款日期，每月行政費須按照領款日期一次撥足；三、規定接收日期案，議決八月十五日一律前往接收，成立區公所；（四）各區長宣誓就職案，議決保留；（五）區公所組織條例從速頒布案，議決面請縣長從速頒布；（六）未成立公安局各區請酌撥區警案，議決酌各區情形撥區警二人至四人，（七）鈐記標語應如何頒發案，議決歸分會長于十四號上午發給；（八）就職布告呈報公函　各項應如何辦理案，議決規定一致辦理；（九）接收四鄉公所案，議決票選蘇文彬袁士魁屠克強爲常務委員接收四鄉公所。後經孫縣長指定蘇文彬主席委員，袁士魁爲經濟委員，屠克強爲總務員，議畢散會。

■慈善團體組織聯合會

本邑恆善普濟同仁育嬰各堂董事蔣士松楊壽楣華佐治等，意將聯合組織慈善團體聯合整理改進會，俾使有改良及促進慈善事業之機會，故于本月廿八日召集各堂董事開會，選舉秦亮工爲該會主任，華藝三爲該會副主任，并具呈縣府核送履歷請求備案云。

■社會調查處近訊

本邑社會調查處，自前月一日正式成立以來，精神飽滿，工作緊張，近日以早晚氣候稍行清涼　該處調查員許伯章強楚材二君，進行工作益形努力　茲聞除行政機關業已查竣二十餘處，尚餘二十餘處正在絡續進行調查，尚有社會救濟事業機關中之恆善清節二堂尚未進行調查，惟溥仁慈善紅卍字會，同仁等堂同時進行復查，其餘俱已調查精詳。工廠之已調查完畢者，爲紡織二業，聞最近期，除繼續前項調查外，尚擬進行米市漲落調查云。茲又將該調查處因工作便利起見，已於本月七日遷入市政籌備處工作，并聞孫縣長因社會調查與市政籌備有密切之關係，故特請該處社會科長，兼任調查處主任云。

□改建寶界橋

惠山寶界橋，年久失修，傾圮堪虞，縣政府已籌措經費，定期開工改建，并出示佈告，俾衆週知云。

□國貨展覽會消息

縣黨部於八月九日，召集各機關代表，於是日上午二時在縣黨部開國貨展覽會籌備委員會，到會者有各機關團體，代表十餘人，決定設籌備處於教育會，展覽會日期為十月一日，地點借公花園全部。并於十四日開第二次籌備會議，規定陳列國貨及游藝場所，併聘定審查委員二十三人。

□籌建中山大禮堂

查本邑人口繁庶，而無一公共禮堂，甚為憾事，本邑縣黨部，有見於斯，特分函召集各機關，團體，籌建一中山大禮堂，以便公共召集開會等用。時於月之十二日，開第一次籌備會於縣黨部，當時議決要案十項，由各委員分別執行云。

□本邑將闢備用飛機場

交通部滬寗段，郵運航綫，擬在本邑闢一備用飛機場，特函致縣府，請為派員協助，茲錄其原函云：逕啓者敝處滬寗段郵運航客籌辦迄今已逾一月現須於貴縣縣城附近闢一備用機場以備飛機臨時停降之用茲特派敝處機械司林理甫前往測勘籌備並持函面至佈希予接洽并祈派員贊助辦理協同測量實級公誼

□惠山公園之佈置大概

孫縣長蒞任後，為便利民衆遊憩起見，特就惠山蔡公祠原址，設建惠山公園，正在積極進行，短時期內，即可開放，茲悉惠山公園管理員尤鳳廷(鳴梧)，昨特發表改建惠山公園計劃書，以供參攷，原文如下：有山水不可無園林，有園林不可無山水，山水藉園林而生色，園林藉山水著名，古來名山大川，莫不藉園林之點綴，以膾炙人口，惠山據全邑之勝，雖有秦胡之園，以補風景之不足，然皆為一姓之私園，非一邑之公園也！邑宰孫公，有鑒於此，見李公祠之荒蕪可惜，毅然呈准民廳，改建公園，並組織籌備委員會共同籌備，以鳳廷主理其事。既主其事，對於一邱一壑，一磚一木，不得不稍加規劃，特提此園之規劃，與他處園林不同，他處園林祇須規劃園中，此園則有風景 交通之關係，又須規劃園林。園之前，原有小橋碑亭，而街塲則僅佔一角，若一仍舊貫，非特停車無地，且無以資觀瞻焉！於是折去小橋，以碑亭移入，東園之池心，以碑嵌入牆間，以橋石及門前副沿，改築碼頭一座，廢物利用，舟楫可停。門之左首，有小弄不能通車，爰商諸貞節祠，折讓圍牆，以利交通，並給價用民地，直達寶界橋，惟此橋橫亘其中，而車仍不能通行無阻，幸有熱心之士，擔任改建，得由通惠路銜接一氣，門之右沿河一帶，將駁岸，從事

整理，加以鉄欄，接至寶界橋，東堍周圍，成一圓形。此園外之規劃也。門造本有舊屋三間，似覺形式太低，擬改建門樓，上築小基湯春，則可觀山，盛夏則可納涼，中秋則可迓月，嚴冬則可賞雪，及時行樂，庶不負勝蹟名山也！至造二層，一爲大廳，一爲亭堂，磚木均屬堅固，惟地都陷下，須重行塡舖，按當時其地均依田畝塡建也。因園中不能無廳，不能無禮堂故以大廳仍其舊，而亭堂則改成禮堂。園之西部，有荷軒，有廳樓，有檯榭，且有奇樹異石，曲水迴廊，風景天然，無須改作．於是苟者葺之缺者補之，惟前有演戲之臺，未免不合時宜，去之則工程可惜，留之則遊人貽譏，輾轉躊路，不若改爲演講臺，化無用爲有用之爲愈，屋外桑園，似不雅觀，若建新式房屋與舊式房屋毗連似不相宜，若建舊式房屋，似無美術思想．惟有圈入園中，造一花房，爲一得兩便之計，此西半園之計劃也。園之東，有舊屋兩進，以第一進附設公安局派出所，俾資維持！後有軒屋一所，靜中生趣，別有一天，餘外有荷池一方，四面建築駁岸，中置一亭，即以前之碑亭移入者，池上有假山，山有小口，有溪　爲徑　惜乎山上無亭，不足以飽看錫惠兩山，此乃山亭之所以添設也。池後尚有隙地，或置動物，其間，或建樓房於此，擬質之高明，此半東園之規劃者。園外有醇酒公司之廠地十畝，倘能商明購用，則廣植樹木，多種花草，絕妙空曠之場，可得新鮮空氣，則此園無缺憾矣：此未來之規劃也。應廷工程未學，建築無才，不敢用因地制宜，不過因陋就簡云爾。

公園管理委員常委會記事

公園管理委員會，昨開第八次常會，出席委員周寄湄，許彝定，聶文杰，江導山，沈濟之，華少純，會議事項，一、公園麗慶樓菜館租期將滿，應不准其續租案，『議決』另招租戶，一、拆卸又一邨西面舊屋遷移相當處所，以便改建堆置籐椅案，『議決』函請市政籌備處派工務員估計，工程定期建築，一、又一邨西面建築小屋四楹，作爲茶售部案，『議決』函請市政府籌備處派工務科估計工程，一、公園東西兩部茶點加收茶資如何報解案，『議決』規定按日照數報解，市政籌備處財政科核收；一、公園內應添設女廁所案，『議決』函請市政籌備處派工務員會同周委員長勘定地點，估計工程，提議建築。

育嬰堂積極改良

本城新廟前育嬰堂　自遜清康熙年間開辦迄今，已歷二百餘年，撫育嬰孩自同治五年起，已有一萬六千數百餘口，歷任董事均以限於經濟，概因陋就簡，對於設備衛生等項，不甚考究，去歲何玉書繆斌兩廳長先後蒞堂參觀，以太簡陋爲辭，何廳長曾飭秦縣長籌款改良，繆廳長面囑孔縣長設法改進，業已屢誌報端，該堂新任董事華掌文秦卓梓等有鑒于斯，特派專員至蘇淞各縣參觀 以資借鏡，如有改良之必要，爰特籌集鉅資，於橫巷內購買曹姓基地，開闢門戶，而將從前所有房屋 大加修葺 以便改作保育堂，病孩室，隔離室，儲藏室，太平間等之用。對於內部種種設備，現正積極進行，業已聘定幼科醫生趙玉書，痘科醫生徐志仁等，常駐堂診視病孩，並聞擬聘請看護婦二人，幫同保育主任督促一切，惟優良乳婦，甚感缺乏，一時不易覓得 頗爲躊躇，而經費不敷，尚須向各界勸募云。

司法院關於男女平權之新解釋

男女平權，載在黨綱，但民法尚未制定頒布。法院處理此等案件，頗多疑義，而關於妾之制度，及女子承繼財產權，尤為社會所注意。最近司法院公布解釋法令文件，有涉於前項問題者兩則，頗能順應趨勢，愜於人心，茲錄如下：

(一)山東高等法院請釋解妾訴請離異應否視所訴有無理由為准駁之標準。司法院認爲妾之制度，雖爲習慣所有，但與男女平等原則不符，若本人不願爲妾，當然准其離異，不必更問其所訴有無理由。

(二)江蘇高等法院請解釋已出嫁之女子與夫離異，回居父母家，有無承繼財產權。司法院認爲女子出嫁，既與夫離異，即不必得其父母之許可，當然有同等承繼財產權。

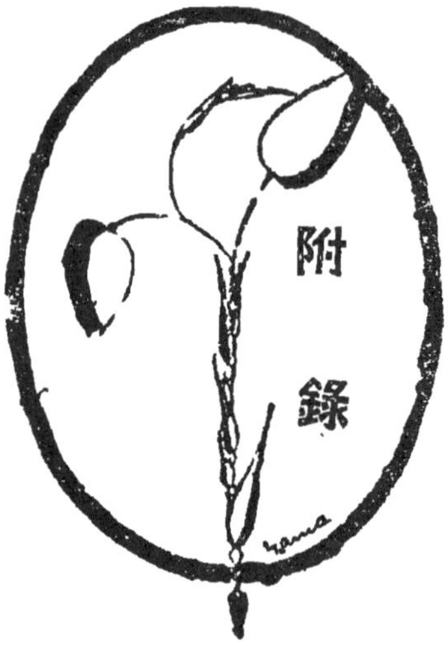

前市行政局市產保管委員會移交市公產登明

第一類　實產

財神街門面三進　現租廉洪巴

杜留餘典契絕契各一紙除糧票一紙附上首契兩紙除糧票新契各一紙

北大街朝西南門面樓房上下各一間共四進　現租天福堂

秦實思絕賣契除糧票各一紙黃字第四百九十五號平田一分五厘七毫又七百十七號平田五厘又二百七十號平田六厘三戶合區條一紙上首契五紙新契一紙

塘場街門面南北各兩間

殷利安絕賣契一紙除糧票一紙黃字第五百二十四號平田五厘五毫又第五百三十四號平田三厘五毫五絲又五百三十號平田一分二厘四毫五絲單三紙枚清絕屋據一紙上首契六紙新契一紙

丁港東房屋一所　裕昌碾米廠

唐保森丘換房屋基地文契一紙遐字一號平田一畝二分糧單二紙上首據契二十紙佔一紙

大婁巷樓房門面上下各兩間　現租李希成

秦靖山 福培絕賣契各一紙附糧票一紙單一紙意字十號平田三厘花戶勸學所

一里橋門面一所　現租聚星樓即客湖樓

黃字第五百九十三號平田二分四厘單一紙

江陰巷口朝東北門面一間　現租永吉潤

黃字第四百七十七號平田一分一厘單一紙

顧橋下門面上下各一間　現租茁二房紙馬店

黃字第七百十七號平田五厘單一紙

財神衖基粮　原註已伕紹先先生查無着落
黄字第四百九十八號平田二分單一紙　共計四戶併作一包
接官亭上岸朝西房屋一間　現租徐耀庭
朱伕氏賣契一紙新契一紙
長壽庵房屋一所
照會一件玄字第十六號平田一畝二分一厘五毫區條一紙花戶
錫金公學
楊保記廣勤路房屋一所　價六千五百元
楊保記賣契一紙玄字第四百九十六號平田六厘又四百九十六
號平田二分一厘區條兩紙餘二厘未除還
薛親仁小木橋基地一塊　價一千五百元
薛親仁賣契一紙邇字五百九十二號平田二畝四分六厘二毫又
五百九十一號平田五分二厘八毫附田租三石函一件開厚田租
執照一紙(開厚田執照抽出併入租摺內)
東北一圖新民橋下朝西門面市房計四架樓房上下四間空基一間
守字五厘二毫九絲承粮據一紙孫荷生賣契一紙部照一紙又崇
安寺朝西沿馬路轉角處三架頭三間髙松院上首契一紙
欵喜橋堍基地一塊　價洋四百六十元
孫荷生賣契一紙又字第七十四號平田五厘一毫單一紙上首契
一紙　以上兩戶併作一包

王道人衖房屋兩間　價五百元
十大根官契一紙玄字第廿號平田六厘五毫附出房票分關各一紙
二下塘希道院巷口基地一塊
蔣姓賣契官契一紙新契一紙堅字第一百八十號平田六厘單一
紙
第五小學房屋一所　即太平庵舊址
離字七百五十三號平田二分八厘二毫田單一紙離字第七百五
十四號平田二分九厘七毫田單一紙離字第七百五十二號平田
一分二厘田單一紙借票一紙部照兩紙函一件
崇安寺茶塲房屋筆據
商會歸併筆據一紙
公園尚武社筆據　另有卷宗
訓令一件收據一紙圖一件滿字第一百十六號實存基粮二十九
畝七分六厘五毫七絲二忽印照一紙　去二分八厘
崇安寺印照一紙
志字第七十七號平田
又西方殿絕賣坑廁一只收淸據一紙
塘戶十六間地、
字字第一號二號印照兩紙平田三畝四分四厘三毫蕩田六分
春申澗市立小學　即牧雲庵舊址

遐字第一千五百五十號一千五百五十一號一千五百五十二號

承粮執據三紙計共粮十二畝五分六厘二毫

天三圖承粮執據

玄字第二百四十八號平田一分又一百四十一號平田一畝二分二厘五毫又一百零九號平田一厘又第一百四十三號平田七厘八毫合共粮　畝四分三厘　厘承粮執據四紙　二戶併一戶

放生池基地印照

宇字第二十六號平田一畝四分七厘二厘又第二十五號平田一畝六分七厘五毫又二十四號平田一畝五分四厘六毫又二十三號平田一畝八分五厘五毫又二十二號平田一畝四分九毫又二十一號平田　畝四分四厘七毫執照六紙計共粮十一畝四分五毫

舊萬壽菴餘基

洪字第一百五十一號平田一畝二分五厘三毫市公所戶

舊高橋司廢基

西北六圖部字號一畝一厘六毫承粮執據一紙部照一紙

天三圖田單十四紙

玄字單十四紙第　百一十四號平田二分四厘八毫又二百三十一號平田　分七厘二毫又三百一十四號平田五分二厘四毫又三百二十號平田二分二厘五毫又二百六十八號平田二畝一分七厘二毫又二百二十四號平田二分三厘又二百二十五號平田五分八厘七毫又二百二十七號平田三分二厘八毫又二百十四號平田一畝二分三厘八毫又二百十二號平田一畝六厘三毫又二百十二號平田二分五厘二毫又三百五十四號平田一分一厘一毫又三百三十五號平田一分四厘又二百十一號平田一畝四分六厘九毫計共粮八畝九分六厘九毫附大三圖升冊一本又區條一紙冲入馬路照會一件

蓬萊閣基粮

宇字第二百九十七號平田一畝三分四厘五毫又三百二十號平田一畝二分六厘又二百九十六號平田二畝八分一畝三毫又三百四十號平田三分單四紙共計粮五畝七分一厘八毫以上兩項合作一包

新北門外督軍署業戶執照六紙

一三圖督軍署執照第一千六百五十號平田二畝八分五厘七毫又一千六百五十一號平田一畝八分五厘又一千六百四十八號平田一畝五分四厘八毫又一千六百四十九號平田一畝七分一厘執照四紙計粮七畝九分七厘五毫一四圖督照第一千六百四十六號平田六分二厘一毫又一千六百四十七號平田　分八厘四毫執照兩紙計粮八分五毫

西門外念二、七圖督軍署執照四紙

督照第一千六百七十五號平田一畝三分二厘又一千六百七十六號平田二分九厘三毫又一千六百七十七號平田四分七厘六毫又一千六百七十八號平田四分三厘三毫執照四紙計糧二畝五分二厘二毫　以上兩項合作一包先有城租收據七紙照七紙

惠長男賣契一紙　即東林學堂

逐字第二十號平田一分一厘一毫又十九號平田一分五厘六毫印單兩紙共計糧二分六厘七毫總收票一紙

上壽堂租地吳契姓借地與杏公基鈔稿二紙

將姓典對契作廢附已歸入學堂　以上兩項合作一包

東林書院屋基單十九紙

逐字第三號平田二分八毫又四號平田一分二厘九毫又五號平田二分五厘五毫又七號平田二分五厘又八號平田一畝七分四厘五毫又十三號平田一畝四分九厘九毫又二十號平田一分八厘九毫又二十一號平田五厘五毫又七十五號平田五厘六毫又一百十一號平田一分三厘又一百十三號平田一分四毫又一百十四號平田　分二厘七毫又一百十六號平田二分六厘八毫又一百十七號平田一分四厘三毫又一百十八號平田一分又一百十九號平田五厘一毫又一百二十號平田一分四厘六毫又一百一十二號平田一分二厘五毫又一百四十一號平田一分共計糧五畝八分八厘

聖堂庵太平禪院收管照會兩件

新古祥庵單契兩紙　寄存附細帳

玄字第三十號糧一分〇四毫單一紙又賣契一紙

張宗泉捐助單一紙附信一件

洪字第一百二十三號隙河田二厘六毫信一件

謝王氏賣契一紙　盛巷東

滿字第五十七號糧六厘區條一紙　以上兩戶併作一包

劉吟秋坑廁賣契一紙

公園各種單契

售進眞字第二號平田六厘又二號平田一分八厘又三號平田一分三厘又二十四號平田一分一厘一毫又四十七號平田三厘又四十七號蕩糧一畝又四十七號蕩糧一畝三分三厘四毫又四十七號蕩糧六分六厘六毫又四十七號平田三分八厘四毫又四十七號平田一畝二厘三毫又四十七號平田一畝二厘三毫又四十七號平田一畝九厘六毫又四十七號平田三分又四十七號平田一畝六厘二毫又四十七號平田一分二厘又四十九號平田三分又四十九號平田三分志字第九十七號平田八厘又九十七號平田五厘滿字第五十四號平田四分二厘三毫又一百十三號平田一分四厘四毫又一百十四號平田二分一厘又一百十五號平田四分單二十四紙共計糧十三畝四分二厘六毫筆據共十六紙

工藝傳習所地產單據

售進天字第六十九號平田一畝七分三厘一毫又六十七號平田三分七厘八號又七十號平田一畝一分五厘八毫又六十七號平田八分六厘又六十六號平田三分又六十五號平田五分八厘六毫又五十七號平田六分七厘七毫又七十五號平田一畝八分九厘六毫又五十九號平田一畝三分六厘七毫又七十七號平田五分四毫又七十六號平田一畝一分又五十八號平田六分四厘五毫又一千三百六十一號平田八分又五十六號平田五分四厘一毫又六十八號平田一畝五分六厘三毫又五十五號平田二分四厘九毫又六十號平田一畝一分六厘九毫去四分（以上單）又六十九號平田五分五厘又五十四號平田二分二厘又五十三號平田四分三厘八毫又一千三百六十一號平田二分（以上區條）計單二十一紙內區條四紙計粮十六畝三分三厘二毫賣契共十五戶附侯瑞行收條一紙

孫荷生賣契一紙

洪字第一千三百六十七號平田二分又三百十一號平田三分二厘二毫又七百〇一號平田二分五厘二毫又七百〇二號平田一分一厘一毫又三百十一號平田三分二厘一毫又六百九十九號平田四分五厘六毫又四百九十七號平田四分六毫又四百六十號平田一分四厘又四百六十一號平田四分八厘六毫又四百六十二號平田四分四毫部照九紙共計粮二畝八分八厘六毫新契一紙

尤順興賣契一紙

眞字第四十七號平田一畝印單一紙新契一紙

張仕林賣契一紙

眞字第四十七號平田一分五厘印單一紙新契一紙

新契紙十七紙

黄字一紙計單四紙七分五厘七毫遐字一紙計單五紙十三畝七分六厘三毫意字一紙計單一紙三厘玄字一紙計單二十三紙十二畝二分五厘六毫邇字一紙計單一紙三畝守字一紙計單一紙五厘二毫九絲夏字一紙計單一紙五厘二毫堅字一紙計單一紙六厘離字一紙計單三紙七分九厘九毫滿字一紙計單六紙三十畝〇七分二厘二毫七絲二忽宇字一紙計單十六紙二十七畝七分三厘七毫洪字一紙計單三紙三畝三分八厘四毫都字一紙計單一紙一畝〇一厘六毫遂字一紙計單二十一紙六畝一分四厘七毫眞字一紙計單十八紙十二紙一分一厘九毫志字一紙計單二紙一分三厘天字一紙計單二十一紙十六畝三分三厘、毫

第二類　收租田畝

正字單　五十一紙新契一紙

自字單 四十六紙又半張計兩紙新契一紙
若字單 六紙新契一紙
弗字單 七紙新契一紙
廉字單 一紙新契一紙
儀字單 一紙新契一紙
宇字單 四紙新契一紙併入第一類內
豈字單 五紙新契一紙
洪字單 一紙新契紙併入第一類內
辰字單 一紙新契一紙
張字單 一紙新契一紙
夜字單 兩紙新契一紙
臣字單 一紙新契一紙
冬字單 八紙新契一紙
來字單 一紙新契一紙
𦖋字單 七紙新契一紙

以上十四字號併作一包

非廉
顛字印簿 一本新契三紙

造次弗離字印簿 一本嚴氏助入祭田新契四紙

祖龕 一本
㸚和樂堂包租筆據一紙

第三類 存摺及借票各據

（此類請參看無錫市行政局暨市產保管委員會移交欵產一覽表）

第四類 舊存抵借各據

潘啓鈞 抵借錢一百二十千文（抵借票一紙典契一紙租賃契一紙）
張貴民 抵借洋一百元（抵借票一紙貞字印單一紙附典契租賃契各一紙新契一紙）
姚蓮塘 抵借錢一百四十四千文（抵借據一紙同治九年還過六十千文附芋頭沿河活賣契一紙
鄒廣生 借洋二千八百元（借據一紙有抵品經前市公所給還此欵為放生池訟事借用）
錢三小姐 借洋三十元（借據一紙）
陳振聲 興隆票一紙計洋三百五十元
周榮堂 抵借洋十五元（還過六元又三元欠六元惟字單一紙新契一紙）
源大米行 期票一紙計洋五十元
朱少峰 抵借洋二十元（借據一紙筆字品條一紙新契一紙）

第五類　頂首契

華叔琴　北門月城內頂首契一紙

華叔琴　西門月城內頂首契一紙

陳洪如　東門月城內頂首契一紙

無錫公園推官牌樓下頂首契一紙

范灝若　江陰巷內頂首一紙（附裝備經賬一紙）

趙公祠　北門大河池菜塲頂首契一紙

第六類存查單據及合同

亮墩奉慢義塚　玄字第五百五十一號單兩紙串附裘葆良先生便條一紙

環秀禪院　鄒姓保管合同一紙　另有卷宗

顧橋木屋　趙吳二姓合同兩紙

淒禮會　借過水溝筆據一紙　另附信一件

市政局保險單一包　內新保險單兩紙

蓉湖樓

普濟堂未完合同兩紙

市產新保險單一包計九紙

第七類　沖入路橋各據

通惠路領地價據五紙　附下條秦三姓字洪遐二字區條各一紙張姓灰肥兩紙區書保證

新市橋基地據兩紙

附志字田單一紙好字區條一紙鄧王兩姓賣契及合同各一紙

致和橋橋基各據

筆據五紙堅字第一百八十九號區條一紙又堅字第一百九十號單一紙又第二百零八號區條一紙

大婁巷充路各據

周姓賣契一紙物字單一紙

八兒巷後充路據

施金兩姓契各一紙物字第六十三號小田八厘區條一紙又物字第六十一號小田一分三厘田單一紙除糧摺一紙

書院衖充路基據

秦字姓契一紙守倉字田單一紙上首契兩紙

三鳳橋充路基據

曹姓契一紙雅字區條一紙公函一件

歎宕橋東西基據

賣契三紙持字單兩紙戾字區數一紙

西門吊橋西首關路買屋兩間各據

史陸兩姓賣契各一紙邇字區條兩紙

江陰巷周帥弄充路基據

筆據兩紙黃字單一紙區數一紙賣契上黃字單尙有一紙點交

已無

通滙橋路基據

袁姓推粮筆據一紙黄字區給兩紙

吳橋南北堍基地各據

王連生賣契一紙附近遐字單兩紙計粮六分九厘八毫陸王氏賣契一紙宇字小田八分五厘又蕩田一分一厘查宇字尚有餘地擬爲吳子敬造紀念亭用除粮票一紙

南門黄泥橋沿河闢路各據

計各種據十紙貞字單四紙

以上共十三種内有廢單應保存如遺漏在外即有影射爭執基地之弊最好過入無錫市橋路花戸以清手續

第八類　廢據

振新紗廠　售進惟字基地存留原契

此契係薛前正叢自置之產售與振新得價捐作工藝傳習所買地及建屋之用不敷之欵由市公所增添此據交存前市公所留作紀念

南門旗站馬路田價契據

此據係南門四倉廳弄至旗站馬路給還地價收據該款及闢路費全由許君稻蓀捐助留此以作紀念

舊吉祥菴各據

此據係收回吉祥菴費用各種憑證該菴即售與孫君應高當時孫君未有現款交出即作借款故吉祥菴單據仍存於前市公所

烟膏公所契告示

前市公所已售出

永慶菴單照會串

前市公所已售出

玉泉庵　附串

此庵係捐與楊姓作爲稱公善堂

尊道堂函件　附

華泉薙薛吉士馮琴泉廢租契二件

中山日報租契租摺各一件

崇安寺萬松院等項首契五紙

諸二泉租賃契一紙

吳立娥頂首契一紙又租賃契一紙租摺一扣

大東旅社期票五紙　附公安局公函一件

廢契摺一包

振新廢摺一扣

水月庵房屋廢據一包

錢般之租屋頂首廢契一紙

馮耀宗租賃契一紙

吳宏遠頂首契一紙

崇安寺頂首契一紙

市學務處頂首契一紙

前無錫市行政局暨市產保管委員會移交款產一覽表

（一）無錫市行政局移交之項

一 庫券 二

1.二五國庫券七百元〇〇六角四分

2.續發二五國庫券六千九百七十元

3.捲煙國庫券二百七十六元六角四分

4.短期公債券一千零六十元

二 期票 二

1.蓉湖樓茶館期票三張計洋三百元

2.過接三周寄湄陳品三期票一張洋五百元

三 現金 二

1.大洋四千九百十三元四角零九厘（內有歷任移交假鈔次洋二百〇六元）

（二）市產保管委員會移交之項

二 借票 二

1.朱駿良抵借洋一千三百元

2.華少雲抵借洋六百元

存摺 二

1.豫成豐存摺一扣洋五百元

2.濟順存摺一扣洋四百元

3.濟順存摺一扣洋三百二十元

4.公順存摺一扣洋三百元

5.公順存摺一扣洋一百二十元

6.保仁存摺一扣洋三百元

7.濟通存摺一扣洋四百元

8.濟通存摺一扣洋六百元

9.咸德存摺一扣洋一百六十元

10惠通存摺一扣洋一百二十元

11同順存摺一扣洋二百四十元

12允濟存摺一扣洋一百六十元

13春華存摺一扣洋二百元

14保康存摺一扣洋二百四十元

15 保泰存摺一扣洋一百二元
16 和濟存摺一扣洋二百十
17 保和存摺一扣洋四十九
18 保和存摺一扣洋一百六十元
19 永裕存摺一扣洋一百六十元
20 德興存摺一扣洋一百四十九元七角
21 元吉存摺一扣洋一百四十九元七角

總　計　移交二萬一千九百六十元〇〇八分九厘

可羨慕的空中生活

本月四日是美國航空界第一人林白大佐 Lindbergh 二十七度的生日，他在這一天特作北美巴拿馬間郵務飛行，作二千三百二十七哩路的開始飛行，藉以慶祝，他眼睛裏已沒有鐵路，出門便乘飛機。最近六月中，沒有坐過一次火車。據他自己統計從學飛機起到現在飛行的總距離爲二十七萬哩，此數可繞行地球十一週，飛行次數爲八千三百次，留在空中的時間，共三千零二十小時，他最近在支加哥又展覽他底民用飛機，內容陳設精美，極惹起一般人的注意。他雖然二十七歲了。還沒有結婚，最近和駐墨西哥的美國大使毛羅氏的次女安乃女士訂婚，芳年才二十有二，是一個交際的明星。

籌備臨時時疫醫院經過情形

社會科

近來虎疫，日見盛行，滬上各地，發見甚多，吾錫亦已侵入、本處為防止流行計 爰于八月六日第二次處務會議議決籌設臨時時疫醫院，以資防範 由社會科負責籌備、九日將組織大綱及預算書等草擬完竣，十日召集地方慈善團體，熱心公益人士，及各機關團體代表各醫師等開籌備會議，議決通過組織大綱及預算書等、十二日勘定東門外舊延壽司殿為院址，並聘定內部職員，十三日接收前年時疫醫院各種物件、十四日起從事修葺房屋，整理內容、十九日正式開幕、茲將籌備會議記錄，及組織大綱預算書等附錄于后·

一、籌備會議記錄

出席代表

蔣遇春　唐星海　單睿曾　楊翰西　蔡緘三　陳品三　王海[illegible]

許松泉　周寄楣　華藝三　孫祖烈　高映川　吳玉書　孫祖基

李公益　等四十三人

主席　孫祖基　記錄　金禹範

行禮如儀

主席報告：略謂今日開會為討論時疫醫院籌備辦法承諸君欣然到會深為慶幸本邑每逢夏季有臨時時疫醫院之設歷年以來成績斐然人民得益誠非淺鮮此皆出於地方父老之力今年因有各種關係對於此事至今尚未開辦而虎疫一症各地日見盛行吾錫最近亦已發現是以不得不請諸位襄助設法從速成立今日討論之主要點有二一經費問題二開設時期以上二點希望在今日會議席上立刻解決云云

議決事項：

一、應設院數及時間地址案

議決：暫設一院於東門外舊延壽司殿時間為兩個月視疫勢如何再定延長與否

一、臨時時疫醫院組織大綱案

議決：照原案修正通過

一、經費預算案

議決：照原提案通過是項經費由各界當場認捐捐額如左

無錫市政籌備處	一千元
絲廠業	七百元
紗廠業	五百元
溥仁慈善會	五百元
紅卍字會	五百元
麵粉業	三百元
銀行業	三百元
錢業	三百元
米業	一百元
繭業	一百元
鹽業	一百元
染織業	五十元

一、推舉院長及總務主任案

結果：推舉華藝三爲院長周寄湄爲總務主任

◉無錫臨時時疫醫院組織大綱

一、本院專爲治療時疫而設凡來就診之人無論貧富所有醫藥住院各費一概免收

二、本院設在東門外延壽司殿

三、本院由無錫市政籌備處及地方慈善家聯合組織之

四、本院聘請熱心公益者組織監察委員會監察本院經濟及一切設施委員人數無定額

五、本院聘請本邑著名醫師爲義務醫師

六、本院聘請院長一人主持本院院務總務主任一人協助院長辦理本院一切事宜院長暨總務主任均爲名譽職

七、本院聘請醫務主任一人常駐院中主持一切醫務事宜

八、本院聘請醫師四人分任治療事宜

九、本院設藥劑師一人護士四人

十、本院設會計兼文牘員一人事務員一人

◉無錫臨時時疫醫院預算書

支出預算總數　每月共支銀一千九百四十七元

一、薪工　每月共支銀九百元

1.院長車馬費　月支五十元

2.總務主任車馬費　月支五十元

3.醫務主任一人　月支一百四十元

4.醫師四人　月共支三百二十元（每員八十元）

5.藥劑師一人　月支五十元
6.護士四人　月共支一百二十元（每員三十元）
7.會計兼文牘員二人　月支四十元
8.事務員一人　月支二十元
9.勤務十人　月共支一百元（每人十元）

二、病房設備　共支銀一百九十五元

1.病床二十張　支銀六十元
2.長櫈二十張　支銀十二元
3.茶壺碗匙二十副　支銀六元
4.草席三十條　支銀十二元
5.布單被二十條　支銀四十五元
6.大小便器洋式二十個支銀五十元
7.清潔用具　支銀十元

三、治療器械用具　共支銀一百五十一元

1.蒸溜水機一具　支銀九元
2.打鹽水器四具　支銀三十二元
3.消毒灶一具　支銀五十元
4.治療器具配藥器具二副　支銀八十元

四、醫藥費　共支銀五百七十元

1.應用藥品　支銀二百元
2.包扎消耗材料　支銀六十元
3.消毒化學藥品　支銀六十元
4.預防藥二百瓶　支銀一百五十元

五、膳費　共支銀三百五十元

六、雜支　共支銀三百八十元

1.電燈　支銀一百元
2.臨時電話　支銀三十元
3.茶水　支銀二十元
4.煤炭　支銀三十元
5.醫師護士制服　支銀八十元
6.消毒坑　支銀二十元
7.雜具住宿用具　支銀一百元

七、預備費　共支銀三百元

1.房屋修理　支銀一百元
2.臨時購置費　支銀二百元

附註，以上一月預算總數爲二千九百四十七元如續辦一月約
須加銀一千五百元兩月共需銀總數四千四百四十七元

●臨時時疫醫院監察委員名單

蔡兼三　秦亮工　夏伯周　吳玉書　唐水成　蔣遇春　張趾卿

高映川　胡湘甫　錢孫卿　陳湛如　蔡有容　陳品三　程敬堂
巢嘉仙　唐少青　伍撝伯　田樹泉　唐紀雲　華少雲　江煥卿
吳北洲　榮德生　榮鄂生　楊翰西　楊伯庚　唐伯謙　楊冠常
薛明劍　程炳若　薛壽萱　唐星海　華少純　吳侍梅　陸輔仁
孫華伯　趙子新　蘇養齋　王定安　溫晉賢　秦琢如　陳頌勳
徐漢臣　華繹之　監仲和　朱福明

●無錫臨時時疫醫院職員一覽

院長　華藝三
總務主任　周寄湄
醫務主任　王世偉
駐院醫師　龔鴻圖　劉松齡　許錫文　諸涵英
會計兼文牘　强楚材
事務員　薛炯蔚

●義務醫師名單

王海濤　許松泉　孫祖烈　張季勉　錢保華　秦秉衡　周勃如
顧衍如　朱品　朱綸三　徐士林　譚述謨　金子英　陸陶庵
曹國楨　劉士敏　單寶曾　孫蟾卿　許鳳華　陸宗祥

都市人口統計

（A）世界六大都市人口統計

倫敦	七•七四二•二一二	紐約	五•九七〇•八〇〇
柏林	四•〇一三•五八八	芝加哥	三•一〇二•八〇〇
巴黎	二•八三八•四一二	上海	三•七二六•八〇六

（B）中國十七大都市人口統計

上海	一、五三九、〇〇〇	漢口	一•五〇〇、〇〇〇
北平	一、二〇〇、〇〇〇	廣州	九五〇、〇〇〇
天津	八三九、〇〇〇	萬縣	七五二、〇〇〇
杭州	七三〇、〇〇〇	寗波	七〇〇、〇〇〇
福州	六五〇、〇〇〇	長沙	五五〇、〇〇〇
重慶	四四〇、〇〇〇	南京	三九〇、〇〇〇
青島	三〇九、〇〇〇	廈門	三〇〇、〇〇〇
蘇州	二五〇、〇〇〇	溫州	二〇〇、〇〇〇
無錫	一九六、〇〇〇		

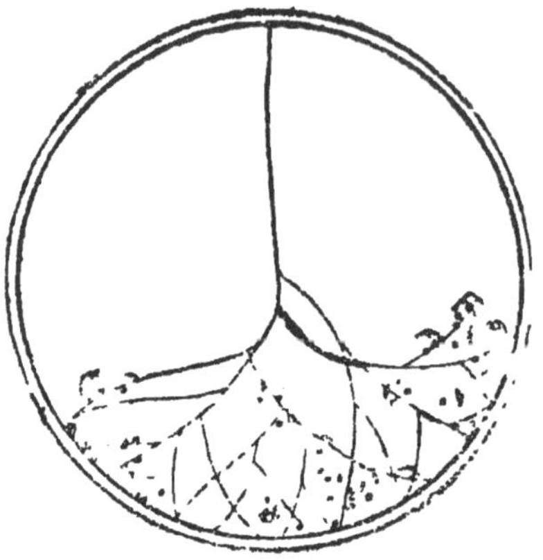

無錫市政籌備處爲防止虎疫告民衆書

大家快看
生命是寶貴的
不是玩的
時疫病可以預防的
快去打免費防疫針
注意飲食
不要貪凉

諸位：你們都曉得四件頭病—上吐下瀉，抽筋縮脉的時疫病，又叫做虎力拉。犯這種病的人，起初覺得發冷，後來就嘔心肚痛，上吐下瀉，身上出冷汗，皮肉漸漸瘦下去，至多過了五六點鐘，就要死的。

你們想：這種病可怕不可怕！但是如果在發生的時候，馬上把病人送到時疫醫院去打針，隨手可以活命；如果去請挑痧的，那末不但醫不好，并且再要送醫院去打針的時候，藥水就要在挑痧的針洞裏流出來，不能救活性命了。

咳！這種病爲啥這樣危險呢，因爲有一種很小很小的菌，外國名字叫虎力拉虫，在顯微鏡裏看起來像一撇「，」所以又叫做撇虫，這種菌隨便碰到一種動植物，就會伏在裏面。倘若傳染到人的血管裏，在幾分鐘內就會生出千千萬萬個小菌來，去毀人的血水。你們想！一個人身上，有了這許多虎力拉菌，還能夠活命嗎犯了這種病的人，他吐出來的東西，瀉出來的便溺，裏面統統有這種虎力拉菌，倘若有一個蒼蠅在病人吐出來的東西或便溺上停歇過，他的毛脚上就帶着這種虎力拉菌了。

咳！你們再想！那一個帶着虎力拉菌的蒼蠅　再飛到別的東西上，如肉呀，魚呀，切開的西瓜呀，燒好的小菜呀等等，那些虎力拉虫就留落在上面了，肉眼是看不見的，人吃了以後，豈不是糟了嗎？照這樣看起來，蒼蠅這種東西，危險不危險呢！所以我們大家要盡力撲殺傳染時疫病的蒼蠅！

時疫病大都從嘴裏吃進去的，飲食要當心呀！所以我們大家不要吃沒有燒滾的水！

不要吃蒼蠅停歇過的食物！

不要吃沒有煮熟的小菜！

不要吃隔夜的食物！

不要吃小攤上沒有紗罩的食物水菓！

不要貪涼！

快到延壽司殿時疫醫院去打免費防疫針，

犯了時疫病快些送到時疫醫院去！

犯了時疫病，切不可挑痧，自己誤了自己的性命。

還要請大家看了，把這種道理告訴別人。倘使我們無錫地方上的人大家都能曉得這種道理，都能這樣做去，豈不是時疫病不會發生了嗎？

簡易戒絕香旱兩煙之方法

劉不[illegible]

現今吸香煙旱烟之消耗，無異前十年之鴉片。苟不設法挽回，流毒無窮。今將有效驗之除癮法二則錄出，以供有志戒煙者之採取。

（一）硝酸銀溶液潄口劑　每日飯後潄口三次，至四五日爲止。蓋硝酸銀能除尼古丁毒質，大足以滅除烟毒。惟該藥含劇毒，其濃液有腐蝕皮肉作用，用時須用八百倍之水混和。此法爲美國克來斯 Dr. Kruss 醫生用以治愈各種尼古丁毒之症，極有效驗。

（二）丁香子含口　此物價極賤，中國藥店內出售，到處可買。只需將此果實含於口內，苟有恆心，即能戒絕。

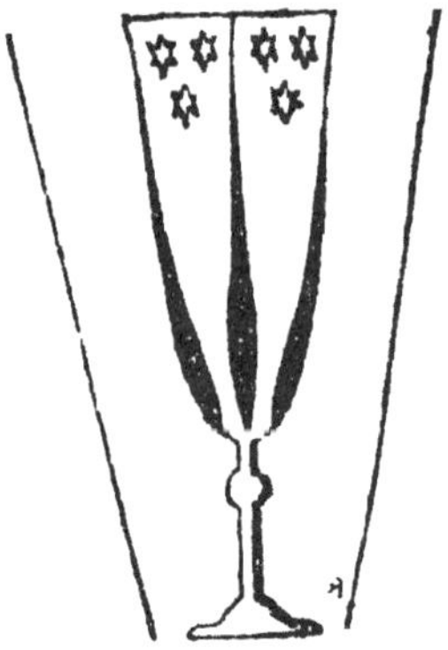

無錫市政籌備處臨時時疫醫院報告書

醫務主任王世偉

東西各國，無大小，莫不設有防疫機關，英之Lister Institution，法之 L，institut Pasteur ，美之 Hygenic Laboratory ，德之Institution Infektions-krankheiten ，日之傳染病研究所其最著者也！我國雖有中央防疫處之設立，然其惠不及內地，此本邑市政籌備處孫秉圭任之所以有防疫醫院之創設，諸慈善家附而和之，樂助巨資，一諾千金，社會科長李公威先生等熱心擘劃玉成之。公推華藝三先生為院長，周寄湄先生任總務，而偉以樗櫟之才，主醫務，議定以延壽司殿為院址，該殿年久失修，整飾非易，費二日夜之工，院屋粗具形式，再二日，而醫藥器具方備，於最短期間，本院即於八月十九晨開診，開幕禮未畢，病人已摩肩直踏而來，翌晨而病室已無餘地，不三日，而床位超出原定數之半，再二日而倍之，於是廊前棚下，皆成病室，十日之內，共計診治一千五百餘人，打防疫針者亦一千五百餘人，茲列表分錄附後，以備會攷經本院治療而不救者，十日內共十二人，死亡率僅佔全數百分之四，與他處時疫院相較，則十與一之比也！而錫邑今夏虎疫之猛，實較歷年為盛，注鹽水，皆在二次以上，方有起色，甚有注射五次方出險者。本院所用治療方法，乃採取最新，最有效，最適用，最經濟者，至於鹽水成分，仍用陸喬氏原方，故雖四肢冰冷，體溫低落，不一時即能轉暖 因內含 Calcium Chloride故也！ 至於灌腸劑，則用秦可氏原方，加以獸炭，效驗甚著，至於注射葡萄糖液，各地時疫院幾無用者，然當霍亂將愈未愈之時，用之，則可使病人數日不食，腸壁得以休息，同時全身得其滋養，心力因之增大，而病人之恢復藉此愈速，本院用之於病人，瀕死垂危之際，無不立著神效，至於注射鹽水手術，五歲以下，由腹膜注射，五歲以上，一律靜脈注射，蓋腹膜吸收究不如直接注入靜脈之速，凡當注射鹽水之病者，全身血液缺乏水分，至少比常人減少一半以上，血管早已收縮，內壁互相抵觸，用鋼針雖妙，十不一中，故本院一律廢止，不用切開術，用玻璃管，取其穩妥快速，而無滯塞之患，然血管粗大，水分消失，未至極度者，有時仍用鋼針；至於注人之處，先選足取其離心臟遠，雖鹽水注入，稍速，可無壓迫心臟之危，至於霍亂常用白陶土，本院一律以獸炭代之。因陶土作嘔不能多服，獸炭可儘量內服，直至大便全黑，而病亦於是大減，凡住院病人，需吐瀉全止後二日，方許出院，雖饑餓思食至極度，祇許飲橘水少許，再二日，方許出院　故已愈出院而復來者，絕無僅有，以上種種即今年時疫院死亡率，所以特小之大概也！茲當本期月刊發印　應社會科長李公威先生之囑　謹將本院十日內經過情形，略陳一二，希邦人君子有以教之。

●無錫臨時疫醫院報告單

十八年八月卅日

本日門診總數	一四七三人
真性霍亂共計	三二六人
注射鹽水共計	二四三人
覆注射鹽水共計	七〇人
收進住院病人共計	二七四人
出院病人共計已愈	二三三人
出院病人共計未愈	一二人
本日住院病人總計	二四八人
死亡人病共計	一二人
注射預防針總計	一五〇二人（院內五八七院外九一五人）

本日注射鹽水量共計一七八六磅

●本日死亡病人報告

病者姓名	病者住址	病者籍貫	醫院掛號次目	病人年齡	病人性別	病名	死亡時間
劉伯和	窰上	無錫	一	九	男	霍亂	早八時八月十九日
楊炳泉	亭子橋	無錫	十五	十三	男	霍亂	晚九時十九日
鄒小四子	廟缸橋	鹽城	二五九	八	女	霍亂	早十時二十二日
湯世生	西門	安徽	十六	卅	男	霍亂	早一時二十三日
陳曜忠	西門	安徽	三三	四三	男	尿毒症	下五時二十三日
朱仁興	中新廠	無錫	三九	五	男	尿毒病	下十二時二十三日
吳順興	工房	無錫	五八二	六	男	霍亂	下三時二十四日
吳希明	信茂米行	安徽	九六三	二三	男	霍亂	下四時二十六日
王正坤	石皮巷	無錫	一〇九七	五	男	霍亂	下三時二十七日
薛阿毛	南門	無錫	一二二〇	五	女	霍亂	下四時二十八日
章保貴	警察大隊	北平	九一四	四十	男	霍亂	早五時二十九日
胡仲明	馬路上	武進	一四〇二	五十	男	霍亂	早四時·十日

●本日病人病症分類計數表

類別	霍亂	假性霍亂	痢疾	瘧疾	傷寒	胃炎	腸炎	其他病症
數目男女	二二六	一五六	二三	七二	六	一四	六二	二七

無錫市政

第二號

民國十八年十一月一日發行

插圖

特載

論著

計劃

公牘

法規

會議記錄

調查統計

報告

附錄

圖表十一：此處原爲《無錫市政籌備處全體職員攝影》，見書後。

無錫市政籌備處職員

衛生指導全體攝影

編訂門牌專員全體攝影

本月十二日本處敦請法國市政工程師丝叔摩來錫設計全市工程適遇民政廳特派技正兼二科一股主任嚴恩祚君來錫調查市政設施實況并指導一切遂偕同丝氏往各處實地察勘是影即丝氏與嚴委員實地察勘時在太湖黿頭渚所攝最左者即嚴委員恩祚最右者即丝叔摩氏

無錫臨時時疫醫院職員

無錫臨時時疫醫院施診一斑
（外）診察情形
（內）急救情形

無錫臨時時疫醫院

開幕禮攝影

無錫第六菜市場（南門外界涇橋）
落成典禮攝影

惠山公園之風景(一)

園門之斜影

園內之花廳及茶亭

惠山公園風景（二）

荷亭之正面

禮堂後之假山

無錫建市初步之末議（上）

稚暉

前日弔覲侶先生之喪，在崇安寺公園茶座聽人談市政計劃，明柄市政者將有大規模之進行，不勝喜躍。其明日，又在惠山公園參觀其規劃，亦至愜意。惟於城內擬築之公園馬路，代爲比較其價値，似可從緩，因而稍有貢獻，當事者亦韙之。後在報上見有記載當時之言論，大致亦近似，而於不侫貢獻之用意，則小有不同。余於公園路獻議緩築，決非含姑息之意，爲民居游說。余常以爲建市爲公益，應拆即拆，惟待遇不幸而拆之家，應當設法極厚而已。故余緩築之論，單純由通盤計算，則公園路此時非急要，因其價値較小，得不償失耳。此等諸路，亦止當劃入緩進之列，俟翻造者逐漸改良。似可不必急進。其理由所在，乃本余之感想。無錫新城，適有天幸，比較他縣可以急就；而舊城之改良，不必急進。改良舊城太驟，或反致闊點受其困定，減少新城急進之助力。至於無錫地位，應有新城，不能安於改良之舊城，即計劃市政諸公，繪圖貼說，亦曾有恢張之預算，適與鄙意相合。然觀諸公全盤之計劃，東西南北皆至二三十里以外，其完成，必在數十年後，若初步不適當，可以更遲數十年，初步立得稍好，亦未嘗不可減短時期，即完成諸公之期望也。故取繁複之鄙見，分段論之，以供諸公之采擇。

贊成建都南京之餘義

總理主張建都南京，其主要理由，自有種種：如包仟爲國界，南京自是其中心，如欲傳播工商事業於通國，南京亦是其中點，諸如此類之要義，國人俱未全瞭，故尙執帝王時代之論調，惟趨重于京防，亦殊可笑。而余對數十年內計算，覺南京建都之餘義，亦大可一說。都城者，萬國觀瞻之地，往往有僅執都城即漫下文野之批評，故設想英，法，美，德，日之狀況者，大都即指倫敦，巴黎，華盛頓，柏林，東京等之一斑。此乃普通人不求甚解之情感也。我國見鄙於外人者深矣，凡游北京者，亦未嘗不稍有好感，惟由津浦或平漢而進，先歷數千里蕪穢不治之地，已倘介作惡，即由海道至津，惜乎自津至平，僅僅二百餘里，所過楊村，廊坊諸處，其民財力太竭，竟尚呈獻其太古之惡狀。惟南京則山水雄奇，本身即較優于北平，若新建築一成，必能有近代都會之氣象，（惟今之策書者，將主張偏處一隅，又不忘情于舊城，皆自毀其新氣象，余亦正有貢獻，當別論之。）現時歐美人之往來，由美赴亞，終極於香港，由歐赴亞，終極于橫濱，上海爲南方所必經，都城既在南京，數小時可達，歐美人之游觀者必多。南京本身既優，而沿途城邑，又皆爲財富之區，改良至易，於是所過皆得好感。在此數十年之內，得外人之好感，決于外交有利。故欲改良通國，談何容易，若欲改良上海至南京，短時可就，所以建都南京之餘義亦至關重要也。於是無錫之地位，亦不但關於無錫本身，且關於外人之觀瞻，與都城有聯帶之重要矣。

無錫之地位

無錫之地位，既與都城有聯帶之重要，所以改良不可枝節苟且，遲滯其進行，必規模倏然而立，短時即能促進其有成。但規模雖能由理想而立，而事實不相赴，亦無可如何，僥天之幸，無錫之地位，欲速成一歐美式之都市，理想一立，事實必能馬上相赴，此實至可喜之幸事。丹陽，崑山，固不敢與無錫並論，即常州亦陷于勢難急進之命運。甚而至于蘇州，雖具中古規模，其缺點既多，不得不拜倒無錫。鎮江固爲新省會，山水亦若勝過無錫，恐速成亦不如無錫之易。因蘇州去佳山水太遠，於工商業又落後，鎮江山水雖在附郭，而工商業尤後于蘇州，惟南京不但居都會之重要、建築之財力自裕，且夾江爲市，規模將超過倫敦紐約，自然非無錫所及。蓋新式都會，必有巨河橫貫全城，才有工商社會之氣象，否則即呈部落偏僻之意味。所以南京若在此時迎機大道以南暫置而不問，一意由鼓樓而北，拆神策門至儀鳳門之城牆，直趨幕府山，將下關與浦口建橋連屬，夾江爲主要巨市，建政府于勸業場，而故宮與朝陽門外，止作苑囿，則新都會不久可盛。倘建政府于故宮或至朝陽門外，則下關成一村落，鼓樓又一村落。長江遠如海岸，朝市遁于山林，可憐之狀態，必永不成都會。故無錫之前鑑，若棄運河而不立爲中心，其失將與南京等。且無錫用運河，遠易于南京用長江，因下關與浦口模規太大，且自需乎人力之硬造，若無錫就本運河爲市，天然之形勢既佳，而事業之局度已成，止須緊緊的擒住其綠路，不讓于尺寸，則與別立現新世界，若枝節用在舊城盤旋，出發點一誤，恐不幸將差以千里。其初步急需擒住之綫路，當條舉于後。

初步急要之綫路

欲在新城與舊城有明顯之界畫，而舊城亦得暫時之便利者，莫急于拆除光復門稍東，由之而北而西，直至西水關之城牆，改為新城東南邊線之大馬路。通開原鄉之幹道，最好由西水仙墩左右築兩橋而過，若僅僅在小西門設法，曲折而達，則紆而難。雖小西門將來亦必有幹道；然不如用緩進法，慢慢改良。

上文所謂夾運河而立新城，由亮塲穿洋橋至亭子橋之東段舊運河僅作次要，其最要者，新城之北端，暫在吳橋以北二三里之內，新城之南端，亦暫限于西水仙墩以南三四里之內。所謂主要之巨河，即指黃埠墩至水仙墩中間，歷江尖同仁棧等數島者是已。

將來新城之中心，或仍當移至江尖以東，但暫時希其先發達而立遠大之基礎者，當以通惠路與運河為交叉之十字，以吳橋為中心。通惠路之容易發達，已為邑人所公認，不必贅說，至由三里橋移米市至吳橋，止需厘下商移于吳橋以北，而頃刻成市，亦非同建市高橋等之理想。惟吳橋而西之觀念，同人或未注意。蓋一般人之心理，莫不以運河為城之邊線，惠山僅風景，九豐廠寶成棧等區，僅郊外之廠區而已。夾運河而立新城，或未有明顯之感想也。惠山為風景區，固不待言　且蘇州有歷史名區之光榮，能建新式城市，倘落無錫之後者，即天平靈岩等之山水，遠在十餘里之外，附郭僅一虎邱，則渺乎其小。南京鎮江之有高價，即山水皆在附郭。至於杭州之西湖，其寬廣不如五里湖，而寶山等亦並不輸于靈隱葛嶺，何以西湖得盛歷如此，杭州亦因之有南宋建都之價值，此即附郭之山水價值，較高于一切之故。無錫向來不落人後，即以惠山之故。至今日已在汽車馬路時代，用惠山而連接梅園，黿頭渚，五里湖，已有作第二西湖之勢，不必太湖汪洋，尤擅無價之勝也。故新城若接至山前，僅劃舊黃泥橋以西為山區，其東之盛家岸大德橋東西等，亦建為市區，城之美麗，將遠超於從前，惠山之價值，亦遠大於曩昔，所謂相得可益彰也。吳橋以東，既已發達，吳橋以西，本來已有巨大廠業，發達亦非理想，止需夾運河為新城之勢成，而繁榮馬上可現。

所謂夾運河之勢者，最急要者，莫如在惠山浜口由宋帝廟築橋而通九豐廠，由寶成棧築涵洞而通丁港，由興仁棧在醬園浜口通財神堂稍南暫止，於是跨運河橋于同仁棧東，再通橋于城牆之大馬路，有此沿河之著要馬路，而夾巨川為新城之勢成。

雖新城之主要，由醬園浜經老棚下而至水仙墩沿河，亦當有新式馬路，由府殿經北塘過布巷弄，沿河而達通山船浜，通循城牆馬路，亦必有寬闊馬路，然此皆可俟于十年二十年以後，一則此等區域，止可用緩進法，二則如欲發達通惠路，吳橋，盛家岸，丁港等處，斷不宜將舊區馬路上大改良，若舊區馬上大改良，新區即受打擊。若精神止注于新區，促進舊區，至爲容易，因逼覩倫敦巴黎廣州等處之前例，舊區有歷史遺傳之價值，無論如何變動，即使新城已經興盛，舊區必隨之而興盛，仍執一城之牛耳。觀于倫敦之銀行街，廣州之西關，其例不爽。即在無錫，十數年來光復門外時時增進，於是人橋下打鐵橋下亦有深刻之感覺，擧欲改良其建物，雖一時街道吝于放寬，而設法輝煌其門面，則不憚刻意經營也。將來之結果，雖吳橋東西丁港南北亦已成鬧市，然貴重營業仍必在舊城之打鐵橋下與新城之大橋下，恐繼續百年亦不改變，新城中惟新式營業與夫大旅館，大酒樓及大工廠而已。然欲促進新城，決不可但在舊區枝節改良，使觀點不移，保守益固。故如崇安寺公園之僅等於小花園，舊城之如何行過，惠山之如何發展，如何由惠山對開湖濱之通道，亦初步之所必注意，本篇已極冗長，當於下篇論之。

『附吳先生致孫主任原函』

道始先生執事。車中劇談甚快。囑將拙說附刋市誌。甚樂從命。現草成半篇。先行寄本。一則適有要事相阻。二則恐市誌亦將殺版。倘蒙斧削采登。不勝榮幸。敬叩道安。弟吳敬恆頓首。十一月二十一日。

中國國民黨政綱

改良農村組織增進農人生活（對內政策第十條）制定勞工法改良勞動者之生活狀況保障勞工團體並扶助其發展（國內政策第十一條）厲行教育普及以全力發展兒童本位教育之整理學制系統增高教育經費並保障其獨立（對內政策第十二條）一切不平等條約如外人租借地領事裁判權外人管理關稅權以及外人在中國境內行使一切政治的權力足以侵害中國主權者皆當取消重訂雙方平等互尊主權之條約（對內政策第一條）關於中央及地方之權限採均權主義（對內政策第一條）

論著

衛生與市政

醫學博士 胡宣明

市民本自治之精神，採用輿論，公訂約法，組織行政機關，聘請專門人才，以執行之；而市民居監督之地位，相與同心協力，共圖市民之公益，此西國市政之所由昉也。

茲但就衛生行政一端言之：夫以今日中國之政局，其不足舉辦公衆衛生，自不待言。誠以衛生乃科學中之專門學術，苟無相當人才以提倡之，必無功效。我國雖有四萬萬之衆，而衛生人才則絕無而僅有。今欲以二三人，而號召自古漠視衛生百兆之衆，誠屬難事，又況衛生事業之發展，非財力充足不爲功。故世界貧窮之國，皆無衛生之可言。今我國貧民，每食不飽，遑言乎飲食之衛生；敝衾欠溫，遑言乎衣服之衛生；破屋茅舍，且不足以蔽風雨，遑言乎居室之衛生，此又不待賢者而後知也。

至於國人衛生之知識，殆與嬰孩無稍差異。污穢如有天性，習慣乃成自然，今欲驟改之，尤其難矣。然則中國之衛生果無望乎？則不然。夫中國衛生之程度，幼稚之程度也，故應以單簡淺易之法教育之。中國不衛生之病，非一朝一夕之病也，故應蓄三年之艾以治之。若一時欲以英美之辦法，辦中國之衛生，未有不敗者也。故欲行公衆衛生於中國，漸進則可，驟行則不可也。茲舉其可行者述之如左：

一教育、市民無衛生之教育，則無衛生之知識，無衛生之知識，則一舉一動皆足觸犯衛生規則。如是則自己生命且不能保，其能顧及公共衛生乎？且不知衛生之價值，豈肯出代價以備衛生乎？不明衛生取締之理由，豈能不反對乎？此足見衛生教育之不可少也。應設一科，專司其事。

二清道、清道不但可以壯觀瞻，且可以絕蚊蠅鼠類之生育，最為市民所歡迎，不可不辦。應立一科，專司其事，并將全市分為數段，以司其責，而資賞罰。若力不足以及全市，應劃出一區，極力清除，庶免杯水車薪，無濟於事。

三市場、疾病什九由食物而傳，故食物不可不取締之。取締之法，舍立市場，更無他法。蓋集衆販於一市，易於檢查，一也。構造適宜，易於洗滌，二也。市場既為我所設，則應遵守我之規則，不若入商人之店，而干涉其數千年來之習慣之難，三也。且市場之租金，亦可以補充行政之費用，四也。

四公廁、中國坑廁林立，臭氣薰人，且蚊蠅生殖其中，最能傳染疫症，不可不力事改良。入手辦法，先立模範廁所，起烟突以出臭氣，設活門可以隨時自行啓閉，而禁蠅虫入內生育而繁衍焉。

五自來水、食水不潔，則市民多病，取水不便，則積穢難滌。故欲市民之健康，地方之潔淨，而不提創自來水者，余未見其能成功也。故世界各國，市政發達者，未有不視水政為最要也。蓋自來水不但有益於人民之健康，且能藉此為公家營利，一舉數

得，何樂而不為哉。

六施醫、嘗見地方舉辦新政，每致阻碍橫生，若復加以種種之取締與束縛，則人民之反對也必力。是宜取利民之法，而為之倡；如施種牛痘，贈醫送藥之類是。此不但可以聯絡市民之感情，且可藉以為衛生教育統計防病等等善舉之先導。蓋先醫其病，而後教育以防病之道，則人民愈益樂從。因是常與病者接洽，直接可以探知患者概以何病為多；而況病之流行，皆由病人傳染之故；能愈傳染之病人，便少一傳染之原因；然則謂施醫可藉以作教育統計，及防病之先導，不亦可乎？

上述六事，可分為三課：一曰教育課，專司衛生教育事宜。二曰潔淨課，專司清除街道公廁，以及辦理市場自來水等事宜。三曰防疫課，專司防疫及施醫事宜。每課須聘有專門學識者主其事，全局聘一衛生專門人才監督之。分股辦事，劃區而治理焉。市中名醫，皆可聘為顧問，一切公廁，市場，垃圾，以及衛生罰金，照會費等，概可充為衛生行政經費。茲所舉述，特其大畧耳。若欲實行，非由當地名醫，詳加調查研究，恐難收最善之效果。所願市政當局採芻言之可取者，斟酌損益而試用之；俾地方樹市政之模型，人民獲康寧福益，則幸甚矣。

對於劃分新無錫市區之我見

嚴恩柞

現在的無錫，可以說已經到了工商業發達，人口增加的地步；在這種地步，可以說是市政發軔的要點，所以無錫市政到現在確已到了有相當進行的必要。即使說不去進行，然而事實上已在各個地分段進行；因爲分段進行的結果，七零八落，既散漫無度，復不能共通提携，即形成如無錫現在的狀態：有的地方有幾條私人興建的道路，有的地方有幾處私人集資營造橋樑，甚至工廠商市的發展，都是漫無地界，——不管地處風景名勝，也有些工廠烟囪的設備(？)。——在這種情形之下，假使再沒有一個市政機關來作一整個的通盤的計劃，恐怕無錫的發展始終祇是不規則的，故市政府是必要的——在正式市政府未能成立前，當然須先經籌備的時期，即如現在的市政籌備處。——換句話說，市政府或市政籌備處的責任，第一就是要規劃一個的整個通盤的計劃，使各地的發展有一定的順序步位，並且不妨碍別地的進行，而且促進其發展。

此次，市政籌備處做了一部劃分市區的草案呈到省方來，民政廳方面就派我來實際的考查，於是我預定了一個順序，也是注重在實際上的，就是我們按照了地圖，分段分區的去觀察，費了一星期的時間，差不多重要的地方，我們都已察看完畢，覺得很有許多感覺可以和大家談談的。

市政是一門科學，也是一種藝術。所以規劃市政，我們也就須運用科學的眼光和藝術的方法。所謂科學的眼光，是實際的，有條理的，有系統的，可供實施的。所謂藝術的方法，是美觀的，有活力的，整個的。因此我們在實際上觀察之後，便要從事於有系統的條理的實施的美觀的活力的整個的去計劃，但是，這裏有一件困難，就是無錫是一個已經發端的舊市，勢必不能完全改革，只可就原有範圍加以改良，同時使新興的不再蹈不良的覆轍。

故我們對於劃分市區這層，定下了二個標準：第一是就原有的已經發展的地方即劃爲該某種區域，並給予更事發展的便利和地方。第二是在未發展將發展的地方，視其附近的環境的趨向以及地勢的情形劃作某種區域，並確信這種新的趨向是良好的發展的，所以也予以發展的便利和地位。——總之，第一個標準是關於舊市的改良，第二個標準是關於新市的創造。

假定舊市的範圍是：東由東門外亭子橋向南至南門外水仙廟，再向西至西墩，向北至吳橋，再向東經廣勤路終點黎花莊，回向亭子橋。（見圖）——這裏可以說已經都有些是發達的了，也有是商市比櫛的．也有時工廠林立的，也有是住宅比鄰的，也有是機關敷設的；大多有了相當的發展。——除了這範圍之外的，地位比較廣闊偏僻，尚沒有到發達的地步，我們叫他是新市。在此我們且先將舊市範圍內的市區大約來劃分一下，很願和當地人上加以討論和研究。

一•行政區　行政區不過是一個行政的總機關設立的地方，故他的地位不必十分廣大，祇要夠裕行政機關應用並且在交通利便的地方就好了。在無錫我覺得以從前「老縣」那個地方爲最適宜；因爲一則那裏有七百呎見方的廣地，一則是市區的中心，將來有成爲交通集中地的可能。對於行政區的要素，一點都沒有妨碍。即就現有的街道言，面臨東西二大街，旁通東西鼓樓，後處駐驄橋街；四面犄水：已是很好的一個地位。將來如果能夠從事新的建設，一定很是可觀的一所行政總機關，——如市政府，市公安局，市工務局，市財政局，市社會局，市教育局，市公用局等等都可設立於此。

二•商業區　商業區是市內主要的商市所在地，然而並不是說商業區之外就沒有商市，不過商業區是一個商市的集中地而已。在無錫的商市，原來祇是以北門外一帶爲最繁盛，唯一的原因，是沿運河及靠鐵路的交通要道。但是視現在情形言，還是以運河一帶爲興盛，試看北吊橋至吳橋一帶的市集，實佔無錫商市中最重要的米市，金融機關，都匯集在這塊地方。並且還有個天然的分野，就是在運河之西都是堆棧，河東則都是米市，就拿這三百多呎的運河做界緣。這裏我們可以很清楚的知道河岸的重要，但可惜沒有一個相當的好的碼頭。此外的重要商市的，在大市橋馬路上一帶，均有相當的發達。現在我的意思就劃分北的一部，城東的一部以及廣勤路附近做商業區（見圖），這裏約有十方里大，已很足夠爲市場，因爲商市貴集中，萬不宜分散，而使街市過長，市面渙散。即使將來商業發達，實際上這十方里的地盤，也夠分配；何況商販賣零星物件的商店散佈在各處，勢不能完全集中。並且照這樣劃法，有一個最緊要的就是批發市（Wholesale）與零售市（Retail）的界限很清，——在北塘三里橋一帶我們可以說是批發市，而大市橋廣勤路一帶則為零售市；關於市民賣買的便利是很可以顧全到的，並且在市政，設施上亦成為天然。

三。工業區　工業區是市的工業集中地，許多大規模的生產機關所在地，他的主要原素是運輸的便利與取水的方便，這在無錫已很可証實的，就是無錫的工廠幾乎可以說完全是在運河兩岸，竟難得有幾個例外。試觀在太保墩的申新茂新振新等大工廠，在周山浜棃花莊的慶豐豫康等廠，以及南門外的絲廠，東門外的絲廠，大多都和運河發生了重大的關係。所以規劃工業區，必然要將運河兩岸為區域，這是毫無疑義的。因此我的意思是劃西門太保墩一帶，南門南水仙廟一帶，東門亭子橋一帶，北門廣勤路棃花莊一帶為工業區（見圖）。照這種地形看來很像一條帶形，沿這帶形二旁，我只預備各以一千呎為限（沿河岸起算，），因為普通的工廠的地盤的深度也不會過於一千呎的，所以很可以夠用了。如果，我們能夠在這種良好的地形中，從事整頓，將來是個最有希望的地域，——生產所賴的地域。

四•住宅區　住宅區本來要待工商業極其發達之後，才是十分需要的。在現今情形之下，差不多是不很重要；因為實際上工廠中不是有宿舍的供給的，即是有工房的設置，商店中大多是為夥友備住所，即不然的也是少數。所以劃這區我覺得不十分重要，除了原來在城中的南部已無形中成為住宅區之外，惠山鎮一帶現在已到了有成住宅區的新趨向，何況傍近商業工業行政風景區，既便利於居住休憩，也適宜於娛樂遊覽，真也可以說是個天然的住宅區，——新的住宅區。

五•風景區　在疲勞於都市生活之後，相當的精神的調劑是必要的，風景區主要的目的就在乎此。我們看山明水秀的無錫，實際在這層上是早已佔了優勢，至凡惠山太湖等處，都是極足以佈置為一個風景區。不過地位太大了，恐怕佈置是很不容易的，非十年二十年不為功，但是事在人為，不怕不成功，只怕不努力。所以，我也一起的把他劃規在此，意思是希望逐步逐步的發展。而終抵於成功。

除了上面五區之外，其餘我未劃入的作為田園區及蔬菜區，差不多也是現在的情形。而上面所述，我們雖說是關於舊市的改良，——分成了一區一區之後，就各區的特殊性質加以各個不同的改良。——其實竟是新市建設的嚆始，也是新市創造的先驅，新市創造的實驗。由此我們可以推行新市，由此我們可以促進舊市的發展，使也成為新市。所以的確這是新市的實施的初步，故我把他定名叫「實施區」就是這個意思。然而只是現在的實施，算不得整個分區的計劃，而且我的分區也祇劃入了無錫的一部分，其他部分也該有個通盤的計劃，關於這部分我就叫他準備區，實在因為目前能力難于辦到，因且作一個準備，有時機也即可發展，似乎比較空劃入了區域而不做，不能做的（空說空話）要好些。以下便是關於準備區的我見，大概除了上面我所劃入的區域之外，都可以作為準備區，他的理由是：1.這些地盤都沒有發達，有按照良好的理想建設新市的可能。2.自然生成的地勢，有單獨規劃的可能和必要。3.有一個相當準備的時期，可以視能力情形實際辦事。

我們觀察各國最新的市政設施，有所謂（田園市（Garder-citi）的，是一八九九年英國（蒙華德）(E.Howard)所發明，他主張以一圓形中有六千英畝的土地建築這個田園市，以這市的中心點為中心園，造一所公共建築物，或作政治機關，或是圖書館，或是公共娛樂場所，或是其他公共機關。由此中心放出來成為第一環形，這環形的有一百四十英畝是作為商業區。再放出第二環形則是住宅區，第三環形則是工業區，第四環形以外則是田園區。四面且以放射式之馬路，直與外面接連。——這種田園市，現在各國採用的很多，非但因為交通便利，居住適宜，而且在市政設施上也是最容易收效的。

在無錫，我覺得有三塊自然形成的土地，是絕妙的田園市的區域，這就是南門外東門外及北門外的。（見圖）此三處都是四周環河，尚未十分發達，地位寬大，足够為一個小小田園市之用。但是在現在的能力範圍內，似乎有所未能，所以我把他劃成準備區之後，再分為第一期第二期第三期，以便分別實施，免得空唱高調。更有一點是我額外覺得可喜的，就是這三處田園市竟會不期然的形成了一個（衛星式市）(Satellile-cities)的，成功了一個三角的略勢，既是有天然的分野，又可收彼此策應聯慣之效。真是一件有趣而有效的事情。

總之，像無錫這樣一塊好地方，天然的佔了不少的優勢，祇要人力能觀察實際加以整頓改良，是頂有希望的。即如我此次觀察的結果，很覺得無錫現在需要的是負責的，實際的，去努力整頓，改良，建設。對於種種計劃，尤其應該先下了實際的功夫，然後動手；似乎不可草率從事，把建設事業付之兒戲。一方我還希望無錫民衆起來努力，萬勿觀望！

一八，十，十四；草於無錫。

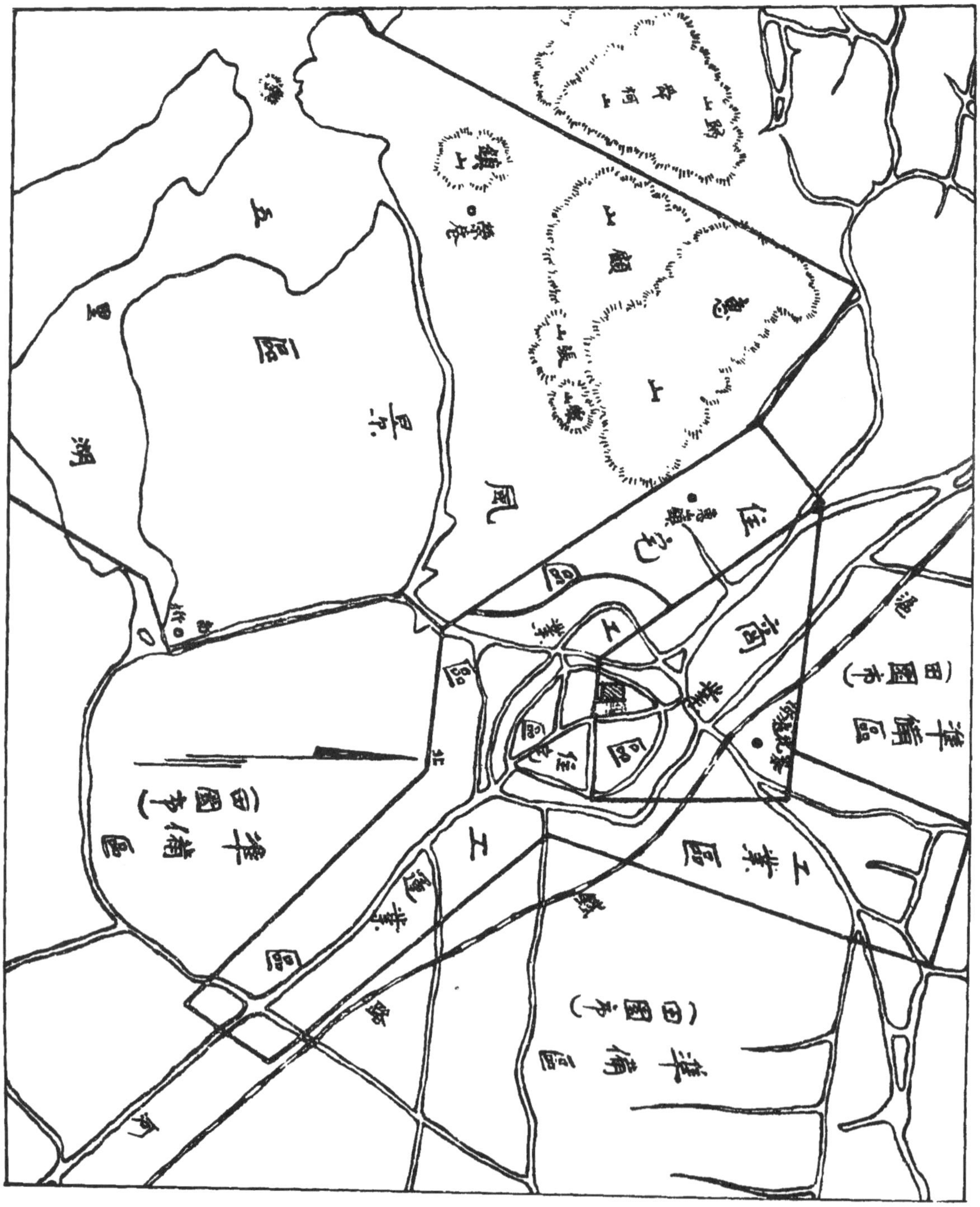
準備區
(田園都市)
工業區
商業區
惠山
五里湖

日本最近之市政觀

王伯秋

近歲以來，兩遊日本，先後至長崎，神戶，東京，橫濱，名古屋，京都，大阪，奈良，廣島，嚴島，下關，鮮朝，釜山，平壤，開城等處，復渡鴨綠江，入奉天，經遼陽，大連，旅順，至青島，浮海歸滬。除少數時間參觀各學校各工廠外，餘均留心考察關於市政方面之組織設施，以及都市計畫及其財源，期稍有所得，以爲吾國辦理市政者之借鏡。所至各市，其市長助役或各局課長均殷勤接待，不憚煩瑣，詳爲說明，而於印刷品亦多傾其所有以相贈，故既得明瞭其最近之市政概況，復得許多有價值之圖籍，獲益殊非淺鮮，茲拉雜述其大要於左，至於撰譯專書求教當世，請以俟異日。

日本實施市制，始於明治二十一年，迄今全國施行市制者有百餘市，而以東京大阪京都神戶橫濱名古屋六市規模爲最大，事業爲最宏，大正十二年九月，東京橫濱慘遭震災，死傷失踪者不下十五六萬人，而東京震燬域區，約占全面積之半，首善之區，頓成灰燼，吾人測度，當以爲非數年間所能恢復，乃此次到東，除見有少數遺迹外，其餘不僅盡復舊觀，一切設施且較前益臻完備，未嘗不歎其計畫之周密辦事之迅捷也。且在地震以前，事實上之障礙甚多，理想計畫，每難見諸實行，地震以後，障礙悉除，損失固大，而在都市計畫方面觀之，實天與以一改革之大機會，故在當時，即設立復興局，以謀東京橫濱之復興。復興計畫最初曾提出四十億元，及卅億元之預算案，迭經商改，最後決定爲五億七千二百四十二萬八千八百四十九元，自大正十二年度至十七年度爲六年間繼續事業，其事業包括道路橋梁運河公園土地區劃整理等項，街路設計，凡路面在十一米（一米等於三尺二寸四分）以上者，車道及步道之寬度均有一定之標準，如街路寬度爲卅六米者，則車道寬度爲二十四米，步道兩側寬度爲六米，街路寬度爲卅三米者，則車道寬度爲二十二米，步道兩側寬度爲五米半，以次類推，若路面在四十四米以上，則就各街路情形分別定之，路旁並栽植樹木，以點綴風景，關於橋梁方面，擬新設者計有一百卅六橋，工費總額三千四百萬元，均用最新技術建築，並因預防震災火患，所用材料價格特爲昂貴。運河計畫，初有六千萬元之提案，尋改爲三千八百萬元，大部分爲運河聯絡及開鑿疏濬之費，至於公園爲都市之臟腑，於都市之品位上及市民之保健上，均有重大關係，除原有日比谷上野淺草及芝公園等卅餘處外，復由政府增設濱町隅田錦系三公大園，並於市內各小學附近設小公園五十二所，專供兒童運動遊戲之用，經費達一千萬元。土地區畫整理，分爲住居地帶商業地帶工業地帶倉庫地帶等，而各地帶內道路寬度，亦均定有一定標準，此乃地震後復興計畫之大概也

此外屬於復興方面之事業尚多，限於篇幅，不再詳述。組織方面，東京市役所分設內記檢查庶務財務經理地理會計統計商工下水公園河港各課，學務(內分庶務學務視學三課)，社會(內分庶務社會教育保護公營職業五課)，保健(內分衛生清掃二課)，道路(內分庶務工務第一道路第二道路橋梁五課並設試驗所)，水道(內分庶務給水排水工務四課)，建築(內分庶務營繕學務建設市場建設四課)，區劃整理(內分庶務第一施業第二施業工務土木五課)，電氣(內分庶務經理會計運輸自動車電燈電力工務車輛九課並設工場教習所)，各局，電氣研究所，復興總務等部，市長及助役以下：大小吏員，以及隸屬之雇員等，共九千八百餘人，傭人以下共二萬三千餘人，分屬於各局課。至大阪市役所建築之宏壯，爲各都市冠，大正七年四月興工，至十年五月告成，建築費三百六十萬元，內部組織分庶務港灣水道都市計畫土木教育社會保健產業九部，並設電氣局及秘書檢查營繕會計四課，全部辦事人員，共八百餘人，內女子廿餘人，合之傭人等共一千九百餘人，合之全市市車運轉手等共五千三百餘人，故東京以下，規模之大者當首推大阪，若京都神戶橫濱名古屋各市，雖在六大都市之列，而其規模及組織均較東京大阪爲小，故不具述。至設施方面，舉凡教育交通衛生救濟等事業，莫不年投巨資，以東京而言，教育一項，市立學校有高等小學十八，尋常小學一百八十　幼稚園十六，實業補習學校六十四，中學校二，商業學校二，高等女學校一，實科高等女學校一，此外屬社會教育者，更有市民講座，勞動講習會，商工青年講習會，市民合唱團，音樂研究會，在鄉軍人講習會，體育講習會等，及市立圖書館廿餘所。至於社會事業、設施更多，爲謀日常用品供給上之便利，則有公設市場及公共食堂，公共食堂定食甚廉，計朝食一角，晝夜食各一角五分，以日本生活程度之高，而定價如是之低，裨益貧民，實非淺鮮．爲謀一般市民住居之便利計、則有共同宿泊所，及市營住宅，使市民所

費無幾，而得安身之所，為保護失業者計，則有職業紹介所，勞動紹介所等，並有專為女子而設者，求人求業，兩方均感便利；為救濟棄兒迷兒及窮民計，則有養育院；為救濟姙婦及乳兒計，則有產院及乳兒院；為謀勞動者工作便利計，則有託兒所；為流通金融計，則有市營質舖；為市民衛生計，則有公設浴場，市立病院及療養所等，為事前之預防及事後之救濟，蓋凡有益於市民之事業，罔不苦心經營，不遺餘力。此外上下水道設備更為完全，上水道設備費共九百十八萬八千六百餘元，工費預算自大正二年至十三年，計三千六百十萬元、擴張工事費，自大正十三年至十五年計四百七十萬元，而自大正十四至二十二年計一千四百四十一萬元，則現在進行中之計畫費也。至於下水道，自明治四十四以至大正十二年九月，所投改良事業費達二千五百三十四萬三千餘元，而災後復興計畫，自大正十二年以至十七年，工費定四千三百五十萬元，而自大正十八年起更有一全部計畫，工費定八千〇九十八萬元。大阪除一般設施外，更有市民館，為日本各都市中之新事業，館內有講堂，集會室，教室，音樂室，圖書室，體育室，辦務室，相談室等，設備，開館時間，每日午前九時至午後十時。至其事業，屬於教化者，有講演會，講習會，補習教育等，屬於娛樂者，有音樂會，演藝會，活動影戲等，其他更有健康相談，身上相談，法律相談等組織，純盡義務，為一般市民解決一切疑難問題，蓋其主要目的在啓發智識，涵養品性，謀市民之便利，并改良其日常生活者也。而在京都塵芥燒却場之設備，更為完善，蓋處分塵芥，由衛生上言之，最良方法，莫如付之一炬，該場建築工費五十萬四千元，每年經常費計三萬二千元，京都全市塵芥每日約有五萬貫，除二萬貫供填築之用外，其餘三萬貫均在此燒燬，當燒燬時，並可利用燃燒熱力，發生蒸汽及電氣，設備方面有燒却爐四基，汽罐一基，溫汽機二基，給水唧筒二基，溫水器一基，及通風裝置除塵裝置各一基，此亦日本各市中新事業之一也。此外若神戶橫濱名古屋，各市事業均同，不過範圍有大小之別而已。財政方面，近因事業之發展，各市莫不有逐年膨脹之趨勢，例如東京，明治三十一年決算，不過歲入六百二十五萬四千二百六十四元，歲出三百三十五萬五千三百四十元，而大正十四年度預算，歲入為二億九千〇六萬四千二百二十八元，歲出為二億七千四百六十九萬三千七百五十六元，其增加之額，歲入約四十六倍，歲出約八十八倍。此外大阪十五年度預算，普通會計歲入為二千五百七十七萬四千〇十元，歲出經常費為二千一百四十萬九千七百二十九元，臨時費為四百三十六萬四千二百八十一元，特別會計包括水道電汽港灣等事業費，歲入為一億七千〇十七萬〇六百六十元，歲出經常費一億六千六百七十五萬一千七百二十三元，臨時費為三百四十一萬八千九百三十七元，普通特別二項，合計歲出入總額爲一億九千五百九十四萬四千六百七十四元。京都十五年度預算，歲出入總額爲一千〇四十四萬六千三百九十八元。神戶十五年度預算，歲出入總額爲一千七百三十九萬〇六百十四元。名古屋十二年度決算，普通會計歲入爲九百二十九萬八千一百二十三元，歲出經常部爲五百四十九萬八千七百三十七元，臨時部爲二百六十一萬五千二百〇五元，共八百十一萬三千九百四十二元，特別會計歲入爲一千二百五十一萬三千三百九十一元，歲出爲一千〇六萬八千五百三十八元，橫濱大正十五年度預算額爲九百〇三萬八千二百九十元，震災以後，主要急務，即爲復興事業，其事業費共一億八千二百〇五萬元。依此類推，日本各市歲出入之激增，可以想見一斑矣。至其財源，除各市特有者外，普通財源約計有二十餘種，主要財源爲市稅市營業收入國府縣庫補助金三者，其次市債亦爲大宗。據最近統計，東京市債二億六千五百九十三萬七千九百九十一元，大阪二億三千七百六十一萬四千七百八十四元，京都三千二百十三萬九千一百〇七元，神戶九千六百三十萬二千一百二十二元，橫濱五千二百十七萬五千四百七十六元，名古屋二千七百三十五萬一千五百十五元，但此均係用諸水道電氣教育及都市計畫等正當事業，並非漫無限制，而任意舉債者也。此外有所謂受益者負擔金制度，爲日韓各市所通行，即凡因維持公共安寧，增進市民福利，改正市區，新闢道路，或改良路面及其他事業，得令直接受利益之市民，負擔工事費之一部，此亦主要財源之一，而爲進行都市計畫事業之絕大助力。以上所述，爲日本各市之概況。至於朝鮮，自併屬日本以後，日人規畫經營，不遺餘力，關於市政，因未實施市制，暫歸府廳兼辦，現京城都市計畫事業中最主要者，即爲道路之改正，中以總督府前街路爲最寬，計二十四間，（每間約五尺八寸）其餘則十八間十五間十二間十間八間六間四間三間不等，而以八間至十二間者爲最多，將來計畫，山地用棋盤式，平地則並用棋盤蛛網二式，關於教育，公立學校有小學校十，普通學校十七，中學校二。高等普通學校二，高等女學校二，女子高等普通學校一，實業學校六，幼稚園一，合計有四十餘所，此外官立者本校及附設學校各三所，私立者學校六十，幼稚園十五，書堂六十三，更有圖書館三，公立者一，私立者二，他如衛生救濟等事業，均在進行中。其次平壤爲京城以北唯一之大都會，各種設施，亦頗可觀，中如教育，屬於日人方面者，有公立小學校二，公立高等女學校一，公立商業夜學校一，公立中學校一，私立女學院一，私立幼稚園一，屬於韓人方面者，有公立普通學校五，公立農業學校一，公立高等普通學校一，公立女子高等普通學校一，公立師範學校一，私立學校中，高等普通學校二，私立專門學校一，宗教學校十，書堂十。至於道路，最寬者爲十二間，其次爲十間八間六間五間四間三間不等。路側並植樹木，點綴風景，此朝鮮各市之概況也。回國經南滿一帶，沿途視察；覺日人侵略計畫之周密，與設施之宏遠，誠令人驚駭不置，而南滿洲鐵道公司實總其成，其所經營之事業，兼及於市政實業教育各方面，大氣包舉，鉅細靡遺，按該公司創立於明治四十年，即前清光緒三十年，當時資本爲日金二億元，至大正九年，增加資本達四億四千萬元，其沿鐵道附屬地帶，關於教育衛生市街整理等設施，莫不秩然有序，尤以大連市經營爲最佳，大連之設計，市街中央設有大小廣場及大小遊步場，分爲大廣場敷島廣場千代田町廣場東廣場西廣場五處，街衢以各廣場爲中心點，即由此分布放射形之街道以爲幹路，復層層環築若干大小橫路，狀如蛛網，故稱爲蛛網式道路，廣場中以大廣場占地爲最大而最齊整，周圍約有一百八十丈，雜蒔花木，專爲行人中途遊息之所，道路分步道車道，步道鋪洋灰石板，車道鋪石礫並撒塗黑漆油，路側分植胡藤白楊等樹，綠葉森森，景風絕佳，又道路寬度分爲六等，特別道路寬二十五間，一等街路寬十八間，二等街路寬十四間，其他則自十間至六間不等，市內分商業工業住宅等區，至於上水水源地在沙河口王家屯龍王塘樊家屯等處，給水能力，沙河口二千噸，樊家屯六百噸，王家屯及龍王塘二萬二千噸，共計二萬四千六百噸，下水設備，爲保持市街之美觀及防備冬季之結凍，採用暗渠式埋實於街路中心，所有雨水汚水均合流於幹綫之暗渠，故設備甚爲完全。他如教育衛生等事業，亦頗積極進行。此外尚有二大事業，其一即大連港，此港原屬俄國經營，當時已耗一千三百萬元，日俄戰後，日本繼續經營，又耗三千六百卅三萬元，現有防波堤，計長一萬三千一百二十一日尺，包圍海面約九十五萬坪，碼頭三處，共長一萬四千一百九十六日尺，同時能容輪船三十四艘，現正規畫建設第四碼頭，建築費七百萬元，成後可多泊輪船十艘，倉庫有七十七處，一時可容納貨物四十萬噸，候船所建築費共七十萬元，能容五千人，第一碼頭之裝炭機係購自德國，計八十萬元，一小時內能裝炭一千八百噸，碼頭事務所辦事人員共二千五百人，工人一萬五千餘人，實東亞最大最良之自由貿易港也，其次即中央試驗所，該所在明治四十一年，由關東都督府創設，至四十　年歸南滿鐵公司承辦，逐漸擴張組織，分設分析應用化學製絲染織窯業釀造衛生電氣化學及庶務八課，並特設試驗工場，經費共一千二百萬元，三百萬爲購置機器費，九百萬爲研究費，試驗成績甚多，據稱滿鐵公司年出純益一億元，專爲公益事業之用，此日人經營南滿一帶之概況也，按日本爲東亞後進之邦，凡百事業，力謀與歐美抗衡，市政一端，尤有一日千里之勢，曾於大正八年公布都市計畫法，十二年復公布特別都市計畫法，其中主要者即爲道路河川港灣公園等事業，各市均根據此法，先定都市計畫案，然後依其次序分年進行，故能綱舉目張，事牢功倍，且市政當局者，類皆專門之士，不獨富於知識，而且豐於經驗，絕無不學無術淺識短之人，濫竽其間，用人雖多，而各自專責，孜孜業業，夙夜匪懈，其責任心之重，遠非吾國人可比，而該國朝野上下，時時表示不滿之意，益見其努力向上之心爲不可及也。

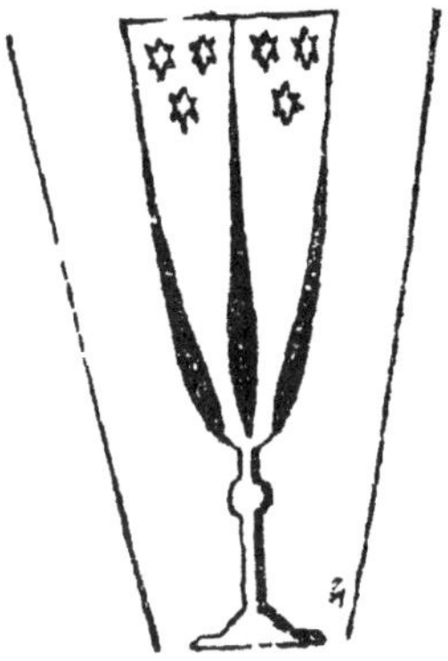

無錫市政計劃芻言

江祖岷

我中國自黃帝以日中爲市，致天下之民，聚天下之貨，交易而退，各得其所，實爲市政之嚆矢。歷唐虞夏商，至周而其法大備，觀於周禮所載，司市一職，既詳且盡，可見其概，逮秦以郡縣分治，周禮之制，不行於後世，迄今數千年，市政之廢置不講也久矣。淸季海禁旣開 中外互市，凡通商大埠，如上海漢口天津等處，其行政建設諸端，雖無市之名，已具市之實，特以淸廷狃於守舊之見，未嘗加意刷新，是以不能與英之倫敦法之巴黎德之柏林美之紐約日本之神戶橫濱並駕齊驅，此有識者，觀於各國都市之成績而引爲深憾者也。匡復以還，軍閥相乘紛紛十餘載，直無行政建設之可言，自民軍底定東南，統一告成，訓政時期，以建設爲第一要圖，不特上海漢口天津等處次第設市，即通都大邑，凡商務繁盛物產豐富之區，莫不規畫市政，從事建設，使老大之中國，爲之煥然一新，苟能因其已新者而日日新之，又日新之，則中國地大物博，詎謂不能駕東西各國而上之哉？我無錫地居滬寧中心，水陸交通，因利乘便，得地方先進之提倡，積二十餘年之經營，以有今日，商業之雲蒸，工廠之林立，蠶桑之利，冠於全國，人口增至九十餘萬，又有二泉五湖之勝，爲中外人士所稱道，能於此時乘勢利導，改以爲市，力圖建設，則將來之無錫，必有可觀者焉——此省府所以於無錫市政之籌備不容或緩者也。然而，破壞易，建設難，計劃猶易實施更難，無錫市政正在籌備之際，當以計劃爲急務，爰就管見所及，縷析言之：

財政計劃

財政爲建設之本源，財政不充裕，則一切建設無法可以進行，譬如求木之長者，而不固其根本，欲流之遠者，而不濬其泉源，天下安有是理？無錫市之財政，向以房捐爲大宗，而撥充警餉，幾盡其數，糺帶之費，則以雜捐爲挹注。若論建設事業，經費全無着落，以前市當局所招餉數萬金，經最近二年來，消耗已盡，無米之炊，巧婦難爲，思前顧後，殊深扼腕　今宜以舊有捐稅切實整頓，再調査各特別市普通市所新創之捐稅，推行盡利者，仿照辦理，以裕收入，務其大而去其細，先其急而後其緩，取之於民，而民不擾，用之於民，而民受益，至於徵收人員，尤宜愼加甄別，嚴其考覈　力除中飽，涓滴歸公。復酌量地方情形發行市政公債，以資準備。籌設市民銀行，以使周轉，庶幾財政可以收充裕之效，而建設可以有興辦之望矣。

土地之計劃

市政建設，首在土地，故土地計劃，亦屬要圖，無錫經洪楊之後，土地之紊亂，已達極點，凡民間之私有，又地方之公有，其變遷轉移，大權操於各圖區書，弊端百出，莫可究詰，今宜以登記爲先務，以淸理爲後圖，使官有土地，悉數收歸市府，以充建設之用，至於築路．以需私人土地，則可採用土地收用法，酌其情形，隨時隨地分等估價，以昭平允　其關於市民收讓一節，亦須審度地勢，分別辦理，所謂執其兩端，用其中於民，則人人樂其樂，而利其利矣

工務之計劃

工務爲建設實施之發端，如築路造橋，闢園濬河，種種工作，要以工務之計劃爲正鵠，非得專家有學識經驗者主持其事，難以奏效。無錫工務事業，尚在幼稚時代，是以築一路，造一橋，闢一園，濬一河，莫不因陋就簡，剜肉醫瘡，從未有整個之計劃，雖公園梅園黿頭渚惠泉諸勝，以及開原之路，略具規模，亦未可稱爲完璧，今宜以分區計劃，爲切要之圖，如行政風景住宅工業商業田園等區，次第規畫，以市之中心爲行政區，居其北辰，而各區則如衆星之環拱，再闢路以貫通之，使公園梅園黿頭渚惠泉諸勝，互相維繫，互相聯絡，一面拆除城垣，得築環形大道，以利交通，東南之運河，西之溪河，北之江尖等處，急宜建築橋梁，連成一氣，各舊有道路，設法以拓寬之，各舊有河港，設法以疏濬之，陸行之車，水行之舟，有路皆通，無往不利，但當擇其要，據其大，守之以法，維之以情，則建設成功，猶反手也。其他公共建築物，如菜場公井，則尚未普及，公厠公墓，則都付缺如，演講廳娛樂場，更無論矣。凡此種種，均宜計劃及之，以謀實施可也。

公用之計劃

公用事業爲市政之命脈，與財政工務社會等事業有密切之關係，如裕市政之發展，必先市辦公用事業，乃能有成而持久，以

無錫而論，如電燈電話之類，以前向歸商辦，迭次加價，人民咸受痛苦不少，今宜收爲市辦。蓋以公用事業，概爲專利性質，在市政方面，不在謀利，而在發展事業，使市民受便利之效，此外如公共汽車，自來水廠，均可量度地方之財力，從事興辦，總以市有事業，應歸市辦，爲至當不易之原則，市政之命脈健全，而市政之精神，可預卜其煥發也？

社會之計劃

社會行政，其包含至廣且緊，如謀農工商業之發達，勞資雙方之融洽，均爲社會行政之要圖，其次文化禮俗之變易，公益慈善之設施，又皆負重大責任。無錫農產除米麥而外，以絲繭爲大宗，雖產額豐富，而製種栽桑，墨守成法，均未研求改良，近因出品趨而愈下，已能於製種栽桑稍加注意，然未能普及全邑。工商事業，雖足稱道，而缺點甚多，即勞資雙方，亦往往發生問題，今宜切實調查，農工商業之近狀，對於舊事業，興其利，除其弊，指導之，保護之，對於新事業，提倡於前，獎勵於後，勞資之間，以衡情調協爲主，務使日新月盛，實現民生主義。至於無錫風俗之奢華靡費，更屬無可諱言，宜以崇尚節儉，破除迷信，爲當頭棒喝，而以公共遊憩所公共娛樂場，提起人格，陶養人心，移風易俗，此其道也。再關於無錫之公益慈善，向有恆善同仁育嬰普濟等團體及溥仁慈善會紅卍字會，然各自爲政，並無統系，今宜籌設救濟院，提綱揭領，謀公益慈善事業之根本辦法，依據博愛之精神，使貧苦無告之民，均蒙實惠，就已辦之平民習藝所，表彰而廣大之，授以技藝，俾能自立，所謂無曠土，無游民之善政，不難復見於今日，遑論促成自治之基礎哉？

衛生之計劃

工務公用社會各種之計劃，與衛生行政均係相爲表裏，使專務工務公用社會諸事業，而不講究衛生，則金玉其外，敗絮其中，甚非所以改革市政也。錫人之於衛生，向來祇講個人衛生，而不講公衆衛生，雖於道路之清潔，雇用夫役掃除積穢，亦僅敷衍，而未澈底，至於飲食物品，迄未加意講究，一任商市之售賣，河流雖清，而污穢之物，則傾之滌之，甚至坑廁之設，充塞道路，白圭之玷，遺譏於人，今宜以治標治本兩策，分別計劃。治標之策，如清潔道路，清潔飲食，及取締種種不良之物品，治本之策，則在預防而已，防計劃既定，果能設專員以指導之，欲求收效，亦易事也。若夫疾病之發生，疫癘之傳染，如注重民命，思有以救濟之，則公立醫院，尤宜設法成立，此衛生計劃之大端也。

教育之計劃

教育所以培養人才，人才之盛，視乎教育之良窳，市政之於教育，其間有輕重緩急之別，未可一概而論，蓋市政之所需，除學校教育而外，應注重社會教育，職業教育，無錫雖文化早開，教育成績膾炙人口，然至今僅有學校教育，而社會職業教育，大都缺焉不講，今宜以學校教育爲本，以社會教育爲輔，俾造就專門人才，以備市政發展之用，再注意職業教育，使市民學成技能，克自樹立，庶幾切於實用，不致興才難之歎矣。

公安之計劃

地方之辦公安，其至要之點，在於防衛，而其職務之所及，則與各種行政都有協助聯絡之關係，蓋各種行政，如至執行之時，則以警察負其責任，是市政之良否，須視警察之執行爲轉移，設有各種行政，而無警察以輔佐之，如舟之無舵，如車之無輪，其何以行之哉？無錫警察，自創辦至今，已歷二十餘年，由地方自辦，而官辦，沿革遞傳，積習甚深，更未曾加意訓練，不特防衛地方廢弛遺誤，即執行之事，亦因循敷衍，已往政蹟昭彰，在人耳目，方今籌備市政，欲求各種行政之實施，非整頓警察不爲功，今宜就原有警察，澈底改革，非經相當訓練，不得充任，以端其本，而以本市所公佈之種種規章，使其人人曉諭，攷其成績，分別獎懲，以勵其才，再補充機械，使各得其用，崗位之制，亦宜改革，俾與巡邏相輔依，如此則莫論除暴安良，於防衛收其萬果，而市政前途，實抱無限之樂觀也。

以上所述，不過就所知而欲言者，約略陳之。市政籌備，經緯萬端，非管窺蠡測之見，可以供芻蕘之獻，聊補研究市政之一助云爾。

總理遺訓

歐美近年來之經濟進化，可以分作四種：第一是社會與工業之改良，第二是運輸與交通收歸公有，第三是直接徵稅，第四是分配之社會化。這四種社會經濟進化，便打破種種舊制度，發生種種新制度。社會上因爲常常發生新制度，所以常常有進化。

各國市長之比較

龔灃

市長係各國市政府行政首領之通稱，但在文字上，各國之名詞復不同。如在德為 Ge'meistre 或 Burgomaste 在意為 Syndic 西班牙之 Aecade 法之 Maire 與乎英美之 Mayare 名詞既不相同，而市長之產生，職權，任期，俸給，亦彼此差異。茲依國別，條舉其不同之點，並加以比較，聊供參致焉。

德國　德國市長由市議會在議員範圍以外選派之，其于繽在小市大都將市長之資格，任期，俸給，職權等，揭諸報章，表示徵求，然後由市議會就應徵者之學識資格，擇擇聘任，大市則由市議員舉薦小市市長若干人，於是開會審查，擇其資格良優，而著成績者，呈請中央政府批准之。德市之行政權，大致操諸行政會（Magista t,Stadtart）市長即任該會會長，故得提出議案，並否認市議會之不合法議案，但無任免佐治吏員之權，與管理市財產之責職，並任市議會議長，惟無否決之權，對於各部行政事務，只要監督地位，不得直接執行。但習慣上已有指導之可能性。警察亦歸之管轄，任期為十二年，俸給極豐，依人口之多寡，及都市之大小為別，柏林市長之俸金，且駕乎小省省長之上，退職後，復有恩給金，任滿十二年者，津貼半俸，連任者，津貼俸金三分之二。

法國　法之市長係市議會就市議員中，推舉而充任者，任期四年不支薪俸，公費由市議撥與，惟巴黎之納縣會，為有給職，年約五萬佛郎，市長充議會主席，有投票權，而無否決權。捨市司庫，及警察吏，係由縣知事；或大總統任命外，市長得任命其他之行政官吏，但資格之限制極嚴，是以不克任意委派罷免，市長並須編製市預算，與報告一市之財政狀況，得輪轄全市行政事務與警察權，且得頒佈警察條令，並執行市議會議決事項。此外，中央政府所委託之事項，如凡關於選民冊，戶口冊等統計之登錄；國稅之徵收；軍務及其他事項命令之頒施；市長均有代理執行之義務。是故法之市長，實居兩重地位：即市長政府之領袖，與國家之行政長官是。市長之停職權屬於內務總長，解職權則屬於總統，一經解職，須過一年，如得恢復被選權。

英國　英之市長，名義上雖不限於長老及普通議員；而實際上均由市議會，於議員中互選得之。市長純爲名譽職，充議會主席，任期一年，不給俸金，即有所謂公費，每年至多不過數千金磅，而遇地方招待名流擔任捐募等事，均惟市長是問，事至繁而所費亦巨，市長無任免委員及官吏之權，不得管理行政事務，有之，亦不外被推爲一委員會之委員長，担任局部之行政事宜而已。在任及退職後一年內，有市裁判權。任市長者，多爲知名之士，而爲普通一般人所景仰者也。總之，英之市長既乏統治全權，又無推薦與任免職員之能力，酬金入不敷出，事繁而位尊，亦一特色也。

美國　美國市長，係由民選，其法與選舉市議員相若，均用秘密投票，任期一年至四年，任期四年者，則有紐約費拉達費亞之加哥聖路易波士頓巴爾梯摩等城，紐英格蘭州之市長任期有一年，或二三年之制度，一年者，不多睹。概言之，大市四年，小市二年，間有三年者，一年者，亦寥寥無幾。薪俸之參差不齊，與任期同，紐約爲萬五千元，費拉達費亞爲萬二千元，芝加哥爲萬八千元，波士頓爲萬元，舊金山爲六千元，小城爲六千至一千元。或竟有不及千者，市長係獨立之職任，故其職權特大，除會計員及檢查員外之行政官吏，均可由市長任免。可提議於市議會，有否決權。少數之城市，市長並有編制預算之權力，亦有設編制預算委員會，而以市長爲委員長者。有監督行政權。小市之市裁判，且由市長兼理，並得給授特許證券，特赦罪犯。市長之附職權，在紐約密歇根屬諸省長，並須經司法官之審判，且須有犯罪之證明。任變利諾亞拉，巴馬，則屬諸司法廳。多數城市之市長解職權，現已歸於市聯合團體之代表或職員。美國市政情形，至爲複雜，以上所述，係就其普通狀況而言，不可一概而論也。

荷蘭　荷蘭市長係由市議會推舉，呈請中央政府任命者。兼爲市議會議長，任期六年。市議會之議決案，市長有停止其施行一月，而訴請州政府裁定之權，另由市議會選舉委員二人至四人，與市政長合組委員會，處理行政事務，任免官吏，以市長爲委員長，惟警務屬於國家，由市長直接代表行之。

比利時　比之市長，由中央政府就市議會議員中任命之，任期頗長，有竟終身爲市長者，有俸給，充市議會議長，另由議會選舉副市長二人至五人，以資輔佐，任期六年，市長與副市長合組市政廳，執行事務，但捨警察事務外，無單獨處置之權，任免事宜亦由市政會掌之。

西班牙　西班牙市長，由市議會就議員中選舉之，並兼爲市議會議長，協同市議會所舉之副市長數人，公同執行行政事務，意大利市長由市議員互推充任，任期三年，其地位與法比兩國相同。

日本　日本市制，以市長爲執行機關，市參事會爲議決機關。市長既爲市政府領袖，復爲參事會主席，可以提出議案，於緊要時，並可先執行而後交參事會追認，對於參事會議決各案，認爲不合法時，亦得請求監督官廳停止執行，有害公益之議決案，亦依前法。市長爲有給職，其產生法係由市會推薦候補者三名，呈請內務大臣裁可，若不裁可，再行推薦，至裁可而後已，然後由內務大臣奏請天皇勅任，任期六年。

我國　我國都市，分特別市與普通市兩種。特別市市長係中央政府委派，普通市市長則由省政府委派，市長係有給職，一切行政事務，均待決於市長與各局長所組之市政會議，市長並充該會之主席焉。

各國市長之大概情形既如上述，茲舉其重要之異點，分別比較，產生法之比較（一）由市議會選舉者法德英西班牙意大利均屬之。（二）市議會選舉後由官廳審核委任者荷蘭日本之市長屬之。（三）由民直接選舉者，美國採取此法。（四）由官廳委派者，比利時與我國之市長屬之。產生法之定奪，全視乎市民程度，與市議員道德之高低，未克强評優劣；資格之比較（一）有規定選舉與被選舉爲市議員之資格者，英法西班牙意大利荷蘭日本及美之分權市制屬之。（二）除以上規定外，尚有其他規定者，如美之頓肥規定須居住美國滿五年者，聖魯易司規定年齡須滿三十歲者，號司頓規定須生有田產一年以上者。（三）有規定須有行政學識與經驗者；德國與美之市經理制。（四）不規定任何資格者，如我國市長。職權之比較（一）有完全權力者　我國日本與美之集權市制。（二）限制權力者，英法德西班牙意大利荷蘭比利時及美之一部份城市。市長權大，固可增加政治之效率，統一政治之措施，與市却繁瑣之手續。但亦易于陷落專制之危阱，私黨之廣植，及蒙蔽眞正之民意，利弊相較，弊多而利少，但亦係市民之道德問題，苟能捨私就公，亦未始而非佳制。惟以限制權力較爲妥善。薪俸之比較（一）薪俸大者　德國與我國及美之大市屬之。（二）薪俸較小者　日本美西班牙荷蘭比利時等國。（三）有公費而無薪金者，如英法市長，既以專門人才爲適當。則其薪金宜大，法雖祗有公費而無薪金，其公費或較薪金爲大。英爲特殊情形，未可効法者也。任期之比較（一）爲一年者美之少數城市。（二）二年以上者多數國家。（三）十二年者　德國。（四）無定期者　我國與比利時，市長之任期，應加確定，且宜長，所以鼓勵人才，並表示市長係職業之一也。其無定期者，往往隨政局時局而變化，殊爲非計。

對於本市財政之我見

▲欲充裕市有經費　▲必興辦市營事業
▲欲興辦市營事業　▲必募集市政公債

聶文杰

經費爲興辦任何事業之母，欲求市營事業之興辦，必須有充分之市有經費，以供其活動，俾一切措施，乃能適合於現代市制之精神，而招致全體市民之福利，此實言市政之公論也。雖然，市有經費，以市民負擔爲原則，循此原則以籌其收入之豐裕，則不得不致力於釐訂稅則，取締漏捐，清查基地，整理公款。此第一步工作，所冀以增加市稅收入爲前提，顧市稅收入愈豐，而市民之負擔愈重，循是以往，如馳背道，曩所欲招致全體市民之福利者，適足以增加全體市民之痛苦，故辦理市政者，不得不兼籌並顧，於第一步之消極工作外，更進行第二步之積極工作，第二步之積極工作維何？即興辦市營事業是也。迺者第一步工作正在進行——如釐訂市稅條例，清查市有基地，重改市產租約，收回市公款，各項工作情形，曾經登入第一期本處旬刊——！在此過程中，對於第二步工作，不得不急謀充分之預備，俾可按步就班，以入相當之進程，否則臨事倉皇，難免捉襟見肘之誚。然市營事業繁多，豈能同時並舉，茲擇其最切要最重大者，臚列於次：

一、電氣事業　無錫電氣事業，電話仍係商辦，電燈乃由建設委員會辦理，（第一期旬刊上有一個市民對於應該收歸市辦的理由已言之綦詳）然此項事業，確爲市營事業內之最重大而切要者，故在事實上，有收回之必要。以後如收歸市辦，收入既能豐裕，市政更有進步——每年贏餘約十數萬元——市營事業之收入增加，市民負擔之稅率自可減輕矣。

二、自來水　自來水，爲市區公用事業之一，其重要不啻人身之血脈。無錫近來祇有自流井數所，蓄水量僅數萬加崙，對於飲料及消防方面，時感困難，為利市民而裕收入計，亦急宜興辦者也。

三、市民銀行及平民公典　市民銀行，為晚近都市重要金融機關，平民公典，亦為流通平民經濟之樞紐，其需要之度，皆甚迫切。以將來保管市庫，發行公債，端賴市民銀行為之主持。各都市之市民銀行，皆已次第實現，吾錫於此，亦應視為急圖也。

四、開闢商場　無錫素為工商發達之區，其工業中心，薈萃於西北一隅，商業則以北門為最盛，前擬在車站附近一帶，開闢商場，振興市面，旋以困於經濟，未獲實現，茲既欲擴大市政，應即着手添闢商場——以公欵建設市場，分賃商家或住戶——亦為當務之急矣。

以上數端，係指其犖犖大者，其餘亟待興辦之事業甚多，將來逐漸發展，自可充裕經費而福利市民，此第二步工作所不得不進行者也。

總之，第一步工作，是消極的，維持現狀的。第二步工作，乃積極的，發展無窮的。第一步工作是開創的，暫時的。第二步工作，乃完成的，永久的。所以深望籌備市政工作人員，以及全體市民，在第一步工作過程中，隨即羣起努力於第二步工作也。抑有進者，興辦市營事業，固為第二步切要工作，然興辦如許重大事業，所需經費必鉅，按儲近來收入，雖因整理市稅畧有增加，然祇足以供普通事業費，暨經常行政費之用，奚足以語興辦重大事業，而期市政之發展，是欲興重大辦事業，勢不得不另籌大宗款項。籌欵問題維何？即現在最切要最先務之市政公債問題也。準是以觀，欲充裕市有經費，必興辦市營事業，欲興市營事業，必籌募市政公債，否則，徒言興辦事業，亦不過紙上空談耳。吾錫不乏財政專家，及關心市政者，其以此言為然而有以教之乎？

總理遺訓

遊惰之流氓，就是國家人羣之蟊賊，政府必當執行法律以強迫之，必使此等流氓漸變為神聖之勞工，同享國民之權利。如流氓盡絕，人人皆為生產之分子，則必豐衣足食，家給人足，而民生問題便可以解決矣。

城市之現象

金禹範

城市不僅爲一種單純之人羣，集合於一地方之社會組織，與同普通一般之社會組織，大有不同之處。如吾人將城市人羣中隨意選擇數萬人，再自鄉間人羣中，更擇數萬人彼此相較其不同之點，異常明顯，如兩性之比較率，年齡之分配，職業之異同，生殖率，生產率，死亡率，與識字者之多寡，道德之程度均有天淵之出入。玆將其各種不同之現象分社會經濟政治三方面述之於下：

關於社會方面

（一）城市人民之居住密度　城市人民之居住密度，可分爲市中心與市周圍兩種。市之中心，人口較密，市之周圍，人口較稀，從市周圍至市中心，人口密度，依照距離之遠近而增加，離市中心愈近，則人口密度愈高。但市中心之人口密度，爲有限止的，其增加至相當地步，旋即停止，日漸有多數大商店，其人口之增加，每於城市之四周，市中心反有減少之現象焉。

（二）城市人民中男女兩性之分配　以各國人口總數相比較　常爲男子多於女子，而以各國城市人口相比較，則男女之分配恰爲相反。據美國第十三次統計所調查報告，全國男人比女人多二〇六九二〇二八八名約每百人中多三個，但紐約城之女子占該城人口總額之百分之五〇・〇二，巴爾梯摩之女子占人口總數之百分之五一・九七，費拉達費亞占百分之五〇・〇九，波士頓占百分之五〇・八三，新新納第占百分之五一・一七，阿特蘭塔占百分之五八・三四，此不獨美國情形如是，即其他國家亦然。其原因因城市之中，大工業發達，工場林立，需用女工者多。所以鄉村女子每爲吸收，致使城市中女子數額日形增加。如英之勞畏爾L owell漢切斯toManchester，德之阿而薩斯Alsace，羅倫Lorriuce皆為工業之都市，其女子數額，每百人中女子比男子多三四人。

（三）城市人民之籍貫　各國城市，不但爲本國各地人民之雜處之所，且爲各國人民之居住之處。蓋自中外媾通以來，世界如一家，交通日有進步，工商亦日見發達，因之各國人民相互間遷移各地，如我國之上海天津漢口等處　均有各國人民住居其間，即如我無錫及鄰縣之蘇州等處，亦有外人居處者，又外國之各大城市亦有各國人民雜處其間，如美國之唐人街（China twon），即我國人民僑居美國之所也。按美國一九一〇年統計所報告之外國人僑居美國者，比較在超過二萬五千人之城市外國人占百分之二十六，在超過十萬人之城市外國人占百分之三十五，最大之城市竟有超過百分之五十者。

（四）城市人口年齡之分配　一國之人口，常可以繪成一不規則之棱椎體統計圖，此種棱椎體，可代表嬰兒數，峰可以代表老人，底本甚寬，人口增加愈速，底亦越寬，由底向上不遠之處棱椎體兩綫聚集愈速，此爲表明嬰兒死亡過多之意義，由少年至中年一段之聚集度甚緩，爲死亡率緩和之表示，至代表六十歲之地方兩綫聚集極速，如合於一、在此情形下之人口，以未成年之人數爲最多，每增十歲，則少一層，而在城市之中，其人口年齡之分配，則不然，城市人口以中年者爲最多，老者小者較少，其故因城市之中工商發達，機會較多，年富力强之人，常跑入城市以展進取，再者城市社會變化繁端，既多快樂，復有無窮激刺，其生活狀況，甚爲繁華，中年之人精神充裕，喜動不喜靜，對於終年如一日之鄉村生活，不能予以滿意，故多毅然決然，捨鄉間而入城市。至老耆之人，筋力衰弱，不耐煩擾，對於城市中之鬧熱狀況，概多厭惡，而幼童缺乏經濟能力，亦不能爲所欲爲故，城市之中，惟有青年爲中堅分子，照美國一九一〇年之統計，自十五歲至四十四歲之人口，鄉間祇有百分之四十四•九，城市則占百分之五十三•三。

（五）城市人民之婚嫁率　城市中之婚嫁率，亦較鄉間爲高，其原因可分下列數端：(a)城市之中，人民以中年者爲最多，故合於結婚年齡者居多，婚嫁率即因之增高。至鄉間人民　非係過老即係過小，不合結婚年齡，故婚嫁率較低；(b)因城市統計較爲正確，不如鄉間易於遺漏，因之婚嫁率高，(c)一部分鄉間之富而好禮者，遇有婚嫁，往往在城市舉行，故城市婚嫁率更因之增高；(c)城市之人民，經濟狀況較優，謀生力較强，因之對於婚嫁之事，亦即興高采烈，但鄉間人民，受經濟之壓制，雖結年齡已屆，竟不能不暫時擱置，因之結婚者少，而婚嫁率低矣。

（六）城市人民之生殖率　城市中之生殖亦較鄉村爲高，其原因不外乎經濟及人口衆多之關係。城市人民之生殖率與國家之生殖率相同，一國之生殖率因經濟情況而轉移，如經濟充裕，則生殖力增高，經濟壓迫之時，則生殖率減低，城市中之情況亦然，城市之中，機會甚多，謀事較易，進款因之亦易，故城市人民對於生育子女之事，頗爲歡迎，不如鄉村人民，終日殷勤耕種，倘遇荒年，收成不得維持，已有人口已經爲難，何能加增子女耶？因之鄉村人民每不喜有子女之增添，故因之生育率減少矣。

（七）城市人民之死亡率　在中古及近世初期，各國城市之死亡率，常較鄉村爲高，每年總計二十人中約喪其一，十七世紀之倫敦，每年統計，每千人中死亡率爲五十，在一八〇〇年以前，此種死率永未減少。至美洲與歐洲相同，當一七〇〇年之時，波士頓之常年死亡率爲千分之三十四，至一九一七年，則僅爲千分之十六。然在最近三十年間歐美各大城市之死亡率頗見低降，此乃世界各國城市之普遍現象也。蓋近世紀來，科學暢明，市政發達，醫學進步，衛生改良，傳染病等防制得法，因之漸形減少也。然則，雖死亡日形減少，而以全國人口死亡率相比較，結果依舊較高於鄉間，據衛生專家之調查，五歲以下嬰兒之死亡率，城市中常較高兩三倍，若論一歲以下之嬰兒，必更增高也！考其原因，則不勝枚舉，要之，城市工廠中，往往僱用已婚之女子，因之對於嬰孩不能照顧，致嬰孩無故而死亡，此原因一也；再者，城市之中，人口稠密，一屋之中，往往居住多人，異常擁擠，空氣濁腐，殊礙衛生，嬰孩方將出世，其抵抗力甚弱，處此情形之下，常易於罹病至死也。

（八）城市人民之職業　按城市之發達，有由於工業者，有由於政治者，有由於教育者，有由於商業者，有由於二種以上同信者，美國之紐約與芝加哥，我國上海與漢口，均爲工商與教育之混合城市，其中有業工者，有業商者，有效力於教育者。又如我們之北平及南京，美國之華盛頓等則皆爲政治之城市，政客官僚，比比皆是。英之蔆門黑 Birmingham 與孟歇思多兩城，及美之克利夫蘭 Cleve land 與畢兹卜 Pittzburgh 兩市，皆爲美國之著名工業區域，我國之無錫與南通等處，爲中國之工業都市在此種城市之中，以業工者居多數，至美國加州之卜克內（Brkley），及墨西根州之安樂伯（Annlubor）兩市，及我國之真茹英之牛津（Oxford）則爲純粹之教育區域，其中居民　非爲學生，即爲辦理教育之人，即或有貿易者，大都亦爲供給學校而設立。更如英國之倫敦，德之柏林，又爲工商之區，更爲政治中心，此合政治工商所成之城市，其中居民則以政治人物及業工商者居多數。總之，城市人民職業之如何，以城市性質之不同而定，非如鄉間之大概以農業爲職務也者。

（九）城市人民之道德　道德原無一定標準，不但異族間之道德各有不同，即一族間之道德，各地亦無正確之比較，是故一般市政專家，研究城市人民之道德，時常以城市人民之犯罪之多寡而比較之。按美國統計報告，美國各城市之罪案，與美國全國罪案相比較時，各城市常高出二三倍，其故因城市富有財產，易誘盜賊，而人口稠密，更易使盜賊匿跡，加之城市之中，如酒樓，菜館，娼妓，鴉片，賭博各種遊戲場所，皆爲耗費金錢之處，年青者血氣未定，稍一不愼，誤入岐途，如家無恆產者，更因之流入匪伍，無所不爲，故一般學者對於城市人民之道德，大率目爲低下。

關於經濟方面

（一）城市之生產力　城市之中，工商發達，交通便利，其中居民，大半以中年者爲最多，尤以十九世紀以後，機器工業進步，分工越形精密，故城市之生產力，更形增大。

（二）城市人民所有財產之比較　財產可分動產與不動產兩種，按美國一九〇一年統計全國人民之財產，城市人民擁有全國總財產額之四分之三，此合動產與不動產而言，如單指不動產而言，城市較鄉村爲少，蓋城市人民，大都爲青年，生性好動，因之其所有財產，增減甚易，如遇有投機事業，往往不惜巨貲一試，希望大發財富，非如鄉村人民，兢兢於業，節省家用，以求保守其現有也。

（三）城市中之勞動者與資本家　自產業革命後，手工業日被併吞，經濟勢力，集中於少數資本家之手中，貧富階級日益顯著，資本家欲滿足其私欲，勞動者反抗其壓迫，是以糾紛因之而起。此種現象，大半發生於城市之中，因城市乃工商發達之區。惟近世紀來，社會政策日益發達　此種糾紛亦日趨減少矣。

（四）城市中之居住問題　城市中不動產少，城市中人民之有房屋者當少也。在美之紐約，全人口四百餘萬，自己建有房屋者，不過五十萬，其餘皆爲賃租者，城市中自己建有住宅者，愈近市中心愈少，在紐約最熱鬧之門海登，其自建住宅者不過百分之二•九。並每屋居住人口之多少，亦以市之大小及密度爲正比例，城市愈大，人口愈稠密之處，每屋居住人口亦愈多。故在美國一百六十個小城市平均每屋住有六•八人，而紐約等之大城市中，每屋平均有一三•七人，而在門海登，平均一屋住有二〇•四人之多。即如我國之上海等處，亭子間一間，住有大小一家者。房金之大小，亦以自建住宅多少成正比例，如紐約門海登，普通每房客其所需之租金佔其進欵之百分之二四焉。

關於政治方面

（一）城市與國家之關係　城市與國家之關係，隨時代而不同，歐洲上古之城市，爲「城市國家」，有完全自主之權力，中古城市僅爲國家行政區域，無自治特權，至今日之城市，其地位爲介於兩者之間，既爲自治團體，又爲國家之行政區域，在法律上與中央政府省政府處於同等地位，有自立之權力，而一方面受上級政府之監督。

（二）城市人民之思想與政治之關係　城市之中，富貴貧賤，固屬無不俱備，至愚笨天才亦不缺乏，嘗考各國之大資本家大善士大教育家大政治家大文家大科學家以及大藝術家等，皆出自城市，故城市人民之思想常可代表全國，因之城市之人民，常能左右一國之政治，孟洛M. B.Wunro.曰「……城市中既有思想之領袖，既有無數之報紙及輿論之創造……故對於一國政治之成功及失敗，負擔超過其所應負之責任……因爲，一國思想定於全國各方面最有勢力之分子。」甚矣哉！其關係之大也！故有人提倡愛國從改良城市起，誠不爲過也。

（三）城市中之專政者　城市之中，常易發生包辦政治，其情形以市區之大小而成正比例，市逾大，其包辦現象亦愈顯著，其原因有三：（a）市內之客籍人民，因不知地方情形，不敢作政治運動，故願作不問不聞之狀態。（b）其次爲被壓迫之工人，因不得自由，於是不得不拋棄其固有之政治上之權利，爲資本家所包辦也。（c）城市之政治不比鄉村之簡單，有志於市政者，必先有相當之研究，及認識，並須經長時期之磨煉，方可達其素志，因此普通人民工作忙碌，無暇研究，故不得不讓地方政治家所包辦。

結論

城市之現象，隨經濟制度之變遷而不同，以上所述，乃現世私產制度下之普遍現象也。然此種現象，亦即現代城市問題複雜之原因。故歐美各國對於市政之加意研究，設法改良，亦即於斯。我國自啟關以來，工商日見發達，各省各地舉辦市政者，最初有市公所商埠等之開闢，而因人才之缺乏，市民智識之低微，所辦結果，頗不滿意，近自革命軍奠都南京以來，特別市組織法，普通市組織法，經國民政府內政部正式頒布，市政府法規，次第規定，市政聲浪普及全國，各大城市，正式成立政府者，已有廿餘處，各種市政事業，頗有晨氣，常此以往，中國前途，[illegible]爲樂觀也。

提倡建築貧民住屋

伯華

有一室焉：及其門，高不及肩；察其外觀，蘆草爲蓋，糞土爲牆，甕牖繩樞，入其內室，支木爲牀，築土爲竈，空氣穢濁，黑暗無光，詢其居人，斗室以內，家族聚居者七八口，少亦二三口；晤對主人，身體尫羸，精神萎疲，室之外，溝渠縱橫，糞穢狼籍；抑且鱗次櫛比，聚居一地者，每數十百戶，一遇火災，頃刻延燒；斯誠人生之苦海，伊何物？蓬戶是也。我錫邑向多慈善家，不乏生佛，芸芸貧民，急宜超渡，曷起而圖之乎！

閱報，知上海市政府方在倡建貧民住屋。我錫邑縣政府十八年度施政大綱，亦嘗有是項之規定。雖然，訓政時期，百端待理，且政府僅人民之公僕，允宜由人民起而協助，共襄盛舉，以拯斯民於苦海也。

查現各工廠附近所建工房，每幢一樓一底，不過費銀三百番，月息一分，年三十六元；每屋居二戶，每戶俾月付租金一元半。在出資者每月每戶穩得租息一元半，未可謂虧；在賃居者每月出租金一元半，當尚無大害。而屋基高爽，光氣流通，衛生合宜，消防亦易，雖未能超沈淪者入天堂，庶幾乎海岸矣乎？

果如上所稱述，勿謂現方政府提倡於上，即由私人投資籌建亦何妨；況事屬慈善，何見萬家祝拜，社會稱頌乎？雖然，作者見聞孤陋，社會情形，金融狀況，俱不熟稔，閉門造車，未必合轍，區區我心，要不過爲貧民請命而已。

工程計劃

工務科

道路

一、原有街道之現狀

錫市自光復以來，工商業之發達，大有一日千里之勢，是以人口增加，交通日繁，內有車輛運輸，外與鐵道相連絡，惟仍在狹隘，路經迂迴，頗呈擁擠紊亂之現象，查本市原有街道，約分三種，其建築材料，寬度及造價列如下表：

名稱			寬度	建築材料	價格	備註
原有街	磚街	街邊	左右各三尺或一二尺	亂磚鋪砌	每方工料約三元八角	
		街道	四尺至六尺	望六磚直砌	每方工料約十一元	繁盛處人力車禁止通行通行處擁擠不堪
		陰溝	約十二寸高八寸闊	亂磚砌方磚蓋	每丈工料約二元二角	多淤塞不通
	石片路	人行道	約三尺	側石用三、四、五、金山石面用石片鋪砌	每方工料約十一元	因太狹已失其原旨
		車道	十五尺至三十尺	石片鋪砌	每方工料約三元六角	
		陰溝	十二寸對徑	水泥瓦筒	每丈工料約五元	該項陰溝無底腳且多不全
	煤	人行道	無	無	無	

道路	舟車道	二十尺至四十尺	面舖[illegible]舟	每方工料約八角	
	陰溝	十四寸高十二寸闊	亂磚砌步石蓋	每丈工料約三元五角	設陰溝係橫溝每距四丈一條

表中傳街一項，現在城中各街道多屬之，城中最熱鬧，最繁盛之街道，如北門迪南門之大街及東西大街，爲城中南北東西之孔道，皆因寬度太隘，行人擁擠，致車輛不能通行，每遇節日或火警，益形紊亂，即徒步通行，亦非常艱難。陰溝多用亂磚砌蓋，淤塞之處甚多，大雨過後，積水盈街，與現在交通原則，實有天壤之差也。

石片路之最闊者，自車站至崇安寺一段，爲自車站通城中之要道，車道約二十尺，人行道約三尺，人行道因寬度既狹，與平日不切實取締，已失其原旨，兩旁店舖，將櫃檯雜物等任意侵佔，行人車輛雜亂往來，路面因素不整理，崎嶇不平。總之，錫市原有之街道 寬度及建築，在往昔似甚適用，今後工商事業，不再發展則已，我無錫市之人口，不再增加則已，但視現今之趨勢，工商事業日益發達，人口增多，每年逾萬，街道之整理，實刻不容緩矣。

一、整理街道系統及辦法

錫市原有街道之現狀，既如上述，自應加以切實整理，大加擴充，狹小者，拓寬之 需要者，新闢之，然工程浩大，經費無所籌措，民情習慣，一時轉移匪易，依目下之現狀，與今後之趨勢，定整理之方法如下：

(一)規定道路系統及寬度 道路系統之良否，直接影響於交通如電桿電線之架設，水道溝渠之設置，以及各種公用設備，於交通上皆有莫大之關係焉。又如陵邱之起伏，川澤之交流，尤當因地制宜，規劃周詳。本市道路系統擬定如下

甲、屬於舊城區者 爲方格子式，將北門迪南門之大街，及東西大街定爲十字形甲等幹路，寬度十二公尺，(一公尺約合英尺三呎三吋)兩傍復定井字形之乙等幹路，寬九公尺，爲城中南北東西交通之中樞。

乙、屬於城外者，將城牆築爲環形馬路，寬十二公尺，根據該路再作同心圓式之第二第三第四之環形馬路，向外發展，四周復依據現在之城區爲中心，作放射綫式，接連縣道與省道，成爲一便利之交通網，茲將重要道路名稱及寬度列表如下

(A)工業運輸大道 寬十八公尺

工業運輸道爲本市最寬闊之大道，所以副本市工業都市之需要而設，擬貫穿本市東北新區，即自聯絡工業區商業區，以便輸送貨物於鐵路及運河，爲各工廠生熟貨物出入必經之路

，車道寬十二公尺，使同時可並行汽車六輛，即備將來於道中於劃分輕便鐵道，電車道之外，尤能駛行運貨車以完成工業區之設施，人行道寬各二公尺半，亦可植樹以資點綴。

(B)風景大道　寬十八公尺

在西鄉風景區內，沿太湖擬設風景道，內分車道人行道兩種，鋪填草地，樹植花木，道傍建設山莊新村，以及店舖旅舍，另擇沿河餘地，開闢花園，游泳池，游船塢，以資點綴湖山，而使行旅遊息。此外并可募建各種紀念建築物，以助觀瞻。

(C)第一公園道　寬十五公尺

公園路為補充公園之不足，以資市民遊憩暢懷之大道，查現在本市公園，祇有三處，而幅員不廣，且失聯絡，亟求補充之方法，先闢公園道，并擬定車道，寬闊十公尺，道之中央，樹立電燈，排一列柱式，燈樑用最新直線墩，以壯觀瞻，而便交通。兩傍人行道，各寬二公尺半，道邊各植樹一排，揀選樹木，富有庇陰，而易於栽植者，相距約五公尺，以期綠蔭夾道，對峙成為美化之大道。

第二公園道　另行規定

(D)甲等幹路　寬十二公尺

(A)第一環形路(環城馬路)，環城四周內外城脚。均照城牆外綫向兩旁各讓六公尺

(B)公園支道，通勤路廣勤路，直達于胥樂園，西門新馬路，經迎龍橋，開原路，經梅園，到萬頃堂，跨塘橋下塘，經保安寺街，到古蹟公園，西新路，經夾城里，到城南公園。

(C)城內十字形路

(一)二下塘稅務前，鳳光橋直街，大市橋街，倉橋直街，打鐵橋直街。

(二)駁岸上，觀前街，寺巷，東大街，西大街。

(D)城外放射形路

北大街，北塘街，大三里橋，北長街，南長街，日暉橋街，南塘直街，熙春街，亭子橋直街，梁溪路，圖書館路。

(E)乙等幹路　寬九公尺

(A)第二環形路　自東門亭子橋，經長攻上，與降橋，羊腰灣路，跨運河，過黃泥橋，金釣橋沿河，至南新橋，小婁巷，西新橋，過河，經迎龍橋，沿河直達興龍橋，丁港里，擺渡口，江尖，張成街，經蔡家弄大河池，沿過四堡橋，荷葉村，經亮子橋，大有棧沿河，至工運橋，廟埄橋，直達亭子橋。

(B)城內井字形路

三下塘，斜橋直街，倉巷，學佛路，躉橋直街，毛竹橋巷

，周巷，駐驆橋街，黃石街，西河頭，縣前街，小河上，大河上，新街巷，七尺渡，前西溪直街

(C)城外

前社橋路，江陰巷，後祁街，顧橋直街，梁溪路，外黃泥橋，北大街，前太平巷，南新路，寶善橋，北沿河，吳橋，西沿河，廟巷，南倉門，北倉門，小三里橋直街，通濟路，業勤路，麗新路，槐古橋路，顧橋港，惠山鎮大街，塔塘下，帶鉤橋直街，伯瀆港，中正路，東新路，交際路，萬全路．廣勤路，第一二三四支路。

(二)整理辦法

(甲)逐步拓寬　查本處每月統計，市民呈報建築，約四五百起，內中在幹路上者，約四五十起，故自新路綫及寬度規定後，凡市民呈報建築者，多應照規定之路綫寬度讓進，益一能省去日後整個拓寬時，可不再更動，二能在無形之中，逐漸完成全路。查錫市現有建築，多係木造，預計在二十年內，皆可依規定之寬度，拓寬也。

(乙)分期整個拓寬或新闢

茲擬定一期所費時間，約一年，視財力之多寡，而規定何年之工作，再由工作中視事實上之緩急，規定拓寬街道之名稱，今將第一二三期之分配摘錄如下：

第一期路工
甲、第一環形路(即環城馬路)
乙、南北幹路(即直貫城廂之南北馬路)
丙、公園道(由城廂貫通公園之要道)
丁、公園支路(由大倉至萬頃堂)

第二期路工
甲、東西幹路
乙、公園道及支道
丙、運輸道
丁、風景道

第三期路工
甲、第二環形路
乙、公園道及支道
丙、運輸道
丁、風景道

茲第一期路工已着手進行分班測量，逐段繪製圖樣，各路之長度，工程費，及收用土地拆屋遷移費等，列表如下：

甲、第一環形路　寬十二公尺

地點	長度	工程費	拆屋遷移土地收用費約計	設計
光復門至老北門	四九〇公尺	七〇〇〇元	六〇〇〇元	完成
老北門至西成門	九九〇公尺	一六五〇〇元	一五〇〇〇元	完成
西成門至南門	三一〇〇公尺	三五〇〇元	五〇〇〇元	測量中
南門至東門	一四五〇公尺	一四〇〇〇元	四〇〇〇元	測量中

東門至光復門	六三〇公尺	一〇五〇〇元	一一〇〇〇元	測量中
合計	二六六〇公尺	九三〇〇〇元	四三〇〇〇元	

乙、南北幹路　寬十二公尺

地點	長度	工程費	拆屋遷移土地收用等費約計
吳橋至老北門	八四〇公尺	一五〇〇〇元	四五〇〇〇元
老北門至大市橋	四二〇公尺	六八〇〇元	二〇〇〇〇元
大市橋至南門	六〇〇公尺	一〇〇〇〇元	一八〇〇〇元
南門至清明橋	六七〇公尺	一一五〇〇元	二〇〇〇〇元
合計	二五三〇公尺	四三三〇〇元	一〇三〇〇〇元

丙、公園道　寬十五公尺

地點	長度	工程費	拆屋遷移土地收用等費	設計
崇安寺至西成門	六五〇公尺	一三〇〇〇元	八〇〇〇元	完成
西成門至大倉	三五〇公尺	五〇〇〇元	三五〇〇元	完成
大倉至興隆橋	二四〇公尺	四八〇〇元	二一〇〇元	測量中
興隆橋至錫山脚	四〇〇公尺	八〇〇〇元	三五〇〇元	測量中
惠山公園道	六〇〇公尺	一三〇〇〇元	一〇〇〇元	完成
合計	二二四〇公尺	四三八〇〇元	一六〇〇〇元	

丁、公園支道　寬度十二公尺

地點	長度	工程費	拆屋遷移土地收用等費	設計
大倉至小木橋	七八〇公尺	一四〇〇〇元	四〇〇〇元	已成
小木橋至梅園	七四〇〇公尺			已有路面一段
梅園至萬頃堂	一八〇〇公尺	三〇〇〇〇元	三〇〇〇元	測量中
合計	九九八〇公尺	四三〇〇〇元	七〇〇〇元	

總觀上列各表之統計，第一期路工，總支額爲五十萬元，內拆屋遷移及土地收用等費爲大宗，占二十餘萬之多，此本處對於收用民產，特加優厚，以體恤民艱之厚意也。對於收入，則有拆下城垣之磚石料，約值二十萬元，填成舊城河基地，約五十畝，價值十萬元，人行道。建築費之一部分，應由市民分担之，可收回工程費約十萬元，共計收入至少有三十萬以上，故第一期（即一年內）所須籌集者，不過二十萬元，以十二月分配集欵，月不過一萬六千元。按照省廳頒發之本處組織條例，可以發行市公債，以促成建設，則籌欵更易，此外如徵收新捐，整理舊稅，每月亦可徵集數千元，收之盈餘，故此項分期實施拓寬街道辦法，爲最有把握之事業，即徵收新稅，與發行公債，一時不能實現，則此二十萬之築路費，於其他方法，尚不至無法籌集，例如添放人力車一項，亦可收入二萬多元，公共汽車事業，公用事業等，均有集欵之方法。總之，事在人爲，祗要有計劃，有方法，與有人才耳。願我市父老，有以教之。

三、構造法

道路之構造方法，隨科學之進步而日繁，普通所用者，有柏油路，石塊路，砂石路，石片路，及煤屑路之分，而歐西各國，又有玻璃路，橡皮路等之特殊構造。本處開拓道路，務求實用，以出力及需要為標準，不敢有所侈望，而耗費有用之民財，拓寬舊道路時，因須開掘路身，接置溝渠，致路身鬆動，幾越月後即有陷落低窪之處，三數年後，路身方能堅實，故最初之築路法，應先築簡易而合用之車道，如石片路等，俟路身堅實後，再行重築路基，上鋪優等路面，以利車行，茲決定構造法如下

甲、車道　車道之構造，則以舊路面掘起，用土照規定高低，塡平壓實後，上蓋四寸厚煤屑上鋪砌蘇州金岩岩片，然後再用大滾路機滾實。

乙、溝渠　于車道下中心處，敷設十八吋對徑混凝土水管之總溝，每一百尺砌陰井一個，又用九吋對徑混凝土水管之排溝由車道之旁連接至陰井。

丙、人行道　人行道之構造，與車道交界處置一二四混凝土，側石平石各一條，以利流水，人行道面較車道高六吋，以一二四三和土為基礎，厚六吋，其上澆一二四水泥混凝土，厚二吋，再用一二水泥膠漿粉平後，加印花紋，以便人行。

附
一、築路工程說明書
二、各等路工程預算表
三、各等路橫斷面圖

一、築路工程說明書

無錫市政籌備處第　期第　段幹路

總綱

第一條　本工程之範圍包含自　　起至　　止一段之築路工程

第二條　本工程之一切設施均須依據本處頒給之圖樣說明書及工程合約辦理並須遵照本處工程員之指導

第三條　本工程限　　十晴天全部竣工逾期每日罰洋　　元

第四條　工程費由本處規定分期支付但保證金　　百元須於完工一年後如無別項情事發生始得發還

第五條　本工程自完工驗收之日起五年內為擔保期限如在此期限內因工作不良發生沉陷龜裂坍塌等情事由承包人及其擔保者無償負責修理

第六條　如有發現工程不良之處本處得隨時令其停止修理或改造其一部分或全部

第七條　各項材料須經本處認可後方得使用

第八條　承包人須有殷實舖保具結擔保

第九條　承包人在工程進行中或擔保期限內如不能履行承包合約及本說明所規定之義務時一切由擔保者負完全責任

第十條 本工程開標後三日內得標人即須偕同担保人來局訂立合約隨繳保證金洋　百元如逾期不到本處認爲得標人放棄標權得另行招標又訂立合約後十日內必須開始工作

第十一條 投標人中如因信用不足而其標價本處認爲滿意者本處得要求增加保證金或其他保證條件而給標之

第十二條 承包人如掘得碑石金屬品及其他古物須呈送本處保管不得私自隱匿

第十三條 工作時如有損壞公私建築物等情均由承包人負責料理

第十四條 本說明書及圖樣所載尺寸均以英尺爲準

第十五條 本說明書及圖樣不得本處同意不得擅自更改

第十六條 本工程除原設計所規定之工程範圍外如有增減工料時照標單之單位價格計算

第十七條 承包人須派得力工頭常駐工作地點以便隨時查詢

施工細則

第十八條 灰漿三和土底脚之成分爲一•二•四舊磚須清潔敲碎與石灰河砂漿拌和後方能塡入基內並須用大夯排打堅實經本處派員檢驗後方准使用

第十九條 水泥混凝土之成分均爲一•二•四溝管瓦筒用蒼蠅頭小石子其他石子之大不得過六分

第二十條 水泥用啟新馬牌並須乾燥無硬塊者黃砂須粗粒角銳而不含雜質者石子須清潔不附泥土者

第二十一條 混凝土之成分於拌和前均用方斗量之不准用籮等不準確物計量

第二十二條 混凝土之拌合須先以黃砂與水泥乾拌二次加石子乾拌二次再加水後濕拌二次使均勻爲度拌成後須即使用不准久置硬化

第二十三條 陰井蓋中之鋼條須清潔無銹者

第二十四條 溝管側石平石陰井邊井之臺口及井蓋均須先做木殼模板厚至少二吋須搭撐堅固

第二十五條 木殼模板中灌充混凝土前須先通知本處派員監督澆造并須請督工員發字於每個之溝管側平石及陰井蓋上

第二十六條 灌充混凝土時務使混凝土堅實無孔殼子板須經本局通知後方得拆卸用一、二水泥膠漿將混凝土四面粉光做平

第二十七條 車道路基照本局測定之坡度塡高或剷平須用大鐵滾滾過三次以上使堅實後上舖四吋厚上等煤屑再砌路面

第二十八條 車道闊爲　公尺以三、四、五吋之石片豎砌入土二吋以上並須互相嵌緊不得稍形鬆動俟路成後須再用

大鐵滾二三次

第二十九條　總溝管用一呎半內徑二吋厚之鋼條水泥管共置排二分圓直鉄六梗二分圓圓鐵四梗須由本處指定排列之

第三十條　綜溝深度高低坡度排接由本處指定排列之管下須先做碎磚灰漿三和土底脚（如圖）溝管排接後須經本局驗過方能將接筍處用水泥膠漿嵌緊再將溝管之左右用灰漿三和土撐塡堅實

第三十一條　掛溝爲九吋內徑一吋厚之一、二、四水泥管每遇陰井處均須左右兩邊各設一條其做法與總溝同

第三十二條　陰井每隔一百呎或支路口設一個深度隨陰溝之坡度決定井底做十吋厚之灰漿三和土其上做四呎二吋見方之二吋厚之一、二、四水泥混凝土四週用大號靑磚一、三灰漿丁砌內徑二呎六吋見方陰井內外部全體均粉半吋厚之一、三水泥膠漿上口設六吋厚之一、二、四混凝土臺口加二呎方三吋厚之一、二、四鐵筋（三分圓八根）混凝土井蓋

第三十三條　邊井設於陰井之左右各一上蓋十四吋見方一吋厚可以啓閉之鐵蓋須油漆下通掛溝其做法與陰井同尺寸詳載圖樣中

第三十四條　本段路綫內舊街道路面石片舊溝石料石條等歸本處所有

第三十五條　本段路綫內舊溝磚由承包人作砌陰井邊井之用不足之數仍由承包人購備之

第三十六條　接溝用一吋厚六吋內徑之水泥管下做六吋厚一・二・四灰漿三和土如兩旁住戶須連接陰溝於綜溝管者由承包人代接開具戶名呈本處審査屬實按戶照投標估價單給價故此項工料費在標單內祇須開明每條價格

第三十七條　人行道之側石用一、二、四之水泥混凝土預先澆做每條長四呎寬六吋厚十二吋上角做一吋半半徑之圓角其上面及外面須平整光滑

第三十八條　人行道之平石用一、二、四之水泥混凝土預先澆做每塊長三呎寬八吋厚三吋平石之上面須平整光滑

第三十九條　凡人行道傍之房屋有落水管管道下之處須裝生鐵蓋面一・二・四水泥混凝土水管管須預先澆做每根長照人行道寬度斷面詳記圖樣中生鐵蓋管三吋每條長較水管短五吋左右下面有接筍鑲入水管中可以啓閉之幷須油漆二次凡兩旁房屋有落水管者經本處認爲必須排接之處由承包人安設之其辦法與接溝同

第四十條　側石預須與該處路預同樣高度放置平石時須較側石約低六吋同時須向邊井築坡度

第四十一條　側石及水管下做六吋厚之灰漿三和土平石下做九吋厚之灰漿三和土

第四十二條　凡人行道遇有街門車輛出入處側石須放低四吋半即其高度應改爲七吋半

第四十三條　人行道面自側石裏面至建築線止其下層做六吋厚之灰漿三和土其上層做二吋厚之一、二、四水泥混凝土及二分厚之一、二水泥膠漿蓋面劃成方格等式樣人行道面向外傾斜一吋半

第四十四條　凡街道交叉口即轉角處應照本處章程所規定之尺度辦理其灣曲處應另設模形澆做

第四十五條　本工程視工作情形得分段同時興工

第四十六條　本說明書如有未盡事宜於合約中另訂之

二、道路工程預算表

（長三公尺合英尺約一丈爲單位）

名稱	寬度	石片路水泥人行道	柏油路水泥人行道	收用土地費每畝一千元爲標準
運輸道	人行道各三·五公尺 車道十二公尺	六五·〇〇〇元	一六〇·〇〇〇元	九〇·〇〇〇元
風景道	人行道各二·五公尺 草地三公尺 車道十公尺	七〇·〇〇〇元	一四〇·〇〇〇元	九〇·〇〇〇元
公園道	人行道各三·五公尺 車道十公尺	六〇·〇〇〇元	一三〇·〇〇〇元	七〇·〇〇〇元
甲等幹路	人行道各一·五公尺 車道九公尺	五〇·〇〇〇元	一一〇·〇〇〇元	五五·〇〇〇元
乙等幹路	人行道各一·五公尺 車道六公尺	四〇·〇〇〇元	九〇·〇〇〇元	四〇·〇〇〇元
甲等支路	六公尺	三〇·〇〇〇元	六〇·〇〇〇元	三〇·〇〇〇元
乙等支路	四公尺	一五·〇〇〇元	四〇·〇〇〇元	二〇·〇〇〇元

三、各等路斷面圖（附後）

四、公園道及支路之測量報告

工程實施，以經濟爲原則，欲其計劃精確，則非測量不可，測量之重要，尤貴精密，自不待言矣。道路測量，須先察勘路綫之方向，與地形之狀況，及地方交通之情形，市政發展之大勢，審精核詳，然後定施測之法，按察勘已定之路程，以實施之。本處於路政方面，業經規定路線寬度，公佈在案，第一期道路，測量已告完竣，製就圖表者，計公園道，及開原支路數段，玆分別縷述之：

一惠山公園道　惠山公園道係貫通通惠路五里街與惠山公園之交通，且以避去惠山鎮市廛之阻塞，路線方向係由通惠路東南越寶善橋而達五里街，所有地形早經前市政局製有平面圖，計長約二千呎，本處繼續施測縱斷面圖所經多稻田，地平低窪，通惠路而已在高水位之下，全路高低最大相差至八呎之多，故填土需二千

二百方，業經製成圖表，完成前市政府惠山公園道測量工作。

一城內公園道　本府規定，光復門至崇安寺為第一段公園道，崇安寺至西城門為第二段公園道，此段所經路綫，地形紆曲，向為市廛擁擠之所，狹隘有不能兩車交叉之處甚多，測量時尤感困難，此段施測時，用測鍊支距直量之，測線之方位，用經緯儀定之角，向用方位角 Azimuth，(且以避去電流感應之差誤)而以方向角 Bearing 較對之兩條地形，及於支巷，約十公尺測站用六吋長釘以識之，全線長二百五十公尺，業已製就一千分及二百分之一圖表，計劃完竣，以待實施。

城外公園道　公園道所以聯絡各公園之交通，路綫綿長，本處已測量者，為西城門至大倉全線，計長五百公尺，一千分之一平面圖亦已告成，為城外公園道第一段

一開原支路　由大倉南向，以貫通開原路，西向以貫通五里街、西達通惠路，開原支路業經測量完成幹綫，用測鍊直量之，因地屬曠野，以平板儀施測之，兩傍各測至五十公尺，計長一千公尺，該段均屬田畝，施工時填土較多，一千分之一平面圖，業經製成。

附惠山公園道圖二張
城內公園道圖二張
城外公園道及支道路綫圖

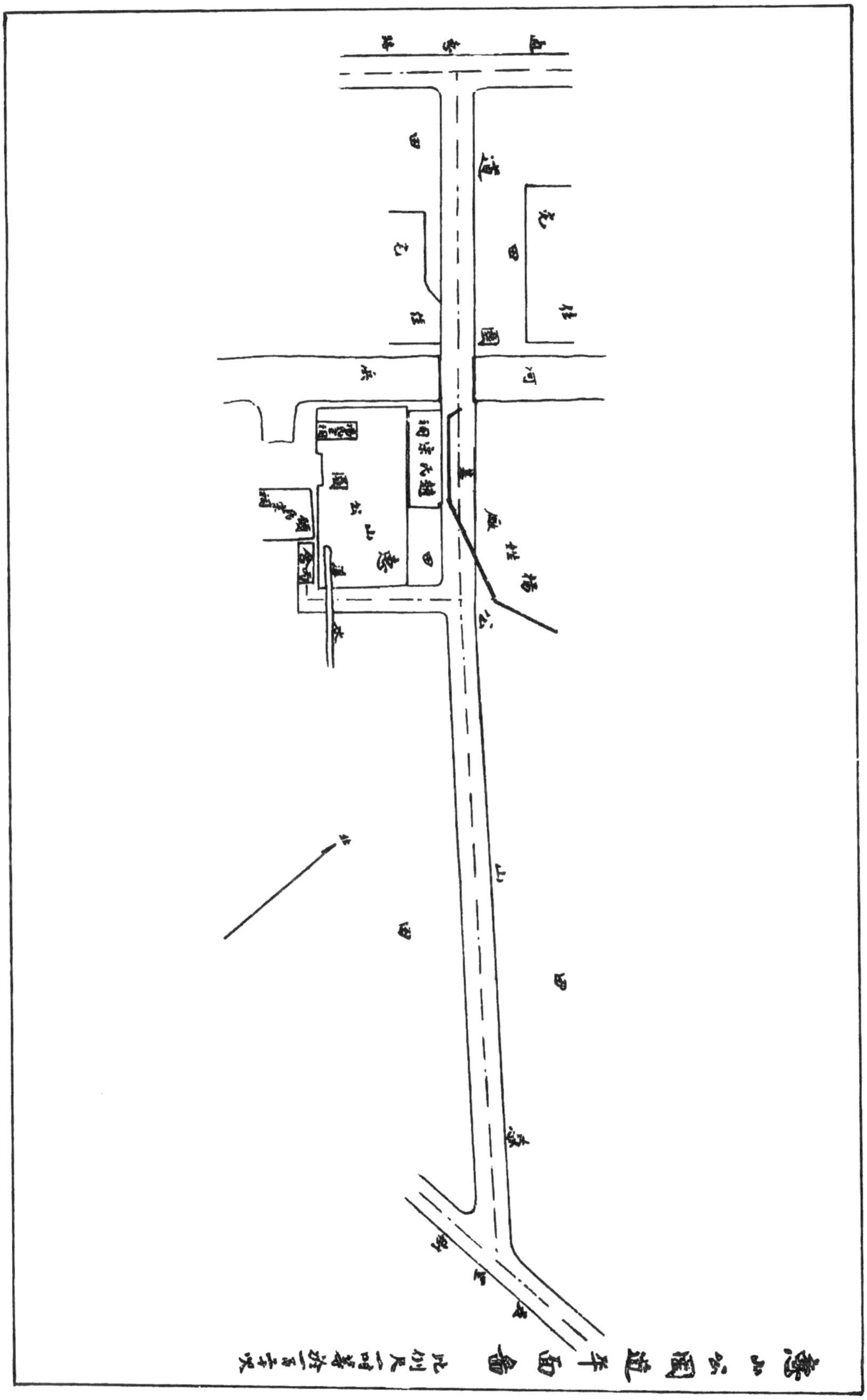
惠山公園道平面圖

圖表十二：此處原爲《惠山公園道縱斷面圖》，見書後。

圖表十三：此處原爲《公園道城西之一段及支道通開原路圖》，見書後。

圖表十四：此處原爲《無錫市政籌備處公園道城西之一段及支道通開原路》，見書後。

圖表十五：此處原爲《第一期第二段公園道》，見書後。

圖表十六：此處原爲《第一期第二段公園道城内西段縱剖面圖》，見書後。

圖表十七：此處原爲《風景道横剖面圖》，見書後。

圖表十八：此處原爲《運輸道横剖面圖》，見書後。

圖表十九：此處原爲《公園道橫剖面圖》，見書後。

圖表二十：此處原爲《甲等幹路橫剖面圖》，見書後。

圖表二一：此處原爲《乙等幹路橫斷面圖》，見書後。

圖表二二：此處原爲《甲等支路横剖面圖》，見書後。

圖表二三：此處原爲《交通形狀圖》，見書後。

公牘

聘函

聘王伯秋爲本籌備處參事　八月廿八日

逕啓者茲聘先生爲本籌備處參事即希查照爲荷此致伯秋先生

委令

茲委任喻秋沅爲工務科技術員此令　九月十一日

茲委何繩生爲工務科測繪員此令　九月十一日

茲委祝恩銘爲工務科練習生此令　九月十一日

茲委邱均爲財政科科員此令　九月十九日

茲委張鴻年爲工務科練習生此令　九月廿六日

茲委郭輿熊爲財政科科員此令　九月廿五日

茲委鄒光華曹湘石張少景薛炯蔚蔡潤蒼爲編釘門牌專員此令　十月一日

茲委强楚村爲財政科科員此令　十月一日

呈文

呈民政廳爲奉頒調查整頓市政細目及各種市政調查表謹將奉文日程具文呈報謹祈鑒核備案由　一件

呈爲奉頒調查整頓市政細目及各種市政調查表謹將奉文日程具報謹祈

鑒核備案事竊職於八月二十一日案奉

鈞廳第五〇五七號訓令內開爲令遵事案查本廳於上年十二月二十七日發第七六四一號訓令約舉關於市政之應切實整頓者十端飭分別辦理具報原冀袪腐呈新使我蘇省市政從茲改革乃事閱多日遵令呈報者僅居少數且所報亦乏詳細具體辦法其他各縣竟屬置不理隻字不復似此泄沓玩忽殊非革命政府官吏應有之氣象茲特釐定調查各縣市整頓十項市政細目一紙並調查表十一種令仰該主任無論已報未報統限遵照另單所開限期分別查填報核如經此次令飭後猶有逾限不復者定予懲處勿貸並仰將奉令日期先行呈報備查此令等因計發調查整頓市政辦法細目及各種市政調查表一份（計每份十二紙）限期表一紙補繕原令一件下處奉此除遵照依限填報外謹將奉文日程具文呈報請祈

鈞廳鑒核備案實爲公便謹呈

江蘇民政廳廳長繆

兼任無錫市政籌備處主任孫祖基

呈江蘇省民政廳爲擬訂編釘門牌規則祈鑒核示遵由

呈爲擬訂編釘門牌規則具文呈報仰祈

鑒核示遵俾便公佈施行事竊職市各戶原有木質門牌前由縣公安局分段編釘大部腐朽脫落字體更模糊不堪亟宜改釘琺瑯質門牌以期永久而便辨認擬由職處工務科社會科會同公安局辦理所有職市擬訂編釘門牌規則緣由理合檢同規則一份呈請

鈞廳核示祇遵實爲公便謹呈

江蘇省民政廳廳長繆

計呈送無錫市政籌備處編釘門牌規則一份

兼任無錫市政籌備處主任孫祖基

九月五日

呈江蘇省民政廳爲修訂取締建築章程祈鑒核備案由

呈爲修訂取締建築章程具文呈報仰祈鑒核備案事竊職市區域內各項公私建築形式參差殊不整齊茲爲限制建築預防危險便利交通適合衛生保持公安維持市區美觀起見即就前無錫市行政局所訂建築章程略加修改俾市民有所遵循以冀市區建築得收整齊劃一之效所有職市修訂取締建築章程緣由理合檢同章程一份呈請

鈞廳鑒核備案實爲公便謹呈

江蘇省民政廳廳長繆

計呈送無錫市政籌備處取締建築章程一份

兼任無錫市政籌備處主任孫祖基

九月四日

批

具呈人 章拯等

呈一件 爲呈請取締大市橋段鬧市通行包車 由

呈悉已轉函縣公安局飭屬切實取締矣仰即知照此批

具呈人 錢棟臣

呈一件 爲呈請派員查勘南新路 由

呈悉已通知錢鳳高將毀損路面剋日修復並遵照執照所註路寬尺寸收讓矣此批

具呈人 馬仲山等

呈一件　爲呈請自由添放車照　由

呈悉添放車輛辦法業經本處公佈在案該具呈人等所請之處毋庸過慮仰即知照此批

具呈人　袁伯英

呈一件　爲呈報殷幹卿未領執照在原牆址下開溝築牆有碍交通請派員查勘　由

呈悉殷姓既報建築實屬有違定章業已飭知營造人鮑順林來處補報照章收進以利交通矣此批

具呈人　胡介昌等

呈一件　爲呈請勸令徐張兩姓拆讓牆堵　由

呈暨附圖均悉此案業經本處派員查勘並通知徐張兩姓於三日內來處聽候核辦矣仰即知照此批

具呈人　辛根基等

呈一件　爲呈請核減添放車照捐額　由

呈悉查添放街車所收照費係供築路之用經本處調查實際情形審慎決定萬難變更所請核減一節應毋庸議此批

具呈人　倪峻培等

呈一件　爲集股組織育蠶製種所請立案給示保護　由

呈悉仰該具人逕向縣政府呈請核辦可也此批

具呈人　楊錦範等

呈一件　爲發展漁業設斷捕魚請求澈查究竟迅予批准　由

呈悉查交通要口設斷捕魚已設者尚在取締之列未設者自難聽其設置復由該民等設斷攔捕無異竭澤而漁殊非所以養源之道本處爲重視漁民生計起見對該民等之請求早經批斥毋庸多瀆此批

具呈人　王永順

呈一件　爲請領人力車執照由

呈悉仰即遵照本處添放人力車登記佈告辦法來處呈請登記可也此批

具呈人　朱瀛洲

呈一件　爲請領人力車執照　由

呈悉仰即遵照本處添放人力車登記佈告辦法來處呈請登記可也此批

具呈人　王云卿

呈一件　爲呈請發給人力車執照　由

呈悉仰即遵照本處添放人力車登記佈告辦法來處呈請登記可也此批

具呈人　高五子等

呈一件　爲呈請發給人力車執照　由

呈悉仰即遵照本處添放人力車登記佈告辦法來處呈請登記可也此批

具呈人　孫幹嚴等

呈一件　爲呈請發給人力車執照　由

呈悉仰即遵照本處添放人力車登記佈告辦法來處呈請登記可也此批

具呈人　鄔藝觀

呈一件　爲呈請派員查勘水曲巷溝渠工程核發執照以資興工　由

呈悉仰候派員勘明核發執照後再行開工可也此批

具呈人　徐子瀛

呈一件　爲呈請保留私有執業產權　由

呈悉查清理產權不屬本處範圍該民聲稱弄基既係私家所有圍牆亦非近年堵塞該胡介昌等又何得於此時呈請拆讓其中究竟是何實情姑候胡介昌等續呈到處再行核奪仰即知照此批

具呈人　錢棟臣

呈一件　爲呈請制止越軌阻狹交通圖謀漁利派員調查真相　由

呈悉查鼎昌絲廠所造房屋北段自街心起已經收足十英尺南段在該具呈人屋角處之路中心起　亦應讓進十英尺如未收足另向該廠理説照章拆讓可也此批

具呈人　朱小和

呈一件　爲請飭知房東王鏡藻將靠東房屋暫緩拆卸以便邀同中代理處過割清楚　由

呈悉既據邀同居間理處着即從速解決毋庸多瀆此批

具呈人　無錫北區二段救火會會長陳可權等

呈一件　爲呈請取締同仁堂違章建築以維路政　由

呈悉仰該具呈人等於九月四日下午二時來處集合隨同工務科派員前往實地查勘毋稍延誤此批

具呈人　張德燁等

呈一件　爲呈請取締茅經浜底填塞河池違章建築附圖懇令收讓　由

呈暨附圖均悉仰該具呈人等於九月四日下午二時來處集合隨同工務科派員前往實地查勘毋稍延誤此批

具呈人　許壽章

呈一件　爲呈請自行出資鋪築門前街道以利路政　由

呈悉該民擬出資鋪築門前街道事屬可行仰速來處呈報由本處核發執照後再行動工着即知照此批

具呈人　姚幹石等

呈一件　爲請領街車號照仰祈准予先行掛號登記辦車備驗　由

呈悉該具呈人等請領街車號照未曾聲明私人或車行名義查與本處所訂辦法不合所請登記掛號一節未便遽行照准此批

具呈人　于崇德堂

呈一件　爲呈請吊銷西南二圖何補生所領胡姓建築執照　由

呈悉查毛姓小桑園基地已足建築房屋兩間前因胡姓在該處建造由匠頭何補生請領執照業經本處核發在案茲據呈稱胡姓有侵佔該民基地二丈餘之說究竟是否屬實殊難臆斷該具呈人於三日內來處呈驗單契再行核辦此批

具呈人　范榮伯

呈一件　爲前領執照被工壽攫去請補給執照　由

呈悉本處爲體恤商業起見予改由匠頭丁子紀來處呈報重領新照後再繼續動工此批

具呈人　無錫梨花莊小學校長顧召棠

呈一件　爲露厝棺柩爲日光薰蒸臭氣四溢請設法掩埋　由

呈悉已函致該管公安第六分局立即派警會同地保前去掩埋矣仰即知照此批

具呈人　無錫航業公會航船業事務所

呈一件　爲呈請發給由本邑至北鄉新安石埝西河沿陳崖橋等鎮航船一只執照　由

呈悉候派員調查再行核發仰即知照此批

具呈人　沈阿順

呈一件　爲呈請領給車照准予掛號登記　由

呈悉仰即遵照本處添放人力車登記佈告辦法來處呈請登記可也此批

具呈人　撻成車行蔡同芳

呈一件　爲呈請領給車照准予掛號登記　由

呈悉仰即遵照本處添放人力車登記佈告辦法來處呈請登記可也此批

具呈人　徐記車公司徐四

呈一件　爲呈請領給車照准予掛號登記　由

呈悉仰即遵照本處添放人力車登記佈告辦法來處呈請登記可也此批

具呈人　財餘公司夏七

呈一件　爲呈請領給車照准予掛號登記　由

呈悉仰即遵照本處添放人力車登記佈告辦法來處呈請登記可也此批

具呈人　張細盤

呈一件　爲張姓建築廠屋僭佔街道呈請派員履勘勒令拆讓　由

呈悉仰候本處查訊該處營造人再行核奪可也此批

具呈人　張耀三

呈一件　爲呈請發給人力車執照五張祈准掛號登記　由

呈悉仰即遵照本處添放人力車登記布告辦法備款來處登記此批

具呈人　侯恭靜堂

呈一件　爲呈復東門外小粉橋翻造房屋實未違章顯係挾仇誣陷　由

呈悉查該具呈人此次翻造房屋確屬少收五呎着於五日內遵照規定尺度自行拆讓毋稍延誤此批

具呈人　新裕昌煤號

呈一件　爲呈復修理圍墻並非建築懇准撤銷　由

呈悉查該號此次築砌圍牆確係落地改造應遵執照所註尺寸收讓茲閱來呈飾詞推諉殊屬不合限即日遵照拆讓毋再延誤此批

具呈人　元元鞋店

呈一件　爲呈請體恤商艱酌量從寬辦理　由

呈悉着即遵章拆讓毋庸多瀆此批

具呈人　張季良

呈一件　爲呈請嚴令取締破壞業規違章擅越　由

呈悉案查本市各轎行早經散設城廂內外各按地段營業前經會同整頓業規呈縣給示遵守各在案施濤泉周玉泉恃蠻擅越攙奪轎業殊屬不合除由本處函知該管公安分局從嚴取締外仰即知照此批

具一件　周星輝

呈一件　爲開設電影院請求發給執照准予開映　由

呈悉查大觀樓房屋破舊危險堪虞業經本處令飭業主翻造在案所請乃在該樓開演電影應毋庸議仰另覓相當房屋再行來處呈請給照可也此批

具呈人　周莊鄉陳養和堂等

呈一件　爲呈訴周順金等飾詞蒙斷祈將開駛信航准予放行　由

呈暨附件均悉仰候派員調驗執照及絕賣契後再行核辦所請放行航船一節應毋庸議此批

具呈人　無錫航船業事務所

呈一件　爲呈請飭警扣止船戶卞阿炳無照開行航只以便澈究　由

呈悉已函致該管公安第五分局嚴行取締矣仰即知照此批

具呈人　卞炳根

呈一件　爲瀝陳駛航情形請立飭公安五分局放行被扣船只　由

呈悉仰候調驗執照及絕賣契後再行核辦所請釋放航船一節着毋庸議此批

具呈人　寧紹旅錫同鄉會會長陶繼澤

呈一件　爲建築會所請求派員勘丈以明實在而杜侵佔　由

呈暨附件均悉該項基地既有糾葛照章先行停止除函致該管公安分局將兩造所領建築執照吊回存處外仰該具呈人另向縣政府請求丈勘經界後再行核辦仰即知照此批圖存

具呈人　胡秋桐

呈一件　爲請於國貨展覽會開幕時城内通行汽車十輛以便交通　由

呈悉查此事屬工務科公用事業之一早經由處詳立專章飭工務科主辦矣所請備案一節應毋庸議此批

具呈人　胡繼橋

呈一件　爲請飭王滌卿交還鋤頭器具俾諭匠照常動工　由

呈暨附件均悉仰即會同糧書王阿榮區書王榮呂來處詢明後再行核辦此批

具呈人　王根和等

呈一件　爲呈請派員調查變更路線暨估基地以維原路　由

呈悉埔築道路須呈經本處核准發給執照後方可動工如果發現無照築路情事該具呈人等儘可將工人器具送交本處以憑究辦仰即知照此批

具呈人　王五觀等

呈一件　爲呈控公安第三分局强令商家陳列之菜遷至菜場售菜　由

呈悉所稱各節是否屬實仰候派員查明具復再行核辦原知照此批

具呈人　周玉泉等

呈一件　爲請駁斥張季良越界攙奪轎業　由

呈暨悉查張季良所開轎行在清明橋以下一帶地段營業有年在前市行政機關納捐亦已多年再查南門外清明橋一帶地方從前本屬於揚名鄉至民國始劃入無錫市轎行分段營業早有規定自不能以無錫市與揚名鄉之界限爲分段之準則且該民等於去年年底始置辦喜轎既非素業又無地段自非張季良攙奪可知全該民捏飾叫朦是實屬刁頑如再有攙奪情事定予嚴懲不貸凛之切切此批

具呈人　周榮觀等

呈一件　爲錢少卿以許等堂名義擅移水溝請派員查勘勒令恢復原狀

呈悉已勒令恢復水溝原地位以符定章仰即知照此批

具呈人　王念祖等

呈一件　爲聲明章步善朦控緣由抄呈執照請備文移歸付司法訊辦　由

呈暨抄件均悉查該具呈人在前市政局請領執照係報建平屋兩間未據報明開設木車絲工場今忽租與薛姓改作工場照章應先來處呈請改發工場執照後方准改建着即知照此批

具呈人　寓紹旅錫同鄉會會長陶繼澤

呈一件　爲呈明與沈春泉糾葛係牆外餘地與新建會所基地無關請免予吊照　由

呈暨圖說均悉查基地糾葛照章應將建築執照暫行吊存本處以免業主拆建損失工料茲據該具呈人聲稱沈姓界址糾紛係屬牆外餘地與會所基地無涉自可來處領回執照繼續動工惟事後如有損失應由呈請人自負責任仰即知照此批

具呈人　張萬興

呈一件　爲請求更正房捐數目　由

牘悉准予更正此批

具呈人　張德燁等

呈一件　爲呈報同仁棧違章建築僭佔公路請急速處分　由

呈悉業經本處將建築執照吊回依照定章規定寬度註明勒令改建矣仰即知照此批

具呈人　無錫縣航業公會航船業事務所

呈一件　爲請吊銷柳季椿元號航船執照　由

呈悉仍仰尅日將該航船戶柳季椿元號執照及杜絕賣契送處驗明以憑核辦至來呈所稱伊在外揚言賄請某有力者出爲包庇一節仰即查明證據報憑嚴辦毋稍輕縱此批

具呈人　明星洗染公司

呈一件　爲請拆除廣告牌木框以便改裝門　由

呈悉查本處定章中等幹路上不准業戶改裝椎窗等物如欲裝置照章應先來處呈報翻造請領執照後方准動工屆時再將該廣告木椎由處遷移可也此批

具呈人　區書王榮照

呈一件　爲呈報胡涇橋與王崇德地基糾葛情形　由

呈悉此批

附原呈

爲呈報辦糧緣由事竊管業西南二圖夏字號區書辦公向無遺誤今因胡涇橋與王崇德即淇卿糾葛地步一案閱見貴處批示仰會同書等來處詢明事關遵示書今查王姓素有祖產在魚綫巷底住宅一所除此屋辦糧之外並無再有空地辦糧而該地祇有胡姓傍有陳姓兩戶辦糧則王姓該地並無有糧爲此將實在情形理合具呈陳明伏乞處長鑒核秉公施行謹呈

無錫市政籌備處主任孫

具呈人區書王榮照

具呈人　周莊鄉商號陳養和堂等

呈一件　爲續請俯念商情將所扣柳季椿周錫航船准予放行　由

呈悉茲爲顧念該商號等營業起見姑准函致公安第五分局暫將柳季椿周錫航船交保具結放行以後如果發現買賣執照契據等情本處照章隨時將該第一號執照吊銷仰即知照此批

具呈人　周莊鄉公民柳季椿

呈一件　爲訴周旭金朦蔽事實希圖壟斷祈將所扣船隻放行　由

呈暨附件均悉茲爲顧念商人營業起見姑准函致公安第五分局將所扣船隻暫時交保具結放行惟以後查明該具呈人出售執照如果屬實本處定將該照吊銷着即知照此批

具呈人　周壬楣

呈一件　爲李阿二强佔基地情形扣留建築執照派員查勘以明眞相　由

呈悉據稱各節事關基地糾葛不屬本處範圍未便准理仰即知照此批

具呈人　周錫大等

呈一件　爲李阿二謀佔街道請派員查勘　由

牘悉已於周壬福呈內批示矣仰即知照此批

具呈人　丁振黃等

呈一件　爲請勒令袁全根翻造樓房收進五尺　由

呈悉查袁姓建築樓房業經呈由本處核發執照在案如果該項建築確有違反執照註定尺度情事仰該具呈人稟同本處呈報可也此批

具呈人　張雲廷等

呈一件　爲張阿大違章建築請勒令收讓由

呈悉候飭工務科派員發釘標樁指定界址可也此批

具呈人　孫拱厄

呈一件　爲訴范鴻餘僭佔公路請派員勒令拆讓　由

呈悉業經工務科派員復勘已照章收足規定尺度矣仰即知照此批

具呈人　無錫廣告稅稽征處主任胡丹冰

呈一件　爲請暫予通融繳款時期　由

呈悉查包商徵稅制度茲奉廳令取締在案如該承包人因虧耗不能按月繳款本處爲體恤商艱起見得准中斷合同所請通融繳款時期一節碍難照准此批

具呈人　繆世成等

呈一件　爲請派員調查取締通運路中福與小攤　由

牘悉查取締人行道辦法業經區務會議通過即日公布施行所有通運路中艇與小攤照章應在取締之列仰即知照此批

具呈人 無錫縣航業公會航船業事務所

呈一件 為錫虞航班泯充輪班搗亂業規請扣留究辦 由

呈件均悉仰候派員查明後再行核辦此批

佈告

為禁止喪家出殯時在圖書館前搭蓋喪棚**由**

為佈告事案准

中國國民黨無錫縣第二區執行委員會函稱本邑喪家出殯沿途擺設公祭常假縣圖書館前掘地打樁豎木為架扎置牌樓蓋搭喪棚至出喪事竣折卸牌樓喪棚輙將打樁豎木原處地土破壞不加修葺任其自然低陷殊屬有毀公路應即取締俾重路政等因准此查縣圖書館前公路係屬通衢要道近來本邑喪家出殯時在該地挖掘樁搭蓋喪棚旋致土地低陷毀壞道路實屬有妨路政准函前因合行佈告禁止仰全市民衆一體知悉自此次佈告之後如再有人故違禁令定即送警處罰不貸切切此佈

中華民國十八年八月二十六日

兼任無錫市政籌備處主任孫祖基

為惠山公園側面圈用地地主於十日內來處呈報以憑核給地價**由**

為佈告事查惠山公園側面之公園道規定寬度五十呎業經木匠釘立中心木樁爲標準凡在木樁左右二十五呎內之地所均須收歸築路之用合行佈告該處地主知悉自佈告之日起於十日內來處呈報以憑核給地價幸勿稽延此佈

中華民國十八年八月二十九日

爲鎮塘橋附近居民南區菜塲於九月一日開始營業由

爲佈告事查南區菜塲工程業已告竣所有塲內應設鮮魚肉菜蔬鷄鴨蛋等攤亦經本處分別指定地位定於九月一日開始營業除函致該管公安分局飭警勸令南郊一帶沿街擺設各攤及肩挑沿途叫賣菜担小販一律遷入新菜市塲營業外合行佈告該段附近居民知悉此佈

中華民國十八年八月三十一日

爲佈告各商店依限撤去跨街招牌及類似廣告之懸掛物逾期即將招牌沒收科以罰金由

爲佈告事查本市各商店設置跨街招牌旗幟標誌揭帖及其他類似廣告之懸掛物大小參差高懸市中既礙觀瞻又妨行人亟應嚴行禁止現在辦理市政首宜注重市容此項跨街之懸掛物實足爲整頓市容之一大障礙除由本處函致縣公安局轉飭各分局分駐所一體嚴行取締外合亟出示布告仰爾商業人等知悉限自布告日起於十日內自行撤去倘逾期延不遵辦顯係有意妨礙市政屆時除派員查勘將該懸掛物沒收外並科以該項懸掛物同值以上之罰金事在必行愼毋玩忽切切此佈

中華民國十八年九月十三日

爲南門外界涇橋弄內坑厠再寬限五日拆除逾限一律强制執行由

爲佈告事案查本市南門外第六菜場附近界涇橋街內坑厠櫛比本處以其有礙觀瞻妨害衛生業經佈告限期十日內各該坑厠業主一律自行拆除並函致該管公安分局勸令各業主依限遵辦在案嗣據該業主糜耀庭等呈請俟劃定界址俾各戶磋商妥善然後拆卸等情除批飭係限拆除毋稍遲延外茲再寬限五日此次布告日起於五日內一律拆除呈報改建市樓以興市廛倘再違延定即强制執行並不予改建免費給照之優待其各凛遵毋違切切此佈

公函

函縣公安局　爲飭屬派警嚴查市上售賣隔宿魚肉由

逕啟者茲據臨時時疫醫院報告時値秋令癘疫流行城廂內外肉舖魚攤出售宿物有礙衛生應請飭警嚴行取締等情前來據此查肉舖魚攤售賣宿貨爲疫癘之媒介實屬不顧公衆衛生除佈告外相應據情函請

貴局飭知所屬迅即派警隨時嚴查如有上項情事立即拘局罰辦毋稍徇情爲紉公誼此致

無錫縣公安局局長邱

兼任無錫市政籌備處主任孫祖基

函縣公安局　爲取締無照車輛由

逕啓者敝處成立伊始對於各項捐務亟應從事整頓藉裕稅收查市內行駛車輛無論公私均須按期領取執照繳納捐款違者即以漏捐論照章處罰迭經函請貴局查照並希轉飭所屬對於無照車輛務必嚴爲取締勿使偸漏至紉公誼此致

無錫縣公局局長邱

兼任無錫市政籌備處主任孫祖基

八月二十三日

函縣公安局　爲取締鬧市通行車輛由

逕啓者案據市民章拯等呈稱大市橋至新市橋一帶商店林立爲城心商市最繁盛之區域兼之街道狹小故向不能通行車輛之處前十四軍駐錫時軍部曾出示嚴禁軍民坐車經過縣黨部亦議決禁止有案查崇安寺清嘉巷以及迎迓亭均經規定通車之處足見大市橋街非必經要道不意近有一般坐包車者藐視政令不顧公益招遙過市橫衝直撞危險殊甚老幼擠倒負担打翻時有所聞待事出後又無崗警可告即與交涉則其反肆勢威柔弱小民豈敢與爭只得忍痛聽其暴凌最足奇者包車則可以逢路通行街車則有規定路綫竊思坐包車與坐街車均是中華之人民同爲代步何以厚於彼而薄於此實有背共和國平等之原則而違　先總理之遺訓爲此不得不請求鈞處嚴予取締並請轉飭公安第一分局隨時禁止俾以鬧市通車爲文明國家應有之事則包車與街車須宜一律待遇以昭公允等情據此查鬧市通行包車故易發生危險業經前市行政局佈告取締在案據呈前情除批轉函縣公安局飭屬切實取締揭發外相應函請

貴局轉飭各分局知照崗警一併嚴行取締無論包車街車一律不准通行鬧市以免危險而維交通至紉公誼此致

無錫縣公安局局長邱

兼任無錫市政籌備處主任孫祖基

函縣公安局　爲函復南水關水柵已飭工務科查明從簡修理由

逕啓者接准貴局第五五號公函內開本月二十一日據第一分局局長高濂呈稱竊據警衛所巡長吳錫庚報稱前夜查察各水關見南水關柵門鎖東一扇搖使損壞不能啓閉似待修整以杜宵小而昭慎重等情據此分局長查得該南水關柵門前經呈請修理有案惟市行政局並未予以修理以致延宕于今城關防務有關地方治安未便漠視該巡長所請趕速修理俾屬實情理合轉呈伏乞鑒核俯賜轉函市政籌備處尅日飭匠修理完固以資防守實爲公便等情據此除指令外相應函達貴處請煩查照尅日飭匠修理完固以資防守並希先行見復至紉公誼等由准此查城關水柵攸關治安如有損壞理應修整除業由敝處飭工務科查明從簡修理外相應函復即希

查照爲荷此致

無錫縣公安局局長邱

兼任無錫市政籌備處主任孫祖基

函聘榮德生等　爲無錫市政討論委員會委員由

逕啓者本處成立伊始一切設施端賴地方人士匡濟協助共策進行爰設無錫市政討論委員會業經訂定條例由本處第四次處務會議修正通過公布施行在案素仰

執事宏才卓識社會推重茲特敦聘

先生爲無錫市政討論委員會委員相應檢同條例函達

查照以便組織而利進行至紉公誼此致

先生

「委員名單」

榮德生　錢孫卿　姚鴻治　唐星海　陸洪如　周寄湄　薛明劍　陳品三　華印椿　楊翰西　蔡有容

薛壽萱　蔡兼三　華少純　胡桐孫　汪應麟　高踐四　許紳定　程敬堂　華繹之

函縣政府　爲復由□訂立管理及取締汽車專章並在廣勤路設立交車場准予通行汽車由

逕復者案准

貴政府第五一五號公函略開案據裕民開汽車公司等呈稱呈請恢復廣勤路行駛汽車臚陳理由以利交通而恤商艱等情據此查事關交通能否放行應請貴處裁奪除批示外相應函達即希見復爲何等由准此案經敝處飭工務科派員前往廣勤路去察勘路線以憑核辦後茲據復稱奉令察勘廣勤路路綫之通車情形擬定簽答原呈理由（一）由處訂立管理及取締汽車專章以防危險（二）查現在廣勤路之寬均在二十呎以下其最狹者祇有十呎且兩旁栽樹不便人行故開行汽車更覺困難實無交車之可能性本處爲體恤商民計限於廣勤路通車路綫以內由該汽車公司等集資收用土地建造五十呎寬十五呎之交車場十九處場之地位由處指定建造方法由處規定築成後仍歸市有除出資建造之車場之各汽車公司予以優先權准許通行外其他公司或私人非由本處指令准予通行時不准在該段路綫行駛等情據此查所擬各節事屬可行准函前由相應據情函復即希

查照辦理爲荷此致

無錫縣政府

八月三十一日

函復縣黨部　爲周山浜翔鸞橋西境並無楊姓違章建築祇有周煥堂建造與照不符已通知拆除由

逕復者接准大函調查周山浜翔鸞橋西境北面楊姓有無違章建築希查照見復等由准此查該處並無楊姓呈報建築房屋情事祇有周煥堂前向縣建設局報領執照在該處灘地上建造披屋嗣經本處查得該項建築核與執照不符以其有違定章業經通知該業主自行拆除在案茲准前由相應函復即希

查照此致

中國國民黨江蘇無錫縣執行委員會

八月三十一日

函縣政府　爲函送津貼種痘局銀十元請核收轉給查照見復由

逕啟者案准

貴政府函開案奉

江蘇省民政廳第五六三一號訓令內開查種痘條例第三條規定每年三月至五月九月至十一月爲種痘時期業經本廳通飭遵辦在案現在九月一日瞬屆對於第二屆種痘應即開始辦理除分令外合行令仰該縣長即便一體遵照並佈告週知切切此令等因奉此查接管卷內第一屆種痘辦法孔前縣長依照種痘條例第五所載委託城區同仁堂設立第一屆種痘局按月應給津貼洋十元由無錫市行政局在原有辦理衛生欵項內逐月籌支送縣轉給在案玆奉前因第二屆自應仿照辦理除委託同仁堂照辦並布告分行外所有九月至十一月按月應給津貼洋十元相應函請貴處照前撥送以憑轉給毋任企盼等由准此查第一屆種痘局按月應給津貼洋十元既前無錫市行政局在原有辦理衛生欵項內逐月籌支送請轉給現在敝處成立第二屆自應援照成案辦理玆准前由相應函送九月份應給津貼銀十元請煩核收轉給並希查照見復爲荷此致

無錫縣政府

計附津貼同仁堂種痘局九月份銀十元

兼任無錫市政籌備處主任孫祖基

八月三十一日

函縣政府　爲據江應麟函復核實折舊估計溫子祥房屋由

逕復者案准

貴政府第七一五號公函內開查本政府執行周湧高與溫子祥房屋糾葛一案前因周湧高對於前無錫市行政局推薦之工程師江應麟王安標所估房屋發生異議請求依照舊價估算當飭據該局查復該工程師所估系爭房屋值洋二千二百四十二元之價格確係按照時值新價估計至於該屋使用時間祇能作用三十年自新建至今當以此數爲比例作折舊之標準等語在案玆經傳案集訊兩造對於屋價仍多爭執究竟折舊數額確有若干未據該局呈明實屬無憑核辦相應抄附原估價書函請貴處查照希速查明折舊數額函復過縣以便核辦再該系爭房屋據溫子祥供述係民國五年起造合併聲明等由抄送原估價書一件到處准此當經轉函江工程師再行核實折舊估價計數目詳細見復去後玆據復稱接奉貴處八月二十四日大函關於核實折舊估計溫子祥房屋事按該屋建自民五至民六落成則至今使用業已十二年至於該屋使用時間祇能作三十年則建

成至今業已用過全屋三十份之十二即百分四十矣前估計該房屋按照時值新價估計爲二千二百四十二元以百分之四十計算則應折舊核減洋八百九十六元公則現値爲洋一千三百四十五元二角等情據此相應函復即希

査照爲荷此致

無錫縣政府

函縣公安局　爲據市民抗葦等函請轉知公安局取締各老虎灶出售汚濁不沸飯料以維衛生由

逕啟者案據市民抗葦等函稱近來時疫流行蔓延極速推其禍原大抵由於飲料不潔查城廂內外各虎老灶所用飲料多因貪圖省便就附近小河汲取水既渾濁又多小蟲更爲省柴起見煮而不沸飲之實甚危險民居住西門日暉巷目覩巷口老虎灶所用之水尤較他處汚濁其實該處靠近老縣前之自流井渠反棄而不用隨便汲取實屬不顧公衆利害爲此函請貴處轉函公安局嚴加取締以維衛生等情據此査飲料關係公衆衛生如果各老虎灶爲貪便或省柴起見任將汚濁不沸之水出售飲之實足發生危險茲據前情相應函請貴局飭屬嚴行取締嗣後如査各老虎灶有上項情事發生請予從嚴處罰以重衛生實紉公誼此致

無錫縣公安局長邱

九月三日

函縣政府　爲査復王念祖等將房屋租與薛姓開設肥絲廠未來處報領廠屋執照本處並未准許設立由

逕復者案准

貴政府第七九〇號公函內開査章步壽訴王念祖等妨害衛生一案本府迅據被告王念祖王承祖等供稱肥絲廠無論供人均可開設並無限制民等將南門外桃沙巷房屋租與客民薛姓開設肥絲廠係本年七月初七日開工建築時須有建築執照云云究竟該肥絲廠之設立曾否經法定准許手續無從懸揣相應函請貴處査明見復爲荷等由准此今王念祖等將南門外桃沙巷房屋租與薛姓開設肥絲廠事前未據該民來處報領廠屋建築執照呈登該廠並未由敝處准許設立准函前由相應函復即希

査照此致

無錫縣政府

九月六日

函縣政府　為造送前市行政局七月份工作報告表請彙案轉報由

逕復者案准

貴政府第五二七號公函內開案查各市鄉行政局工作報告表每月造送一次迭奉

廳令催填在案現在各行政局改組區公所所有工作報告應由各管轄區長依式續報以憑彙轉除分行外合行將各區續造月份另開於後函請貴

處查照辦理計開無錫市政籌備處應繼續前市行政局從五月份填送起等由准此卷查前市行政局於七月二十七日報將三四兩月工作報告表

依式造送並將五六兩月工作報告表編製齊全一併送請彙轉旋准

貴政府第六一五號指令內開呈一件造送三四兩月工作報告表及編製五六月工作報告表由呈表閱悉候彙案轉報可也仰即知照此令表存送

等由各在案所有前市行政局七月份工作報告表業由敝處查案依式造就相應檢附表格送請

貴政府彙案轉報實紉公誼此致

無錫縣政府

計附送無錫市行政局七月份工作報告表一紙

兼任無錫市政籌備處主任孫祖基　九月六日

函縣政府　為函復接收縣公安局移交衛生行政案卷情形由

逕復者案准

貴政府第四八七號公函略開案據公安局局長邱銘九呈稱為工作不便實施無由仍請將衛生事宜撥歸市政籌備處辦理以期使捷而收實效等

情據此除指令照准外相應函請貴處查照仍將衛生事宜收回辦理為荷等由准此當即派敝處社會科公益股股長張之彥於本月十七日上午九

時前往縣公安局接收去後茲據接收員張之彥復稱奉派接收衛生案卷逐一檢點自第一號至第十號第十二號至十六號計十五字彙辦待辦各

一宗共十七字照數核收查有第十一號卷宗亦係衛生行政案卷遺漏未交復卷查包前局長任內各分局為添置垃圾箱曾向各段商鋪住戶募得

捐款銀一千五百八十六元七角六分除設垃圾箱銀七百七十三元二角外尚餘八百四十九元五角六分亦未移交時值秋令疫癘流行敝處接辦

衛生行政擬先從清潔道路嚴禁市民隨處傾棄垃圾入手添設垃圾箱更屬刻不容緩之舉准函前由相應函復
貴政府查照並請
令飭縣公安局飭屬將應添垃圾箱限期置就或逕將餘款移交敝處支配辦理並將遺漏第十一號案卷一冢補行移交以便繼續辦理源級公誼此
致
無錫縣政府

兼任無錫市政籌備處主任孫祖基

函縣政府　爲送前無錫市政局截角圖記一顆請查收銷毀　由

逕啟者案奉
江蘇省民政廳第一九四四一號指令內開呈一件爲呈報接收無錫市行政局移交情形由呈悉仍仰將已經截角之該市行政局圖記一顆繳縣銷毀此令等因奉此相應將前無錫市行政局截角圖記一顆函送貴政府請煩
查收銷毀爲荷此致
無錫縣政府

計附前無錫市行政局截角圖記一顆

兼任無錫市政籌備處主任孫祖基

函縣公安　爲請轉飭第一分局勒令書院衖口元元鞋店停業照章撤除並將轉飭辦理情形見復　由

逕啟者案查書院弄元元鞋店因建築與執照所註不符違反定章前經本處吊銷原照並通知該店及營造人遵章來處改報翻造停止工作詎以該店違抗不遵日夜趕造情殊可惡又迭經本處函致該管公安第一分局派警前往制止營業勒令拆除各在案茲查該店今仍照常營業亦未據來處改報翻造實屬有意違抗相應函請
貴局轉飭該管第一分局立即派警前往該店勒令停業照章撤除並希將轉飭辦理情形見復爲荷此致

無錫縣公安局局長邸

函 溫晉賢 李仲臣 楊仲滋 鄒子英 為會商組織西區公園籌備會討論計劃進行事宜 由

逕啟者近年以來西區商市日益發達居民繁衆有開闢公園之必要查太保墩地點甚佳除劉公祠及國民學校外尚有餘地數畝從事規劃闢作公園最為相宜素仰

先生為西區米業領袖熱忱經營苦心籌劃歷有年所實深欽佩並聞

先生等有將太保墩改建西區公園之動議逖聽之餘敝處深表贊同茲經敝處社會科提議定於九月二十四日（星期二）下午三時在敝處會商組織

西區公園籌備會討論計劃進行事宜屆時務請

撥冗蒞臨以期早日完成相應檢附提案函請

查照為荷此致

先生

計附社會科提案一案

九月二十四日

開闢環城馬路之先聲

德

吾錫自市政籌備處開辦以來，曾經擬具建設新無錫計畫，舉凡市政工程，如道路公園菜場自流井等等，分別切實進行，冀於市府成立之日，得見市政粗具規模，市容改觀，乃知自治之精神，爲全省之模範。惟是舊市改造新都，以道路爲最要，論吾邑今日人口密度增加，必須廣闢大道，庶應時勢之要求，故拆城築路，明達巨紳，久有此議。但工程浩大，築路費巨，此議遂寢。乃者，工務科，對於建築環城馬路，幾經研究，與其全部進行，工大費巨，難期見諸實行，不若視其緩急，分段開闢，較易著手。如露華弄，旲城脚西城根一帶，街道偪狹，俾容交車，而城內外商市林立，民居櫛比，若闢爲通渠，商市即可振興，交通立見便利，經科討論，僉韙其議，特飭本科測量城垣長度，街道寬闊，現已測量完竣，自光復門至西成門，長約一千四百九十餘公尺，日來由設計備股長，計算城垣舊料收入，及築路經費，一俟完成，即提交處務會議，公告投標，至於沿城垣民房，務期減少拆讓，俾人民不受大多損失云爾。

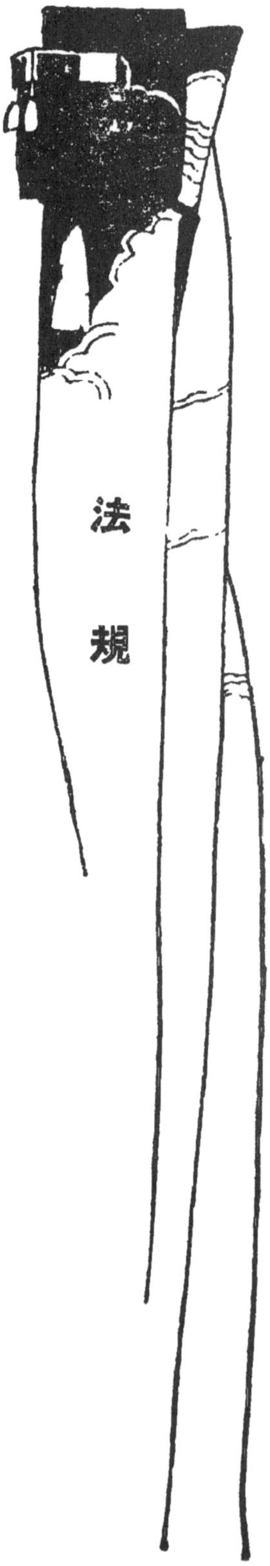

無錫市政籌備處暫行組織條例

（十八年十月十五日江蘇省政府第二三一次會議通過

第一條　為無錫地方建立普通市之預備由民政廳呈請省政府委員會議決先設立無錫市政籌備處計劃及設施一切市政事宜

第二條　無錫市政籌備處暫以無錫市行政局管轄區域為設施市政範圍

第三條　市政籌備處設主任一人由民政廳委任呈報省政府備案

第四條　市政籌備處設總務財政工務社會四科其職掌如左

一、總務科職掌

（一）圖籍印信之保管事項

（二）文書之撰擬及收發事項

（三）編制統計報告市政通告考核勤務及其他特定之編譯事項

（四）庶務交際及其他不屬於他科事項

二、財政科職掌

（一）整理市財政事項

（二）收支市捐稅事項

(三)公款公產之保管及處理事項
(四)編造預算决算事項
(五)經理市公債事項
(六)土地之登記及報價事項
三、工務科職掌
(一)計劃市政建設事項
(二)街道溝渠堤岸橋梁建築及其他土木工程事項
(三)河道港務及船政管理事項
(四)交通電汽電話及其他公用事業之經營取締事項
(五)公私建築之取締事項
四、社會科職掌
(一)教育文化風紀事項
(二)農工商業之調査統計獎勵取締事項
(三)勞働行政事項
(四)公益慈善事項
(五)公共衛生及醫院菜場屠宰場公共娛樂場所之設置及取締等事項
除前項各科外於必要時得增設衛生科專理衛生事宜
第五條　市政籌備處設秘書兼總務科長一人科長三人技術員科員辦事員雇員若干人秘書科長呈請民政廳核准委任技術員由籌備主任委任呈報民政廳備案
第六條　市政籌備處於必要時得由主任聘任參事二人輔助主任掌理關於法令起草審議及市政設計事項

第七條　關於特殊事項之調査或研究得由主任聘任專家組織臨時委員會

第八條　市政籌備處主任秘書及各科科長應每月至少舉行處務會議一次

第九條　市政籌備處於不抵觸中央及省法令範圍內得發布命令及制定單行法規

前項單行法規須呈准主管官廳核准施行

第十條　市政籌備處於必要時得募集市公債

第十一條　無錫市政籌備處與無錫縣政府往來公文以公函行之

第十二條　本條例經省政府委員會議決施行呈報內政部備案

無錫市政籌備處職員服務規則

第一條　本處職員概由主任委任或以考試方法錄選之

第二條　凡具左列情事之一者不得任用

一、有惡化腐化之行動或言論者

二、年力衰弱不堪任事者

第三條　本處職員辦理之事務如左

一、主任秘書及科長交辦之事務

二、職務內應處理之事務

三、代理他人之事務

第四條　職員對於自己應辦之事務不得推諉或延擱如有困難情形須向主任或科長陳明請示辦理

第五條　職員每週所辦之事務應逐項填入工作週報表送由科長轉呈主任核閱

第六條　職員勤惰之考核由主任及主管科長行之

第七條　職員出左列情事之一者得受獎勵
一、成績卓著者
二、操守廉潔者
三、辦事勤慎者
第八條　職員有左列情事之一者應受懲戒
一、廢弛職務者
二、貪婪舞弊者
三、不守紀律者
第九條　獎勵之方法爲擢升加俸懲戒之方法爲撤職減俸如有觸犯刑章者送交法院懲辦
第十條　除星期日或例假日外職員均須按照辦公時間逐日到值辦公非有要故不得遲到或早退
第十一條　職員每日到值辦公須在簽到簿上簽注到值時間以憑考核
第十二條　職員因故早退須陳明科長核准
第十三條　職員雖不在辦公時間如遇緊急要公經主任或科長通知後仍須到處服務或延長辦公時間
第十四條　職員對於一切文件非經長官許可不得攜出並不得抄錄示人其未經公布者不得洩漏關於機要文件及辦法等尤應始終嚴守秘密
第十五條　緊要文件須隨到隨辦次要者應於二日內辦畢但須審查討論者不在此限
第十六條　辦理工程測量調查或其他事項由主任或科長酌定限期
第十七條　各科股因事務之繁簡與緩急得隨時互調人員協同辦理
第十八條　職員在辦公時間會客不得超過二十分鐘以免妨礙公務
第十九條　職員因公出勤應於事畢後隨將經過情形依其性質以書面或口頭報告於主任或主管科長
第二十條　職員出勤不得接受任何人之餽贈或供給

第二十一條　職員出勤所必需之車資膳宿等費除徵收員測量員勘丈員應有特別規定衛生指導員編訂門牌專員任職務內之上、不支車膳資外其他職員應於出勤後隨時開具清單陳經主管科長核准並章向會計處支領但數目較鉅時得先行出款事後核定報銷

第二十二條　職員因疾病或不得已事故不能辦公時二日以內須向科長請假二日以上須經主任核准

第二十三條　職員請假期將本人經辦事件委託同事一人代理其假期在十日以上者得由主任派員代理之

第二十四條　凡請假逾原定期限者應依照第二十條及第二十一條規定之手續呈請續假

第二十五條　凡未經呈准給假擅自離職及請假逾期並未呈准續假者以曠職論由科長呈明主任酌予處分

第二十六條　本規則自公佈之日施行

無錫市政籌備處市有基地租賃章程

第一條　本處所管理之市有基地凡欲租用者須依照本章程向本處訂租

第二條　凡以前市事事務所勸學所市公所市行政局等所訂契約無論滿期未滿期均須來本處重訂新約以資整理

第三條　租用本處基地者須遵照本處印就之租賃契約填寫清楚各執一紙以作憑證

第四條　租戶須覓妥實見中舖保並須預付押租銀若干元（押租額數依基地價額酌定之但不得少於地租十倍）此項押租於退租之日憑租賃契約發還租戶

第五條　每月或每年地租逢月之二十四日至二十九日或每年之六月由本處財政科派員收取以租摺為憑倘到時延欠租金本處得將押租作抵如延欠二月以上不補繳者得勒令退租

第六條　租戶不得將所租基地分租轉租或借給他人

第七條　彼此退租須於一個月前通知或依規定期限解約屆時各不貼費

第八條　倘於未滿期前本處有收回基地之必要時所有租戶建築之房屋得酌量補償其價值如雙方遇有爭執時則由房產估價委員會估定之

第九條　凡租用本處基地建屋者如有變賣房屋等情須先向本處接洽如本處不欲收買方可另行出售但亦須得本處同意其租契亦應重訂之

第十條　如欠增加地租由本處在一個月前知照租戶承認照加者准其續租倘不願照加者應於滿月之日照第七條第八條手續辦理

第十一條　租戶倘有不法行為時本處得勒令退租

第十二條　租金依照陽曆計算照第五條之規定按時收租起租之日不滿一月者核日計算如租戶退租不滿一月者亦照全月計算

第十三條　本章程自公布之日施行

無錫市政籌備處徵收戲捐章程

第一條　凡在本市區內開設戲園電影院游藝場及其他有娛樂性質之營業者均應遵照本章程納捐

第二條　凡開設娛樂場所呈由本處批准許營業者應遵照第三條之規定按月繳納戲捐

第三條　戲捐按照下列捐額征收

(一)戲園及電影院

甲等客六百座以上　每月六十元

乙等客四百座以上　每月四十元

丙等客一百座以上　每月二十元

丁等不滿二百座　每月十元

(二)游藝場

甲等　游藝在十種以上或券價在二角以上者　每月八十元

乙等　游藝在五種以上或券價在一角以上者　每月六十元

丙等　游藝不滿五種或券價不滿一角者　每月四十元

(三)其他娛樂場所依座位數及券價由財政科臨時酌定之

第四條　開演日期不滿一月亦以全月計算收捐

第五條　戲捐以每月五日以前爲收捐期間由各該娛樂塲所按照應繳捐額向本處財政科繳納隨即領取月照爲憑如逾期不繳照捐額一倍處罰之

第六條　各娛樂塲所如有變更內容或停閉等情應先期向本處呈明以憑考查或註銷捐冊

第七條　本章程自公布日施行並呈請主管廳備案

無錫市政籌備處檢驗車輛章程

第一條　本處爲查驗市區域內之車輛爲澈底之整理起見特制定本章程

第二條　凡本市區域內之車輛無論自用或營業者均須呈報本處遵照本辦法所規定經檢驗合格換發新證後方准於本市區域內行駛

第三條　凡自用或營業車輛均須車身堅固車胎完好檔輪板脚踏板整齊無損車蓬檔布全備不漏車燈明亮車墊無缺車衣者幷須有前市政局舊車證者方有呈請檢驗之資格

第四條　有呈請檢驗資格之各車輛車主應將該車主住址及所置有車輛數目所領前市政局舊車證號數開具詳細清單先行呈請登記後再由本局指定查驗日期時間地點通知車主准時聽候檢驗其領有舊車證者須一併送驗如舊車證遺失者應將以前際明核准證據檢驗送驗

第五條　本處所指定日期時間地點一經通知車主不得要求更改或延誤

第六條　有呈請檢驗資格之車輛經遵照本章程二四兩條查驗後認爲合格者由查驗員將車上舊車證撬下次發新車證釘上其換下之舊車證繳呈主管人員查對登記簿冊銷毀之其釘換之新車證人力車應依照本處管理及取締人力車章程第四第五兩條辦理同（汽車馬車證則釘於車之後身正中照懸於車之後軸中央

第七條　有檢驗資格之車輛經遵照本章程二四兩條檢驗後認爲不合格者由查驗員將車上舊證撬下繳呈主管人員暫代保留一面發注於登記簿冊同時再將該車不合本章程第三條內各點詳細指明責成車主將車拖回限自拖回日起五日內將指明各點遵照章程修理完好或另置新車再請復驗

第八條　復驗後認爲合格者准仍照本章程第六條同樣辦理之

第九條　復驗後仍不合格及飭令復驗而不來或逾期者即將代爲保留舊證銷毀先期登記號碼撤銷其應換發之新證充公由本處另行處理之

第十條　車主呈請登記時汽車每輛繳納費洋五元人力車每輛繳納費洋一元登記檢驗手續及搖除舊證工力換訂新證磁牌各費一併在內登記費以一次爲限如逾期呈請登記者每輛應加繳洋五角

第十一條　檢驗工作指定查驗員工匠若干人秉承主任及工務科長命令執行之

第十二條　查驗員須將每日檢驗車輛數目銷毀及換發車證號數查驗時情形塡具表式報告候核其表式另定之

第十三條　檢驗車輛先營業人力車及自用人力車次營業汽車及自用汽車

第十四條　檢驗時間以三個月爲限

第十五條　檢驗終了後一星期內將查驗員逐日報告及檢驗期內情形收支費用彙核呈報主任

第十六條　有呈請檢驗資格之車輛於檢驗期內自行放棄權利不來登記者及登記通知後誤期不來檢驗者於檢驗終了後不得再請檢驗其應換發之新車證照本章程第九條復驗後仍不合格及飭令復驗而不來或逾期者同樣處理之

第十七條　檢驗終了後有未經繳呈銷換之舊車證一律無用

第十八條　檢驗終了後若有發現私用未經繳呈銷換之舊車證行車者除將其車輛沒收充公外更須追緝其車主移送法庭究辦

第十九條　檢驗費用即由登記費內酌提一成撥充之

第二十條　本章程自公布之日施行

車商須知

凡違犯左列各條欵者即以不合格論查驗時應將舊有證照暫行吊存本處保管飭令車主拉回遵照查驗章程第七條辦理

一　車輪橡皮外胎已有三處修補者

二　鋼絲已經斷或損壞者

三　左右彈簧高低不平或已腐銹者

四　車身或檔輪板之木料已腐爛或損壞者

五　油蓬門帘漏水者蓬撐不完備者

六　車墊破壞者

七　車身汚穢者

八　車身無後撑者

九　無車燈者

十　無車鈴者

十一　包車不備執照者

以上各條務須注意其未備者趕備之損壞者修理之幸毋貽誤爲要

無錫市政籌備處營業人力車登記表

車主

姓名（或公司名經理人）

籍貫

住址

營業年月

車輛

輛數

車證號數

領照年月

每輛出租價

備註

中華民國　　年　　月　　日車主　　　　簽名蓋章

無錫市政籌備處檢驗車輛表　十八年　月　日）

車主	輛數	號數	項目	輛數	號數	原因	責成何日補驗	備註
			未到車輛					
			不及格車輛					

檢驗及取締人力車報告表

日期	
車輛數目	
車輛號數	
收歸車證數	
扣歸車證數	
撤存不合格車輛給照數	
不合格車輛之車主姓名	
處分違章車輛情形	
其他	

檢驗員　　年　　月　　日

無錫市政籌備處管理及取締人力車章程

第一條　凡在本市區內營業或自用之人力車（以下稱包車）均須遵照本章程辦理

第二條　無論營業人力車或包車均應呈報工務科檢驗登記發給磁牌及繳納捐費領取捐照方准通行

第三條　人力車之定期檢驗每年舉行一次由工務科定期執行之

第四條　自用車照須釘於車身後顯明之處以便崗警易於稽查如已領照而不釘者應處以一月月捐之罰款

第五條　營業車磁牌須釘於車之右葉子板上月捐照應黏於車身後

第六條　包車除車主因事暫停須就近守候外概不准任意停於巷口街頭

第七條　車體及附屬品之限制如左

（一）車體須製造堅固

（二）尺度式樣由本處印發照樣製造之

（三）凡營業車祇能施以油漆不准繪畫

（四）車中須備有白色布製坐墊並油布所製之車篷及車簾

（五）車之後身須有鐵撐

（六）須備置前白後紅之玻璃燈一盞

（七）車夫須隨帶響鈴暑天亦須穿短衫

第八條　凡營業車有左列情形之一者即須修理完整送由工務科檢驗後釘牌編號違者即停止其行駛

（一）車輪外胎有三處修補者

（二）輪邊與鋼絲已經銹爛及損壞者

（三）左右鋼板高低不平或已經損銹者

（四）車身及葉子板已經朽爛或損壞者

（五）油蓬門帘破壞漏水蓬撐破壞不完全者

（六）車墊已經破壞及車後無鐵撐者

（七）車身車墊骯髒者

（八）無車燈者

（九）無車鈴者

第九條　無論包車及營業車犯左列各款之一者隨時停止其行駛由崗警帶處核辦

（一）車夫年在五十歲以上或未滿十六歲及體弱多病者

（二）除携帶未滿十二歲之孩童外一車同座兩人者

（三）車墊及靠背等處污穢不潔或裝載腥氣腐臭及油漬物品者

（四）夜間駛行不點車燈者

（五）不帶車鈴者

（六）空車徘徊於路中或隨處停留者

（七）駛行車輛不依照指定左走路牌魚貫而行或參差亂碰

（八）乘載瘋狗及泥醉而無人扶持者

（九）載運逾量物件者

第九條　無論包車標營業車

第十條　後車如欲超過前車時須先知照前車然後從右邊疾駛而過

第十一條　如遇救火車或病院車經過時須讓其前行

第十二條　凡遇轉角交叉口及繁盛區域不准快行及並行

第十三條　乘客如有遺留物件應即送交崗警保存待領不得私自藏沒

第十四條　乘客如有形跡可疑或携帶違禁物品者應隨時報告崗警

第十五條　凡營業車及包車之徵捐及漏捐應按照本處車輛牲力捐章程及漏捐處罰規則辦理

第十六條　車行貸車於車夫不得故意抬高租價違反者除處罰外並註銷其存案

第十七條　乘車價額應由人力車行協議分別造列以里計算及以時計算之車價表呈由本處核准公佈之

第十八條　車夫對於乘客不得於定價外故意需索

第十九條　本章程自公布日施行

無錫市政籌備處投標章程

一　投標人報名領取本局工程圖樣說明書標單等繳須繳投標保證金　　　元圖樣說明書費洋

二　投標人須依照本處標單逐項塡註不得增減將標單於開標以前蓋章密封投入本處投標箱

三　投標人於投標時須將圖樣說明書一併繳回本處

四　標單已經呈送到處後投標人不得請求取銷或更改

五　本處取標應以最低價格為準但如估價太廉或發見錯誤本處認為不合格者得酌取次低數又開標結果倘本處均認為不滿意時得另行招標

六　投標人如欲不依照第二三兩項規定辦理其所呈之標單認為無效

七　投標人所繳投標保證金於開標後除得標人於日後之保證金内扣算外其餘一律發還

八　投標人所繳圖樣說明書費於開標後除得標人外其餘一律發還但於開標前未繳還圖樣說明書者或報名而未投標者本處得沒收之

九　開標後得標人須於三日内偕同担保人來處訂立合同隨繳保證金　　元如逾期仍未來處接洽本處認為得標者放棄標權得沒收其投標保證金另行招標

十　其他工程做法及一切章程另於工程說明書及工程合約中規定之

無錫市政籌備處管理自流井規則

第一條　凡本市區内公用自流井均依照本規則管理之

第二條　公用自流井給水得酌取水價暫以担為單位每擔取銅元二枚以二桶為一擔每桶取銅元一枚不足一桶亦以一桶計算

第三條　給水時間每日自上午六時至下午十時止不在規定時間概不給水

第四條　取水人須先到自流井售籌處購籌挨次取水不得爭先吵鬧

第五條　放水龍頭不准取水人自動開關倘有違犯致損壞者應由取水人負責賠償

第六條　每井暫設管理夫一人專司自流井機器等之使用保管及修理事宜并每日辦理給水記賬及將收入款項報解財政科金庫核收

第七條　本規則自公布之日施行

無錫市政籌備處整理人行道暫行規則

第一條　本規則適用於城内舊街道及已成馬路之車道上

第二條　違犯下列各條之規定者除處以一元以上十元以下之罰金外並勒令將不合法之障礙物拆去

（一）不得在人行道上築砌階石

（二）不得在人行道上裝置櫃台貨櫥或欄杆等物

（三）不得在人行道上支搭涼蓬裝置風窗電燈或曬物木桿

（四）不得在人行道上擺設浮攤堆置木石貨物從事工作或營業

（五）不得在人行道上停放車輛或行駛車輛

（六）不得在人行道上便溺

（七）不得在人行道上堆積垃圾或放棄其他穢物

第三條　凡毀壞人行道者依其毀壞之程度處罰之

第四條　上列各條如再犯者加倍處罰之三犯以上處以十天以下之拘留

第五條　本規則由公安局飭屬隨時注意執行

第六條　本規則自公布之日施行

無錫市政籌備處管理菜市場暫行規則

第一條　凡在本市區內菜市場設攤營業之戶主及其雇用之夥役應一律遵守本規則

第二條　凡在市區內販賣魚肉蝦蟹雞鴨等菜蔬類應物之攤擔應一律移設本處規定之各業市場內營業

第三條　攤戶食擔戶在菜市場營業者須經本處核發執照方得擺設

第四條　有左列各欵之一者不准入菜市場營業

1. 無營業執照者

2. 頂冒他人之營業執照者

3. 身患皮膚病及其他有傳染性者

第五條　菜市場內設攤設擔之位置應依照本處規定類別號數擺設不得混雜僭佔

第六條　菜市場買賣時間無論冬夏陰晴概以天明開市上午十二時閉市在此時間內不得擺設點心熟食攤担

第七條　菜市場內出售之魚肉蝦蟹鷄鴨菜蔬等類食品如含有毒質或係隔宿霉爛腐臭者不得入場售賣

第八條　凡攤戶出售之鮮菜點心熟食等類物品均應一律加蓋紗罩

第九條　菜市場內各攤担用水務宜清潔油污血腥不潔之水均須傾入指定之水溝內不得任意潑洒妨害清潔

第十條　菜市場內各攤担用秤一律均用十六兩秤公平交易

第十一條　凡在菜市場營業者對於本處規定各項清潔辦法均應遵守

第十二條　凡在菜市場營業者不准有爭毆喧吵及強硬買賣等情事

第十三條　凡在菜市場營業者於其但定之地位及其附近地面應隨時洒掃潔凈其陳該食品之抬面每日應用清水洗刷閉市後所有用具[illegible]錄須各自整理保存不得任意縱横

第十四條　凡在菜市場設攤担營業者每日須受本處衛生指導員及衛生警士檢驗指揮

第十五條　菜市場閉市後由本處派清道夫掃除清潔

第十六條　本規自則公布之日施行

無錫市政籌備處編釘門牌規則

第一條　本市編釘門牌事宜由本處工務科社會科會同公安局辦理之

第二條　本市門牌以琺瑯質製每方闊五寸半長四寸籃底白字

第三條　本市編釘門牌以城中大市橋爲中心各路門牌號數由中心起向外遞增凡環形路以東南西北依法編釘之

第四條　本市門牌編號凡南北之路均東面單數西面雙數東西之路北面單數南面雙數其里衖房屋另行編號

第五條　本市編釘門牌以門堂爲單位

第六條　本市門牌每方收大洋二角於編釘後由編釘專員收取塡給收據爲憑其非自有之房屋准向業主收回或於應納房租內扣除之

第七條　本市門牌一經編釘原有原釘各色舊門牌一律撤廢

第八條　本市門牌一經編釘市民應負保管之責遇潭上字跡　模糊時應隨時揩拭如有錯誤或損毀遺失應隨時報告本處工務科補製　重釘每方納費大洋三角如匿不報告一經查出每方罰銀一元但確因發生火警不及預防以致損失者不在此限

第九條　本市門牌惟本處有製造編釘之權如有私製私釘者一經查出每方罰銀二十元其承製者同科

第十條　凡里弄改易名稱應報告本處工務科換製門牌每塊收費大洋二角如匿不報告一經查出除補征牌費換製門牌外並每次罰洋二元

第十一條　凡修理或翻造房門屋面應向本處工務科請領建築執照時將原有門牌妥愼重起下交存工務科保管主工竣後向工務科繳銷執照時再行提取釘上如不依此手續辦理一經查出每次罰洋二元

第十二條　凡就空地興建房屋應向本處工務科領取建築執照時報明路名或里弄名稱及號數由工務科編釘門牌如不依此手續辦理一經查出每次罰洋二元

第十三條　本規則自呈准民政廳核准後施行

無錫市政籌備處公共娛樂場所營業登記條例

第一條　凡本市區內公共娛樂場所無論舊有新設均應遵照本條例向本處社會科聲請登記

第二條　本條例所稱公共娛樂場所爲戲院影戲院游藝場書場歌場球場雜技場及其他以供人娛樂爲營業之場所

第三條　本市區內公共娛樂場所非經登記核准不得設立開演

第四條　登記之手續如左

（甲）由主管人向本處社會科領取登記聲請書逐項詳細塡載備文送請審核聲請書式樣另定之

（乙）覓具商舖保結

（丙）呈繳各項附屬文件（如公司章程股東名簿董事及監察人簿藝員名簿等）

第五條　業已開設之公共娛樂場所應於本條例公布後兩星期內一聲請登記其新設者應於開演前聲請登記

第六條　登記處附設於本處社會科

第七條　登記核准設立之場所由本處發給營業執照

第八條　呈請登記者須繳納手續費一元流動露天游藝得不收費

第九條　業經登記之場所如有變更章程遷移地址時應隨時呈報

第十條　業經登記之場所於停歇時應將執照繳銷

第十一條　本規則自公布之日施行

公共娛樂場所營業登記聲請事項表

聲請人（姓名　籍貫　）	字（年歲　）住址
營業牌號	地點
營業種類	開設年月
營業資本	組織（獨資）（合夥）（公司）
房屋　建築式樣　建築年月	基地面積　自建或租賃
座位數（　等級　）	價目
經理　姓名　住址	協理　姓名　住址
職員人數　男　人　女　人	雇役人數　男　人　女　人
演員人數　男　人　女　人	（附演員名單）
開演時間	電話號數
附件	
聲請時期	備考
核准時期	
註銷時期	
發給執照號數	

無錫市政籌備處管理公共娛樂場所規則

第一條 凡本市區內新舊劇院影戲院流動戲班書場歌場各種雜戲及其他各種娛樂事宜均適用本規則管理之

第二條 經登記核准之公共娛樂場所每月應納之營業捐遵照本處徵收戲捐章程辦理

第三條 公共娛樂場所之建築及設備應遵照本處取締建築章程辦理

第四條 公共娛樂場所游藝種類及項目內容之審查事項由本處社會科主管之

第五條 公共娛樂場所之取締執行事項由公安局主管之

第六條 經本處登記審查核准之公共娛樂場所須將每日開演時間及坐位容量呈請公安局備案

第七條 游藝種類及項目非經審查核准者不得表演

第八條 每日表演之游藝項目須先一日開單聲請本處社會科檢查審核

第九條 聲請審查之游藝項目除有特別規定外須備具左列各項

(一)游藝劇本或其說明書及戲單

(二)表演藝員

(三)表演地點及時期

第十條 本處認為有實地審查之必要時得令聲請者先行試演

第十一條 游藝種類有左列情形之一者不得表演

(一)違背本黨主義者

(二)宣傳反動思想者

(三)有傷風化者

(四)有危險性者

(五)有悖人道者

第十二條　娛樂場所對於左列各項應切實遵守

(一)不得於原有額定坐位外臨時在梯旁或座椅四週角道上添設坐椅

(二)在未經公安局允准前不准私自或假與他人在場內開會或演講

(三)不准在場內飲酒賭博或爲其他一切妨害公衆治安之行動

(四)營業時間不得過夜間十二時

(五)觀客不得臨時點戲任意喧嚣怪聲喝彩

第十三條　流動露天游藝不得於交通要道表演

第十四條　娛樂場所遇有左列事項須立即報告就近公安分支局

(一)觀客有形跡可疑者

(二)觀客不買票而强硬入內者

(三)觀客有攜違禁品入場者

(四)觀客或職工有互相口角或爭鬥者

(五)場主違章限制觀客不服者

第十五條　本處社會科得隨時派員至各公共娛樂場所檢查遇有取締之必要時會同公安局執行之

第十六條　前條規定之檢查員須攜帶檢查證實行檢查

第十七條　凡違反本規則者依照違警罰法處罰並得勒令停止營業

第十八條　本規則自公布之日施行

無錫市政籌備處衛生指導員服務細則

第一條　本處爲指導市區內公共衛生及督飭清道夫清河夫清除街道及河流起見特設衛生指導員五人

第二條　衛生指導員由本處社會科分派於各衛生區遵照本細則之規定服務

第三條　衛生指導員承社會科科長之命於各該區內指導檢查及處理一切衛生事務

第四條　衛生指導員之職務規定如下

（一）訓練本區清道夫清河夫清潔道路橋梁河流溝渠水井菜場廁所等及指導其應守之規則

（二）考核本區清道夫清河夫工作之勤惰

（三）檢查本區清道夫清河夫所用之工具及制服

（四）分配本區清道夫清河夫工作之路線造冊呈送社會科備查

（五）訓練督飭及考核衛生警士工作事項

（六）指導及答復市民詢問關於公共衛生事項

（七）督率衛生警士向商舖住戶及小販雜攤挑糞及糞船等隨時勸諭告誡遵守本處暫行清潔道路規則

（八）督率衛生警士取締有礙衛生之營業

（九）調查及宣傳預防各種傳染病

（十）急救行人之猝病

（十一）督率衛生警士取締潔不或陳腐之飲食物

（十二）調查本區市民之生死及死亡原因

（十三）埋辦其他有關公共衛生事項

（十四）每日應將本區內衛生警士清道夫清河夫等工作情形區內清潔狀况及其他有關於衛生事項呈報社會科科長審核

第五條　衛生指導員於出勤時遇有緊急事項應隨時以電話報告社會科或公安局

第六條　衛生指導員遇例假休息等日亦須親到各該區段內視察

第七條　衛生指導員應一律寄宿在本處寄宿舍

第八條　衛生指導員如因疾病或重大事故欲請假時須備具證明書呈請社會科科長核准後方得離開職守其職務由社會科派員代理

第九條　衛生指導員須穿制服

第十條　衛生指導員操守廉潔訓練有方遇事勤奮著有成績者得分別予以獎勵由社會科科長開具事實呈請主任核定之

第十二條　衛生指導員如指導不力品行不端有受賄行爲或徇情袒庇或遇事懈怠毫無成績者得分別予以撤職記過二種懲罰由社會科科長開具事實呈請主任核定之其有涉及刑事範圍者除依照本條例辦理外另送法院究辦

第十三條　衛生指導員凡在職因公致傷殘廢或死亡者得酌量情形由社會科科長呈請主任分別撫卹之

第十四條　本細則自公布之日施行

無錫市政籌備處清道夫清河夫服務細則

第一條　本處雇用之清道夫及清河夫均應遵守本細則之規定服務

第二條　分派各衛生區之清道夫清河夫須受本處衛生指導員之訓練監督指揮

第三條　清道夫清河夫之工作範圍如左

（甲）清道夫

（一）本市區内道路橋樑溝渠及水井菜場廁所等處均應按時掃除冲洗挑運或疏通之

（二）清道夫之分配以十五人爲一組每組工作之路線由衛生指導員編派指定不得推諉怠惰

（三）清道夫每日應掃除街道兩次

（四）掃積垃圾污物應逐日挑運淨盡

（五）當降雨時須掃除積水疏通溝渠及冬日下雪時須於上午八時前掃除道路積雪

（六）清道夫每日上下午應按時工作不得遲到及早散

(乙)清河夫

(一)清河夫以一船兩人爲一組每組工作之路線由衛生指導員編派指定不得推諉怠惰

(二)清河人應每日按時打撈河內浮起菜葉瓜皮柴草及一切穢物并裝運垃圾箱內及指定堆積之垃圾

(三)清河夫每日應裝運垃圾兩次

(四)清河夫對於河旁岸灘上堆積之垃圾應掃除裝運淨盡又必將地點轉告衛生警士或衛生指導員隨時禁止或取締

(五)清河夫應按時將船隻停歇在指定之處不得擅購移作他用

(六)清河夫每日上下午應按時工作不得遲到及早散

第四條　清道夫清河夫之工作時間規定如下

(一)工作時間分上下午兩次但於必要時得加班工作

(二)工作時間自黎明起至十時止下午自二時起至日落止

(三)在工作時間內不得擅離他去

第五條　清道夫清河夫工作時不得違犯左列各款情事

(一)不着制服

(二)工作懈怠

(三)與行人及行船爭道肆意詈罵

(四)聚談或高歌

(五)以污物水土濺潑道路行人或遺落河中

第六條　清道夫清河夫如有要事或疾病者須向衛生指導員告假准許後方得停止工作

第七條　請假過二日以上者應商准衛生指導員另覓替人代替工作但不得過一月逾期即除名雇補

第八條　清道夫清河夫應攝影存查不得冒名頂替雇人倩代

第九條　凡已准假之清道夫清河夫應將須用之工具及制服移交替人不得隨便携去

第十條　清道夫清河夫所用各項工具及船隻制服等須加意愛護每日工作後並應洗刷整潔不得損壞或拋棄

第十一條　清道夫清河夫如工作勤勞經衛生指導員會同後得請社會科獎賞之

第十二條　清道夫清河夫如有違犯本細則者一經查明後得由社會科分別處罰或開除之

第十三條　清道夫清河夫如因公致傷或殘廢死亡者得由本處酌量撫卹之

第十四條　本細則自公布之日施行

無錫市政籌備處取締飲食物營業暫行規則

第一條　凡在本市區内以飲食物營業之店舗攤担及用其他方法販賣飲食物者均適用本規則

第二條　本規則所稱營業之店舗攤担凡茶樓酒肆茶館飯店舖肉莊熟食店魚行山貨行老虎灶飲料水店麵店餅鮮水菓店咖啡店飲冰室及販賣飲食物之小販小攤等皆屬之

第三條　左列各項飲食物不准販賣

1. 病死禽獸類
2. 腐臭水族類
3. 腐爛蔬菜類
4. 汚穢水潔飲料
5. 隔宿食物已經變色或發生臭氣者
6. 各項生熟食品已爲蚊蠅鑽聚或塵灰煤侵入者
7. 着色顏料含有毒質者
8. 攙和妨害衛生物質者

9. 製造各種食物原料已經腐敗變色或汚穢不堪者

10 應製紗罩紗廚而不設備者

11 用鉛質製造之烹調或盛貯飲食物器具者

第四條 凡飲食物店舖中之桌椅器具鍋爐碗碟抹布面巾等必須用沸水或皂水洗滌清潔

第五條 凡以飲食物營業之小販攤擔須停在空曠場所或設於指定地點不得任意遷移不得設在通行道路上妨碍交通並不得接近大小便汚穢處

第六條 飲食物店供客飲料須用礬澄皮之清水或沙濾水並經煮沸者

第七條 洗滌魚肉之汚水血液及廢棄皮毛腸骨鱗屑菜葉果皮等均須另貯一器傾諸汚水溝渠或納入垃圾箱內並須於放洩汚水溝渠內時時灑潑臭藥水或撒佈生石灰免致發生臭氣

第八條 飲食店舖夥役及小販等衣服必須清潔凡患肺癆痲瘋花柳及其他一切傳染病者不准營業操作或販賣

第九條 飲食物店之廚灶不得接近厠所如接近厠所應限令即日遷移或改築務使分別隔離不漏洩臭氣爲度

第十條 露置飲食物須用紗罩並不准用無罩油燈

第十一條 飲食物店舖或攤擔須接受衛生指導員衛生警士及主管之檢查或詢問不得隱諱或拒絕

第十二條 違犯以上各條或抗不遵行者應按照違警罰法處罰罰屢不悛者得令其停業或歇業

第十三條 本規則自公布之日施行

無錫市政籌備處管理牛乳營業暫行規則

第一條 凡在本市區以牛乳營業者均應向本處呈請登記未經登記者不得在本市區內營業

第二條 呈請登記時將左列事項詳細呈報

(一)業主或經理人姓名年齡籍貫住址

（二）開設年月日

（三）開設地址

（四）僱工人數

（五）黄牯牛隻數水牯牛隻數公牛隻數小牛隻數及每日產奶量數

第三條　本處據業户之呈報派員前往檢查核准後始得繳費登記領照營業

第四條　業户每年應登記一次奶牛一頭月納執照費一角出外送奶者並應請領送奶證每年更換一次每證納費五角統由本處財政科主管之

第五條　凡牛舍周圍牆壁須多開窗户流通空氣並須鬥挖溝渠容納糞水流於舍外適宜地方

第六條　牛舍糞渣應逐日清潔掃除墊草亦應時常更換

第七條　各業户喂養牛犢必須隨時刷洗皮毛免粘汚穢

第八條　榨取牛乳之地必須打掃清潔榨取牛乳之人應穿潔淨衣服榨乳之前須將兩手濯洗無垢

第九條　榨乳及送乳人之身體衣服以及使用之各種容量器具均須洗滌潔淨

第十條　裝載乳汁以磁器或玻璃器爲合格

第十一條　營業者不得由左列之牛榨取牛乳

（一）患有各種病症者

（二）生犢後未滿一星期者

（三）吮服毒藥其藥性可傳入乳中者

（四）受孕在四月以上者

第十二條　左列牛乳不准售賣或製成他種食品

一、色味腐敗者

二、摻和水質或他物者

三、用銅器鋅器含鉛釉磁器及塗有害性釉藥之陶器裝貯

第十三條　凡患肺病瘰癧梅毒傳染病之人不得喂牛榨乳及出入舍

第十四條　業戶對於罹傳染性病之牛應嚴行隔離

第十五條　業戶牛舍及牛乳本處衛生指導員得隨時檢查之

第十六條　業戶如有變更歇業及牛隻增減病斃等事應隨時呈報本處備查

第十七條　凡在本市區內之送牛乳人應佩帶本處發給之送遞證以便稽查

第十八條　業戶所領之執照及送遞證應於每年九月中呈請換給新照此證

第十九條　本規則自公布日施行

聲請書

竊　　於　　地方開設

理合備具聲請事項表及附屬文件暨登記費銀　　圓

聲請

核准登記特此聲請

無錫市政籌備處

計附聲請事項表一紙附屬文件　　件登記費銀　　圓

印花一角　　聲請人　　簽名蓋章

中華民國　　年　　月　　日

牛乳營業登記聲請事項表

聲請人　姓名　　字　　年歲

籍貫　　住址

開工年月日　　地址

僱工人數　　送乳人姓名

牛舍間數　　牧場面積

黃母牛　　隻小母牛　　隻公牛　　隻小牛　　隻共　　隻

每日產乳數量　　牛乳價格

聲請時期　　備考

核准時期

註冊日期

發給執照號數

送遞證號數

衛生部飲食品製造場所衛生管理規則

第一條　飲食品製造場所應之注意之衛生事項除法令已有規定外應依本規則之所定

第二條　飲食品製造場所應有之衛生設備及注意事項如左

(一)應設穩妥有蓋之垃圾箱及適宜之排水溝

(二)窗戶應裝鉄紗以防蒼蠅

(三)場内須光線充足空氣流通製造麵包之場所並須有適當之排塵設備

(四)應設適合衛生之盥洗室及廁所

(五)應有器具消毒之設備

(六)應多備痰盂每日清洗一次並加消毒劑場内並須廣貼禁止隨地吐痰之標語

(七)應多備潔白套衣以供工人在作工時間穿着之用並須不時洗换以保清潔

(八)製造場所房屋每年至少須刷新一次

(九)不得留養牲畜性家貓不在此例

(十)製造或存儲食品之處所不得住宿或餐食

(十一)製造場所内須保持清潔

第三條　工人於雇用時應施健康檢查以定去留僱用後應再每年檢查一次

第四條　患肺癆病及花柳病皮膚病及其他傳染病者不得僱用

第五條　製造場所内發生傳染病時應即報告于衛生主管機關實行隔離預防必要時得停止其工作

第六條　工人對於各種疫症且須遵照衛生主管機關之指示施行各項傳染病之預防注射及其他預防方法

第七條　工人應遵守左列各項衛生規則

（一）工作前及大小便後均應洗手

（二）工作時應穿清潔之套衣

（三）不得隨地吐痰

（四）不得將用口涎任何流質噴于食物上

（五）不得用口涎黏貼標記于食物或其包裹物上

第八條　飲食物原料務必新鮮清潔不得參雜或利用不合衛生之物品其用以製造清涼飲食物之水料牛乳均須煮沸或經其他適當之消毒

第九條　貯藏飲食物之處所與器物應遵守左列各款之規定

（一）食物原料等應貯藏于清潔通氣之處所並須嚴防蒼蠅及其他汚物進入

（二）食物原料等不得存儲于廁所畜舍及其他不合衛生之處所

（三）凡運遞或令人販賣之麵包糖菓等物均須用蠟紙或其他適宜之物包裹或儲貯之以免為灰塵蒼蠅等物所沾汚

（四）凡麵包糖菓等物門市發售或沿路販賣須置于玻璃櫥或紗罩內該項櫥器並須時加清潔以免積汚

第十條　製造飲食物之器皿應依左列各款保持清潔

（一）器皿用後均須收拾清潔並不得取作洗濯衣物之用

（二）凡廠內及送遞食物所用之筐袋車箱不得置藏被褥衣服及其他不潔物品

（三）凡遞送食物之筐袋車箱均須收拾清潔並妥加遮蓋並須將工廠名稱地址標明其上

（四）盛牛乳之瓶器及製造清涼品例如冰淇淋之器皿均須預先煮沸或經其他適當之消毒

第十一條　違反本規則者由衛生檢查人員隨時糾正經糾正仍不遵行時依飲食物及其用品取締條例第四條第一項制裁之

第十二條　本規則自公布日施行如有未盡事宜得隨時修正之

附錄

衛生局飲食物及其用品取締條例第四條如下

第四條　營業者受檢查員之命而不於指定之期間內履行其事項時處二十元以下之罰金
其有抗拒情事者由法院處一月以下之拘役併科十元以下之罰金

上海衞生局限令各醫院登記

上海特別市衞生局，爲醫院登記，令市內各醫院文云：爲令遵事，案查管理醫院規則，早經衞生部頒布，並經本局分別佈告，令知該院遵照，于本年七月卅一日以前，照章呈請註冊各在案。茲查限期已滿，該院尚未呈請註冊，殊屬不合，茲特寬限一月，仰即於八月卅一日以前，塡就聲請書，送呈局請註冊，逾限即以不合定章論，勒令停閉，仰即知照勿再延誤云云。

會議記錄

第六次處務會議紀錄 九月三日

出席者　孫祖基　朱士圭　江導山　聶文杰　沈維棟　李冠傑

主席　孫主任　　紀錄　金禹範

(一)恭讀總理遺囑

(二)宣讀上次紀錄

(三)報告事項

主席報告(一)略謂上次會議通過之漏捐車輛牲力處罰規則暨本處財政科征收員服務及懲獎規則已以處令公布並備文呈請民政廳(二)市政討論委員會委員上屆會議議決先聘十七人已分別去函聘請次由社會科李科長報告招考衛生指導員籌備情形暨招考衛生指導員自上屆會議議決後即會同沈秘書江科長討論辦法結果議定登報招考自登報後報名者甚為踴躍惟大都均為不合資格者不過二十餘人現定九月五日考試工務科朱科長報告(一)南門菜場已於九月一日接收開幕(二)惠山公園道各項建築圖樣等已繪就現正招工投標財政科聶科長報告上週收支計收入洋三千九百零五元四角八分二厘付出洋七百五十一元二角二分結存洋三千一百五十四元三角六分二厘

(四)討論事項

一、主任交議發行市政旬刊案　議決定名為無錫市政籌備處市政旬刊每次刊印二千份四開報紙大小第一期定九月十日出　版

一、財政科提議擬訂征收戲捐章程請付討論案　議決修正通過

一、沈秘書提議審查衛生指導員服務細則完竣請付討論案

第七次處務會議紀錄

九月十日

議決修正通過

一、江科長李科長會提審查管理及取締人力車章程完竣請付討論案　議決修正通過

一、江科長李科長會提審查檢驗車輛章程完竣請付討論案　議決修正通過

一、社會工務二科會提擬訂本處編釘門牌規則請付討論案　議決修正通過

一、工務科提議擬照公共機關成例所收違章罰金提五成充獎是否可行請付討論案　議決各項罰金以三成充告發獎金其餘分配辦法由江孫二科長擬具後提交下次會議討論

一、工務科提議擬訂沿街懸掛招牌等辦法請付討論案　議決交李科長審查

一、工務科提議界涇橋弄應照拓寬道路章程拓寬為四公尺將二傍廁所改建為市屋以合衛生而裕民生案　議決界涇橋弄拓寬四公尺於十日內將廁所及有碍交通之房屋一律拆除令業主改建市房

一、工務科提議擬訂整理人行道暫行罰則請付討論案　議決交沈秘書審查

一、社會科提議擬訂菜市場暫行規則請付討論案　議決交江科長審查

一、社會科提議擬訂取締飲食暫行規則請付討論案　議決交沈秘書審查

一、社會科提議擬訂清道夫清河夫服務細則請付討論案　議決交孫科長審查

一、財政科提議擬訂市有基地租賃章程請付討論案　議決交沈秘書審查

一、接收第三自流井案　議決由工務科派員接收

一、李科長提議擬聘蔡繹之為本處市政討論委員會委員案　議決通過

一、主任交議提前修理工運橋吳橋案　議決交工務科辦理

出主者　孫祖基　沈紹棟　江祖岷　朱士卡　李冠傑　嵇文杰

主席　孫主任　紀錄　俞禹範

(一)恭讀總理遺囑

(二)宣讀上次會議記錄

(三)報告事項

主席報告(一)上届會議議决發行市政旬刊現第一期己付印定今日出版(二)征收戲捐章程已公布並呈請民政廳備案(三)編訂門牌規則已呈送民廳核示管理及取締人力車章程檢驗車輛章程及衛生指導員服務細則均已公布(五)界涇橋弄兩旁厠所已布告限令十日內拆除(六)上届會議議决加聘華繹之爲市政討論委員會委員已去函聘請　社會科報告招考衛生指導員業已結束計正取五名備取三名　財政科報告市有房屋改訂租賃契約者已有十八家其餘正在絡續改訂

(四)討論事項

(一)主任交議籌備公立醫院案　議决組織籌備委員會推舉唐星海陳品三張恨天李公威王世偉陳湛如胡彬爲籌備委員並指定李公威爲主席委員

(一)社會科提議時疫醫院病人漸少應定何日結束案　議决定本月底結束

(一)主任交議市政討論委員會已分别函聘應定期邀集開會案　決議定下星期六下午二時開會

(一)工務科提議市內違章建築由本處取締後遵照辦理拆讓者因屬多數而遲緩自誤應予强制執行者亦復不少現積件既多應即從速執行嚴厲取締案　議决除公布違章營造人姓名及其保人取消其營業權吊銷其營業執照外責令於五日內拆除或重造如逾期不遵即行按照定章科以罰金並由本處雇工一律强制拆除之

(一)工務科提議於編訂門牌時同時舉行編釘路牌案　議决交工務科辦理

(一)工務科提議擬邀集建設局及各區區長討論全縣道路以便彙訂全縣幹路地圖案　議决通過

(一)江科長提議審查管理菜市場暫行規則已完竣請付討論案　議决修正通過

(一)沈秘書提議審查市有基地租賃章程已完竣請付討論案　議决修正通過

(一)沈秘書處提議審查取締飲食物品營業暫行條例完竣請付討論案　議决修正通過

(一)李科長提議　審查取締沿街懸掛招牌等辦法完竣請付討論案　議决跨街招牌及類似廣告之懸掛物一概限期取締

違者處以罰金

(一)社會科提議擬訂管理公共娛樂場所營業登記條例請付討論案　議決交沈秘書審查

(一)工務科提議請添置儀器案　議決交工務科財政科會同購辦

(一)工務科提議擬訂無錫市政籌備處管理自流井規則請付討論案　議決交李科長審查

(一)工務科提議擬具無錫市政籌備處整理人行道規則請付討論案　議決交沈秘書審查

(一)主任交議本處工作人員應一律備製制服案　議決交總務科辦理

第八次處務會議紀錄

九月十八日

出席者　孫祖基　沈維棟　朱士圭　李冠傑　江祖岷　聶文杰

主席　孫主任　紀錄　楊運輝

(一)恭讀總理遺囑

(二)宣讀上屆會議紀錄

(三)報告事項

主席報告(一)昨日爲處務會議例會之期因秋節放假不開會故於今日補開例會(二)上屆會議議決組織公立醫院籌備委員會各委員已去函聘請(三)上屆會議通過各種規章已分別公布施行　工務科報告邀集各區區長討論全縣道路計劃情形　財政科報告本處八月份收支狀況

(四)討論事項

(一)主任會議編訂門牌已經民政廳核准應如何進行案

議決臨時雇用專員六人會同各公安分局先行調查然後編釘臨時雇員每人月支三十元

(一)工務科提議擬於國貨展覽會期內城內試行汽車案　議決

暫存

(二)工務科提議本處建造市樓及寄宿舍已招工估價請付討論案 議決交工務科照辦

(三)工務科提議本處建造公園內小商店十間可否籌款建築案 議決暫緩

(一)工務科提議修理吳橋已派工勘估如徹底修理須費三千元以上可否先將橋面車道一部分用新鐵料上油油漆一次及橋墩上用水泥小修理一次維持二三年後再行大修理則二千元已足是否可行請付討論案 議決交工務科辦理費以二千元爲度

(二)工務科提議修理工運橋橋面應將車道上粉刷全部鏟去洗刷清潔用上等水門汀膠泥粉之(厚約半吋)須費一百元是否可行請付討論案 議決照辦

(一)社會科提議將西門外太保墩劉公祠改建西區公園案 議決照原提案通過

(二)財政科提議工藝傳習所係屬營業性質應否取消補助費案 議決照請領補助費條例辦理

第九次處務會議記錄

九月二十四日

出席者 孫祖基 聶文杰 李冠傑 朱士丰 沈維棟

主席 孫主任 紀錄 金禹範

(一)恭讀總理遺囑

(二)宣讀上次會議紀錄

(三)報告事項

主席報告(一)明日下午開市政討論委員會本處交議之案擬於今日彙集(二)西門外太保墩建西區公園現根據上次通過之提案着手組織籌備委員會(三)本處建造公園路市樓及寄宿舍業已開標由崔延益得標標價三千二百五十元

社會科報告(一)公立醫院籌備情形(二)衛生指導員現已開始工作分區亦已劃定

討論事項

一、工務科提議公園道城內西段已測製圖樣擬定路綫請公決並呈請主管廳備案以便施案　議決提交市政討論委員會徵詢意見再行呈准施行

一、工務科提議取締違章建築已將營造人吊銷營業執照對於已成違章建築物擬即雇工會同警士强制拆除案　議決照辦

一、主任交議改建北門大橋東門亭子橋西門倉橋及迎隆橋案　議決交工務科辦理

一、主任交議修築惠山浜沿河道路案　議決交工務科辦理

一、主任交議整理公園辦法案　議決（一）公園內建築小屋將飲食店攤等一律遷入營業不准四處售賣（二）同庚廳急應裝修本處補助二百元不足之欵設法籌募由公園管理委員會會同社會科辦理（三）同庚廳杏莊及多壽樓應設置公共娛樂由社會科會同公園管理委員會設計提下次會議討論（四）公園西部應特別注意整潔將瓦礫即日收去

一、陳湛如君函辭公立醫院籌備委員會委員案　議決挽留

一、江科長提議審查管理自流井規則完竣請付討論案　議決修正通過

一、沈秘書提議　審查整理人行道暫行規則完竣請付討論案　議決通過

一、沈秘書提議審查管理公共娛樂場所規則完竣請付討論案　議決修正通過

一、沈秘書提議審查公共娛樂場所營業登記條例完竣請付討論案　議決修正通過

一、社會科提議擬訂管理牛乳營業暫行規則案　議決交沈秘書審查

一、沈秘書提議擬編市民須知小冊案　議決交編輯股辦理

第十次處務會議記錄

十月一日

出席者　孫祖基　王伯秋　沈維棟　朱士上　聶文杰　李戚
傑　江祖岷
主席　孫主任　紀錄　金禹範

（一）恭讀總理遺囑

（二）宣讀上次會議紀錄

（三）報告事項

主席報告（一）王參事已應聘來錫今日出席會議（二）上星期三開市政討論委員會到會委員八人談話二小時關於市政各種問題均有詳密之討論（三）上屆會議通過之管理自流井規則已公布施行管理人行道規則亦經公布並函請公安局注意執行　工務科報告本處建造公園內平屋十間業於昨日開標聚盛泰以次低價一千七百二十元得標　社會科報告（一）公立醫院籌備委員會開會情形（二）公園民衆娛樂場亦已着手籌備（三）太堡墩公園籌備委員會開會情形

（四）討論事項

一、工務科提議檢驗營業人力車輛事務亟待舉辦茲決定自十月一日起檢驗添放人力車之新車輛同月十六日起檢驗原有人力車車輛限月底期滿過期將舊照取消如有舊車輛未經請驗領訂新照希圖朦混行駛者照章將舊照沒收車輛處罰請公決施行案　議決照辦

一、工務科提議整理河道取締木排竹排之放置以利交通請公決施行案　議決交工務科詳擬辦法再行提出討論

一、社會科提議無錫縣商協會請求關於禁止自用人力車通行開市一案對於生車有通融辦理應如何辦理請公決案　議決事屬可行惟車後須製銅牌表明醫生醫院字樣車夫須穿號衣其式樣規定爲藍布紅邊白字

一、社會科提議請購製衛生指導員雨衣及巡視所用之自由車案　議決交財政科辦理

一、社會科提議擬訂衛生警士服務細則預備會商公安局施行請付討論案　議決交王參事審查

一、沈祕書提議擬訂本處職員服務細則請付討論案　議決交王參事審查

一、社會科提議改進坑廁計劃請付討論案　議決交社會科辦理

一、沈祕書提議審查管理牛乳營業暫行規則完竣請付討論案　議決修正通過

一、工務科提議修理吳橋已於九月二十七日下午三時開標結果標價超過預算一倍照投標章程第五條不能給標應如何辦理敬請公決案　議決交工務科再擬修理辦法後再行招標

一、王參事提議本邑郵筒數太少發信來往頗不經濟請由本處會同縣政府公函本邑郵局南京郵務管理局添設郵筒及信差以利交通案　議決由本處會同縣政府函請照辦

一、王參事提議請定本市市花市徽及市歌案　議決交社會科徵求

一、王參事提議請速籌畫開闢惠山植林造路作為郊外公園案　議決組織計劃惠山風景委員會聘請吳稚暉榮德生王伯秋孫祖基周寄湄為委員

一、王參事提議新都市計劃各處宜多留空地為簡易公園以供民眾休憩及兒童休息及游戲以增健康案　議決交工務科辦理

一、王參事提議新闢公園路宜就沿路空地開闢簡明小公園或草地數處以調和行人擁擠以利人民康健而增美觀案　議決交工務科辦理

一、王參事提議籌設市民博物館及市政展覽會以增進市民對於市政之興趣及知識案　議決交社會科擬具計劃提交下次會議討論

一、王參事提議邀請專門學者來錫講演關於市政各種問題案　議決請王參事沈秘書擬具辦法提交下次會議討論

一、王參事提議速即設立公墓案　議決交工務科提前負責計劃

一、主任交議本市設計應如何定案　議決請王參事起草設計綱要後再行分別設計

第十一次處務會議紀錄

十月九日

出席者　孫祖基　沈維楨　江祖岷　劉煒　聶文杰　李冠傑

主席　孫主任　紀錄　金禹範

（一）恭讀總理遺囑

（二）宣讀上次會議紀錄

（三）報告事項

主席報告(一)民政廳指令本處呈送擬訂請領補助費暫行條例徵收車輛牲力捐章程徵收店房捐章程徵收茶捐章程徵收戲捐章程財政科徵收員服務及獎懲規則漏捐車輛牲力處罰規則均准予備案房產估價委員會章程係臨時召集性質毋庸備案(二)上屆會議通過之管理牛乳營業暫行規則已公布施行(三)上屆會議議決會同縣政府公函郵務管理局添設本市郵筒及信差一案已公函縣政府請主稿會同本處函請本邑郵局及南京郵務管理局查照辦理(四)市花市徵及市歌現經市政旬刊徵求(五)計劃惠山風景委員會各委員已分別去函聘請　工務科報告擬定修理工運橋吳橋及建築寶善橋路辦法

(四)討論事項

一、王參事提議設置標準時計於市內外各要地案　議決交社會科設計

一、王參事提議先辦模範公墓將市中無主義塚遷葬其中分區造路種樹栽花舖草以資點綴

一、王參事提議提前設置標準汽笛將各工廠所省出之汽笛費累積作為提倡工人住宅區及其他社會事業費之用案　議決交社會科工務科會同辦理

一、王參事提議將本市所開自流井水及各處食井水送請中央研究院及中央大學理科學院化驗案　議決送上世偉衛生化驗

一、王參事提議審查本處職員服務細則完竣請付討論案　議決修正通過

一、王參事提議審查無錫縣公安局市政籌備處會訂衛生警士服務細則完竣請付討論案　議決暫組衛生警察隊由社會科招募訓練在該隊未成立以前仍照原定辦法進行

一、社會科提議沈金林等呈請維持路旁設攤以重小民生計應如何辦理案　議決路旁設攤以不妨礙交通為限其餘仍照人行道規則辦理

一、社會科提議擬派員下鄉調查田禾災情以謀救濟案　議決存

一、工務科提議檢驗車輛為公用事業之一手續既多檢驗需時似應設專員負責辦理案　議決設專員一人

一、工務科提議人力車價目視距離之遠近規定之於重要停車處立價目一覽表以便市民之償價本處擬先設十處是否有當請付公決　議決照辦

一、務工科提議擬請大隊部隔日派警來處會同本處職員執行取締事宜是否可行請付公決案　議決函請公安局隔日派模範警察二名來處執行取締事宜

一、工務科提議請設管理路燈專員案　議決令路燈徵收員嚴

處辦理

一、工務科提議擬訂本處整理河道章程請付討論案　議決交王參事審查

一、工務科提議擬訂本處工務科管理丁隊簡則請付討論案　議決交王參事審查

一、工務科提議擬訂市民請求修理街道橋梁陰溝等工程規則請付討論案　議決交王參事審查

一、主任交議各科擬訂規章草案統交參事審查後再行提會討論　議決通過

市政討論委員會第一次談話會紀錄　九月廿五日

出席者　陳品三　陳湛如　蔡有容　周寄湄　江應麟
高踐四　唐星海　華少純　孫祖基

列席者　沈維棟　江祖岷　朱士圭　李冠傑

主　席　孫祖基　　紀録　金禹範

（一）推舉主席

（二）恭讀總理遺囑

三、主席報告開會宗旨

略謂今日爲市政討論委員會第一次會議之期因不足法定人數故改爲談話會本邑於最近三十年來地方熱心人士以市政當局對於各種市政事業均能和衷辦理成績頗多可觀最近省府會議議決將無錫市改爲普通市並命祖基兼任主任祖基個人智識經驗均極缺乏所以敬請諸位熱心人士組織市政討論委員會共謀建設新無錫並請隨時指示以匡不逮云云

（三）報告兩個月來本處工作大概

（甲）整理市款產

（一）接收市產保管委員會

（二）收回各典另星存款彙存銀行收回四千六百二十九元七角存中國銀行尚有未收回二千六百另九元七角正在接洽收回

（二）改訂市有房屋基地租賃契約已改訂契約者計七十餘家尚有二十餘家正在改訂地基計四十餘家擬一併改訂租金照市價估定較原契略有增減

乙修訂各種規章

一）已公布施行者計二十九種在起草中者亦計二十餘種

（丙）劃分市區將市區劃分為工業商業住宅風景田園等區詳見分區圖

丁）規定幹路路線規定全市幹路路線

（子）為公園道

（丑）為環形路

（寅）為放射形路

（卯）為城內井字形路

（戊）籌築公園路

（一）由通惠路接通五里街一段已招工承包

（二）由崇安寺接通開原路一段已測量竣事着手建築

（已）修建橋梁

一）着手修理者為工運橋吳橋

（二）籌備改建者為北門大橋東門亭子橋西門倉橋及迎龍橋

（庚）辦理公益

（一）辦理時疫醫院

（二）籌備公立醫院

（辛）整頓衛生

（一）劃分衛生區每區設衛生指導員一人負責處理

（二）訓練清道夫

（壬）編訂門牌路牌所擬辦法已經 民政廳核准

（癸）增闢公園擬闢太保墩為西區公園現正與該處董事接洽籌備

報告既畢即由各委員相繼發表意見旋即散會

公立醫院籌備委員會第一次會議錄

日期　九月三十日下午三時

出席者　王世偉　陳品三　陳湛如　唐星海　胡振千　張恨天

孫道治　李公威

主席　李公威　紀錄　張之彥

報告事項

一、公立醫院急須設立之需要

二、報告今天開會討論要點為交換意見

討論事項

一、覓定永久地點建築院址—決議請市政籌備處函財科會同工務科調查南校場地積

二、組織進行辦法—決議1．推請王世偉先生起草組織大綱及經費計劃書2．推請李公威先生起草籌集經費辦法

三、公立醫院應先成立幾部案　決議為適應社會急需起見先行設普通治療部戒煙部及產婆訓練班詳細辦法由下次會議決定

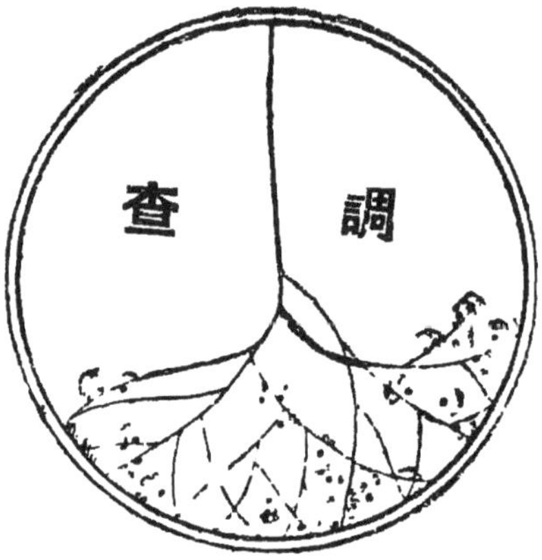

礱米廠調查報告書

無錫縣社會調查處調查員 李正明

錫邑為蘇省米糧薈萃之區、故礱米一業、在無錫實業上、亦占重要地位、廠址俱在西門外一隅、而在江尖者、更占半數、該業始創於滿清宣統元年、迄民國十八年止、計有十四家之多、如寶新、餘新、德新、鎮新、合新、益新、永茂、永源、永和、新源、裕源、民益、鄒成泰、仁昌裕等是、內如餘新、益新、益源、民益等四廠、均係附設於堆棧、營業資本滿萬元者、首推寶新、餘新二廠、餘者五千元三千元不等、以獨資經營者、祇益源、成泰二廠、餘均合夥、內部機器種類、約分米機與機礱二種、多者六機六礱、少者四機四礱、有米機而無機礱者、祇民益成泰二廠、轉動力賴電力與柴油者、各居半數、所礱原料、係稻與糙米、來源大多屬於安徽及本省、將其軋成白米、分售各處、以充民食、工人工資以担計算、平均每担約三分半、由礱米公會議定、各廠循行之、工人統計約五百人、工資約五千元、每年每人雖扯百餘元、然捨正工外、尚有下脚暨種種收入、故生活問題、尚可敷衍、每年營業最發達者、莫如寶新、蓋年須原料十萬石、計出白米九萬石左右、為各廠冠、統查各廠、每年用稻與糙米總數、計有八十五萬石左右、年出白米七十二萬石左右、平均每月六萬石、每日有二千石之譜、蓋以闔邑民衆、數近百萬、礱米出數、固宜乎其如此、不過事業不進則退、鄙意對於礱米米機、宜採用西貨、蓋出貨多而人工節、然該業中人、往往購置東貨、則非所宜、尚望執是業者注意焉、

漢口籌設外交研究會

漢特市長劉文島，前奉行政院發裁撤交涉署善後辦法，令各局遵照。中俄交涉吃緊，特設外交研究會，爲接收外交事件，準備二十二日令秘書處第五科趙庬文籌備一切。

無錫礱米廠一覽表

民國十八年九月無錫縣社會調查處製

廠名	性質	經理或廠長	資本	地址	創立年月	備註
寶新礱米廠	合資	錢鋭生	一〇、〇〇〇元	茅蓬沿河	前清宣統元年	
裕新礱米廠	公司	談星南	一〇、〇〇〇元	北門外石鋪頭	民國十七年	附設裕新堆棧內
德新礱米廠	公司	楊融春	五、〇〇〇元	醬園弄	民國七年	附設德新堆棧
鎮新礱米廠	合夥	倪子成	三 〇〇〇元	茅涇浜	民國十五年八月	
尚新礱米廠	合夥	殷鳳岐	五、〇〇〇元	江尖上	民國十七年	
益新礱米廠	合夥	陸竹卿	五、〇〇〇元	江尖上	民國十六年二月	
永茂礱米廠	合夥	沈杜卿	五、〇〇〇元	容湖莊	民國十七年	
永和礱米廠	合夥	李蘭溪	四、〇〇〇元	江尖上	民國十五年一月	
永源礱米廠	合夥	謝維翰	五、〇〇〇元	丁鉏裝	民國十八年三月	
新源礱米廠	合夥	馮渭臣	四、五〇〇元	江尖上	民國十四年二月	
益源礱米廠	獨資	唐滋鎮	三、〇〇〇元	容湖莊	民國九年	附設益源堆棧
民益礱米廠	合夥	蔡曉滄	三、〇〇〇元	西門外埠橋	民國九年九月	附設民益堆棧
仁白裕礱米廠	合夥	陳耀祖	六、〇〇〇元	江尖上	民國十四年	
鄒成泰礱米廠	獨資	鄒樹範	五、〇〇〇元	江尖上	前清宣統二年	

無錫絲廠調查報告書

社會調查處調查員 薛英

無錫在江蘇省以產繭最豐著；兼以交通利便，山水清幽，以故繅絲工廠，邇年來蜂起雲湧，紛紛設立，計無錫現已成立繅絲工廠四十五處，而正在鳩工建築者，尚甚多多也。茲將調查所得，羅列於下：

一、導長　無錫繅絲工廠四十五處中，設於無錫市區者有三十七處，餘八處散設於各鄉區，良以無錫市區，交通利便，人口集中故也。但在籌建之六七處中，位於鄉間者多而位於無錫市區者少；意者無錫縣工商業，現將由城市而漸擴展至鄉區也乎？

二、實業與營業之關係　繅絲工廠有實業與營業之關係：何謂實業，即集欵建築廠屋與購買機械者也。何謂營業，即向實業方面，租用廠有各件，開工營業者也。茲調查所得，大多爲營業情形；惟實業戶名及廠屋機械總值之曾經查得者，亦一併附列。

三、歷史　裕昌絲廠成立於遜清光緒三十年。乾甡絲廠，源康絲廠，俱成立於遜清宣統元年。振藝協記誠記，兩廠俱成立於遜清宣統二年。錦記絲廠成立於民國元年。乾豐絲廠成立於民國八年。慎昌餘參二廠俱成立於民國九年。瑞昌絲廠成立於民國十年。泰孚絲廠成立於民國十二年。義豐絲廠成立於民國十[illegible]年。元豐絲廠成立於民國十四年。振豐潛豐永泰乾豐第二四廠俱成立於民國十五年。竟成，永孚潤，二廠成立於民國十六年。瑞孚，義生，源益，永泰豐，萬益，瑞豐，鎮綸公記，盛裕，餘綸，新綸，十廠俱成於民國十七年。德盛恆記，福成，泰豐，鼎昌，泰和慎，永裕久記，瑞昌，鑫豐興記，三新泰記，天成，緯成豐，德大裕，裕豐，錦泰，義生第二，民豐模範製絲廠，十六廠俱成立於本年。

四、資本額　裕昌絲廠資本額規元四萬兩。乾甡絲廠資本額規元十萬兩。源康絲廠資本額六萬元。振藝協記絲廠資本額規元五萬兩。振藝誠記絲廠資本額十萬兩。錦記廠資本額五萬元。乾豐廠資本額四萬兩。慎昌廠資本額三萬兩。餘盛廠資本額三萬兩兩。瑞昌廠資本額五萬元。泰孚廠資本額三萬兩。義豐廠資本額五萬元。元豐廠資本額三萬兩。振豐廠資本額四萬元。潛豐廠資本額五萬兩。永泰廠資本額七萬五千元。乾豐第二廠資本額四萬兩。竟成廠資本額三萬兩。永孚潤廠資本額六萬元。瑞孚廠實業營業資本額共四萬餘兩。義生廠資本額六萬元。源益廠資本額三萬元。永泰豐廠資本額三萬元。萬益廠資本額三萬元。瑞豐廠資本額四萬五千兩。鎮綸公記廠資本額規元五萬兩。盛裕廠資本額四萬元。餘綸廠資本額三萬兩。新綸廠資本額四萬五千兩。德盛恆記廠資本額三萬兩。福成廠資本額三萬兩。泰豐廠資本額三萬兩。鼎昌廠資本額三萬兩。泰和慎廠資本額三萬元。永裕久記廠資本額四萬兩。瑞昌廠資本額五萬兩。鎰豐興記廠資本額二萬元。三新泰記廠資本額四萬元。天成廠資本額三萬兩。緯成豐廠資本額二萬兩。德大裕廠資本額五萬兩。義生第二廠資本額銀四萬元。民豐模範製絲廠資本十萬元。錦泰廠資本二萬五千兩。裕豐廠資本額五萬元。

五、負責人　裕昌廠主周肇甫。乾牲廠經理程炳若。源康廠經理何夢蓮。振藝協記廠經理許受益。振藝誠記廠經理鍾志彝。錦記廠經理薛壽萱。乾豐第一第二廠經理單有先。慎昌廠鼎昌廠經理張湛華錢鳳高。餘盛廠餘綸廠經理王佑孫。瑞昌廠經理鄒子卿。泰孚廠經理土頌魯。義豐廠經理陳彤黼。元豐廠經理黃卓儒。振豐廠泰豐廠經理張子振。潛豐廠經理吳汀鷺繆少卿。永泰廠經理薛潤培。竟成廠繆理曹有聲。永孚潤廠經理殷樂森。瑞孚廠經理丁頌魯。義生第一第二廠經理安鹿苹。源益廠經理華調甫。永泰豐廠經理吳世榮。萬益廠經理季雲初。瑞豐廠經理王卷藏。鎮綸公記廠經理陳頌韶。盛裕廠經理張叔平。新綸廠經理范權輿。德盛恆記廠經理惠烈臣。福成廠緯成廠經理曹少臣。泰和慎廠經理陶緝敬。永裕久記經理朱竹賢瑞昌廠經理鄭炳泉。鎰豐興記廠經理徐邃初。三新泰記廠經理祝筱亭。天成廠經理張韻清。德大裕廠經理史馨生。民豐模範廠經理朱靜菴。錦泰廠經理徐朗聲。裕豐廠經理張趾卿。

六、機械及原動力　各絲廠所用引擎馬力，大致極小；惟因煮熱水關係，用煤亦多；絲車除泰豐民豐二廠用日本式，振藝誠記廠永泰廠參用日意二式外，餘均用意大利式。計裕昌廠引擎馬力二十四匹，平均每日用煤八噸，絲車三百卅部。乾牲廠引擎馬力十六匹；平均每日用煤十八噸；絲車五百五十六部。源康廠引擎馬力十六匹；平均每日用煤九噸，絲車三百二十部。振藝協記引擎馬力十四匹：平均每日用煤八噸：絲車二百五十六部。振藝誠記廠引擊馬力二十八匹；平均每日用煤十六噸；又馬達二座，馬力二十四匹；絲車意大利式五百二十部，又日本式四十四部。錦記廠引擎馬力十五匹；平均每日用煤十一噸：又馬達四座，馬力二十匹；絲車四百十部。乾豐廠引擎馬力八匹；平均每日用煤五噸半；絲車二百五十六部。愼昌廠引擎馬力十八匹；平均每日用煤七噸；又馬達一座，馬力二十四匹；絲車二百七十二部。餘盛廠引擎馬力八匹；平均每日用車七噸；絲車二百三十二部。瑞昌廠引擎馬力八匹：平均每日用煤六噸；又馬達一座，馬力十二匹；絲車二百七十六部。泰孚廠引擎馬力十匹；平均每日用煤八噸：絲車三百八十四部。義豐廠引擎馬力十二匹：平均每日用煤八噸：絲車二百四十部。元豐廠引擎馬力十六匹；平均每日用煤九噸；絲車三百五十二部。振豐廠引擎馬力十二匹：平均每日用煤八噸；絲車二百五十六部。澄豐廠引擎馬力四匹；平均每日用煤八噸又馬達一座，馬力四匹：絲車三百二十八部。永泰廠引擎馬力十匹：平均每日用煤十一噸；又馬達一座，馬力十五匹；絲車意大利式三百十二部，日本式九十六部。乾豐第二廠引擎馬力十匹；平均每日用煤六噸；絲車二百七十二部。意成廠引擎馬力十六匹；平均每日用煤七噸；絲車二百六十二部。永孚潤廠引擎馬力十六匹平均每日用煤六噸半；絲車二百五十六部。瑞孚廠引擎馬力十匹，均每日用煤三噸；絲車一百二十部。義生廠引擎馬力八匹；平均每日用煤八噸；又馬達一座，馬力十二匹；絲車二百六十四部。源益廠引擎馬力十匹；平均每日用煤七噸；又馬達一座，馬力十匹；絲車二百四十四部。永泰豐廠與萬益廠合用引擎二副，其馬力一副爲十六匹，又一副爲六匹；平均每日用煤十噸，絲車永泰豐與萬益各二百四十八部。瑞豐廠引擎馬力十匹，平均每日用煤六噸；絲車二百四十部。鑛綸公記廠引擎馬力三十匹，平均每日用煤七噸，絲車三百零四部。盛裕廠引擎馬力十五匹；平均每日用煤七噸；絲車二百六十四部。餘綸廠引擎馬力十二匹；平均每日用煤五噸；絲車二百零八部。新綸廠引擎馬力八匹，平均每日用煤五噸半；絲車一百十二部。德盛恆記廠引擎馬力十六匹，平均每日用煤八噸；又馬達一座，馬力八匹；絲車三百十二部。福成引擎馬達十二匹；平均每日用煤六噸；絲車二百五十六部。泰豐廠引擎馬力十二匹；平均每日用煤四噸；絲車一百六十部。鼎昌廠引擎馬力三十二匹；平均每日用煤六噸；絲車二百五十六部。泰和愼廠引擎馬力十匹，平均每日用煤七噸；絲車二百四十八部。永裕久記廠引擎馬力二十四匹；平均每日用煤五噸；絲車二百四十部。瑞昌廠引擎馬力十二匹，平均每日用煤七噸；又馬達一座，馬力十二匹；絲車三百二十部。鎰豐興記廠引擎馬力二十四匹；平均每日用煤四噸，絲車一百四十四部。三新泰記廠引擎馬力十二匹，平均每日用煤七噸；絲車二百六十四部。天成廠引擎馬力十四匹；平均每日用煤六噸半，絲車二百四十部。緯成豐廠引擎馬力八匹，平均每日用煤五噸，絲車一百六十部。德大裕廠引擎馬力八匹平均每日用煤十五噸；絲車四百八十部。義生第馬二廠引擎力十匹；平均每日用煤六噸；絲車二百零八部。民豐模範製絲廠引擎馬力十八匹；平均每日用煤四噸半；有繅絲車二百八十八部，重繅車一百三十六部。錦泰廠引擎馬力十六匹；平均每日用煤七噸；絲車二百八十八部。裕豐廠引擎馬力十二匹，平均每日用煤六噸；絲車二百七十二部。

七、原料及出品　裕昌廠每年須用乾繭二千担，產絲約五百担。乾牲廠每年須用乾繭五千担，產絲約千担。源康廠每年須用乾繭三千五百担；產絲約六百担。振藝協記廠每年須用乾繭三千担，產絲約五百担。振藝誠記廠每年須用乾繭六千担，產絲約千担。錦記廠每年須用乾繭四千担，產絲約六百五十担。乾豐廠每年須用乾繭二千担，產絲約四百担。慎昌廠每年須用乾繭三千担，產絲約四百六十担。餘盛廠每年須用乾繭三千担，產絲約四百担。瑞昌廠每年須用乾繭三千担，產絲五百担。泰孚廠每年須用乾繭三千担，產絲約五百担。義豐廠每年須用乾繭三千担；產絲約五百担。元豐廠每年須用乾繭三千担，產絲六百担。振豐廠每年須用乾繭二千四百担，產絲五百担。澄豐廠每年須用乾繭四千担；產絲六百餘担。永泰廠每年須用乾繭三千担；產絲約六百担。乾豐第二廠每年須用乾繭二千担；產絲約四百担。竟成廠，每年須用乾繭二千五百担；產絲約四百担、永孚潤廠每年須用乾繭三千担；產絲五百担。瑞孚廠每年須用乾繭一千二百擔；產絲一百八十餘担。義生廠每年須用乾繭一千五百担；產絲約五百餘担。源益廠每年須用乾繭二千二百担：產絲二百五十担。永泰豐廠每年須乾繭三千担；產絲約四百四十担。萬益廠每年須用乾繭三千担，產絲約四百四十担。瑞豐廠每年須用乾繭三千担，產絲約四百餘擔。鎮綸公計廠每年須用乾繭三千五百担；產絲約五百五十担。盛裕廠每年須用乾繭三千担，產絲四百餘担。餘綸廠每年須用乾繭二千担，產絲三百餘担。新綸廠每年須用乾繭二千担；產絲三百餘担。德滄恆記廠每年須用乾繭四千擔；產絲約六百担。福成廠每年須用乾繭二千二百担，產絲約四百担。泰豐廠每年須用乾繭一千四百担；產絲二百餘担。鼎昌廠每年須用乾繭三千担；產絲四百五十担。泰和慎廠每年須用乾繭二千担，產絲三百六十担。永裕久記廠每年須用乾繭三千担；產絲五百担、瑞昌廠每年須用乾繭三千六百担；產絲六百餘担。錦豐興記廠每年須用乾繭一千五百擔；產絲二百三十担。三新泰記廠每年須用乾繭二千餘擔，產絲四百餘担。天成絲廠每年須用乾繭二千担，產絲三百五十担。緯成豐廠年須食用乾繭一千六百担，產絲二百五十擔。德大裕廠每年須用乾繭三千七百擔，產絲約六百担。義生第二廠每年須用乾繭二千一百担，產絲三百五十担。民豐模範廠每年須用乾繭三千一百担，產絲五百五十担。錦泰每年須用乾繭三千三百担，產絲四百四十担。裕豐廠每年須用乾繭三千擔，產絲約五百担。綜計各廠每年須用乾繭數在一百三十萬擔以上，本邑所產者估三分之一，餘均採自宜興溧陽各地。產絲約一萬一千餘担，以絲每担值銀千兩計，價值銀二千一百餘萬兩，關係於國計民生者實至鉅也。

八、出品商標　裕昌、慎昌、鼎昌、三廠為CCC，錫山，二泉，松柏。乾甡廠為三跳獅，福綸，老人，乾甡。源康廠為牡鹿，七星。振藝協記、誠記、二廠為雙鷹，花船。錦記永泰二廠為金雙鹿，月兎。乾豐第一、第二、廠為楓樹翠鳥。餘盛廠為龍馬，戰勝。瑞昌廠為斑鳥，公園，雙鷹。泰孚廠為金杯　日魚，金馬。義豐及義生第一第二三廠均為進行古錢。元豐廠為球　三羊。振豐廠為進行潛豐廠為跑馬，天福。端成廠為旭日東升。永孚潤廠為飛泉龍，國花。瑞孚廠為海豹。源益廠為雙喜鵲，山羊，長虹。永泰豐廠為跑狗，忠孝。萬益廠為月鶴紅鶴。瑞豐廠為海象，麒麟，河馬。鎮綸公記廠為大上海，福神，陸園。盛裕廠為蘆雁，天鵝。餘綸廠為餘綸，雙象，龍馬，戰勝。新綸廠為金牛，銀牛，紅牛。德盛恆記廠為龍馬。福成廠為一团。泰豐為蜂雀。泰和慎廠為九鼎。永裕久記廠為童鶴，童麟　鼠牛。瑞昌廠為斑馬，公園。鎰豐興見廠為倚鳥。三新泰記廠為雙橋，電聲，五燕。天成廠為郵務。緯成豐廠為一男，二男。德大裕廠為谷神，星花。民豐模範廠為新世界，五蝠。錦泰廠為八駿，金桑樹，飛鷹。裕豐廠為七星，水仙花。

九、運銷情形　各廠所產絲經，大都運上海各洋行，轉運歐美；以佔大產品，而不能直接在歐美各市場佔一地位殊可惜也。

十、職工人數　各繅絲廠職工人數，統計：職員共有男子一千六百餘人，女子二十餘人。工人共有男子八餘人；女子二萬二千八百餘人。童子六千一百餘人。惟樹爐工人各絲廠或以併入男職員人數中或以併入男工人數中；童工數間亦有併入女工人數中者。至各廠職員工人詳細數目。可依各該廠範圍大小絲車多少而維測，恕不詳列。

十一、職工待遇　繅絲廠中工人，大部係為婦女，女工工資，曾經各絲廠協定，故女工工資最高額大致相同：計每日六角六分者一廠；在六角二三四分之間者二十九廠；日計六角者一廠，日計五角九分者二廠；日計五角七分者十一廠；日計五角六分者一廠。最低額或四角，或三角；其最低額為二角者，僅泰豐一廠耳。童工資最高額大都爲一角六分；間有高至四角餘者。最低。額或三角，或二角五分，男工資除機工外。最高額俱在九元至十四元間。最低額俱在五元至八元間。其最低額爲三元者，僅一廠耳。職員薪給最高額自二百元至三四十元不等，最低額自三四元至八九元不等，不復詳述。膳食：職員及男工俱由廠供，女工除民豐模範廠每月由廠給膳貼七分外，餘均自備。獎勵：除福成廠稱寄有特派獎金外，餘均不論職工，每月工作完全無缺者，升薪四工。紅利爲職員及男工所獨得：泰華廠規定爲一成半；瑞豐廠規定職員十三成之一，男工二六成之一，餘綸廠規定十三成之一；泰豐廠規定十二分之一；永裕久記廠瑞昌廠均二成；義生第二廠規定一成半，民豐模範廠規定十三成之三；餘均無規定。又據盛裕廠稱職員薪金之外，寄有羅蛾一項，按月加給原薪三四成半，廠司加給原薪之三成，此外每年常加雙薪二月；此項各廠中俱有之，想此項當必爲各廠所同也。教育及娛樂組織，除捐資由納工會設立醫院學校，爲各廠所同外，餘乾甡廠錦記廠乾豐一二廠瑞昌廠、豐鑫興記廠裕豐廠、俱設有俱樂部，振藝廠設有培工小學校，民豐模範廠每月由廠演影戲三四次，並設備有籃球及檯球等。

十二、實業戶名及全廠機械廠屋總值　裕昌廠機械廠屋總值七茲兩。萬甡乾機械廠屋總值二十萬兩。源康廠機械廠屋總值六萬五千兩振藝協記誠記兩廠俱向振藝地產公司租賃營業；協記機械廠屋總值七萬兩誠記十四萬兩。錦記廠實業閣薛務本堂；機械及協屋總值十二萬兩。乾豐廠機械及廠屋總值六萬兩。慎昌廠機械及廠屋總值八萬兩。餘盛廠機械及廠屋總值六萬兩。瑞昌廠實業戶名宏餘；機械值銀二萬七千兩。泰華廠機械及廠屋總值七萬七千兩。義豐廠實業戶名永吉；機械值銀一萬五千兩。萬豐廠實業戶名振元；機械及廠屋總值九元兩。振豐廠實業戶名永豐；機械及廠屋總值八萬五千元。澄豐廠原名隆昌；機械及廠屋總值九萬兩。永泰廠向沿興地產公司租賃營業；機械及廠屋總值八萬二千八百兩。乾豐第二廠機械及廠屋總值十萬兩。竟成廠機械及廠屋總值八萬兩。永孚潤廠原名泰和潤；機械及廠屋總值六萬五千兩。瑞孚廠實業戶名恆益；機械及廠屋總值六萬五千兩。生廠實業戶名乾源，機械及廠屋縣值九租萬七千兩。源益廠又名興盛；機械及廠屋總值五萬兩。永泰豐廠萬益廠台向萬源賃營業；機械及廠屋總值十二萬兩。瑞豐廠實業戶名廣餘；機械及廠屋縣值十萬兩。鎮綸公記廠爲向實業方面租賃，加記營業者；機械及廠屋總值十萬兩。盛裕廠機械及廠屋總值七萬一千兩。餘綸械機械及廠屋總值六萬兩。新綸廠機械及廠屋總值九萬兩。德盛恆記廠實業戶名永昌，機械及廠屋總值八萬二千兩。福成廠實業戶名寶豐，機械及廠屋總值十二萬兩。泰豐廠原名禾豐；機械及廠屋廠總值十萬兩。興昌機械及廠屋總值十四萬五千兩。泰和愼實業戶名福潤；機械及廠屋總值八萬五千元。永裕久記廠機械及廠屋總值八萬五千兩。瑞昌廠係由鼎盛廠所讓渡；機械及廠屋總值十二萬兩。鑫豐興廠記機械及廠屋總值二萬四千兩。三新泰記廠實業戶名福成；機械及廠屋總值六萬兩。天成廠實業戶名潤德；機械及廠屋總值六萬兩。緯成豐廠機械及廠屋總值三萬兩。德大裕廠實業戶名錦豐；機械及廠屋總廠十萬兩。義生第二廠實業戶名裕生，機械及廠屋總值四萬五千兩。民豐模範廠之房屋機械，均歸天同業產公司置備；機械及廠屋總值十七萬兩。錦泰廠向泰昌地產公司租賃營業；機械及廠屋總值九萬兩。裕豐廠實業戶名宏緒；機械值銀二萬七千兩。

十三、困難問題　綜合各廠所稱述，可萃集為數點：

甲、原料方面：農民安於習慣老桑不忍更換，飼育墨守舊章，悉任天時氣候之轉移，為產量豐歉之標準。原料不能改良，此各工廠所感受困難者一也。

乙、出品方面　1.捐稅奇重，每絲一担，須負担捐稅銀一百元之多。2.工人皆沾染歐化，對於工作時間，則力主減少，對於所得工資，則要求增加，權義不等，心力不專；且各工人大概乏教育，對於工作方面，指導改進，益覺困難。捐稅奇重，工人缺乏責任心及教育程度低下，此各工廠所感受困難者二也

丙、運銷方面　生絲為我國出口貨品之大宗，但我國海輪設備未週，必須經由各洋行轉運，層層剝削；而絲市漲落，權又操之於外商。營業不能自由，此各工廠所感受困難者三也。

此外據說成絲廠稱，日人收買我國廠絲，改換牌子，推銷紐約，以致華絲銷路日滯；不識果有此事否？實亦大可注意也。至若新綸廠稱地受孫將擾，此在鄉間之工廠，固不免或有之，但竊意此關係於地方治安，其關係尚小，其處理方法，當亦尚不難也。

十四、調查心得

甲、關於原料者　1.切實指導農民，改良蠶桑。2.監督商營業製種機關，不得混售劣種。

乙、關於出品者　1.限制童工年齡。2.提倡工人教育；改進工人能力。

丙、關於運銷者1.釐治內政，擴張國威，俾商民得有所庇護。2.勸導工廠，改良出品；並在出口地點，設立檢驗機關，藉杜劣貨混售，而使與外貨競爭。

以上所列，一律根據調查所得，稽諸他方，非所知也。

醫院註册之佈告

上海特別市衛生局爲醫院註册佈告云：爲佈告事，案查管理醫院規則，早奉衛生部頒佈，並經本局分別佈告，令知各醫院遵照，限於八月三十一日以前，填就聲請書，呈請本局審核註册，各在案，茲查管理醫院規則第二條，載明經營醫院者須將左列事項呈經該管官署核准後，方得開業，（一）經營者姓名年齡籍貫住所（經營者如係法人則其法人之名稱事務所代表者之姓名年齡籍貫住所）；（二）醫院之名稱位置；（三）醫院各項規則，（四）建築物略圖；（五）病室間數及每間所占面積，（六）病室區別及病床數目；（七）火災及其他非常設備合再佈告仰各市民一體知悉，此後如欲設立醫院，須按照前項規則先行報局審核，俟核准給照後，方得開業，如不遵章先行呈報，定即照章取締勒令停業，其各遵照毋違此佈！

無錫市飲食物營業調查表

八月份調製

社會科

業別	號名	號主姓名	地址	物品
菜館	馬聚興	馬鳳和	倉橋下	
又	衛生素菜館	劉阿九	公園路	
又	杏莊酒店	錢洪義	公園內	
又	福興順酒店	高光斗	大市橋	
又	龔公興酒店	龔伯偉	寺巷內	
又	公園飯店中菜部	過子剛	公園路	
又	船菜公司	朱阿畔	北城脚	
又	杏林春	薛文卿	西直街	
又	吳福記	吳阿壽	西直街	
又	聚豐園	胡伯英	北門外城脚	
又	惠泉菜館	孫阿富	惠山橫街	
又	順興館	彭錦棠	吳橋	
茶館	大新樓	蘇守仁	通運路	
又	福興園	高子云	又	
又	大慶樓	陳步溪	又	
又	悅賓樓	秦永甫	又	
又	叙商館	袁明善	又	
又	永興館	張堯山	萬前路	
又	新太和	程雨芝	又	
又	太和園	汪永福	交際路	
又	馬福興	馬忠順	漢昌路	
又	便宜居	鄭鴻章	又	
又	福慶館	鄒根和	公園內	
又	大樂園	朱二泉	崇安寺	

又	新福怡	吳春山	財神弄口
又	聚鑫園	劉阿蘭	泥堂弄口
又	聚鑫館	趙阿根	三里橋
又	華洋飯店	陳榮泉	廣勤路
又	新世界旅社西菜部	張德卿	通運路
又	大新春	陳玉山	漢昌路
又	大新館	股份公司	又
飯店	呂愛記	呂愛保	惠秦閔弄
又	迎溪樓	張浩泉	顯應橋塊
又	吳興記	吳高氏	棚下
又	蔣云記	蔣氏	棚下
又	陳壽記	陳友根	棚下
又	丁福記	丁浩	直西街
又	鐘記	鐘記全	棉花巷
又	宋順茂	宋阿仁	南下塘
又	王福記	王阿福	灣頭上
又	尤萬興	尤阿六	灣頭上
又	單義興	單祥興	黃泥埄

又	聚樂園	周仲卿	寺巷內
又	樂和園	王景成	又
又	劉振興	劉鳳珊	崇安寺
茶館	杏花村	孫頤範	壇頭弄
又	李錫記	李錫榮	同上
又	鐵路飯店西菜部	毛鑑濤	通運路
飯店	三怡樓	馬炳齋	北吊橋
又	錢順興	錢濟訓	笆斗弄口
又	洽興	漢傑	同右
又	項飯店	項壽根	同右
又	邵長興	邵阿本	壇頭弄
又	朱順興	朱順左	同右
又	復興園	虞正陽	灣巷口
又	孫福興	孫根初	同右
又	李仁記	李紀生	同右
又	王林記	王國章	接官亭口
又	徐順興	徐耀先	三里橋下
又	仁和園	俞阿根	同右

又	正豐	胡海喬	同右
又	吳洽興	吳興奎	惠山亂頭場
麵店	龍暢濟	單阿龍	南下塘
又	宋公茂	宋景峯	仝右
又	錢永興	錢邁氏	仝右
又	殷義興	殷老四	仝右
又	季榮鑫	季林寶	濟頭上
又	蘇榮泰	蘇耀山	仝右
又	高聚興	高阿林	南新路
又	魯隆盛	魯共華	南下塘
又	孫裕興	孫龔氏	仝右
又	福興	朱順良	熙春街
又	候萬昌	候錦福	黃坭橋
又	拱北樓	李永盈	尤弄內
又	亦興園	丁瑤琨	笆斗弄
又	王慎昌	蘭小姐	仝上
又	復園	徐寶晉	大橋下
又	朱金記	朱金林	惠山香花橋
又	趙錦記	趙阿狗	同右
麵店	得月軒	張阿榮	濟巷內
又	朱復興	朱錫和	仝右
又	長春閣	林榮高	仝右
又	茂昌復	朱全林	北塘街
又	周德興	周金文	接官亭
又	李隆興	李隆三	三里橋下
又	張金記	張金寶	顯應橋下
又	合興恒記	張仁貴	西門棚上
又	焦義和	焦云浦	仝右
又	義興	顧祥林	魚行頭街
又	雲興	薛小娣	仝右
又	洪茂興	陸阿根	西直街
又	聚福園	江進福	仝右
又	德興	謝阿大	仝右
又	俞仁興	俞福全	棉花巷
又	陳漢記	陳漢金	惠山秦園弄
又	高金記	高金榮	吳橋

又	惠泉麵店	孫阿福	惠山橫街	
點心店	義興和	石漢卿	南下塘	餛飩店
又	順興祥	土生泉	跨塘橋下	餛飩店
又	協記	鄧阿炳	南下塘	餛飩店
又	李義興	李志純	南下塘	餛飩店
又	張記	張阿六	黃泥橋	餛飩店
又	馬復興	馬忠順	交際路	教門館
又	曹永茂	曹天佑	迎龍橋	餛飩店
又	范聚興	范金品	西直街	又
點心店	下義興	王阿梅	南下塘	包子店
又	鹹記	張梅泉	南下塘	包子店
又	過記	過阿二	南下塘	餛飩店
又	同茂和	彭義瑞	灣頭上	餛飩店
又	高益盛	宋浩春	黃泥橋	餛飩店
又	義興齋	朱金福	黃泥橋	糕糰店
又	便宜店	鄭洪章	仝右	教門館
又	焦義和	焦義生	市直街	餛飩店
又	新鳳昌	陸阿金	新馬路	

圖表二四：此處原爲《無錫第一區菜飯業統計表》，見書後。

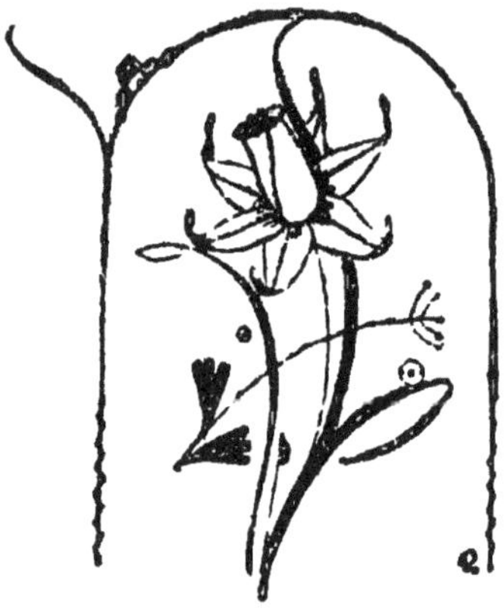

無錫市鮮肉業調查表

本表根據屠宰稅包額數調製

社會科

號名	號主姓名	地址	物品	每日銷數	備註
鴻茂順	廉升周	西吊橋	猪肉	二隻	
楊合記	楊阿川	又	又	半隻	
陳龍記	陳二觀	西菜場	又	半隻	
裕和興	吳叙法	西倉橋	又	一隻	
新春陽	王三觀	顧應橋	又	半隻	
龍球	龍仁生	惠山	又	半隻	
許培記	許培記	第二菜場	又	半隻	
周[illegible]春	周錫官	棉花巷	又	半隻	
陸廣昌	陸宗儀	馬路上	又	一隻	
周聽記	周聽記	太平巷	又	一隻	
陸稿薦德記	朱錫凡	馬路上	又	一隻	
西春陽	鄭晉康	西門街	猪肉	半隻	
立昌盛	孫煥章	西吊橋	又	一隻	
程南陽	程榮觀	顧橋	又	一隻	
西陸稿	溫金根	又	又	半隻	
陳源昌	陳桂官	油車弄	又	半隻	
協記	郇根泉	惠山	又	半隻	
公大	丁順發	顧應橋	又	一隻	
徐錦記	徐全金	培西弄	又	半隻	
潘復記	潘阿全	馬路上	又	一隻	
瑞泰盛	王玉綸	中正路	又	一隻	
陸稿薦義記	蔣鴻章	馬路上	又	一隻	

王龍記	王桂龍	又	又	一隻	
三珍	王阿榮	馬路上	又	一隻	
義興順	毛寶泉	吉祥橋	又	一隻	
振興	余全林	惠農橋	又	一隻	
吳榮記	吳炳奎	東門	又	半隻	
劉洪興	劉壬海	又	又	一隻	施丹旭合股
聚昌	周青榮	又	又	半隻	
潘復記分號	潘阿全	工運橋	又	一隻	
便宜居	鄭洪章	漢昌路	牛肉	二三十斤	
鴻義順	蔣廣銓	北大街	猪肉	四隻	
新鴻順	周枚生	笆斗弄	又	一隻	
泉順興	吳阿聰	長安橋	又	一隻	
昇昌復	王雲青	大橋下	又	三隻	
源昌興	陸叙福	周師弄	又	一隻半	
義珍齋	過金魁	北栅口	又	一隻	
蔣鴻泰	蔣鴻章	三里橋	又	一隻	
陶洪泰	陶杏春	接官亭	又	一隻	
蔣榮泰	蔣廣銓	棕場弄	又	一隻半	

周仁記	周根榮	吉祥橋	又	一隻	
公義記	施丹旭	中正路	又	一隻	
王義興	王定相	馬路上	又	一隻	
順興協記	祝小弟	黃泥橋	又	一隻	
周順興	祝大弟	東門	又	半隻	
順記	周青榮	東門	又	半隻	過榮泉合股
吳恆記	吳小麒	又	又	半隻	
永興昌	費順泉	東新路	又	一隻	
馬復興	馬宗生	漢昌路	牛肉	四五十斤	
新三珍	任叔瀛	北大街	猪肉	一隻	
東森陽	邵根塘	北吊橋	又	一隻半	
公興	潘仁桂	長安橋	又	一隻半	
鴻興順	蔣廣銓	瀾巷口	又	二隻半	
同協興	袁壽楣	顧橋下	又	一隻	
楊洪興	楊元官	顧橋下	又	一隻	
洽順春	施丹旭	接官亭	又	一隻半	
黃裕源	黃聽元	又	又	一隻	
恆泰裕	周鶴山	三里橋	又	一隻半	蔣鳴章合股

陸正記	陸阿榮	黄埠墩	又	一隻	
鴻興順號分	蔣廣詮	大河池	又	二隻	
義興恆	許竹友	又	又	一隻	
王裕興	王子建	南長街	又	二隻半	
寶陸橋	陳其良	南長街	又	二隻半	
升裕	徐仁本	黄泥埲	又	一隻	
邵振記	邵仁根	南長街	又	一隻	
魏祥泰	魏子炳	清明橋	又	一隻	
朱振昌	朱靄生	大油街	又	一隻	
同錩	張鑑觀	清明橋	又	一隻	
曹洪興	曹茂培	又	又	半隻	
朱寶記	朱大官	又	又	半隻	
朱根福	朱根福	又	又	半隻	
東陽	任仲模	大市橋	又	四隻	
林桂記	林仁金	第一菜塲	又	半隻	
任俊記	任祥龍	新市橋	又	一隻半	
慎餘	王雲記	三鳳橋	又	二隻	
尤仁義	大阿根	第一菜塲	又	半隻	
新三珍號分	任叔瀛	大河池	又	一隻半	
昇昌號分	王雲青	又	又	一隻半	
裕茂恆	王雲青	又	又	一隻	倪大官合股
魏順記	魏其昌	黄泥埲	又	一隻	
王綿記	王阿榮	又	又	一隻	
益昌	華洪濤	南長街	又	半隻	
魏福記	魏福記	南新路	又	半隻	
蔣裕興	蔣厚齋	清明橋	又	一隻	
顧恆泰	顧寶瓚	清明橋	又	一隻	
宋雲記	宋祖康	清明橋	又	半隻	
永康盛	邱亦平	又	又	一隻	
朱三記	朱大三	又	又	半隻	
德興昌	曹順全	大塲上	又	半隻	
義元昌	蔣壽官	大市橋	又	一隻	
華胖觀	華胖觀	第一菜塲	又	一隻	
味純齋	徐贊臣	大市橋	又	二隻半	
高壽根	高壽根	第一菜場	又	一隻半	
秦文記	秦升寶	又	又	半隻	

協昌	姚仲卿	寺巷口	又	二隻	
謝雲記	謝和尙	第一菜場	又	一隻半	
鶴記	鐘根寶	青寧巷	又	一隻	
陳合記	陳三根	斜橋	又	半隻	
黃俊記	黃桂根	倉橋	又	一隻	
金萬興	金得才	崇安寺	牛肉	五六十斤	
李萬興	李萬甫	第一菜場	又	五六十斤	
祝順興	高根全	大河池	猪肉	一隻	祝永華合股
裕興順	細阿榮	又	又	一隻	毛福泉合股
范福記	范福記	寺巷口	又	一隻半	
義興永	許竹友	倉橋	又	一隻	
升昌	浦元清	大市橋	又	二隻	
王榮記	王阿榮	第一菜場	又	半隻	
任義興	任全福	第一菜場	又	半隻	
劉元興	劉萬桐	大市橋街	牛肉	三五十斤	
劉仁記	劉阿福	大河池	猪肉	一隻	
正美齋	孫養齋	又	又	二隻	

圖表二五：此處原爲《無錫城區各公安分局轄境每日宰猪統計表》，見書後。

無錫市水菓山貨業調查表

社會科

業別	號名	號主姓名	地址	物品	每月銷數	備註
水菓店	廣和公司	朱贊夫	周師弄	水菓	一千五百餘元	鹹貨附內
又	永昌	王志奎	大橋街	又	一千五百元	又
又	仁昌裕	包根魁	棚口裏	又	六百餘元	又
又	一盛恢記	蔣炳生	又		一百餘元	又
又	合茂	趙桂林	又	又	一百八十元	鹹貨附內
又	大昌	顧少雲	亭子橋	鮮菓兼鹹貨等	一百五十元	仝上
又	朱合興	朱金發	吉祥橋	鮮菓等	二百元	
又	蔣宏記	蔣榮林	寺巷口		三百元左右	附賣鹹貨
又	洪泰	吳根川	東大街		一百元左右	附賣鹹貨
又	聚順	許仲夫	公園路		五十元左右	附賣鹹貨

業別	號名	號主姓名	地址	物品	每月銷數	備註
水菓店	周鴻盛	周龍發	老一里橋堍	又	二百四十元	鹹貨附內
又	協昌	顧元釗	柵口裏	又	六百餘元	又
又	李洪興	李根泉	顧橋堍	又	二百餘元	又
又	干興茂	王氏	又	又	二百七十元	
又	立昌祥	夏永祥	大橋堍	又	一千一百餘元	又
又	錢泳源	錢清和	吉祥橋	附菓鹹貨蛋等	三百餘元	附賣鹹貨
又	永豐盛	丁菊軒	寺巷口		三百元左右	附賣鹹貨
又	怡昌順	喬阿春	大寺橋		二百元左右	附賣鹹貨
又	裕昌	張大官	倉橋下		一百元左右	附賣鹹貨
又		劉阿三	公園路		九十元左右	

又		吳青史	虹橋		一百元左右	
又		張文錦	大市橋		七十元左右	
又		衛二保	鳳光橋		七十元左右	
又		王杏生	崇安寺		一百元左右	
又	蔣仁記	蔣仁林	西直街	水菓	約二百五十元	
又	永慎	胡紀良	魚行頭	水菓	約三百元	
又	裕茂	張仕大	棚下	水菓	約二百四十元	
又	解順昌	解世根	顯應橋	水菓	約三百元	
又	丁興昌	丁阿全	西新橋	水菓	約一殼元	
又	隆順興	沈巖生	迎龍橋	水菓	約三十元	
又	徐元茂	徐小寶	南長街	水菓	[illegible]十元左右	附賣鹹貨
又	劉阿福	劉阿[illegible]	又	仝	九十元左右	
又	喬順興	喬阿二	又	仝	一百元左右	
又	沈鴻興	沈長生	又	仝	二百元左右	仝上
又	劉福昌	劉福昌	又	仝	六十元左右	仝上
又	徐源泰	徐二本	黃泥㘭	仝	[illegible]十元左右	附賣鹹貨
又		王阿二	秦棧弄對面	又	六十元	
又		徐阿三	通匯橋	又	四十八元	
又		王福林	斜橋下		八十元左右	
又		陳阿奎	崇安寺		九十元左右	
又		朱桂興	蘇家弄		一百元左右	
又	德興祥	陳以常	西直街	水菓	約二百元又	
又	宏元	陳漢泉	西直街	水菓	約三百元	
又	復茂	張阿二	棚下	水菓	約四百元	
又	鮑阿仁	鮑仁記	棚下	水菓	約六十元	
又	義泰隆	陳全金	顯應橋	水菓	約三十元	
又	劉大昌	劉天昌	迎龍橋	水菓	約三十元	
又	陳茂興	陳茂興	惠山浜口	水菓	約九十元	
又	陸裕茂	陸阿金	跨塘橋	仝	九十元左右	
又	江榮昌	江相[illegible]	界涇橋	仝	一百廿元左右	
又	王順興	丁賽三	南下塘	仝	一百廿元左右	附賣鹹貨
又	陸福興	陸福興	又	仝	[illegible]十元左右	仝上
又	郭阿二	郭阿二	又	仝	六十元左右	
水菓攤	林食記	林榮金	坍牆弄口	水菓	六十餘元	
又	周吉記	周培林	江陰巷口	又	九十元	
又	合記	陳[illegible]喬	大橋街	又	二百餘元	

水菓店	協鑫	張基浩	大盛街	水菓	二千二百餘元	鹹貨附內
水菓攤	湯炳泰	湯炳泰	通運路	仝上	五十元	
仝上	華子記	華子泉	仝上	仝上	一百元	附賣鹹貨
又		趙應大	老三里橋	又	六十元	有時流動
山貨行	洪茂慎記	胡燮仁	北塘	十貨水菓鹹貨	十萬元左右	
又	元茂	陳竹祺	又	又	十萬元	
又	元大	王景山	又	又	五六萬元	
又	公茂	蕭仲厚	又	又	三萬元	
又	順茂	陳子雲	又	又	三萬元	
又	洪泰盛	韓坤泉	南門北長街	又	約五千元	
又	徐鴻順	徐根生	又	又	四千元	

水菓攤	正中祥	徐子林	太平巷口	仝上	二百元	
仝上	曹順興	曹根寶	廣勤路	仝上	七十元	附賣鹹貨
水菓攤	沈根壽	沈根壽	老三里橋	又	九十元	
又		張雙全	又	又	三十元	有時流動
山貨行	通茂裕	周斌全	北塘	十貨水菓鹹貨	十萬餘元	
又	正茂仁	秦竹卿	又	又	十萬餘元	
又	永茂祥	韓溪舟	又	又	三萬元	
又	叙茂	王亦清	又	又	二萬元	
又	裕茂順	金惠生	又	又	三萬元	
又	順興協	馬仲純	又	又	四千元	
又	立昌	袁文奎	老三里橋	又	二千一百餘元	

衛生局鄉村模範區正式成立

市衛生局整理公共衛生，對於人口繁密之區，及農民散在之各區，均已擬有分期進行計劃，但因經費關係，未能如期進行，因感於鄉村衛生，同有改進之必要 乃與中央大學醫學院合辦吳淞衛生模範區，茲又於浦東方面之高橋，設立鄉村衛生模範區，十八日正式宣告成立，本市各機關，各團體，及地方人士，前往參觀者，計有數百人。開幕儀式，本市張市長主席，因臨時有要公，改派參事俞鴻鈞代表致開會辭，後由衛生局長報告，辦鄉村衛生之用意；及現定進行辦法，繼由薛部長代表劉次長致辭，部中各司長，亦因星期之便，均往參加，繼由葉惠鈞（滬市建設討論會委員）陳萬里（浙民政廳衛生處長）演說，聽者均爲感動，該區在第一年內，進行事業如設診療所，免費診療，保產育嬰之領導，推行預防接種，及宣傳傳染病之預防，並應急處置法，取締妨礙衛生之事物，推行公共看護，協助人民商確，改進家庭衛生，及遇病延請醫生諸問題，推行學校衛生，及工廠衛生，辦理出生死亡統計等項。衛生部薛部長，衛生局胡局長，均各印發極誠摯之演詞，大意謂行政機關替人民努力工作，而尤賴人民有根本之認識，則既知事關切身利益，自必誠心合作，合作則力大而效速，經費亦可節省，否則費多而效慢，成績固屬難明，而人民健康終不能得可靠之保障云云，十二時禮成，茶點後攝影而散。

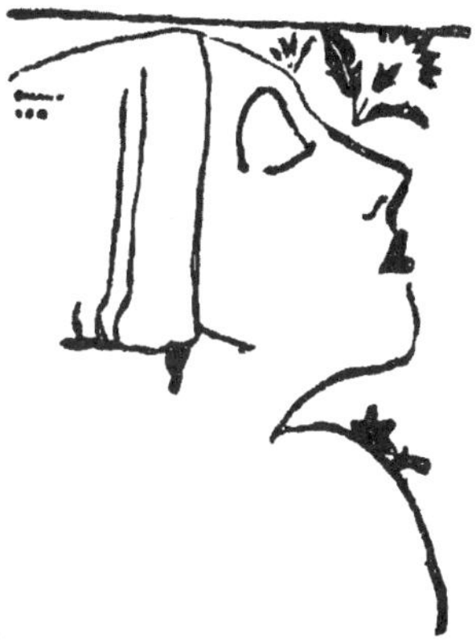

無錫市冷飲業調查表

八月份調查

社會科

號名	主姓名	地址	物品	每日銷數	備考
興利	曹老七	城內公園路	冰淇淋汽水	一二十元	
羣美	張寶奎	城內公園路	冰淇淋汽水	十餘元	
大東	楊佩培	城內公園內	冰淇淋汽水	五六元	
新世界西菜間	張德卿	通運路	冰淇淋汽水	三四元	
鐵路飯店西菜間	毛鑑清	通運路	冰淇淋汽水	三四元	
華盛頓飯店西菜間	陳榮泉	廣勤路	冰淇淋汽水	四五元	

上海市衛生局規定診金標準

市衛生局訓令各醫生云：爲令遵事，案准市黨部執委會函開，據六區黨部所屬第八分部建議，原訂醫院醫生診例，及取締故意留難出診，以重民命。並經第十一次常會議決，照轉來局，當經本局徵集各醫院醫生之診金數目，分別考慮，取其折中，呈請市政府核准公佈，奉令內開，該局厘訂診金既係折中規定，富有伸縮餘地，應准作爲指定標準，該局通知各醫院醫生注意，並於每年繳驗執照時，隨報各項診例，再依照此項標準，加以審核，如確係超過普通診例，過多即協其改訂。並勉以慈善天職，毋得拒絕應診，以重民命等因　奉此合行令仰該醫遵照，在醫以濟世爲本，與挙挙謀利者不同，應即遵照本市規定診金標準，於可能範圍內，力圖低減，以符造福人羣之本旨，毋違此令。計抄發診金標準表一件；（診例）門診二角至一元二角；出診普通一元至五元（車資在內）；特診六元至十元（隨請隨到深夜出診之類），（手術費）小手術一元●至五元，普通每術六元至十元，大手術十元至五百元，接生費五元至五十元，（指醫師醫生助產士而言）（舊式產婆不在此例）；住院費二角至十元。

無錫市區內社會教育事業調查報告

九月份調製 社會科

已舉辦的事業

1.圖書館一處

2.民衆教育館一處

3.公共體育場一處

4.民衆夜校二處

5.民衆閱報處六處（由民衆館錫報館負責按日張貼）

經費

1.圖書館 全年經常費二三一五元臨時費一〇七〇元

2.民衆教育館 全年經常費一九二五元臨時費三一八元

3.公共體育場 全年經常費一二一四元臨時費三五一元

4.民衆夜校 每月經常費五十元

辦理成績

1.圖書館 分購置，文牘，編目，典藏，出納，會計，事務，兒童，民衆，借書等十部，每月閱書人數平均二千五百餘人

2.民衆教育館 分科學，講演，出版，娛樂，事務，等五部每月遊覽人數平均五千四百餘人

3.公共體育場 分指導，場務，編輯，宣傳，事務，等五部，每月運動人數平均三千八百餘人

4.民衆夜校一處係實驗民衆夜校，分男子部，女子部，英文班，每月經費四十元第一屆畢業生約二十餘人一處係普通民衆夜校，每月經費十元，第一屆畢業生約二十餘人

5.民衆閱報處 每處每日閱報人數約六百餘人

蚌埠市公安局經費確定

市公安局每月餉項　向由各項警捐支用，雖感不足，而警士伙食，尚可預先支付，自移市政籌備處征收後，每向領款，極爲掣肘，現八月份已到月中，該處尚未發給分文，各署隊均發生斷炊恐慌，吳局長業祥近因經費困難，迭電省府辭職，但省委接得該局十一日電，蚌市公安經費（連服裝費在內）議決年支十六萬八千元，按月由蚌市政府照撥，並令吳局長安心供職，勿萌退志云云。

無錫市清道狀況表

十八年十月[illegible]科製

清道夫人數	七十四人
每名工資	月給工資七元
清道時間	每日工作八小時
清道方法	清道夫每日上下午掃除街道二次 清河夫每日上下午打撈及裝運垃圾兩次
處置垃圾辦法	堆積郊外空曠塲所由農民運去作肥料
垃圾桶總數	二百二十隻 水泥179隻 木質33隻
垃圾桶之支配	公安第一分局管轄境内六十隻第二分局二十九隻第三分局二十一隻第四分局三十一隻第五分局四十隻 第六分局十九隻第一分駐所十一隻
垃圾桶式樣	水泥 長五尺六寸 寬二尺一寸半 前高一尺三寸半 後高四尺五寸 木質 長五尺 寬三尺 高四尺
垃圾桶材料	水泥……木製
垃圾桶價格	水泥每隻七元六角 木製每隻四元

無錫市區內清道夫清河夫人數統計表

區別＼職別＼人數	清道夫	清河夫	合計
第一衛生區	16	10	26
第二衛生區	11	4	15
第三衛生區	6	2	8
第四衛生區	5	2	7
第五衛生區	14	4	18
總計	52	22	74

無錫市公共體育場調查表九月份調製

社會科

全市有公共體育場幾處？	1.縣立公共體育場 2.公園體育場
每處坐落	1.西門外倉浜 2.城中公園內
佔地若干畝	1.佔地十四畝 2.三千二百方呎
建築費	1.開辦費洋一千元 2.一百餘元
建築費來源	1.由前縣公署支撥 2.由前市政局支撥
維持費	1.甲，經常費一千九百五十八元。乙，擴充費四百元（每年數） 2.無規定
維持費來源	1.由教育局支撥 2.無
內部設置	1.分器械，球類，田賽，經賽，婦孺運動部等 2.全副正式木架鐵籃
主管人員	1.沈濟之 2.沈濟之
平均每日到場運動人數	1.百餘人 2.無統計
將來擴充計劃	1.擬設置遊藝部 2.無
備註	

無錫市公共娛樂場所調查表

十八年九月調製　社會科

營業牌號	營業種類	地址門牌	資本總額	經理姓名	職員人數	藝員人數	座位定額	備註
天聲戲院	京戲	南門外棉花巷口	五千元	華裕和	八人	四十人	三四百	
慶陞戲院	京戲	東新路	七八百元	李英傑	十人	五十人	七八百	
予肯樂	電影新劇雜耍	廣勤路	二千元	楊彥斌	十五人	四十人	二千	
中聲影戲院	影戲	大河池沿	六百元	惠壽卿	八人		一千	
聚樂第一臺	京戲	通惠路	八百元	開鴻元	十三人	三十四人	三百餘	
新中央	影戲	公園網球場	一千元	吳騎德	十餘人		六百餘	
和平茶樓	說書	廣勤路	八十元	寶阿泉	一人	一人	四十餘	
全羽春茶樓	說書	大河池沿	三百元	張旭洪	二人	一人	百餘	
長興茶社	說書	秦棧衖	二三十元	張氏	一人	一人	五六十	
榮華茶樓	說書	通淮橋堍	三四十元	陸細阿榮	一人	一人	五六十	
象春茶樓	說書	東門外熙春街	租賃費十五元	錢杜泉	一人	一人	五六十	

集賢社	說書	南門清明橋曹家巷	百餘元	吳愛金	一人	一人	五十
步玉	說書	西門外魚行頭	百餘元	陸仲良	一人	一人	四五十
迎溪樓	說書	西門外棚下	二三百元	顧阿二	二人	一人	三十餘
新萬興	說書	崇安寺	三四百元	陳金榮	一人	一人	一百餘
迎興伊	說書	寺巷裏	三四百元	許桂泉	二人	一人	一百餘
近興	說書	寺巷裏	二三百元	陸仲雅	二人	一人	一百餘
迎園	說書	迎迓亭	三四百元	毛樂亭	二人	一人	一百五十
雅敘	說書	寺巷裏	百餘元	楊氏	一人	一人	八十
彤苑	說書	灣頭上	一二百元	葛阿黑	一人	一人	七十
榮福園	說書	南門清明橋浴池巷	二三百餘元	馬老榮	一人	一人	七八十
鴻福樓	說書	東大街	百餘元	方順生	一人	一人	五十六

圖表二六：此處原爲《無錫第一區公衆娛樂場所統計表》，見書後。

無錫市區教堂及菴觀寺院廟調查報告書

社會調查處調查員　薛英

原夫神道設教，不外規人以善；山澤嶠祁，悉屬業功報德；先民創宗教，立祀典，意如是耳。歷年既久，誤會叢生，好事者借端倪以造謠，桀黠者藉神權而斂錢，於是始創之宗旨變更，而迷信以生。愚氓沉溺其中，而不克自拔，雖古訓昭垂，曰：「非其鬼而祭之，諂也。」又曰：「淫祀無福。」但煢獨者頗多籍為生活，邑志載：「自井田法廢，任富任貧，其孤煢無倚者達氏得而收之，則浮老子之宮，亦養濟之外院歟？」其由來蓋久矣。是以居現在而言宗教，除耶穌天主而下之有少數明達之上，篤信教義而外；餘或狃於祖習，或藉此謀生。雖現頗多研究佛學者，然皆家居研究，其剃度為僧尼者，泰半非因好佛而剃度也。且道院內供佛像者有之，僧寺內供眞武像者亦有之，品類糅雜，涇渭難分。是以與其謂曰宗教調查，毋寧謂曰教堂及菴觀寺院調查；再所謂廟，原居守有嗣說，不能併入釋道；作無錫市區教堂及菴觀寺院廟調查報告書。菴觀寺院廟以現所住持者為釋或道或廟祝而各以類相從。

甲、　教堂

一、耶穌教　耶穌教堂之在無錫市區有四處：曰，聖公會。曰，浸禮會。曰，監理會。曰，安息會。內聖公會設南門內新開河，為美國聖公會教友所組織之國外佈道會所設立；成立於千九百零五年；有房屋九宅。基地約三十畝，教士華人男六女三，外人男二女四，教民華人男二百人，女百五十人，外人男二女四。浸禮會設惠工橋境，為美國南浸會大年會所設立，成立於二十年前；有房屋五宅，基地約二十畝；教士華人男一女二　外人男二女二，教民華人男一百四十餘人，女六十餘人。監理會有會所二，一在南門外跨塘橋，一在光復門外東新路，為美國監理公會總會所設立；成立於遜清光緒年間有房屋三所，基地三畝六分，教士華人男二女四，外人女二，教民華人男一百四十人，女一百二十八，安息會設城中觀前街，為美國安息會全球大總會所設立　成立於民國十二年；租用民房一所；教士華人男一女一，教民華人十三女十七。附屬事業，聖公會附設有學校二，男校曰馬可，女校曰聖瑪利。監理會附設有學校三，男校曰明德，曰培工，女校曰德慧。浸禮會原附設有樹德中學，安息會原附設有三育小學，現均暫停。鄉間分會：聖公會有二處；安息會亦三處；浸禮會有四處。又城中寺後門街九號浸禮會附設有福音堂一處。

二、天主教　天主教堂在無錫市區僅一處，堂址小三里橋西首，成立年代已久，建築雄偉，佔地廣大；教士華人男四女五，教民約七千。附設有學校二，男校曰類思，女校曰維納。鄉間分會十四處。

三、回教　回堂在無錫市區亦一處，堂址光復門外東新路，房屋一所，規模粗具，回教徒集會及死後行洗禮時俱在是焉。教民數無統計。

乙、　寺觀寺院廟

一、僧居　無錫市區內寺觀寺院廟之現爲僧居者共四十處，內崇安寺大雄寶殿，住持僧隆智，常駐殿者約十八人，有房屋十餘間，基地約一畝。崇安寺中隱院，住持僧介量，常駐院者約十六七人，房屋幽雅，佔基地約三畝；新聞記者聯合會車夫協會籌備會儉德會俱附設焉。崇安寺火神殿，住持僧洪濟，常駐殿者四人，佔基地五分；第一學區中心小學一部份附設焉。崇安寺普賢北院，住持僧松筠，常駐院者二人，佔基地約八分機器聯合會附設焉。崇安寺普賢南與，住持僧芻高，常駐院者二人，佔基地約八分。崇安寺萬松院，住持僧月泉，常駐院者三人，佔基地約三畝；勞工第一學校附設焉。崇安寺三官殿，住持僧學道，常駐者二人，佔基地約四分。古觀音堂，堂址大婁巷，住持僧錫賓，常駐堂者四人，有房屋四間。上壽堂，址連元街，住持僧亦錫賓；常住堂者五人，有房屋九間。小南海寺，址便民橋，住持僧圓華，常住寺者五人，佔基地約五分。藥師菴，在淮上坊巷，住持僧宏沛，常住菴者十六人，有房屋十五間。北禪寺，址北禪寺巷，住持僧靜士，常常住寺者五人，有房屋十餘間。南禪寺，址南門外，住持僧隆智，有田產百餘畝，今寺屋已全爲平民習藝所借用，寺僧俱已改居崇安寺大殿矣。吉祥菴，在東門外，北倉門，住持僧靜立，常住院者一人，有房屋四間。小金山，址黃埠墩，四面環水，風景優勝，住持僧妙湛，常住寺者四人，有樓房二十四間關帝殿，在小三里橋，住持僧曜明，常住堂者五人，有房屋十餘間。萬壽菴，址五里街，住持僧慧鑫，常住菴者二人，有屋三間，地產五畝。不二法門，址惠山鎮，住持僧演成，常住寺者十餘人，有樓房八間，平屋六間。白衣殿，址惠山鎮，住持僧根培，常住殿者八人，有屋二十間，田十四畝，山地四十二畝，媧皇殿，址惠山下白石塢，住持僧圓悟，常住殿者二人，有平屋十間，樓屋四間。于忠廟，址錫山，住持僧廣成，常駐廟者三人，有屋十二間，山地十一畝。紫竹菴，址錫山，有房屋七間，調查時適老僧病亡，暫時主持無人。水月菴，址黄埠墩，住持僧春渠，常住菴者四人，有房屋六間。毘盧寺，址西門外吊橋下，住持僧普慶，有樓屋三間，小屋五間。龍光寺，址錫山頂，住持僧亦普慶，常住寺者十人，有樓屋十間，小屋十七間，山地山頂四週徑六十丈。財神堂址轉閎浜，住持僧竹注，常住堂者三人，有房屋十二間，基地約一畝。石浪菴址錫山，住持僧瑟山，常住菴者五人，有樓屋六間，小屋九間。忍草菴，址惠山下蔣家塢，住持僧福辰，常住菴者四人，有房屋二十間。牧雲菴，址惠山鎮，住持僧志海，有房屋八間。慶雲菴，址錫山麓，住持僧高朗，有田五六畝，屋十三間。雙塔寺，址錫山麓，住持僧聽松，常住寺者八人，有田五六畝，屋十六間。西林菴，址西門外五洞橋，住持僧參霞，常住菴者三人，有房屋八間，菴主為林敬叔，菴內附設西林蓮社，及監獄感化所，每逢星期二下午一時，前往監獄講演一次，僧侶之能從事於宣教者，僅見此耳。北茅峯，址二茅峯下，住持僧應如，有山地數十畝，屋二十間。福林菴，址塘南橋，住持僧明來，常住菴者五人，有田十六畝，屋十餘間。梵音閣，址通匯橋小橋頭，住持僧暢霞，常住閣者十人，有樓房三間，小屋五間。青蓮居，址四堡橋，住持僧學道，常住寺者六人，有屋九間。鎮塘菴，址南上塘，住持僧洪太，常住菴者二人，估基地約三畝；清名橋小學附設焉。保安寺，址興隆橋，住持僧量如，寺中有天王大雄藏跡諸殿，又有田三十畝、關王廟，又名覺性禪寺，址南門外窰上，住持僧仁建，常住廟者二人，有田產九畝。準提禪寺，址南門外談大橋，住持僧烟法，常住寺者二人，估基地約三分。

二、尼居　尼菴之在無錫市區者共十一處：內匯龍菴，址玲瓏橋，住持尼慈根，常住菴者三人，有樓屋三間，基地一畝四分。眼光殿，址置煤浜，住持尼志仁，常住殿者八人，私產房屋七間。修正菴址惠山鎮，住持尼龍泉，常住菴者六人，有灰肥田五畝，樓屋二間，平屋四間。蓮花菴，址荷花橋，住持尼蓮福　常住菴者一人。有屋十餘間。西方殿址西門外棉花巷後，住持尼慈智，有屋六間。天緣菴址梨花莊，住持尼理鈞，常住菴者六人，有屋八間。積慶菴，址後余橋，住持尼根培，常住菴者四人，有桑田半畝，房屋六間。積善菴，址後高場岸，住持尼阿大，常住菴者一人，有田八畝，樓房三間，平屋三間。紫竹菴，址南市橋巷，住持尼金軒，常住菴者三間，有房屋三間。萬壽菴，址南門外菴橋，住持尼宵仙，常住菴者一人，有房屋九間，估基地三分。三關菴，址南門外淘沙巷，住持尼細官，常住菴者四人，估基地五分。

三、佛頭及佛婆居　無錫市區菴堂之現爲佛頭或佛婆所居住者有二十處：內觀音堂，址熙春街，住持蔣爾修，常住堂者三人，私產房屋九間●大悲庵，址運元街，住持嚴啓二老太，常住庵者十六人，有房屋七間，龍市庵，址便民橋，住持謝鳳記，常住庵者三人，私產房屋三間。小九華庵，址西門城內，住持周老太，常住庵者十人，佔基地約一畝。尤渡村廟萬壽庵，住持許氏，有桑田數分，屋四間。大五廟，址東門外南倉門，住持孫楊氏，常住廟者一人有廟屋五間，廟場一方。綠羅庵，址東門外，住持過阿八徐老太，常住庵者一人，有屋四間。三官殿，址錫山，住持珍蓮，常住殿者三人，有屋五間。順清閣，址錫山，住持張大梅，常住閣者一人，有樓屋四間，平屋三間。魯班殿，址錫山，住持趙梅弟，常住殿者一人，有屋五間。三義庵，址大德橋，住持秦江氏，有屋三間。盛華庵，址梨花莊，住持蔣氏，常住庵者四人，有屋五間；救火會附設焉。甯福庵，址後余橋，住持秦趙氏，常住庵者一人，有屋五間。慈光庵，址談大橋，住持二小姐，常住庵者五人，佔基地約五分。觀音閣，址排讀橋，住持毛小姐，常住閣者五人，佔基約二分，茶庵，址南下塘虹橋下，住持二小姐，常住庵者二人，佔基地約二分。張中丞廟，址南外橋振藝絲廠後，住持妙道，常住廟者一人，佔基約三分。宏壽庵，址同上，住持亦妙道、常住庵者二人，佔基約二分。雙觀音堂，址南門杜外巷上，住持眞卿，常住堂者五人，佔基地約五分。宋勁節寺，即古延壽庵，址交際路，庵主宋植吾宋森千，佔基地約一畝，有房屋六七間，庵主之先祖母守節靜修處也。

四、道士居　無錫市區道院共有二十三處：內大神殿道院，址崇安寺，住持華伯羊，常住院者七人，有房屋八間，雷尊殿道院，址崇安寺，住持阿炳，常住院者一人，有屋三間。靈官殿，址觀前街，住持唐二寶，營業與雷尊殿道院相合併。長生殿道院，址崇安寺，住持陳甘一，常住院者十人，有屋四間。斗姥閣，址進士巷，住持毛仰山顧淇柏，常住院者一人，佔基地約五分；爲遜清康熙間秦鏌所捨建，亦名報恩道院。齋僧閣，址中橋街，住持阿大，常住院者二人，佔基地約二分。增福道院，址西門城內，住持許順泰，常住院者十人，向龍宮租屋四間。酒仙殿，址東門外南倉門，住持道士項錫臣，常住院者六人，有房屋十餘間，爲酒業私產，烟酒牌照稅徵收所及一木器作附設焉。元升道院，址後祁裏，住持李念萱，常住院者三人，有屋三間，地三畝。鐵索觀道院，址後祁弄底，住持華渭甫，常住院者三十人，有屋十餘間；爲明御史盛顒別業，嘉靖間道士談碧岩所改建。璇璣壇道院，址柵口裏，住持大房馮松濤，小房黃松棋，常住院者八人，有房屋二十間。關帝殿道院，址江陰巷口，住持毛仰山顧棋柏，常住院者三十人，有房屋三間。萬壽殿道院，址顧塢下，住持伍巧泉，常住院者三人，有屋五間；崇實小學校附設焉。頭茅峰，址龍頂，住持邵根祥，常住者一人，有房屋四五間。文昌宮，址惠山鎮二泉亭上，住持邵誠忠，常住者一人，有樓屋三間。玉皇殿，址同上，住持亦邵誠忠，常住者三人，有屋十餘間。水濂道院，址西門外棉花巷後，住持伍麟趾，常住防者二人，有屋六間。鎮溪道院，址西門棚下，住持馮理綽，常住院者四五人，有屋七八間；爲明正德中秦氏捨建，永甯善材局萬安救熄會附設焉。張元菴，址南門外菴橋，住持道士周安念，分西房前房房，常住者三四十人，菴基約四畝；勞工第三小學校附設焉。勤溪道院，舊名興隆菴，址東門外興隆橋，住持鄧少甫，常住者一人，佔基地約二分。希夷道，址使民橋，住持楊愛平，常住者二人，有屋十餘間；渭仁慈善會附設焉。邑廟錫福道院，址三皇街，住持胡阿福，常住者三人，廟佔基地二畝一分。三茅殿，址南門外下碼頭，住持吳仲山，有屋三間。

五、廟祝居　無錫市區菴廟之現爲廟祝居住者，有二十處：內東平王廟，址三皇街，廟祝薛仁保，常住廟者三人，佔基地約一分半。三皇宮，址三皇街，廟祝吳巧泉，常住者二人；樂業私立崇文小學校附設焉。武聖廟，址三皇街，廟祝施洪大，常住廟者二人，佔基地約三畝。蓬萊閣址後祁裏，廟祝朱阿菊，常住者七人，基地七畝半，有平屋四間，樓屋一間。增福菴，址後祁巷張巷上，廟祝高金大，菴屋大部已爲崇正小學佔用，祇餘披屋一間，供佛像及居住廟祝已耳。中丞廟，址惠山鎮，廟祝周士金，常住廟者三人，有樓屋十二間，平屋十八間。東嶽廟，址惠山鎮，廟祝周洪培，常住廟者一人，嶽殿外有獄司總神等殿。忠安大王廟，址惠山鎮，廟祝陸聚茂，有酒花廳，一戲樓，餘屋焚毀矣。清泰菴，址龍船浜，廟祝惠晉三，常住菴者三人，有屋四間。眞武殿，址西門外德新橋，常住殿薛二小姐，有房屋五間。西水仙廟，即劉侯廟，址西墩上，廟祝邵阿和，有頭門一座，戲樓一座，殿屋三間，現方由市政籌備處籌備改建西區公園。南水仙廟，亦名松滋五侯廟址南上塘，廟祝吳金山，常住廟者二十一人，佔基地約五畝。延聖殿，址梨花莊，廟祝陳阿二，常住殿者二人，有灰肥田五六畝，三殿二廳，廊樓十餘間，戲樓一座，梨花莊小學校附設焉。柴浦廟，址南門外旗站，廟祝長庚，常住廟者五人，佔基地約二畝。忠王廟，址跨塘橋，廟祝陸阿二，常住廟者二人，佔基地約六分。東平王廟楞伽庵，址南門外豁上，廟祝周聖泉，常住廟者三人，佔基地約一畝。大王廟，址談大杜，廟祝阿生，常住廟者三人，佔基地□分。府城隍廟，址黃埠墩，廟祝陶紀，殿屋五間者之造，戲樓一，廊樓二十餘間。牛屋殿，址黃埠墩，廟祝周文祥，常住殿者十餘人，有樓房及平屋共五六間；烟酒查驗所附設焉。社公大王廟，址後祁巷張巷上，廟祝趙王氏，常住廟者四人，有殿屋十七間，田六畝。

丙、　附誌

一、理教會　理教會設總會於南京，呈准南京特別市政府社會局立案，以勸戒煙酒，改良社會爲宗旨。惟各堂內俱供奉有羊祖道號萊如，尹祖道號萊鳳，暨護法境五大仙師之神主；及觀音佛像。調查聚善堂時，承司事檢示請柬一紙，知曾於七月二十九日舉行盂蘭勝會，要不外乎神道設教者也。堂址無錫市區共十餘處，据言各堂脈絡相通，絕無鴻溝；會衆無確切統計，第某次錫善堂集會時，到者千人，積十餘處而言之，當不在少數也。各堂詳細情形，廣善堂，址東門外北倉門，住持周世祿，有房屋六間；附設一利民小學校及婦孺救濟會。錫善堂，址錫山，住持吳慶祖，有樓屋三間，廳屋六間，平屋六間。聚善堂，址倉浜水溝頭，住持江培林，有屋五間，基地約一畝。益善堂，址南門外王莊橋，住持蔣洪大，佔基地約二分。普善堂，址南門外虹橋下，住持馮同樓，租地建屋，佔基地約二分。志善堂，址南門外黃泥埒，住持唐鳳鳴，佔基地約四分。玉善堂，附設龍船浜清泰庵內，住持惠普二。普緣堂，址梨花莊，住持吳士照，有樓房二間。德緣堂，附附設宋帝殿內，址黃埠墩，住持劉德生，有屋六間。又惠山鎮及西門外中新三廠後各有一習道所。南門外賴閘濟福成庵亦已改設理教機關焉。

二、佛學團體　無錫市民所組織之佛學團體有三種．曰佛學會，建會所於學宮前學佛路，自建會所，樓房一幢，空氣流暢，佛像巍峨，蒲團齊整，有執行委員會，正主席爲華文祺，副主席爲華國均；平時集衆講學，亦闢迷信；講研佛學而外，且施診給藥，以利貧民。曰蓮社，爲市民結集誦佛養性之所，曰二蓮社，事業同蓮社，特爲婦女所結集耳。曰同願佛會。會衆俱無統計。同願佛會蓮社二蓮社俱有聯合會附佛學會內。

三、孔廟　孔子廟，址城中學前街，由教育局委派專員保管：昔日黌宮，俱已改爲校舍，所存者二殿一閣而已。

四、最近改設爲機關之寺廟　無錫市區各寺廟，在最近改設爲機關者：東門外延壽司殿，改設爲啟明小學校；西門外壩橋下金龍廟，改設爲米業較準斗斛之所，田基浜無錫道院，改設爲無錫紅卍字分會　此皆在最近一二年所改設，已往不復追溯。又橫浜口金龍四大王廟，屋已焚燬，祇餘基地一方。

無錫市區，地域至廣，右列各項，容未周至；但檢遜清光緒年修邑志，等觀．數目，業已超出倍餘矣。鄙見所及信教雖屬自由，然而年幼僧尼道侶，豈必盡屬信仰教義而來，蓋多數爲父母貧困，價賣而入寺觀者也，天生元元，各有其用，一入空門，便成廢物。再寺觀所在，頗多關係名勝古蹟，久宜設法整理。是以關於寺觀方面，有宜急速進行者，一爲禁寺觀收受幼僧尼道侶；二即實行登記是也。再耶穌天主，受制外人，急宜提倡由本國人收回宗教主權，藉避文化侵略。理應遵奉總理遺訓，實行勸戒烟酒，亦應由民衆及政府嚴厲監視，俾趨正軌，勿入歧途。鄙淺之見，不識有當於理否也？

蘇州市之新建設

市工務局辦理拓寬蘇州市六大幹路，現護龍街第一二兩段，早已拓寬工竣，郡廟前至黃鸝坊橋之第三段，現已招標興工，黃鸝坊橋街至新閶門口之第四段亦繼續進行，三十日已通知該段各房主，限於九月二十日以前，一律來局呈報拆讓，逾限會同公安局強制執行，約於本年年底，可以竣工，一二三四段幹路竣工後，城內外馬路可以銜接，即可試行汽車，至於改建之阿黛橋，黃鸝坊橋，約於一星期內可以完工，並悉新閶門擬改爲三門，地址稍移北首，仿羅馬式開三城門洞，中間通行汽車，兩旁通人力車與人行道。已呈請建設廳核示。

上海女檢查員實地工作記

上海市公安局，月前考取女檢查員二十二名，以便派往各車站輪埠檢查來往女客，始於本月十四日，分派各處工作，然其中頗有趣聞，堪資紀錄者

八一節檢查之成績　八一節擊國防範，本埠市公安局，除派全體警士勤加搜檢外，更特遣各女檢查員，全班出發，分查電車及行人，而連日檢查之成績，雖無女共黨藏帶危險品，而女烟犯暗携阿芙蓉，則比比皆是，有女檢查員李賀淑，在西門電車上，獨查出女子私帶煙土十餘次之多，當於檢查時，有藏入褲內者，有緊繫乳旁者，有涕泣哀求者，有倚勢拒查者，盡態極妍，圍觀者鼓噪而笑，苟非女檢查員認眞工作，一般男警吏必窮於應付矣。

女制服更製之原因　女檢查員制服，本已定爲一律白布旗袍，求其潔淨，而壯觀瞻，左襟上縫一小方袋，下縫一大方袋，以便藏置報告日記册，暨粘貼照片章證，此種制服，係令各女檢查員自資置備，不料有某女檢查員獨出心裁，不用布而用極華麗之喬其紗，內復襯以極時髦之跳舞馬甲，該局督察長等因其不甚雅觀，且違背愛國精神，遂謀更裝，女檢查員制服，仍取布質，不用紗綢，並由公家製就，發給服着，不准私自置備，藉期一律云。

袁局長囑携食從公　本月十四日，各女檢查員出發之初，公安局長袁良，特召集作長時間之訓話，殷勤勗勉，體恤無微不至，如示各女檢員爲公家服務，必須耐勤耐儉，即吃飯時間與工作問題亦有莫大之關係，不妨携帶食物，飽食從公，既不致往返徒費時間，妨害公作，而隨携帶食品，亦不至多費經濟，一舉兩便，莫善於此。本局長前遊歷東瀛時，曾見彼邦人士，凡服務與工作者，無不携帶食物，藉以果腹，頗覺其時間金錢，兩相經濟，蓋惟勤則能儉，惟儉則能勤云云。一般女檢查員服務地點，較遠者，擬實行袁局長訓話之計劃，携筐與伴隨携食物，以免枵腹從公焉。

改良待遇以養廉潔　聞各女檢查員月薪僅二十元，較諸租界工部局之女檢查月薪幾差數倍，各女檢查員每月往返車資，約計七八元，每月伙食亦在十元左右，所餘區區，實無補益，故前日袁局長訓話之際，亦曾提及將來擬增加薪俸，改良待遇，此時望安心服務，藉覘成績，在袁局長明知非改良待遇，不足以責女檢查員冒險工作，努力服務，操守廉潔，而爲社會盡保衛治安之義務也。

圖表二七：此處原爲《無錫市區教堂及寺廟觀院統計表》，見書後。

無錫染織廠一覽表

十八年八月無錫縣社會調查處查

廠名	性質	經理或廠長	資本	地址	創立年月	備註
勸工染織廠	獨資	吳玉書	四〇、〇〇〇元	第一廠圓通路口 第二廠蔡園弄內 第三廠光復門內	遜清宣統元年	批發處光復門裏黃坭橋
瑞生祥布廠	合夥	陳偉雲	九、〇〇〇元	北門外樹巷里	民國二年	
南昌布廠	公司	龐士煒	五、〇〇〇元	清名橋下牌樓	仝前	
麗華織布廠	合夥	吳仲炳	四〇、〇〇〇元	光復門映山河	民國六年	
光華織布廠	獨資	蔣銳	一〇、〇〇〇元	公園路盛巷口	仝前	
麗新染織股分公司	公司	唐驤廷 程敬堂	六〇二、八〇〇元	通運路惠商橋	民國九年一月	
新藝染織廠	合夥	陳仲蕃	七、五〇〇元	北卜鄉新塘橋	民國十一年三月	
新華染織廠	合夥	高修彥	一〇、五〇〇元	迎淮橋西後竹場巷	民國十五年一月	
恆豐布廠	獨資	黃蔚如	三、〇〇〇元	學前街學佛路	民國十五年	
九綸染織廠	公司	胡慕陶	五、〇〇〇元	天上市新塘里	仝前	
競華織布廠	合夥	吳純如	一〇、〇〇〇元	仝上	仝前	
蘊華織布廠	合夥	任士記	二、五〇〇元	天上市棋杆宋巷	民國十六年	
華豐染織廠	公司	徐子周	三、〇〇〇元	光復路	民國十七年八月	
大華染織布廠	合夥	諸寶珊	一〇、〇〇〇元	北柵口黿橋下	民國十八年	
大生盈記染織廠	合夥	徐湧潮	一〇、二〇〇元	北門外北西漳	民國十八年二月	
怡盛織布廠				洛社鎮		因虧本停息於本年復業
振華織布廠				西漳		於本年八月新開
九綸織布廠				新塘里		仝上

無錫市縣宗教調查表

九月份調製　社會調查處

教別	寺院或教堂名稱	所在地址	住持或主教姓名	住持或主教國籍	人數男	人數女	財產不動產	財產動產	附屬事業學校	附屬事業慈善	備考
耶穌教	耶穌教聖公會	南門內新開河	楊四箴	本國	二一〇	一六一	房屋九宅基地約三十畝		馬可學校　聖馬利女校		
	耶穌教蓋理會	南門跨塘橋　光復門東新路	方淵甫	仝上	一四二	一二六	基地三方連房屋值銀三萬六千元		明德培工學校　德慧女校		
	耶穌浸禮會	惠工橋堍	高石麟	仝上	一四三	六四	房屋五宅地廿畝值銀三萬六千元				原設樹德中學已停辦城中寺後門九號有福音堂一所
	耶穌安息會	城中觀前街	葉同欣	仝上	一三	一七		三百元			原設三育小學校現已停辦
天主教	天主堂	小三里橋府殿內	陸志山	仝上	三五〇四	三五〇五	教堂房屋全部		附設類思小學校雅納女校		總堂設上海分堂設堰橋[illegible]楊巷上[illegible]鑫[illegible]山[illegible]新塘里石新橋山[illegible]陳墅錫溪橋高長岸
回教	回教堂	光復門外東新路	馬少停	仝上	六〇五	五九一	仝上				
佛教	大雄寶殿	崇安寺	僧隆智	仝上	一〇		房屋十一間基地一畝				
	中隱院	崇安寺	僧介良	仝上	一六	一〇	基地三畝				新聞記者聯合會附設在內
	火神殿	崇安寺	僧洪濟	仝上	四		基地五分				第一學區中心小學一部份設在內
	普賢北院	崇安寺	僧松筠	仝上	二		基地八分				機器聯合會附設在內

普賢南院	崇安寺	僧菊高	仝上	二		仝上	
萬松院	崇安寺	僧月泉	仝上	三		基地三分	勞工第一學校附設在內
三官殿	崇安寺	僧道學	仝上	二		基地四分	
古觀音殿	大婁巷	僧錫寶	仝上	四		房屋四間	
上壽堂	連元街	仝上	仝上	五		房屋九間	
小南海寺	便民橋	僧圓華	仝上	五		基地五分	
藥師庵	進士坊巷	僧宏沛	仝上	一六		房屋十五間	
北禪寺	北禪寺巷	僧許靜士	本國	五		房屋十餘間	
南禪寺	南門外塔橋下	僧隆智	仝上	五		連庵基約百餘畝	房屋全爲平民習藝所佔用寺僧改居崇安寺大雄寶殿
吉祥庵	北倉門	僧靜立	仝上	一		牆門一座房屋四間	
小金山	黃埠墩	僧妙湛	仝上	四		樓房二十四間	附設蓮社
關帝殿	小三里橋	焜耀明	仝上	五		房屋十餘間	
萬壽庵	五里街	僧慧鑫	仝上	二	一	牆門一座房屋三間荒基五畝	
不二法門	惠山鎮	僧演成	仝上	九	二	樓八間房屋五六間	
白衣殿	惠山鎮	僧根培	本國	七	一	屋廿一間基地三畝六分一厘田十六畝山地四十二畝八分田四界築馬路	
媧皇殿	白石塢	僧圓悟	仝上	一	一	屋十間樓四間	
于忠廟	錫山	僧廣成	仝上	二	一	屋十二間山地十一畝	

紫竹庵	仝上			一	一	房屋七間	老僧病亡暫時主持無人
水月庵	黃埠墩	僧春浪	仝上	三	一	房屋六間	
毘盧庵	西門外壩橋下	僧普慶	仝上	一		樓二間屋五間	
龍光庵	錫山頂	仝上	仝上	十		樓十間屋七間地山頂四週經六十	
財神堂	晉園浜	僧竹泩	仝上	三		房屋十二間（基地約一畝）	
石浪庵	錫山	僧瑟山	仝上	五		小屋六間房屋九間	
忍草庵	蔣家塢	僧福辰	仝上	四		屋廿餘間本地四五畝	
收雲庵	惠山鎮	僧志海	仝上	一		房屋八間	
慶雲庵	錫山脚	僧高朗	仝上	一		田五六畝屋十三間	
雙塔寺	仝上	僧聽松	仝上	八		田五六畝屋十六間	
西林庵	五洞橋	僧參霞	仝上	三		房屋八間	庵主林敬叔孔林連祖及監獄感化新每逢星期二下午一時前往監獄演講一次
北茅峰	二茅峰下	僧應如	仝上	三		山地數十畝屋廿間	
福林庵	塘南橋	僧如來	仝上	四	一	田十六生屋十餘間	
梵音閣	通滙橋小橋頭	僧暢霞	仝上	一〇		樓房三間平屋五間	
青蓮居	泗堡橋	僧學道	仝上	六		屋九間	
鎮塘庵	南上塘	僧洪太	仝上	二		基地三畝	清明橋小學附設在內
保安寺	興隆橋	僧最如	仝上	二		田三十畝	寺中有天王大雄穢跡諸殿

關王廟	舊上	僧仁建	仝上	二		田九畝	又名寬华禪寺
準提禪寺	談大橋	僧烟法	仝上	二		基地三分	
滙龍庵	佘龍橋	尼慈根	仝上	三		樓屋二間基地一畝四分	
眼光殿	運煤浜	尼志仁	仝上	八		私產七間	
修正庵	惠山鎮	尼龍泉	本國	一	五	灰肥田五畝樓二間屋四間	
蓮花庵	河花橋	尼連福	仝上	一		屋十餘間	
西方殿	棉花巷後	尼慈智	仝上		一	屋六間	
天緣庵	梨花莊	尼理筠	仝上	二	五	屋八間	附設二連祉
積慶庵	後佘橋	尼根培	仝上		四	桑田半畝屋六間	
積善庵	後商場岸	尼阿大	仝上		一	田八畝樓二間屋二間	
紫竹庵	南市橋巷	尼佘祥	仝上			屋二間	
萬壽庵	南門外庵橋	尼菊仙	仝上		一	屋九間基地三分	
三關庵	南門外陶沙庵	尼細官	仝上		四	基地五分	
觀音堂	熙春街	佛頭將頗修	仝上	一	二	私產九間	
大悲庵	連元街	佛婆殿薛老太	仝上		一六	房屋七間	
龍市庵	便民橋	佛頭謝炳記	仝上		三	私產三間	
小九华庵	西門城內	佛婆何老太	仝上		一〇	私產一畝	
尤渡村廟萬壽庵		佛婆許氏	仝上		一	桑田數分房四間	

敎

大王廟	南倉門	孫場氏	仝上		一	廟屋五間 廟場一方	—	—	
綠羅庵	東門外	過阿大 徐老太	仝上		一	屋四間	—	—	附設蓮社
三官殿	錫山	佛婆 珍蓮	仝上		三	屋五間			
清順閣	仝上	佛婆 張大梅	仝上		一	樓四間 屋三間			
魯班殿	仝上	佛婆 趙梅弟	仝上	—	一	屋五間			
三義庵	大德橋	秦江氏	仝上		一	屋三間		—	
護聖庵	梨花莊	佛婆 蔣氏	仝上	二	二	屋五間			救熄會附設在內
寗福庵	後余橋	秦趙氏	仝上	—	一	屋五間	—	—	
龍光庵	談大橋	佛婆 二小姐	仝上		五	基地五分	—	—	
觀音閣	耕讀橋	佛婆 毛小姐	仝上		五	基地三分	—	—	
茶庵	下塘 虹橋下	佛婆 三小姐	本國	—	二	基地地分	—	—	
張中丞廟	南門外振 藝絲廠後	佛婆 妙道	本國	—	一	基地二分	—	—	
宏壽庵	仝上	仝上	仝上		二	基地二分	—	—	
雙觀音堂	南門外 杜巷上	佛婆 真卿	仝上		五	基地五分	—	—	
宗勁節寺（古延壽庵）	交際路	庵主 宗植吾	仝上	—	一	庵基約一畝 房屋六七間	—	—	
佛學會	學宮前 學佛路	正副主席 華文棋 華國均	仝上	二	二	會屋全部基地三分八厘五毫 建築費銀四千二百元	—	—	發施贈券請由同仁醫院施醫 平時會內施藥同願佛會蓮社 女蓮社聯合會俱附設在內
火神殿 道院	崇安寺	華伯年	仝上	五	二	房屋六間	—	—	

道

雷尊殿道院	崇安寺	炳阿	仝上	一		屋三間	
保官殿	觀前街	唐二寶	仝上				併入雷尊殿惟家庭居觀前街
長生殿道	崇安寺	甲貫一	仝上	一〇		屋四間	
斗姥閣	進士坊巷	毛仰山 顧琪柏	仝上	一		基地五分	遜清康熙間秦鉽捨建亦名報恩道院
齊僧閣	中市橋街	道士大阿	仝上	二		基地二分	
增福道院	西城門內	許順泰	仝上	一〇		向龍宮租屋四間	
酒仙殿	南倉門	道士項錫臣	仝上	五	一	房屋十餘間	菸酒牌照稅徵收所及一木作附設在內
元升道院	後祁街	李念萱	仝上	一	二	屋三間地三畝	
鐵索觀道院	後祁弄底	袁渭甫	仝上	三〇		屋十餘間	明御史秦顒別業嘉靖間道士談碧巖改建
璇璣壇道院	柵口裏	馮松濤 黃松棋	仝上	八		屋二十間	
關帝殿道院	江陰巷口	毛仰山 顧琪柏	仝上	三〇		屋三間	
萬壽道院	顧橋下	伍巧泉	仝上	三		屋五間	崇實小學附設在內
頭茅峰	龍山頂	道士邵根祥	仝上	一		屋四五間	
文昌宮	二泉亭上	道士邵誠志	仝上	一		屋四間	
玉皇殿	仝上	仝上	仝上	三		屋十餘間	
水濂道院	棉花巷後	伍麟趾	仝上	二		屋八間	
鎮溪道院	西門柵下	馬理純	仝上	二	一	屋四間一披餘地一方	菴主秦節永實善材局萬安救熄會附設在內（縣志載明正德中秦氏捨建）

教　其　他

張元庵	南門外庵橋	[illegible]安	本國	四五		有基四畝	院內部院共有西房前房後房二處勞工二校附設在內
勤治道院	東門外興隆橋	鄧少甫	仝上			基地二分	
希夷道院	便民橋	楊愛小	仝上	二		屋十餘間	溥仁慈善會附設在內
邑廟錫福道院	三皇街	胡阿福	仝上	三		基地二畝一分	
三茅峯	西門外下塘頭	吳仲山	仝上	三	二	屋三間	
理門廣善堂	北倉門	周祺祿	本國	六		房屋六間	附設利民小學校　附設婦孺救濟會
理門聚善堂	倉浜水溝頭	江培林	仝上	五		屋五間基地一畝	
理門習道所	惠山鎮	丁法師	仝上	一		租屋一間	
理門習道所	西門外中新三廠後		仝上	一		租屋	
理門普緣堂	梨花莊	吳[illegible]照	仝上	二	二	房屋三間	
理門德緣堂附設宗帝殿	黃埠墩	劉德生	仝上	二		屋六間	宗帝殿不另列
理門益善堂	南門外丁莊橋	將洪大	仝上	一		基地二分	
理門普善堂	南門外虹橋下	馬同樓	仝上	一		仝上	租地建屋
理門慈善堂	南門外黃泥橋	[illegible]	仝上	一		基地四分	
理門正善堂	附設龍船浜清泰庵	惠昔山	仝上	一	二	房屋四間	
福成庵	蓮門山		仝上	一			
理門伊[illegible]堂	錫山	吳慶朋	仝上	一		房屋[illegible]間樓屋六間平屋六間	

水利

銘

天下之大水佔其六，江南地勢低窪，允為蓄水之區，所以土地膏腴，民殷物豐者，良有以也。吾錫地濱太湖，運河環繞，與揚子息休相通，於水利上，關係灌溉，農田重要者一，太湖面積佔及三省，吾錫濱湖咫尺，北聯大江，於水利上，關係輪舟交通，重要者二。夫治水之術，不外蓄洩水行其道，則流自暢，所以濟其宜洩之功也。太湖為江南水庫，久失浚治，湖床日高，港瀆淤塞，僅存遺蹟，一旦淫潦為與，盡成澤國，吾錫水利先進胡雨人先生曾經實地查察，著有計劃，以供研究，查港務屬於市政之一，亟宜分別浚治，以資灌溉，而利交通。將來輪運暢達，北通大江，西聯皖浙，商賈人士咸出斯途，而免繞道，則吾錫工商之隆盛，前途正未可量也。

修治市河　市河為人民建築物，侵潛日就狹隘，亟須擇要逐段拓寬撈浚，以利水流，而重衛生，所有木筏，足以阻礙水流力量，而遺沙泥者，一律遷去，河身過於狹淺，或絕浜於水利，無關礙者，填塞之。（按西門外市河業由建設局在浚治中。）

浚治梁溪大渲口　江渚湖面約二百里，湖身淤淺，渲瀆狹隘，不容巨艘，吾錫太湖輪船，尚須停泊口外，營業未能興旺，亟宜修浚，至適當寬度，以利交通。則時所貨運，均可暢行湖中，豈僅為宣洩運河水量，農灌溉田已哉！

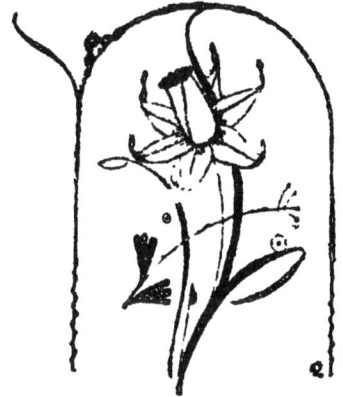

無錫市卜筮星相調查表

九月份調製

社會調查處

別類	姓名	年齡	籍貫	地址	營業狀況	家庭狀況	備註
地理	朱祖熙	二十九歲	本地	惠山山門口	不佳	一母一妻及子、女、	
地理	郁可法	四十四歲	本地	城内觀前街	尚佳	一妻及子女、	
地理	唐東齋	四十八歲	本地	西門横街十五號	尚佳	家庭住鄉	
地理	濮文寬	五十歲	本地	北門江陰巷	尚佳	妻、子、女、	住家在海涇上
地理	蕭錦良	六十五歲	本地	惠山	不佳	妻、子、	住家在城内駐總橋
地理	曹雲初	五十二歲	本地	北門外周泗街	尚佳	一妻、二子、	
地理	錢學淵	五十二歲	本地	西門外棉花巷	尚佳	一子、一媳、	
地理	包明	四十五歲	本地	廣勤路北新橋厍水業協會内	不佳	不詳	並在厍水業協會辦事
選日地理	周仰之	七十餘歲	本地	竹巷橋街四十四號	尚佳	二女、孫四孫女	
選日地理	徐潤之	三十四歲	本地	盛巷橋街四十號	大佳	一母、二子一妻一女、	

選日地理	陳良之	三十餘歲	本地	寺後門街	尚佳	一妻、	
選日	龔少卿	五十餘歲	本地	城外外黃泥橋	不佳	一婦、	有時營業地點不定
選日	劉青照	三十七歲	本地	城內寺後門街三十五號	尚佳	一母一妻一女	
星卜地理	張擷宣	五十一歲	本地	城外江陰巷中段	不佳	一子	
星卜地理	任仰甫	四十歲	本地	城外北柵口	不佳	妻、子、女、	家庭住鄉
卜命相	陸家閎	四十七歲	本地	城內公園對面	尚佳	一妻	
卜命相	吉明	六十歲	本地	城內北泗路	尚佳	一妻子、媳、孫、另住	
卜命相	周震揚	五十九歲	本地	城內迎迓亭	不佳	一子一媳一孫	
卜命相	朱少雲	五十四歲	本地	城內虹橋下	不佳	一母二子	
卜命相	馬國超	三十八歲	江陰	南門內南市橋	不佳	一母、一妻、一子、	
命課	吳正平	一十七歲	本地	城塊外長安橋	尚佳	一妻一子一女	
命課	顧卜吉	四十四歲	本地	西門老城門內	尚佳	無	
命課	陸秋泉	七十歲	本地	南門外清明橋當內	尚佳	無	
命課	卓時良	三十三歲	本地	南門城門內	不佳	妻、子、住附近	
命課	王寅伯	六十一歲	本地	北塘小泗房弄大街一百八十八號	大佳	一母	
命課	錢子[illegible]	六十四歲	本地	北塘廣仁弄西首寶康當內	尚佳	一子、一孫、一媳一孫女	住長安橋
命課	倪增良	五十五歲	本地	西大街五十號	不佳	無	
命課	倪得仙	四十歲	本地	西門外倉橋街十五號	尚佳	妻、女、另住	

命課	嚴觀齡	二十八歲	本地	南門外黃泥埄	尚佳	一妻一子二女	
命課	程月卿	五十二歲	安徽	盛巷橋街六十一號	尚佳	一妻	
命課	觀星臺	五十餘歲	江湖不詳	盛巷橋街六十號	不佳	不詳	
命課	安子才	四十歲	本地	城外高門田	不佳	一妻一子	
命課論字	伍耀甫	四十七歲	本地	北塘接官亭街西首	尚佳	住江陰巷一妻二女	設攤於營業地已五年餘
命課論字	黃耀文	五十四歲	本地	北塘接官亭街西首	尚佳	妻子女住後祁街	設攤於營業地已三年餘
命卜論字	秦鶴賓	二十二歲	本地	城內觀前街三十九號	不佳	一母	
命	鄒錫清	四十八歲	本地	南門外清明橋福字工房內	尚佳	一妻二子二女	
命相	鄭子迦	五十二歲	常州	城內崇安寺南院	尚佳	家住扶橋下	在營業地已六年
命相	許讓之	四十歲	本地	南門外清明橋	尚佳	一妻二子	
命相	孔憲和	五十五歲	曲阜	通運路口新世界旅社內九十一號	尚佳	家眷未帶	
命相	人勝天	六十二歲	蘇州	通運路口無錫飯店內九號	尚佳	家眷未帶	
命相	宗振瀛	五十四歲	鎮江	通運路中段大東旅社內二號	大佳	家眷未帶	
命相論字	顧雲亭	六十五歲	本地	通運路中二十七號浴春池大門間	不佳	二子	住家在長安橋齊園浜
命相論字	小春風	六十一歲	南京	城外外黃泥橋街	大佳	二子孫媳	
命相論子	劉子揚	三十九歲	紹興	城內北盛巷口二十五號	尚佳	母一子一妻一女	
命相論字	柳道人	五十四歲	本地	城內盛巷內二十一號半	不佳		
卜命相論字	彭成龍	五十六歲	嘉善	城外外黃泥橋街	尚佳	一妻一女	

論字	陳光照	五十八歲	江陰	城內映山河衖橋南首	尚佳	一妻	
論字	張鵬飛	四十四歲	江陰	設攤崇安寺茶場上	尚佳		在營業地已六年
論字	鈕洪元	五十一歲	常熟	西門外城腳下	不佳		
課卜	萬旭川	四十五歲	本地	城內青果巷十三號	尚佳	一妻	
卜	李竹安	五十二歲	本地	城外笆斗弄四十七號	不佳	一妻一女	
卜筮	徐勤先	五十三歲	本地	南門外黃泥埭	大佳	一妻	
卜筮	沈伯安	四十一歲	本地	城外江陰巷九號	大佳	妻子女	
卜筮	程志亮	四十七歲	本地	城內公園路十號	不佳	九人	
女筮	劉菊仙	四十餘歲	本地	城外笆斗弄中長城頭內十五號	尚佳	有子女	

圖表二八：此處原爲《無錫城區卜筮星相統計表》，見書後。

無錫縣社會調查處 **氣候調查表** 中華民國十八年八月 記載者魏秋芳

日	降雨量（公厘）	降雨時候	降雨時間 小時	分	溫度	風向	備註
1.					88°		
2.					88°		—
3.	2.1	13.4—13.50 20.1(—次日9.00	0 12	10 50	83°		天氣陰
4.		13.27—13.30	0	03	84°		天氣陰
5.		13.27—13.30	0	03	87°		天氣陰
6.		13.30—13.35 22.24—22.25	0 0	05 01	80°		天氣陰
7.	1.6	16.30—16.45 18.25—17.40	0 0	15 22	90°		驟雨
7.		17.18—20.05	1	40	89°		前日的
9.					85°		
10.	7.2	次日1.25—20.05	0	15	86°		[illegible]雨
11.		9.15—9.20 16.35—16.50	0 0	05 15	87°		天氣陰
12.		12.00—12.35	0	35	62°		天氣陰
13.	74.9	15.[illegible]0—16.45 次日3.00—9.00	1 5	2[illegible] 10	86°		天氣陰
14.	31.4	10.50—13.29 18.30—次日9.00	2 14	39 30	80°		天陰氣
15.	5.8	9[illegible].40—14.12 16.02—次日8.00	4 7	32 58	2°		天氣陰
16.					81°		
17.					82°		
18.					85°		
19.					90°		
20.					82°		
21.					90°		
22.					88°		
23.					90°		
24.	2.5	17.33—18.33	1	00	91°		雷雨
25.	2.0	13.18—14.00	4	42	90°		雷雨
26.	3.5 0.5	14.07—14.45 17.50—18.05	0	38 15	90°		
27.		9.45—10.00	0	15	85°		
28.	15.0	13.55—15.20 18.49—18.33	1 0	25 04	89°		雷雨
29.	0.5	14.15—14.20	0	05	86°		
30.	0.3	21.30—21.50	0	20	90°		
31.	1.0	24.00—次日0.30	0	30	83°		
總計	88.3		58	07			

記入須知

1. 降雨時候每日自上午九時起算前歸入前一日範圍內
2. 溫度以每日正午十二時華氏表所載爲準
3. 雹霰雪記載其融解量
4. 雷雨地震等記入備註欄

無錫縣社會調查處 **氣候調查表** 中華民國十八年九月 記載者范 昱

日	降雨量（公厘）	降雨時候	降雨時間 小時	降雨時間 分	溫度	風向	備註
1.					87°		
2.					81°		
3.					80°		
4.					83°		
5.					81°		
6.					80°		
7.					79°		
8.					79°		
9.					80°		
10.					78°		
11.					78°		
12.					78°		
13.					78°		
14.					78°		
15.					77°		
16.	0.6	次日6.00—次日9.00	3	00	77°		
17.	1.5	15.10—15.15 17.20—20.00	0 2	05 40	75°		陰
18.		10.00—10.10	0	10	73°		天氣陰大風
19.					72°		天氣陰大風
20.					78°		
21.					75°		
22.		11.00—11.07	0	07	78°		上午陰雨下午晴
23.	13.1	次日4.30—9.00	4	30	78°		下雨時有大東南風
24.	8.9 30.5	9.00—10.45 15.45—次日9.00	1 17	45 15	75°		下雨時有大東南風
25.	1.2	12.13—13.00	0	47	77°		陰
26.					75°		
27.					76°		
28.					75°		
29.					75°		
30.		次日7.13—7.16	0	3	75°		
31.							
總計	55.8		30	22			

記入須知

1. 降雨時候每日自上午九時起算九時前歸入前一日範圍內
2. 溫度以每日正午十二時華氏表所載為標準
3. 雪雹霜記載其融解量
4. 雷電地震等記入備註欄

圖表二九：此處原爲《無錫九月米價升降表》，見書後。

無錫市政籌備處每週工作紀要

第五週八月二十五日至三十一日

▲舉行第五次處務會議
▲組織市政討論委員會函聘榮德生等十八人爲委員
▲編輯「無錫市政」創刊號
▲辦理公文七十四件
▲編造十八年八月至十九年一月六個月收支預算書
▲設計會計上各種應用簿記及單表格式
▲擬訂徵收戲捐章程
▲重訂市有房屋租契
▲繪製惠山公園道縱剖面圖綫圖核定長寬度及土方數
▲製作惠山公園道工程說明書估價單及投標章程
▲購置測繪儀器置辦標桿木樁及標簽等用件
▲南門菜市場四面舖砌石片工事完竣
▲察看井字形乙等幹路實在情形
▲改正核發建築執照及丈發手續
▲擬訂編訂門牌規則
▲擬訂管理菜市場規則
▲擬訂公共娛樂場所營業登記條例
▲擬訂清道夫清河夫服務細則
▲派員會同公安局檢驗大市橋品香齋有疫熟食物品並監督焚燬之

第六週九月一日至七日

▲舉行第六次處務會議
▲編輯第一期「市政旬刊」
▲辦理公文六十二件
▲公布規章五種
▲編造收支預算書完竣

▲繼續重訂市有房屋租契
▲第六菜市場工竣舉行開幕禮
▲測量界涇橋弄並製圖
▲測量公園道自崇安寺至西門一段
▲設計公園道斷面圖
▲設計公園內建築平屋十間
▲調查本市舊有菜市場及街道狀況
▲辦理添放人力車登記
▲辦理考試衛生指導員事宜
▲爲大市橋品香齋熟食鋪消毒
▲擬訂管理公共娛樂場所規則
▲擬訂管理公共河池飲料水衛生規則
▲調查各種娛樂場所及公共體育場
▲調查本市區內社會教育事業
▲調查鮮肉幷鮮魚行鹹貨業水菓舖攤冷飲業及酒飯館等

第七週九月八日至九月十四日

▲舉行第七次處務會議
▲辦理公文七十七件
▲公布規章四種
▲修訂財政科徵收員服務及獎懲規則
▲修訂菜場捐章程碼頭捐章程及船捐章程
▲繼續重訂市有房屋租契
▲擬訂本處徵收土地拓寬道路暫行辦法
▲邀集各區區長討論全市道路計劃
▲設計建築公園路市樓及寄宿舍
▲繼續測量公園道
▲預備衛生指導員各種服務表冊
▲籌備公立醫院聘請唐星海等七人爲籌備委員
▲設計改進工人生活艸擬計劃書
▲調查公發機器廠壓斃學徒事

第八週九月十五日至二十一日

▲舉行第八次處務會議
▲辦理公文五十件
▲編輯第二期「市政旬刊」
▲「無錫市政」創刊號出版
▲察看各處市有基地及房屋
▲繼續重訂市有房屋租契
▲測量城外公園道及製圖
▲察看吳橋並著成修理吳橋說明書
▲測量城垣製作斷面圖

▲設計風景大道及甲等支路斷圖所

▲建造公園路市樓及寄宿所開標

▲接洽籌備救濟院公立醫院暨改建西區太保墩爲西區公園事宜

▲訓練及支配衛生指導員工作

▲劃分衛生區

▲訓練清道夫清河夫

▲調査本縣原有魚斷鮮肉莊山貨行娛樂場所河流寺廟婚喪慶節迷信酒飯館及廁所等

▲擬訂管理牛乳營業規則

▲擬訂本處公安局會訂衛生警士服務規則

第九週 九月二十二日至二十八日

▲舉行第九次處務會議

▲市政討論委員會舉行談話會

▲辦理公文六十七件

▲編輯第三期「市政旬刊」

▲擬訂本處職員服務規則

▲決定整理公園辦法四項由社會科會同公園管理委員會辦理

▲公布規章二種

▲取締過街招牌及有碍市容之類似廣告物派員往南北幹路一帶調查限三日內拆除

▲取締南北外南新路附近草蓬三百九十一戶

▲在城內外設立人力車停車場二十處

▲接洽改建西門外太保墩爲西區公園事宜

▲預備編釘門牌應用之調査表冊等並委定編釘門牌專員

▲臨時疫醫院結束

▲調査新北區坑廁情形並擬定公廁地點

▲擬訂取締私廁規則及改進廁所計劃

第十週 九月二十九日至十月五日

▲舉行第十次處務會議

▲辦理公文四十七件

▲公佈規章一種

▲參加拒毒運動

▲開始編釘門牌

▲開始檢驗人力車

▲函請本邑郵局及南京郵務管理局添設本市郵筒及信差以利交通

▲徵求本市市花市徽及市歌

▲組織計劃惠山風景委員會聘請吳稚暉等五人爲委員

▲本處建造公園內小商店十間開標

▲派員會同警士執行拆除違章建築物並取締過街招牌浮攤菜担又南門菜市口同閘之毛廁三十餘所以整市容

▲釘立界涇橋衖中心樁着手改訂街弄路面

▲擬訂整理河道規則市民請求修理工程簡則及工務科管理工隊簡則

▲公立醫院籌備委員會召集開會

漢口社會局調查俄僑人數

社會局調查俄僑姓名職業已完竣，計男八十二人，女九十八人，均向俄有職業。

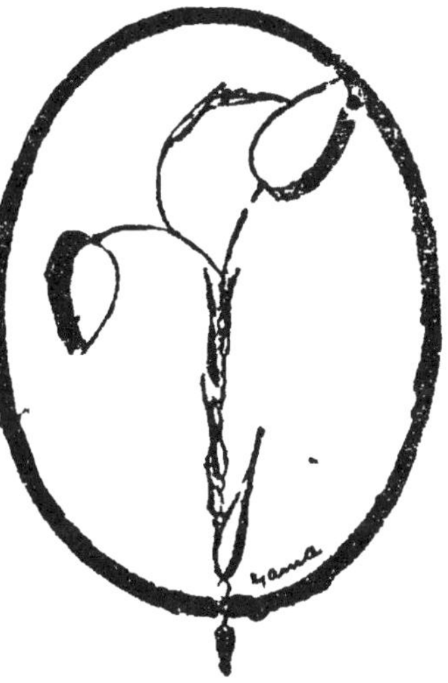

無錫市政籌備處八月分收支報告

財政科

計開

收入

甲、接收項下　二萬一千九百六十元〇〇八分九厘

一、無錫市行政局移交各款二萬一千九百六十元〇〇八分九厘

1.市產保管委員會公欵七千二百三十九元四角

2.二五國庫券七百元零零六角四分

3.續發二五國庫券六千九百七十元

4.捲菸國庫券二百七十六元六角四分

5.短期公債一千零六十元

6.期票八百元

7.現金四千九百十三元四角零九厘

乙、收入項下　一萬一千六百五十四元三角二分八厘

一、市產收入　一千八百九十八元六角

1.房　租一千一百六十三元二角二分

2.地　租二百二十一元五角

3.坑　租三十二元五角

4.碼頭　租十三元六角六分

5.公園場　租一百七十元

6.菜場房　租一百三十二元

7.池　租一百二十元

8.自流井售水　四十五元七角二分

二、捐稅收入　八千八百五十元〇四角二分八厘

1.街車捐　一千三百六十二元

2.包車捐　一百六十七元五角

3.自由車捐　一百十元

4.汽車捐　三十八元五角

5.馬　捐　五元

6.清道捐　三百六十九元九角

7.航船捐　十八元

8.快船捐　四十八元

9.店房捐　五千二百廿元零三角五分八厘

10旅棧捐　一百六十三元

11茶館捐　八十九元六角五分

12戲館捐　九十元

13公園茶捐　六百零八元七角三分

14廣告稅　九十五元

15菜場捐　一百六十四元七角九分

16宰牛捐　三百元

三、雜項下入　八百五十七元三角

1.航船營業照　三十元

2.建築執照　四百八十元另三角

3.公園攤照　十九元

4.土木作登記費　二十元

5.路燈貼費　三百另八元

四、臨時收入　四十八元

1.路燈押櫃　廿七元

2.偽頭頂首　十一元

3.坑厠頂首　十元

甲乙兩項收入總計三萬三千六百十四元四角一分七厘

支出

甲、支出經常項下　一萬一千六百五十七元一角八分七厘

一、行政經費　二千八百廿九元一角一分二厘

1.職員薪俸　一千九百十五元

2.勤務工食　二百八十五元

3.印刷公文用紙　一百另三元五角四分

4.紙張簿籍文具　一百七十元另四角九分二厘

5.郵電　十九元二角五分

6.書報　六元一角四分

7.徵收捐務車膳費　一百四十四元二角九分五厘

8.工務調查車資　六元四角七分五厘

6.報紙廣告　五十三元另二分

10各項雜支及茶水消耗　一百二十五元九角

二、事業經費　八千二百七十五元另七分五厘

1.公安警餉　五千五百元

2.道路橋樑修理　四十三元五角

3.清道清河夫工食及船租　六百九十九元三角

4.公園經常及建設　六百五十三元

5.自流井經常費　六十八元五角三分

6.菜場經常費　十三元六角

7.路燈七月份燃費　二百十元另八角六分
8.市產房屋保險費　三百十九元二角
9.市產房捐　二十三元〇四分五厘
10市區東亭馬路田租及警衛所房租　一百四十四元
11市產房屋修理費　二百二十六元七角四分
12南門菜場迴圍築路費　二百七十三元三角
三、補助費　五百五十三元
1.區黨部七八月分補助費　四百六十元
2.國民導報八月分補助費　五十元
3.工藝傳習所八月分補助費　四十元
4.中區救火會八月分月費　三元
乙、支出臨時項下　六千二百九十七元〇五分一厘
一、開辦經費　三千八百五十三元九角四分一厘
1.修繕房屋磚木石灰紙巾白鐵釘鐵鎖玻璃油油漆竹蘿及工匠工資運力等費一千四百元五十七元三角九分八厘
2.裝配電燈電料及裝工費　四十三元一角
3.購置檯椅櫈櫃床架棕墊着衣鏡等費　三百六十九元七角五分
4.購置文具磁器銅器檯布及照相器具等費　一百九十九元二角一分二厘
5.購置市政書籍地圖及譯書等費　二百三十三元五角六分七厘
6.局員全體攝影照片及證章等費　五十元〇八角九分四厘（證章計八十五元除收職員四十二元外尚有四十三元列入報冊）
7.收受逍遙遊電燈電話貼費　六十元
8.購置汽油船一艘及修機件油漆並應用具等費一千〇四十元〇〇二分
9.津貼逍遙遊及理髮所限期遷讓等費　四百元
二、工程經費　九百七十九元六角八分
1.測繪儀器　八百三十二元九角一分
2.購置儀器旅費　三十六元七角七分
3.工務科公費　一百十元
三、補助費　一百八十元
1.國民導報臨時補助費　五十元
2.第一區公所臨時補助費　一百元
3.南國劇社臨時補助費　三十元
四、各項雜支　千二百八十三元四角三分
1.搪磁車牌及印刷牌照契約等費　三百九十九元四角三分

2.撥還建築南門菜場市民借欵　二百元

3.退還遙遊房屋頂首　五百元

4.退還路燈押櫃　二元

5.鏟毀品香齋鳥取熟食衛生臨時費　二十六元

6.自流井裝置[illegible]達保證金　四十五元

7.滬寧長途電話通話保證金　十元

甲、乙、兩項支出總計　一萬七千九百五十四元二角三分八厘

結存洋一萬五千六百六十元〇一角七分九厘

無錫市政籌備處九月分收支報告

計開

庫存

（甲）上月底結存洋一萬五千六百六十元〇一角七分九厘

收入

（乙）收入項下四萬一千六百六十一元一角八分五厘

（一）市產收入　二千四百二十八元六角三分

1.房　租一千八百九十九元一角

2.地　租二百五十三元八角

3.坑　租　七元

4.僞廟租　二十八元七角三分

5.公園場租　九十元

6.菜場房租　一百〇八元

7.自流井售水　四十二元

（二）捐稅收入　七千九百五十五元七角五分五厘

1.街車捐　一千三百六十二元

2.包車捐　一百七十元

3.自由車捐　四十一元七角

4.汽車捐　二十五元五角

5.馬　捐　九元

6.清道捐　三百四十五元一角

7.航船捐　二元

8.快船捐　十二元

9.渡船捐　三十八元

10店房捐　五千三百二十七元一角三分五厘

11旅棧捐　十九元

12茶館捐　一百十三元二角六分

13戲館捐　二十元

14公園茶捐　二百九十元〇七角六分

15菜場捐　一百七十元〇三角

(三)雜項收入　一千〇七十五元八角

1.建築執照　八百〇九元八角

2.土木作登記費　三十二元

3.公園攤照　廿元

4.航船營業照　十元

5.路燈貼費　二百〇四元

(四)臨時收入　三萬〇二百零一元

1.築路費　二萬五千七百四十元

2.磁牌費　四百二十九元

3.房屋頂首　三千八百元

4.路燈押櫃　十二元

5.金鑑經租帳房程炳若君補助工運橋西首石駁岸費二百十二元

甲乙兩項收支總計五萬七千三百二十一元三角六分四厘

支出

(甲)經常項下　一萬一千六百五十二元三角三分一厘

(一)行政經費二千一百〇六元三角九分七厘

1.職員薪俸　二千二百六十九元二角二分四厘

2.勤務工食三百十元

3.印刷公文用紙捐票車照及車牌等費　三百元〇〇四角一分

4.紙賬簿籍文具　四十二元九角四分八厘

5.郵電　三十九元二角三分

6.書報　六元七角九分

7.徵收捐項車膳費　十五元〇一分五厘

8.各種雜務車費　二元一角六分五厘

9.工務調查車費　一元六角九分

10報紙廣告　四十四元七角八分

11各項雜支及茶水　七十四元一角四分五厘

(二)事業經費　七千五百五十七元九角三分四厘

1.公安經費　五千五百元

2.清道清河夫工食及船租添置號衣等費　七百二十一元二角

3.公園經常及建設費　一百七十四元六角六分

4.自流井經常費　八十五元二角三分

5.規定停車輛數通告牌木料　十七元三角九分

6.菜場經常費　六元

7.路燈八月分燃費　三百十一元七角

8.市府房租　四十九元三角二分四厘

9.市區東西馬路田租及衛生所房屋租　四元七角五分

10市產房屋修理費　一百九十六元二角八分

11市政旬刊月刊經費　四百九十一元四角

(三)補助費　九百八十八元

1.市區八九月分教育經費　六百元

2.國民導報九月份補助費　五十元

3.區黨部九月份補助費　二百三十元

4.黨義圖書館八月份補助費　二十五元

5.中區救火會九月份月費　三元

6.工藝傳習所七八月份補助費　八十元

(乙)臨時支出項下　四千八百四十五元四角一分

(一)購置費　五百〇二元六角八分

1.購置床榻櫈椅鏡架等費　三百五十八元四角

2.購置電料電泡及裝工等費　一百二十七元八角九分

3.購置竹窗簾及漏斗繩索等費　十四元一角

4.購置碗杯匙等費　二元二角九分

(二)工程費　一千二百三十四元七角三分

1.購置測量儀器等費　一千〇十八元

2.工務科辦公費　一百十元

3.購置儀器旅費　二十七元五角四分

4.購置圖書櫈標杆英文字母市政字冊等用費　七十四元七角

5.測量員及測丁出勤車膳等費　四元四角九分

(三)臨時補助費　一百十元

1.無錫國貨展覽會臨時補助費　一百元

2.同仁醫院佈種牛痘補助金　十元

(四)收回房屋基地費　二千九百九十八元

1.惠山公園圈用周鳳岐基地連收買舊屋磚瓦木料等費　三百元

2.收買天眞照相館舊屋磚木料等費　六十元

3.收買史怡記房得價銀　二百元

4.天眞照相館限期遷讓房津貼費　四百元

5.吳世庸房屋補䘏金　三元

6.退還榮塲房租四戶頂首　四十元

7.退還房租九戶頂首　一千九百九十五元

甲乙兩項支出總計　一萬六千四百九十七元七角四分一厘

收支相底結存洋四萬〇八百二十三元六角二分三厘

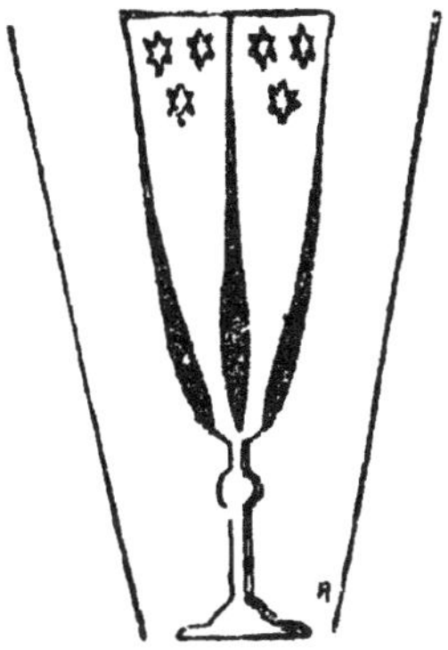

整理本市人力車輛

工務科

自市政籌備處成立迄今，各科對於所任工作，莫不努力從事，以期毋忝厥職。工務科爰於錫邑人力車輛，一切設備殊欠完善，故有檢驗車輛之舉。

查錫市人力車輛共有一千五百餘輛，其中構造式樣可稱合格者，實屬寥寥無幾，且大多數達敝舊不堪，或坐墊破碎，踏板損壞，或兩傍板木粗糙，鐵釘凸出，致衣服一觸即被扯破。或因坐位低狹，車中不能載物，或遇天雨，所備篷布，難蔽風雨，衣爲之盡濕。種種欠善之處，難於盡述，不僅使公用事業不能發達，而市民尤感痛苦也。

本處有鑒於此，乃編訂檢驗人力車輛章程（已載上期本刊）以便各車行行主遵章辦理。最近江蘇建設廳又有人力車輛式樣標準圖之頒發，本處已遵照翻印，並通告各車行將全邑所有人力車輛送至本處檢驗，如經審查合格者，准其行駛，否則飭令改造，務求合於本處所規定者，如是則不特市民稱便，而全市車輛設備式樣亦得以完善而統一矣，

本處以各車行之要求，及參酌全市民衆之需要，前經決定添放人力車自三百輛至四百輛，此項添放人力車輛，均依照江蘇建設廳所頒發之新格式樣構造之，自十月一日起由處通知各車主前來檢驗，每輛徵收牌號費六十元，作爲築路之用，各車主均遵章辦理。自十月一號至十五號已報名檢驗者計有下別各行

車　主	輛數	號　數
劉雲生車行	5	NO. 1431—1435
王慶記車行	15	NO. 1436—1450
美利車行	30	NO. 1451—1480
益新車行	20	NO. 1481—1500
李鳳山	5	NO. 1501—1505
戴宏記車行	30	NO. 1506—1535
紀存行	5	NO. 1536—1540
永泰車行 龔永和	30	NO. 1541— 570

沈順記車行 沈阿順	5	NO. 1571—1575
朱甗洲	3	NO. 1576—1578
捷成車行 蔡同芳	7	NO. 1579—1585
合記公司 周金階	6	NO. 1586—1591
郭寶豐	4	NO. 1592—1595
合興公司 陳同恭	8	NO. 1596—1603
陳德記	2	NO. 1604—1605
金仲瑚	4	NO. 1606—1609
徐記公司 徐酉	6	No. 1611—1616
王大鍾	4	NO. 1617—1620
瑞豐公司 王瑞豐	6	NO. 1621—1626
尤子楨	4	NO. 1627—1630
鄒南記公司	10	NO. 1631—1640
德記公司 王冠清	10	NO. 1641—1650
李春元	5	NO. 1651—1655
華安康	5	NO. 1656—1660
華文魁	5	NO. 1661—1665
錫昌車行 陸馨	5	NO. 1676—1680
王餘記	5	NO. 1681—1685
蔣景先	5	NO. 1686—1690
徐昌記	3	NO. 1781—1783
邵幼山	16	NO. 1784—1799
財記公司	7	NO. 1800—1806
陳兆鏡	2	NO. 1807—1808
張耀三	5	NO. 1809—1813
協程車行 黃世義	5	NO. 1814—1818
王海帆	2	NO. 1827—1828
順泰車行	10	NO. 1829—1838

至檢驗原行人力車輛，定於十月十六日起實行，惟驗車手續甚繁，故特設專員辦理之，邇來各車行將人力車輛來處報驗者，殊形踴躍，不久當可檢驗竣事矣。

圖表三十：此處原爲《無錫市人力車式樣標準圖》，見書後。

無錫市政籌備處辦理衛生行政之現狀（社會科）

處理衛生違警事件之步驟

人類和環境一接觸，就有旁的物件，影響到人類的生活機能。所以各個人不得不講求防護，注意衛生，設法增進健康，以達壽終天年的目的。換句話說，就是我們人類應當講求衛生，注意衛生。不過講求衛生，應有一定施術的範圍和方法。倘使單就個人着想，就叫做個人衛生，兼顧到社會或公衆方面的，就叫做社會衛生，或公共衛生。個人衛生以個人爲本位，當然由個人自己負責。公共衛生以團體或羣衆爲對象，祇能由國家代表負責，爲公衆謀健康。所以公共衛生能用强制性質干涉個人的自由，使不合衛生的事或物件，都要依照法定的標準，適合於衛生。否則，就要加以相當懲戒。這就是國家制定衛生法規的用意；也就是處理衛生違警事件的重要意義。

國家制定了衛生法規，地方行政機關就得遵照執行。倘使人民違犯了禁例，就不得不去干涉；不得不去禁止。譬如人民把垃圾倒在河裏，違犯了衛生法規，就得去干涉；有了傳染病的人販賣飲食物，違犯了衛生法規，就得去禁止。市政籌備處成立以來，對於市民公共衛生一件事，當然要負責辦理，設法改進的。但是人民知識淺薄，積習太深。事實上違犯的，實在不曉得公共衛生是什麽一件事，是犯而不知的；有的是平常這樣做慣的；有的因爲外界環境的關係，自然而然的去做的。有了這許多事實和原因，要去處理人民衛生違警這件事，實在很難執行的。所以市政籌備處對於這件事，十分重視，覺得非有一定的程序，一定的辦法，責成負責的人，按步就班的做去，不能辦得好。現在詳細的計劃一下，規定了四個步驟，分別的做去。

第一步宣傳指導　衛生指導員和衛生警士依照了衛生法規，天天出去調查巡視，宣傳，指導。碰到街道上不清潔，河裏不乾淨，就督促清河夫清道夫去打撈清除。居戶商店裏面不講求衛生，就去指導他。看見商店裏售賣的東西不合衛生，就去禁止他，或者教他設法改良。他們天天在那裏勸告人家，處處在那裏指導人家。不過人民積習太深，一時不容易改革過來，養成新的習慣。

譬如有一家人家，慣常把垃圾倒在近旁的電杆旁邊，你要教他倒在遠離幾十步外的垃圾箱裏去，很不容易。有的雖近了垃圾箱，還不肯掀開箱蓋倒下去，很隨便一倒。還有生病的人家，習慣上把藥渣倒在街道上，你要教他倒在垃圾箱裏，不但不聽從，并且還要說這是應當的。這種事情，實在成了一種風俗，不容易勸導改革。這樣看起來，公共衛生這件事，雖說不到「十年教養」，但是要一時收效，確不是容易辦得到的。所以祗能上緊下緊的認眞做去。碰到衛生違警事件，盡力的勸告指導。一方面再把人家容易犯的弊病，印了傳單，做了標語牌，揭示或運動宣傳，使得大家明白，大家講求衛生。這是第一步的工作。

第二步　報告通知　衛生指導員和衛生警士，既然做了第一步宣傳的工作，終希望人民聽從改革，沒有一個犯禁的。倘使經過勸告指導的沒有聽從，給衛生指導員查到了，馬上塡寫違警報告單，報告市政籌備處社會科科長，由科長正式塡發通知單，通知犯禁的人，叫他改革，下次不要再犯禁。這是第二步的工作。

第三步　復查警告　正式通知後，究竟改革沒有，還是一個問題。所以必定再要去復查一次。倘使復查的結果，沒有改革，或者第二次又犯禁了，定即由衛生指導員再報告科長，由科長塡發警告單，警告犯禁的從速改革。這是第三步的工作。

第四步　傳訊處罰　警告單發出後，衛生指導員和衛生警士還是要去調查的。倘使仍舊沒有照辦，不特藐視法規，實屬有意違犯。到了這一步，就把事實和經過情形，公函公安局派警傳訊，按章處罰，這是最後一步的工作。

無論一件小小的違警事件，都要依照這幾個步驟做去，表面上看起來似乎覺得很麻煩，很迂緩，容易使得辦事的人灰心懈怠，但是從實際方面看起來，有幾點值得注意的。第一，可以使辦事的人能够審愼辦理，不致操切從事。第二可以使得犯禁的人有一個改革的時期和機會。第三，可以使得犯禁的人，心服悅服，罰而無怨。

訂定了衛生法規，擬定了處理的步驟，沒有專門負責的人去辦理督促，實在是沒有用的。所以特別訂定了衛生指導員和衛生警士的服務細則，使得他們的工作有程序有範圍。又恐怕他們日久懈怠，再訂定工作報告單，要大大依照項目工作報告。這樣一來，衛生指導員和警士決不能敷衍了事，公共衛生這件事，也有些成效可見罷。

附錄

一、衛生指導員工作報告單

二、衛生指導員違警報告單

三、通知單

四、警告單

五、通知衛生違警事件用之公函

六、無錫市衛生區域圖

七、無錫市區內清導夫清河夫人數統計表

八、無錫市清道狀況表

無錫市政籌備處社會科第　區衛生指導員工作報告單

巡視路線地段	街道河流溝渠清潔狀況	坑厠垃圾桊塲清潔狀況	居戶商店及公衆塲所清潔狀況	
清道夫河清工作情形	檢查及報告衛生違警事件	指導戶商店居民改進及宣傳事項	復查事項	偶發事項

中華民國　年　月　日　衛生指導員

違警報告單

為報告事茲查得下列各項事實應予懲戒處罰敬祈審核辦理此上

無錫市政籌備處社會科科長

地點	姓名店號	事實	辦法

中華民國　年　月　日第　區衛生指導員　第　號

存根

茲查得下列各項事實核與公衆衛生殊屬相違應予懲戒處罰除報告社會科科長審核辦理外合具存根備查

地點	姓名店號	事實	辦法

中華民國　年　月　日第　區衛生指導員　第　號

通知單

無錫市政籌備處 爲
通知事茲查得 路
核與公衆衛生殊屬相違合亟通知仰即
毋稍遷延切切
右給 准此
中華民國 年 月 日第 號

存根

無錫市政籌備處 爲
通知事茲查得 路
核與公衆衛生法規殊屬相違除通知立即
外合具存根備查
右給 准此
中華民國 年 月 日第 號

警告單

無錫市政籌備處 爲
警告事茲查 路
一案曾於 月 日送達通知單令派人復查仍
未遵辦對於公共衛生殊屬藐視已極合再警告倘敢
故延定行知照該管警區按章處罰不貸
右給 准此
中華民國 年 月 日第 號

存根

無錫市政籌備處 爲
警告事茲查 路
一案曾於 月 日通知令飭派人復查仍未遵辦對
於公衆衛生殊屬藐視已極爲再警告倘仍故違定行
知照該管警區按章處罰外合具存根備查
右給 准此
中華民國 年 月 日第 號

無錫市政籌備處公函 第 號

逕啟者茲由敝處衛生指導員查得 貴局轄境內
一案業已一再由敝處送達通知警告單飭令
外令派人復查仍未遵辦對於公共衛生殊屬藐視已極合行函請
貴局查核飭傳按章處罰實紉公誼此致
公安局
無錫市政籌備處主任
中華民國 年 月 日

（專爲通知衛生違警事件用）

圖表三一：此處原爲《無錫市衛生區域圖》，見書後。

無錫臨時時疫醫院報告書

民國十八年夏

醫務主任王世偉

霍亂發源於印度甘及斯河流域附近，一八一七年始傳播於他國，一八二〇遂傳入中國，迨一八三〇年後，蔓延歐美，患者之死亡率，各流行期畧有不同，平均佔百分之五六十以上，流行之速，殊堪驚懼，爲人類最可恐怖之一種傳染病，是以世界各國，羣起研究其治療及防範之法，精益求精。近年來，歐西各國，對於預防法，特加嚴厲，設立防疫機關，是症之踵跡，殆已絕滅，東西諸國，尚不時發生。而獨我中國，流行最盛，亦國之恥也！幸今歐化東漸，新醫日興，治療方法，日臻完善．當流行時期，有時疫醫院之設立、可謂地方最大之慈善事業、因患時疫者，大多皆勞工界，觀其生活，以逐日所得自給，尚恐不敷，又何敢從速就醫，是以一染是症，輒奄奄待斃，循至死亡者，不知其數，此種不幸之事，實爲仁者所不忍聞，吾邑當滬寧之衝，交通便利，工廠林立，人烟之稠密，及實業之發達，冠於他縣，工友及其他勞工界，不下數十萬人，羣處雜居，每逢夏秋之交，疫厲盛行，彼等缺乏衛生智識，不知防範，每至蔓延熾盛，如火燎原，因之實業界亦同時間接受其損害，是以吾邑設立時疫醫院尤爲必要。回溯民國八年及十五年，時疫盛行，地方人士，有鑒於時疫殺人之速，於是發起設立時疫醫院，慈善界慨助經費，固屬成績昭彰，造福無窮，然開幕每在盛行之後，死亡者已不可勝計。本年孫縣長有鑒於此，設立時疫醫院，於疫病未發現之前，各慈善界，同聲響和，實助巨資，辦事人員，熱心從公，勉力從事，並行注射預防針，同時籌備醫院事務，不一星期，宣告開診，[illegible]亦適於是時發現。第一日，來院求治者，則有四十餘人之多，一二日後，每日輒有二百餘人，倘籌備稍晚，則爲患之烈，有不忍言者矣。先時所備藥品，及病室應用物件，未及數日，已不敷用，以致一再添置，供給常不敷應用，可見患者之多也，然死亡之數，寥寥無幾，此本院同人差堪告慰者也。茲將治疫情形[illegible]於左：

（一）注重預防　注射霍亂預防苗，本院有專司一人，在院外各機關及地方團體免費注射，本院門診部，亦特設注射處，以便民[illegible]，凡病者同作人員，由醫師或護士勸導注射，無智識者，[illegible]注射，以防傳染。

(二)病者之設備及處置　本院病房完全臨時性質，不皆作平易於清潔，故四壁多以石灰水粉刷。地上由勤務以臭藥水，每日灑掃三四次，遇有病者之汚穢排泄物等，則先傾以石灰消毒掃除清潔。病房中，每一病人備有木板病具一架，蓆一條，白布單被一條，枕頭一個，痰盂便桶各一具，內常置百分之二十石灰水以消毒。每人有白磁茶壺茶杯各一具，每當病人出院後，所用一切物件，均經消毒手續，方准與他病人繼用，病房備有洗手盆三具，內儲百分之三來蘇兒，指導勤務探望病者之親友，及一切病人接觸者洗手，以防細菌攜帶出外。各病房備有蠅拍十具，指使勤務及伴護病人者撲蠅，以免流傳。

(三)排泄物之處置　凡病房中之痰盂及便桶，均置入百份之二〇石灰水，排泄物規定每天傾倒四次，如遇盈滿，即有勤務隨時隨倒；凡本院病房中所有一切排泄物，均傾於本院後門荒池泥坑內，事後以泥土埋沒，凡本院掃除之垃圾，亦堆於荒場上，每日用火焚之，本院所有一切汚穢件物，均於院側地塘內洗滌，不致與外河流通，以防傳染。

(四)消毒規則

A醫藥用品之應消毒者，均依照醫學規則施行。

B病人所用之物品如茶杯茶壺等，均每天沸煮十分鐘，方准再與他病人使用，再其他如尿枕蓆枕等，當病人出院時，亦均須以百份之二來蘇兒洗滌晒乾後，再許應用。

C院內地每天由勤務打掃二次，然後再遍地灑以百份之五臭藥水。

D病房中除每天掃除一次外，遇有汚穢等物，則有勤務立刻掃除，如便溺等物，傾於地上時，立刻以石灰粉消毒，然後掃除清潔。

E本院備大煮鍋一只，專爲沸煮消毒之用，晝夜不停。

F本院所用之被單，衣布等物，經病人用過，或接觸者，入鍋沸煮後，然後洗滌晒乾待用。

G病房及手術處診察處，均備有洗手盆數只，中儲百分之三來蘇兒溶液，以備洗手消毒。

(五)治療紀述

診治手續：

A凡新病人到院，必需由醫士診斷確定，確是眞性霍亂，然後搬入治療所注射鹽水。

B旣入治療處之後，家屬一律退出，至施行手術完畢後，再可探詢。

、病人收容之前，將病者姓名住址，及關係人姓名住址，填註明白，進院後，立即懸於病人床架上。

D每一病人具有簡單病歷，寫明發病日期，經過病狀及所受治療處方等。

F醫生常巡視病房，見病者有危急現象，立即復打鹽水，或施以相當治療。

F醫生近病床時，及施行手術時，一律穿了術衣。

(六)關於霍亂症之藥物施行　本院對於治療方法，乃採取最新最有效，最經濟者鹽水成分用陸喬氏原方，故雖四肢冰殭體溫下降，一經注射，病者立刻轉暖。灌腸劑則用奏可氏原方，效能止瀉收斂，當病者服藥無效，而施用此劑，則病者可安靜數小時，病亦因之減輕，至於危重病人，經過四五次鹽水注射，雖能轉危為安，然病體已枯弱，營養十分缺乏，當此垂危之際，以百分之二十葡萄糖液，五十或一百立糎，由靜脈注射，病人得此葡萄糖液後，可數日不食，腸壁得以歇息，全身營養得以維持，心力亦因之增强，而病之恢復，藉此較速。本院對於注射鹽水手術，因病者之情形而不同。

(一)切開血管，用玻璃管者，大多年齡在十歲以上，而人病病勢十分危險，全身靜脈，大半已癟，用此則下水迅速，而無滯塞之虞。

(二)用鋼針刺入靜脈，常用於病者，病勢不十分危險，而尤必需注射鹽水者，用此法則免去病者之痛苦。

(三)用皮下注射針施腹膜注射者，大多用於五六歲以下之小孩，因其血管小，不能用玻璃管及鋼釘注射也。

本院對於內服藥品，如霍亂症普通常用之白陶土，易使病者作嘔，不能多服，獸炭則可儘量納服，直至大便全黑，而病亦於是大減，其他如强心利尿等劑，用藥甚多，或注射，或內服，皆採用最有效之良方。

(七)治愈病人出院手續　凡住院病人，需吐瀉全除二日後，方許出院，出院時，須得本院醫師許可，方准出院，同時簡單告知回家後調養之法。

(八)死亡病人之善後處置：

A病者於將死未死之時，必需通知其家屬，或關係人，告知醫藥之不治，加以可能之安慰。

B病者死後，當即錄入本院死亡表，以備查考。

C病者死後，以百分之三來蘇兒溶液揩拭全身，口腔肛門等腔皆塞以火酒棉花。

D病人死後即入本院善後所。

附表

霍亂之危險，時疫醫院之需要，及本年時疫醫院治療之經過，已陳述如前矣。然已疫倘治疫，不如未疫防疫，倘以創立時疫醫院之巨資之什一，於春末夏初，購防疫苗，按戶播種，其效或且較勝于時疫醫院之功，然錫邑交通便利，工商發達，自客地來者，日不勝計，以播種牛痘之法，而播種霍亂疫苗，仍不能免時疫之流行，非根本之法也。故治防霍亂之發生，根本之法，仍在清潔飲源，撲滅蠅種，故整頓汚濁河道，廢除舊式廁所，實爲當今第一要務，廢爲縣市，建設伊始，此種問題，將逐一着手進行，實錫邑之幸也。

本院門診總數六千一百六十四人。

霍亂病人總數六百〇三人。

注射預防苗漿總數三千六百八十三人。

住院病人總數八百七十九人。

注射鹽水共計磅數三千五百九十一磅。

死亡人總數十九人。

死亡率百分之●三〇八。

霍亂死亡率百分之三，一五〇八。

每日病類計數總表

日月 \ 病類 \ 數目	霍亂	假性霍亂	痢疾	瘧疾	傷寒	胃炎	腸炎	其他	注射人數	鹽水量	入院	出院	留院	預防針	死亡	總計
八月十九日	二〇	三	一		一		十八		八	三八	十二		十二	六六	二	一〇九
八月二十日	三九	十	六	七	一	一	一	二	一一	一五	四	四	十二	一二六		一八三
八月二十一日	五	五	一七	二	一	六	六	四	一七	四〇	十	五	十七	一六四		二四一
八月二十二日	二八	一六	三〇	五	一	一	四	一	二八	一七〇	二七	二一	二三	一一七	一	一一四
八月二十三日	三五	三八	十四	五	一	二	三		四一	一五五	三四	二九	二八	一五五	三	二五三
八月二十四日	三五	三〇	二〇	五	一		六	生產一	四七	二八二	三四	二九	三三	二二〇	一	三一八
八月二十五日	二〇	十九	二〇	八		一	二		二七	一七九	七	七	三三	四一		一八〇
八月二十六日	五〇	十二	一〇	十	一		二	肺炎五	五〇	一三二〇	三九	二二	五十	一六六	一	二七六
八月二十七日	一五	七	十三	八	一		十二		二八	一七二	十	二	四八	四六	一	二一
八月二十八日	二六	四	十	二		一	八		二四	一四四	三三	三三	二七	一八五	一	二三五
八月二十九日	十八	六	二五	十		二	六	五	十八	一六	十一	二四	二六	一一〇	一	八一
八月三十日	二五	十	四一	十五		三	四	九	二三	一三八	十八	八	三八	一九三	一	二九九
八月三十一日	二〇	七	二八	十四	二	七	六		十九	一一四	十四	二四	二六	一三六	一	二〇
九月一日	二八	十	一〇	一九	一	二	二三		二九	七四	二八	十三	四一	一八六	一	三〇七
九月二日	十七	十一	十七	一	七		二	一	二三	一三八	十八	十九	四十一	一八五		二四三
九月三日	十五	三	十六	一	八		五	一	二三	一九七	十三	十	四三	四六	一	一九七

九月四日	一〇	十二	三八	十一	三	五	一九	一三	一二	一〇四	十六	十八	四	七二	一二	一七二
九月五日	二五	六	十	七	二		一	一	三十	一七八	十一	二七	二五	四八五		五七
九月六日	十六	十二	二五	十八	十一		二	一	十八	一〇七	十一	十二	二四	二一	一	三一五
九月七日	二	十一	十七	九	一		一		二四	一四二	十七	十	二八	二五	一	八六
九月八日	十八	二	十二	十八	一		一	二	二	一四	十八	十九	二七	二三	一	七
九月九日	十二	三	十八	十一			二	二	十	十一	十	二四	十八		—	六
九月十日	十	一	六	二二	一			十	十二	三九	九	十	十四		—	八五
九月十一日	十一	二	五	十八	一			二	十四	六七	十	五	二一		—	七一
九月十二日	六	四	一二一	十五	二		二	二	八	一	一	六	一	二九		一七一
九月十三日	九	二	三一	五	一		二	五	五	一七	三	十一	十			五二
九月十四日	六	一二	三二一	六	三	—	五	— 狂犬病一	五	二八	四	一五	一九	二〇一	一	二五六
九月十五日	四	二	十	一五	二	八		一五	四	十九	一四	二	十		—	三六
九月十六日	二	五	三一	八	一		二	一	三	二一	三	六	八	二		五三
九月十七日	五	二	二三	三	一	—	一	一	五	三二	六		十四	一		二六
九月十八日	二	一	二一	八	一	一	十五	五	五	三二一	三	五	十三		—	五六
九月十九日	五	六	二〇	五	—	—	—	三	七	四	六	三	十五		—	三九
九月二十日	五	二	三〇	八	一	一	二	三	六	三二	五	十五	五		—	五三
九月二十一日	六	一	六	七	—	五	七	四	四	十五	四	二	七		—	三六
九月二十二日	四	六	十二	六	—	三	四	九	八	三八	五	二	十	—	—	四四
九月二十三日	四	五	七	六	—	六	九	一	六	二五	九	四	十五		—	二八
九月二十四日	一	三	三	二	—	四	五	四	五	十五	二	三	十四		—	二
九月二十五日	三	九	九	四	—	三	五		七	二一	九	六	十七		—	三三
九月二十六日	四	十五	十二	四	—	十	十一	四	五	二十	四	八	十三		—	三九
九月二十七日	一	九	十八	十	—	三	三	四	六	二三	五	十二	六		—	四八
九月二十八日			—	—	—	—	—	—	—	—	—	六	—	—	—	—
九月二十九日		—	—	—	—	—	—	—	—	—	—	—	—	—	—	—
九月三十日	一	—	—	—	—	—	—	—	—	—	—	—	—	—	—	—
分類總數	六〇三	三三五	一七八六	三三四	五五	七三	一九八	二〇六	六五〇	三五九	一五五	五一五	一八七九	三六八四	一九	一六一八四

「附錄」

一、公告通俗易爲免疫法

一、居戶門前街道，除開市有清道夫外，皆宜自己掃除，務使清潔不宜堆積瓜皮及不潔之物，以免蠅之滋生。

二、糞廁無論大小，每日須散播石灰少許，以滅蠅c

三、城內河小水穢，居民飲料最好設法用井水，或城外大河之水，并須沸滾方可入口。洗濯碟箸，亦宜一律用熟水。

四、市上販賣食物，宜一律用紗罩。

五、菜蔬須熟爛而食，瓜果非鮮潔新剖者不食。

六、凡鄰里有吐嘔腹痛者，立即送時疫醫院（東門延壽司殿）醫治，已痊者，亦宜到院詢問滅菌法，以防傳染。

總之，霍亂一症，由口而入，不潔之水及蒼蠅，乃其媒介，倘能注意飲食，自能免疫疾之傳染。本院送種預防霍亂疫苗，不取分文。

解釋施打避疫預防針之原因

世上微生物，其數累千盈萬，日伺於吾人之側；然人類不因之皆病，此何故也？蓋人類皆有一種抗疫本能，即所謂免疫力者是也。免疫力有『先天』『後天』之別，先天者於未出母胎前即有之，如下等動物，無疹子猩紅熱肺癆等病，及人類不患猪霍亂等禽獸症病者，皆因其具有各別之先天免疫素是也：後天免疫可分病後與人工兩種，如患天花之後，體中即生對於天花之免疫素，不再傳染天花，此即病後之免疫力是也。人工免疫法，即取已死或其衰弱之微生物，注入於動物體內，使其發生適應之免疫素，以與微生物相拒，因此種微生物，已死或極衰弱者，不能大有作爲，不久即被身內所發生之免疫素殺敗，但所生之免疫素，留存於體中，下次再有此等微生物侵入時，即能仍有殺滅之力，使人遂能免是病，此即人工免疫法也。故當傳染病流行時，例如天花流行時，應即請醫種痘，使得人工免疫素，而免天花之傳染，當今種痘之習已深入吾人腦海，因知其確能免染天花也。霍亂一症，甚於天花，一日之間能使病人形骸枯槁，奄然物化，每歲之間，死於是疫者，以千百計，打防疫苗而預防者，一邑無幾人，實則預防針之效，與種痘相同，死于非命者，能不悲乎？此時疫醫院之所以施打免費防疫針也。

京市籌備地方自治

京市將實行地方自治，現社會局已將城內劃分五區，連同下關浦口，共成七區，每區設區長一人。

無錫市政籌備處工作人員一覽表（續）

十八年九月調製

姓名	性別	年齡	籍貫	職別	教育程度	經歷
王伯秋	男	三九	江蘇南京	參事	曾留學美國哈佛大學日本早稻田大學得有學士學位	曾任江蘇省立法政專門學校教務長民國法政大學教授金陵法政講習所教師江蘇省立法政教務主任兼代校長國立南京高等師範教授國立東南女學政治經濟系主任兼教授國立暨南學校教授蘇省立第一女子師範學校教員南京市政籌備處主任江蘇海州商埠督辦公署參議下關商埠督辦參議南京市政總辦南京特別市政府參事杭州市政府參事蘇州市政專門委員江蘇平民教育會總務董事中國科學社常務理事南京學術講演會總幹事金陵女子大學講師遊歷日本朝鮮大連旅順等處考察市政
邱均	男	三八	江蘇吳縣	財政科科員	安徽高等學堂文科畢業	縣充丹陽縣學務委員縣立小學校長教育局總務科主任縣政府民治科科員公安分局局長膠澳商埠港政局港務科科員膠濟鐵路材料處總務課課員青島三江公學校長暨中央軍事政治學校籌備委員會文書科書記官
郭興熊	女	二六	湖南	財政科科員	上海滬江大學社會科畢業	上海清心中學教員湖州湖郡女中教員基督教女青年會幹事
柳樾	男	二一	江蘇鎮江		中央大學區南京中學校卒業	浙江吳興縣公安局總務科科員

何祖武	男	二三	浙江瑞安	測量員	江蘇公立工業專門學校工程測繪科卒業	浙江杭州陸軍測量局地形班班員江蘇官產局吳常江崑官產局技術員蘇州市政府土地科繪圖員
張鴻年	男	一九	江蘇吳縣	工務科練習生	吳縣縣立第四高小畢業上海青年會英文夜校肄業	蘇州太平洋建築公司練習生
祝恩銘	男	一七	江蘇吳縣	工務科練習生	吳縣純一中學畢業	
許仲華	男	二四	江蘇宜興	衛生指導員	法政大學肄業二年	無錫縣教育局民衆教育促進團團員尤家[illegible]小學校長
諸其濬	男	二〇	江蘇無錫	衛生指導員	初中畢業高中肄業	縣女中教員南延泰伯各校教員
高月齋	男	二六	江蘇無錫	衛生指導員	工商中學畢業	歷任教員
陳湯濟	男	二九	江蘇無錫	衛生指導員	江蘇省立第一商校畢業	無錫開原鄉立第五國民小學教員景雲市私立江陂小學級任教員總工會屬勞工第四小學校校長第一學區玉帶橋小學校級任教員
邵一清	男	二三	江蘇無錫	衛生指導員	無錫中學畢業	東北塘榮陽小學教員一年
汪介丞	男	二二	江蘇無錫	書記員	蘇州英華中學肄業	無錫縣公安局警察隊司書縣警察大隊第二中隊文書員等職
毛燦	男	二七	江蘇無錫	書記員	商業學校	金陵軍官學校事務員江蘇省警務處總務科庶務中央軍事政治學校中尉事務員泰縣公安局督察員中央陸軍軍官學校工兵大隊上尉副官等職
王廷書	男	二四	福建	編輯員	厦門大學	曾任厦門中山學教員福建臨時省黨部宣傳部秘書國民革命軍第十七軍政治部藝術股長東路軍總指揮部政治部藝術股長兼杭州市黨部主任國民政府軍事委員會特別黨部籌備委員航空處政治訓練員航空同志會宣傳股主任獨立第七師政訓部宣傳科長中央陸軍軍官學校編輯國民革命軍航空大隊司令部政訓處訓練科長等職

附錄

市政與「違警罰法」

沈維棟

市政的進步，决不是空言可以做到的。積極方面，固然要增進市民道德，而消極方面，尤不可不勵行取締辦法。市民道德如果高尚，人人能夠遵守法律，注重公德和保持秩序，則無論什麼事，政府都不用操心，自然會走上軌道。反過來說，市民程度低下，那就不能不用嚴厲的取締方法了。

舉一個極淺近的例，在外國買票的地方，總是一個挨着一個，秩序很整肅。而我們中國却不然，無論是車站，是戲院，買票的時候，總是許多人頭密密的擠着，搶奪的情形，簡直使人可怕。其實這樣的擁擠，也未必能減少些時間，眞是何苦呢？這就可見我們秩序的訓練太缺乏了！但是這種訓練，决不是一天可以做到的，就是大多數人能夠遵守而少數人不知秩序，還是不行。所以市民道德沒有達到最高程度時，消極的取締是萬萬不可少的。

市政是最煩瑣的事情，市民的一舉一動，差不多在在和市政有關。不過辦理市政的人，因爲要顧到大多數人的便利，對於一個人或少數人的便利，就不能不加以限制，要達到這種目的，必須執行各種取締的規則，但是無論什麼好的辦法，必須有人去做，纔會發生効力。所謂辦理「行政」，就是說有了政，就要人去「行」，政而不「行」，便不成其爲政。進一步說，行政也决不是一紙空文，即算了事，必須考量牠所發生的効力如何。譬如我們要取締野犬，當然要實行驅捉，如果野犬並沒有減少，這就是「政而未行」。警察是負有執行市政的使命的。現代世界各國市政的進步，多半靠警察的努力。在民智比較幼穉的中國，警察的責任，當然格外重大。有人以爲警察是保護地方的，與市政有什麼相干。不知警察之維持地方安寧秩序，並不是狹義的，而實包涵治安，交通與衛生三大任務。這三種任務，都與市政有密切關係，未有警察辦得好而市政辦不好的，也未有警察辦不好而市政辦得好的。別門不設，就拿違警罰法來說，已可見警察與市政關係的深切了。

試把違警罰法中的罰則分析起來。

(一)關於戶籍的：

該法第三十四條第一欵　婚姻，出生，死亡及遷徙不依法令章程，報告公安局者，處十日以下之拘留，或十元以下之罰金。

(二)關於營造的：

第三十四條第二欵　建築物之建築，修繕，不依法令章程呈請公安局所准許，擅興土木；或違背公署所定圖樣者，處十日以下之拘留，或十元以下之罰金。

第三十五條第一款　於私有地界外建設房屋，牆壁，軒楹等類者，處五日以下之拘留，或五元以下之罰金。

同條第二欵　房屋及一切建築物勢將傾圮，由公署督促修理或拆毀，而延宕不遵行者，處罰同。

(三)關於交通的：

第四十一條第一欵　於私有地界內當通行之處，有溝井及坎穴等不設覆蓋及防圍者，處五日以下之拘留，或五元以下之罰金。

同條第二欵　於公衆聚集之處及灣曲小巷，馳驟車馬或爭道行，不聽阻止者，處罰同。

同條第三欵　各種車輛不遵章設置鈴號，或違章設置者，處罰同。

同條第四款　凡未經公署准許，於路旁河岸等處開設店棚者，處罰同。

同條第五欵　毀損道路橋樑之題誌及一切禁止通行或指引道路之標識等類者，處罰同。

同條第六欵　渡船橋樑等曾經公署定有一定之通行費額，於定數以上，私行浮收或故阻通行者，處罰同。

第四十二條第一欵　於渡船橋樑等應給通行費之處，不給定價，強自通行者，處五元以下之罰金。

同條第二欵　於路旁羅列商品，玩具及食物等類，不聽禁止者，處罰同。

同條第三欵　濫繫車筏，致損壞橋樑，堤防者，處罰同。

同條第四欵　於道路橫列車馬，或堆積木石，薪炭及其他物品，妨礙行人者，處罰同。

同同第五欵　於道路溜飲車馬。或疏於牽繫，妨礙行人者，處罰同。

同條第六欵　並行車馬妨礙行人者，處罰同。

同條第七欵　並航水路妨礙過船者，處罰同。

同條第八款　將冰雪，塵芥，瓦礫，穢物等投棄道路者，處罰同。

同條第九款　於道路遊戲，不聽禁阻者，處罰同。

同條第十款　受公署之督促，不灑掃道路者，處罰同。

同條第十一款　車馬夜行不燃燈火者，處罰同。

同條第十二款　消滅路燈者，處罰同。

同條第十三款　於諭示禁止通行之處，擅自通行者，處罰同。

（一）關於火政的：

第三十二條第一款　未經公署准許，製造或販賣烟火者，處十五日以下之拘留，或十五元以下之罰金。

同條第二款　於人烟稠密之處燃放烟火及一切火器者，處罰同。

同條第三款　發見火藥及一切能炸裂之物，不告知公安局所者，處罰同。

同條第六款　於人家近旁或山林田野，濫行焚火者，處罰同。

同條第七款　當水火及一切災變之際，經公署令其防護救助，抗不遵行者，處罰同。

（一）關於公用的：

第三十五條第三款　毀損路旁之植木路燈或公署物品者，處五日以下之拘留，或五元以下之罰金，

第五十三條第二款　漏逸或間隔蒸氣，電氣、或煤氣，未至生公共危險者，處十日以下之拘留，或十元以下之罰金。

（一）關于市容的：

第五十二條第三款　任意於人家牆壁或建築物張貼紙類，或塗抹畫刻者，處五日以下之拘留或五元以下之罰金。

（一）關於衛生的：

第四十六條第一款　未經公署准許，售賣含有毒質之藥劑者，處十五日以下之拘留，或十五元以下之罰金。

同條第二款　於人煙稠密之處開設糞廠者，處罰同。

同條第三款　於人煙稠密之處曬晾，或煎熬一切發生穢氣之物品，不聽禁止者，處罰同。

同條第四款　售賣春藥，墮胎藥，及散布此等告白者，處罰同。

同條第五款　以符咒邪術醫治疾病者，處罰同。

第四十七條第一款　應加覆蓋之飲食物，不加覆蓋陳列售賣者，處十日以下之拘留，或十元以下之罰金。

同條第二款　攙雜有害衛生之物質於飲物而售賣，藉牟不正之利益者，處罰同。

同條第三款　售賣非真正之藥品，或謀伙逢人危急，拒絕買藥者，處罰同。

第四十八條　業經准許懸牌行術之醫生或產婆，無故不應招請者，處十元以下之罰金。

第四十九條第一款　毀損明暗溝渠或受公署督促不行浚治者，處五元以下之罰金。

同條第二款　裝置糞土穢物經過街道，不加覆蓋，或任意停留者，處罰同。

同條第三款　於商埠繁盛地點任意停泊糞船者，處罰同。

同條第四款　於道路或公共處所便溺者，處罰同。

同條第五款　污穢供人所飲之淨水者，處罰同。

（二）關於風化的：

第三十五條第七款　於道路或公共處所口角紛爭，不聽禁止者，處五日以下之拘留，或五元以下之罰金。

第四十五條第二款　於道路或公共處所赤身露體，及為放蕩之姿勢者，處十五日以下之拘留，或十五元以下之罰金。

其他關於治安方面的罰則，姑不列入。可見違警罰法，實與市政有密切的關係。警察本來是市行政的一部分，如果公安局能夠盡實地執行違警罰法，市政方面已可獲得相當的効果，不過違警罰法是一種普通法律，並非專為市政而設，況且各地的情形不同，在人口繁多的城市，社會更加複雜，所以市政府對於各種特殊事項，不能不於違警罰法之外，另定專章，以資取締，而切實執行的責任，則仍屬之於警察。總之，警察之於市政機關，猶如耳目手足之於人身，有健全的官肢，纔有健全的體格；有健全的警察，纔有健全的市政。

京市府設立外務科

江寗交涉署裁撤後，所有外交事件，及一切案卷檔冊，經京市府接管後，現擬將秘書處組織系變更，設外交科，十二日已正式辦公，並呈國府備案。

闢私見

楊蓮輝

試執路人而問之曰，官吏如之何而賢。必曰，廉明是尚。更問之曰，倘公私相交，執政者當孰取？必曰，商之挾私者曰儈，民之挾私者曰儈，官吏之涉私者，曰貪，曰汚， 先總理昭示于吾人者曰：「天下爲公」未聞能挾私利而見容於公理者也，予曰 「是矣一！退居斗室 思有以申此旨而告於吾邑父老昆季之前，繼思錫邑毓湖山之秀，明哲如林，予雖具推進市政之心，設偶生誤會，以致意氣相尋，將益吾罪於錫市矣。無已，其予身退居於第三者之地位，以傍觀之口吻，畧論錫市建設進程中，吾人公具之責任與態度，如此或能蒙閱者平心靜氣而許之乎？

本年雙十節之一日，予以假期之暇，得略見無錫社會中之事物，蓋是日非僅居於城市及附郭村鎮之人，具萬人空巷之勢，即數十里外之鄉人，亦多不以路遙而止，愛國心同，民蘇有望，此固錫邑之好現象也。於此萬衆歡呼聲中，吾人所不慊於意者，厥爲街道之狹窄，本邑居滬寧中樞，綰轂長江，物產豐富，近十年來，因地理之優越，漸自商業區而兼實業區矣。駸而上之，不難毘美上海，茲以錫市而言，所以不能與上海並論者，殊因城區地方狹窄耳。今則商業區域漸移至附郭四周，先之附郭土地價格，僅七八十元一畝者，今則增至三四百元而至千餘元矣，而城內之地價，固猶前也，今則澄虞二道將成，宜常二道將闢，倘此四縣道一旦媾通，錫邑之地位，將更重要。如再實現去年已有成議之由北車站直達五里湖濱之通湖支路，則更能遠致浙皖土產與食糧之運入。又可攬蘇湖洞庭輸送之樞，出入大港，既有澄虞衆山輻山二口，如左右之張二翼，而於宜溧皖湖之貨物，其以欲求速且便利計，更有飛渡不能之勢，此錫邑地理使然也。是錫邑之發達，正未可限，而沉默無聞以至於今日者，要在開發者之未具決心耳。

錫邑拆除城垣，前孔縣長已擬議及之，嗣因調赴鎮江中止，今則市政籌備處業已成立，於縣建設局之外，更有市工務科協成新政，吾人於拭目以俟之秋，覩此數十萬民衆，麕集於周圍七里之城內，往來於最寬不逹三十尺之街道中，而侈言工商發達，民物繁富之新無錫，毋殊恥矣。

錫邑之爲工商業發達之區，爲實業新興之都會，此固國人所公認，而亦邑人所樂言者也，謹按　先總理發展實業之計劃，首重建設，嘗云：「道路者文明之母也，財富之脈也，……凡道路所經之地，則人口爲之繁盛，地價爲之增加，產業爲之振興，社會爲之活動。道路者，實地方文野貧富所由關也。」（見地方自治實行法第四段）又云：「如果道路開闢，交通便利，……一切工場實業可以振興，教育可以普及，盜賊可以潛銷矣」（見中山講演第五集在廣西昭平時對人民講演）由此可知，錫邑既以實業爲重心，留此湫隘之街道，人民不能得增高地價之利，工商不能得發達之益，雖具優殊之地理，而阻滯改進，此實爲大障碍物也。

執政者既以導民於利爲目的，而錫人亦非不明拓寬街路之有利滯涅未行者，蔽於私利耳，暴棄天利，既爲識者所不取，強人苟同，似亦非現代執政者所願，惟大者要者，取決而後，吾人似當捨棄私利，而謀公益，蓋無錫既爲無錫人之無錫，改進之建設，似宜錫人倡辦之，今或不能，而授之於縣市政府，吾人監督其事則可，阻滯之，殊不可，嘗之新聞記者，倘遇事不能直書時，已爲執筆者之羞，安可復憑個人之私見，以淆觀聽耶。是錫邑於闢路而後，工商發達，一蹴間事耳。祇求官民合作，老少一心，泯除私見，赤心任事，斯可矣！

京市府請劃分省市權限

京府市以同一區域內，不能有兩地方行政機關，現江甯縣在市區內設土地局，於事權尤多衝突，刻根據上年省市權限劃分會議之議決案，呈請行政院，令蘇省府，將江甯縣治遷出市區。

圖表一

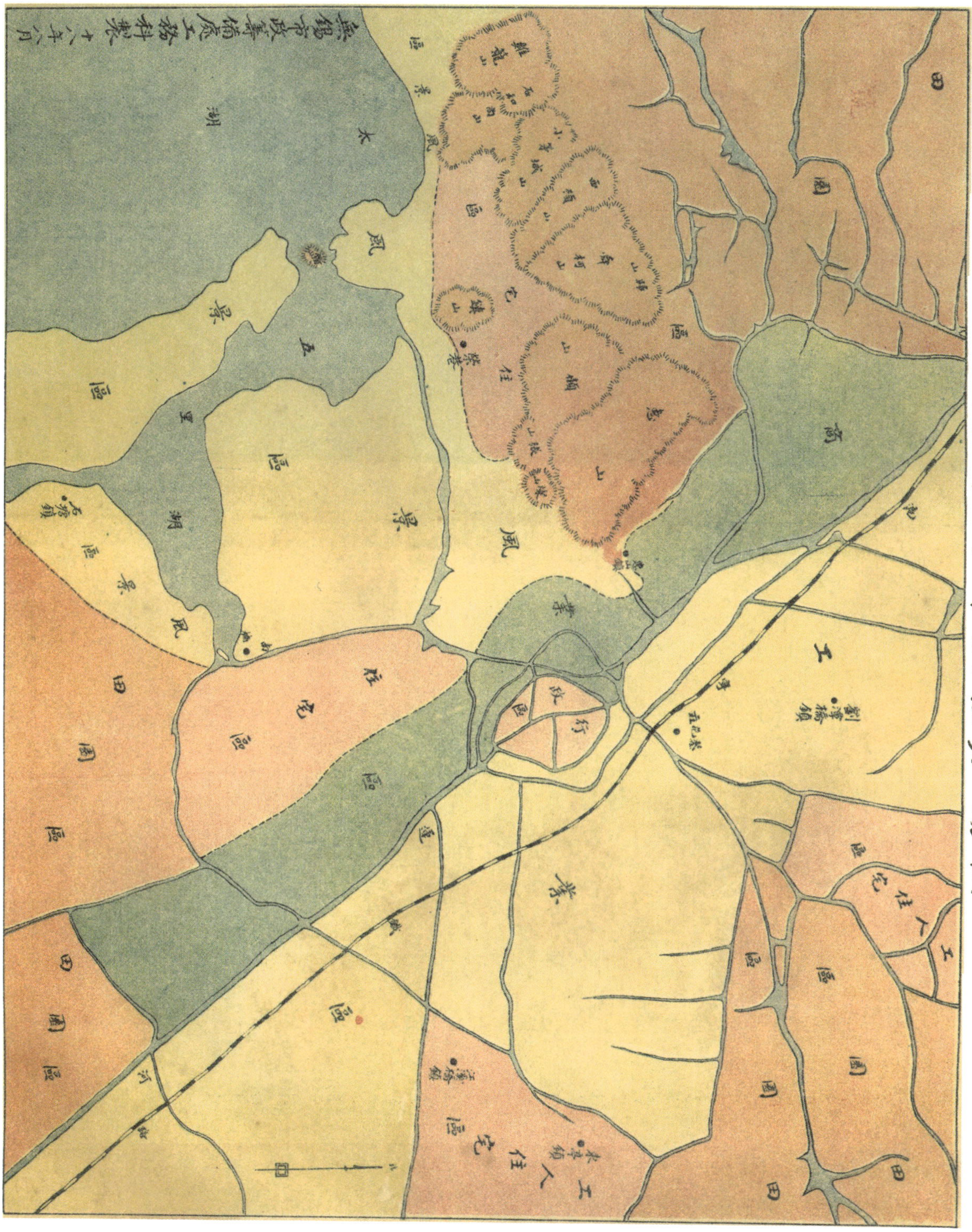

圖表二

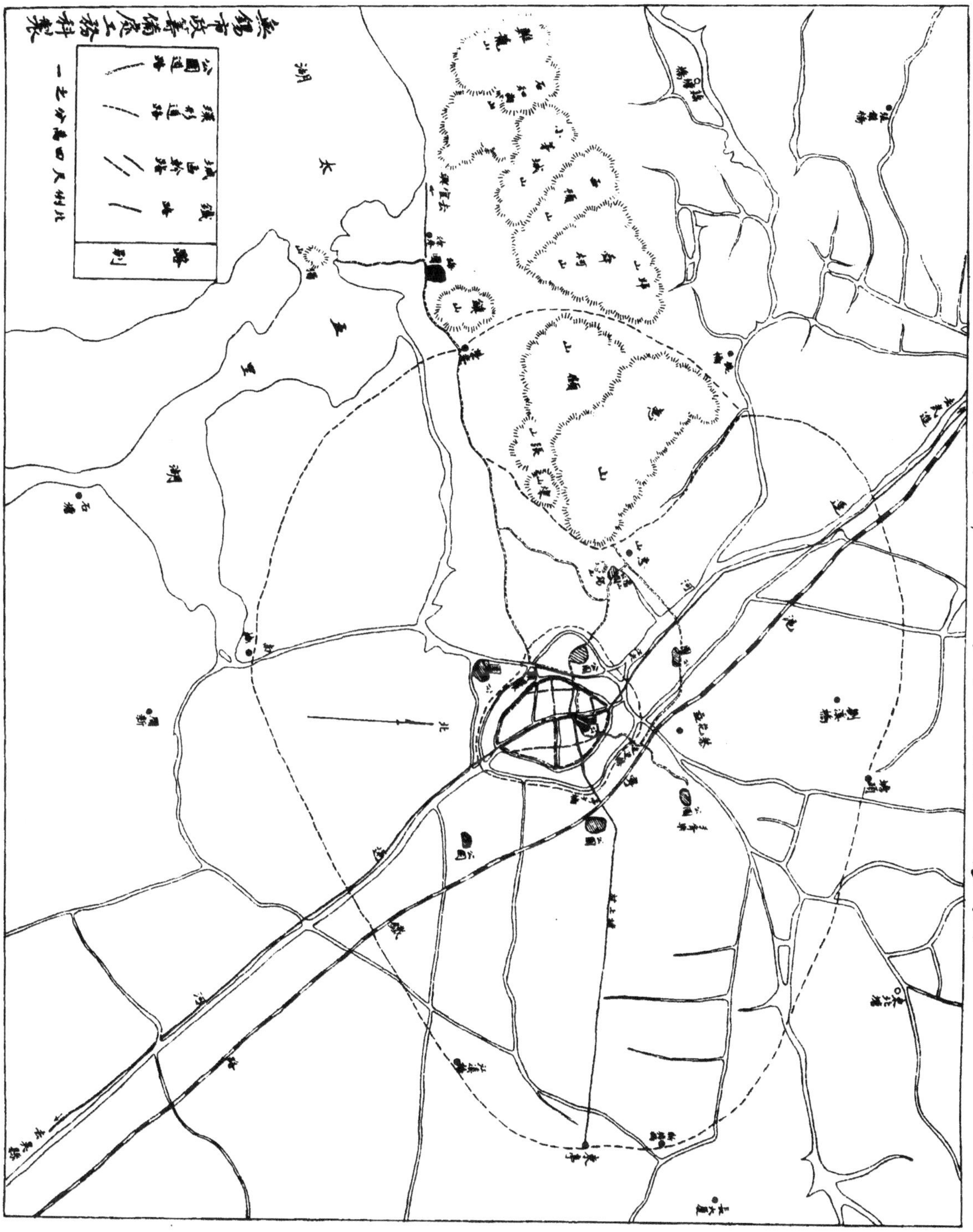

圖表三

圖一 縱覽路道市勢
比例人二十萬分之一

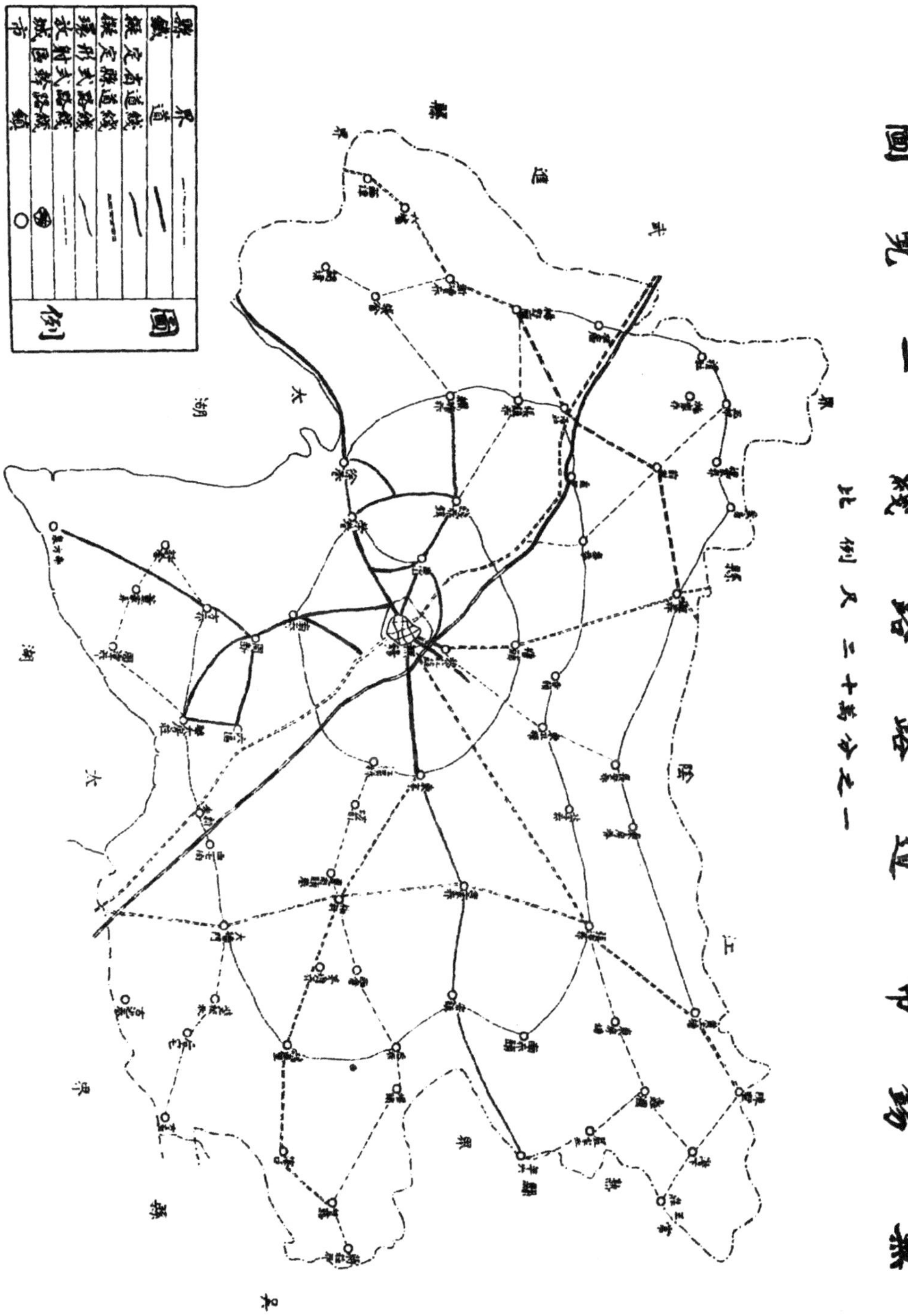

圖表四

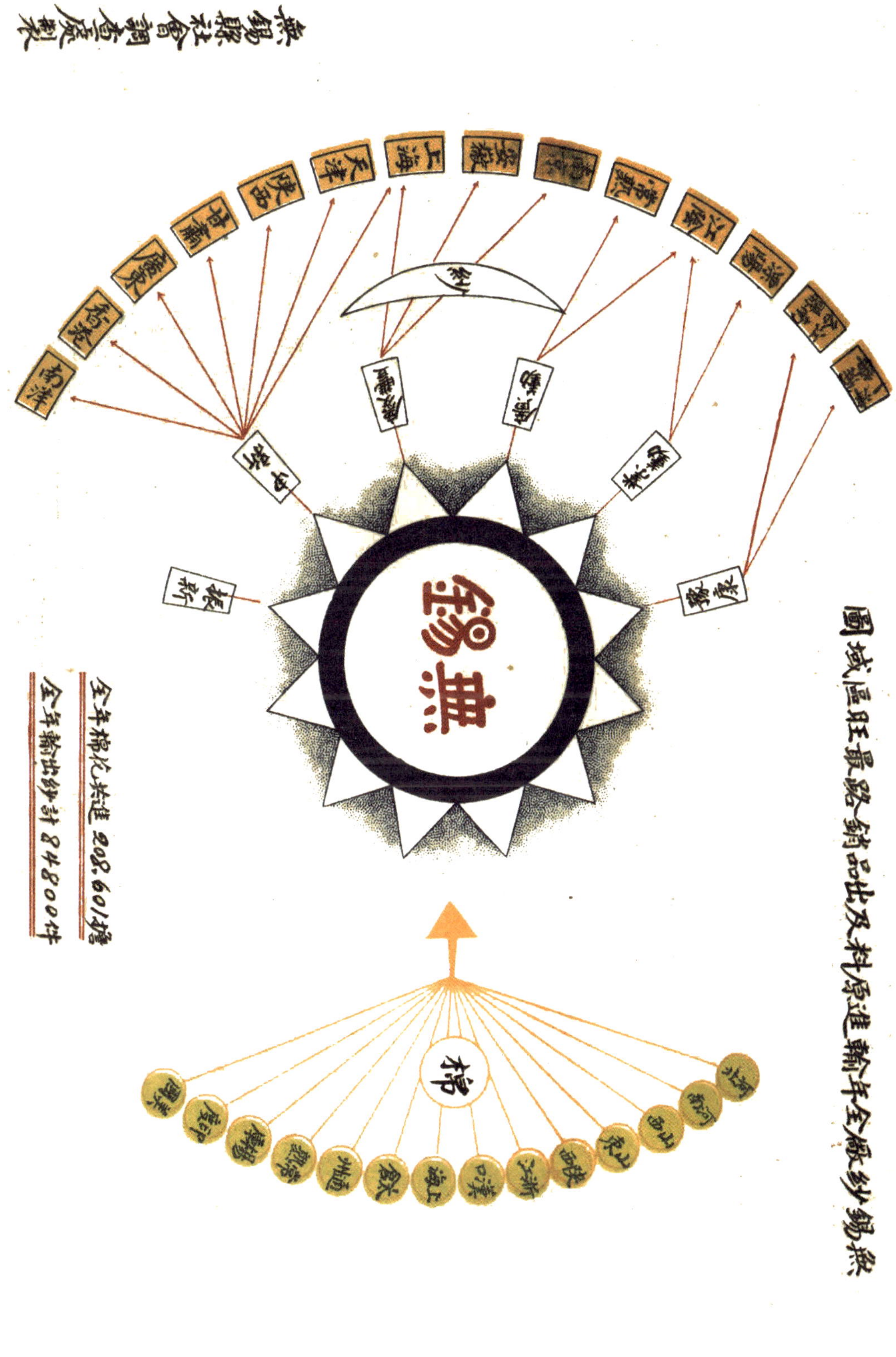
無錫縣社會調查處製表
無錫全縣紗廠每年輸進原料及出品銷路最旺區域圖
全年棉花共進 208,601擔
全年輸出紗計 84800件
無錫
天津
上海

圖表五

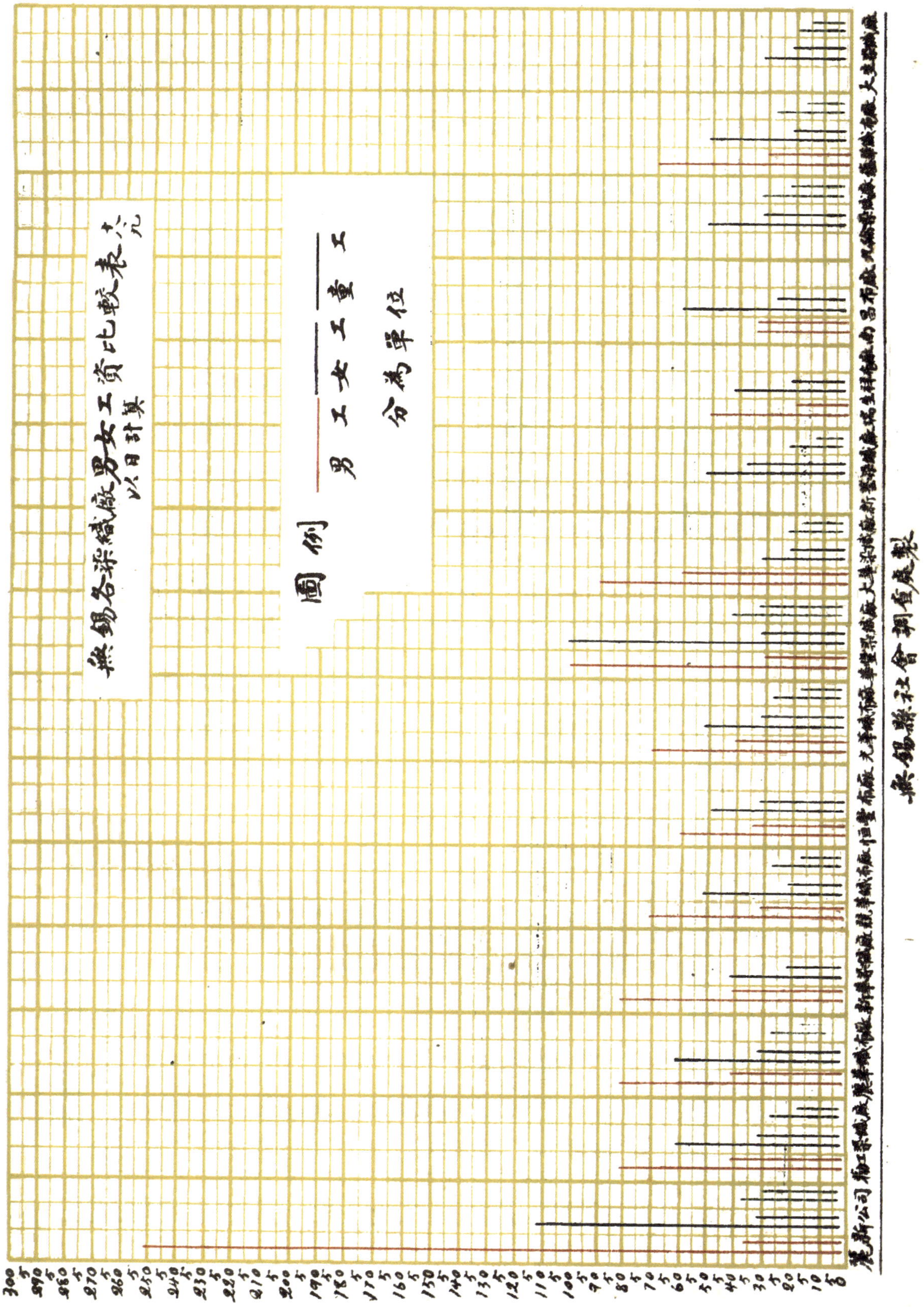

圖表六

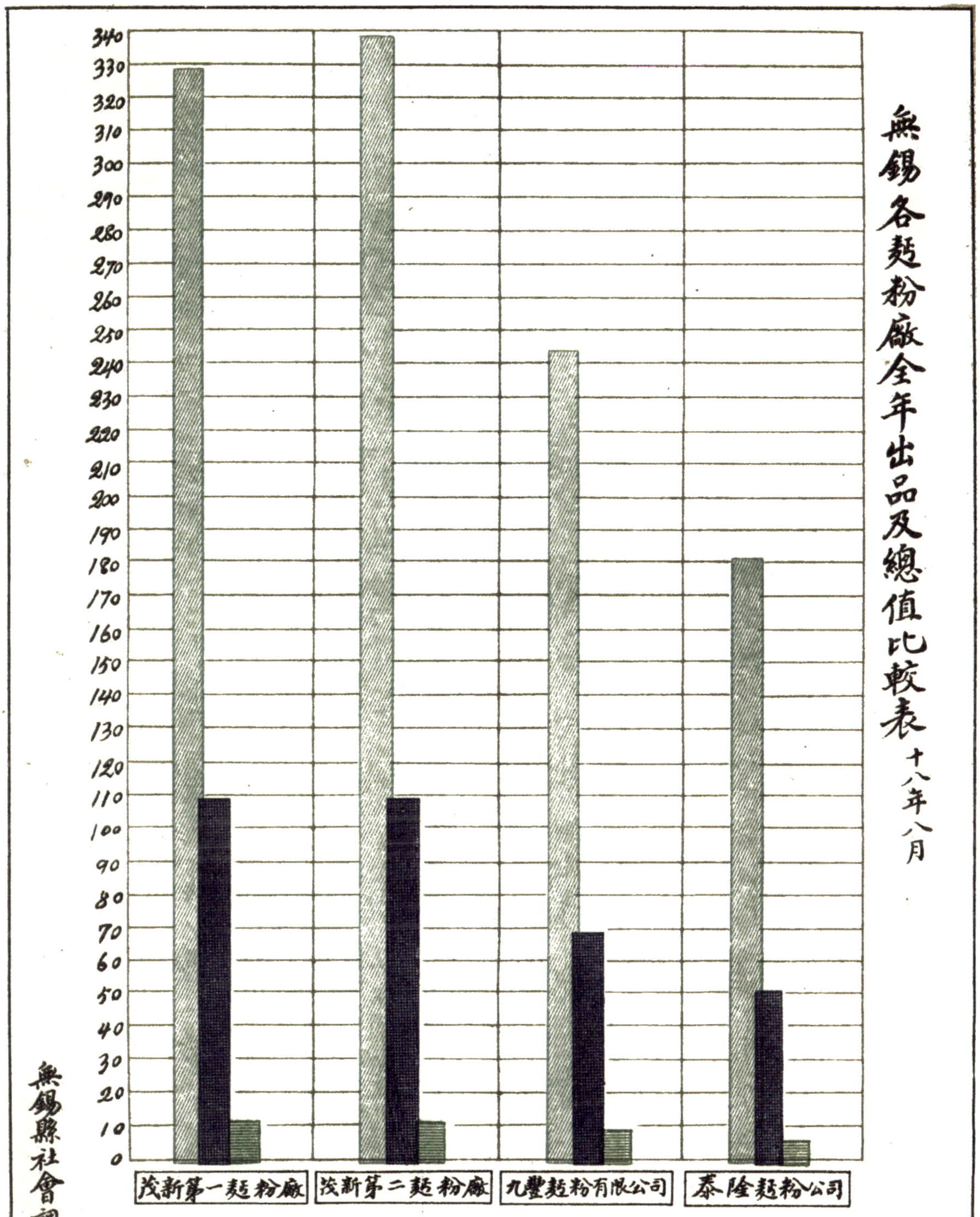

圖例

出品總值	▨
麩粉	■
麩皮	▤
比較數以萬為單位	

各廠出品及總值計數表

廠名	出品總值	麩粉	麩皮
茂新一廠	330萬元	100萬包	12萬包
茂新二廠	340萬元	100萬包	12萬包
九豐公司	245萬元	70萬包	10萬包
泰隆公司	182.6萬元	51.6萬包	7.5萬包

各廠資本表

廠名	資本
茂新一廠	1,200,000元
茂新二廠	附屬第一廠
九豐公司	280,000元
泰隆公司	200,000元

圖表七

無錫社會救濟事業一覽表

十八年八月無錫縣社會調查處製

名稱	組織	代表者	財產	成立年月	地址	職員人數	職員薪金	經費（計算）年來源	收入	支出	現況	備註
普濟善堂	董事會 事務部 訓育部	楊壽楣 榮宗敬 蔡文鑫 高孜渝	土地六六畝 房屋五〇間	遜清乾隆年間	北門外吉祥橋	七人	月九八元	田租 房租 私人補助	六六〇元	七〇〇元	現在收容男八十五名內健康者二十名病弱者六十五名女廿二名內健康者八名病者十四名均為無家無子女者	俗稱養老院分設男女兩部
公立育嬰堂	董事會 事務部 保育部	華曰曾 華佐治 華廷輝 秦振鎬 秦仁存 秦銘光	土地五九畝 房屋二二間 基金三三〇〇九元	遜清康熙年間	新瀆前	十三人	年九一〇元	田租 息金 捐募	三〇六四元	三六四八元	現在收乳兒男八名女二七九名其二八七名內一歲未滿者一四二名一歲以上二歲未滿者一四五名	董事由同仁堂董事兼任經費收入中有同仁堂補助洋八〇〇元
同仁堂	董事會 會計 租務 庶務	仝育嬰堂	土地八四畝 房屋一〇間	遜清嘉慶二年	仝上	九人	年七一〇元	田租	六一九七元	四五五五元	現有倉廒三間廒屋二所殯塲門塲各一所職員辦事室五間寄棺堂一所義塚四所事業專為施米施棺施藥施棺掩埋等	每年另補助育嬰堂洋八〇〇元
清節堂	董事會	孫祖業 袁嘉儀 王淇卿 袁藤臣 楊懷谷	不詳	遜清同治三年十月	城內寺前			田租 房租	一八〇元	一八〇元	在堂婦女共計六十三人	堂婦女俱自備衣著各自炊爨所有房屋大半由婦女自行起造
恤善堂	董事會 會計部 庶務部 租務部 發款部 收捐部	華文川 蔣士松	土地二三畝 房屋一六間 基金三〇〇〇元	遜清道光年間	崇安寺東偏墻	三人	月二一元	田租 房租 息金 捐募	三三〇〇元	三八〇〇元	救濟年老貧婦額定四百名專為施衣施米施藥施棺掩埋路斃等事務	恤產收入不敷專恃米照捐彌補
公立無錫孤兒院	董事會 院長 各部	唐紀雲 楊四箴	土地二畝餘 房屋四間 基金三一〇元	八年九月	東門內青石橋	十二人	月一〇元	息金 捐募	三三〇元	三〇〇元	現在收容孤兒六人貧兒三人棄兒四人計十三人均在院教讀及學習工藝	院為救會性由李克樂等主持不敷款項均由捐募彌補薪金除管理員月支薪金十元外餘均係義務職
溥仁慈善會	監察委員六人 執行委員七人	衛彬 張彥文	地基三畝 基金二一〇〇元	十一年	城中希道院巷	五人	酌貼	常委及會員認捐	三〇〇元	三〇〇元	平時給養貧寡孤獨大小共六百餘名臨時施放急賑並施冬衣冬米等	常年經費調查未詳如有必要支出及發生臨時急賑等事由全體會員審量事宜然後臨時籌發
世界紅卍字會無錫分會	會長 總務股 會計股 慈業股 防災股 救濟股 交際股	蘇文鑫 華文川	無	十四年六月十五日	東門內田基浜	十一人	月二六元	會費 捐募	六〇〇元	六〇〇元	辦理施衣施米施藥惜字等事或遇各省水旱兵災等災則聯合各分會募集款項組織救濟隊出發救濟	經費不敷時均由募捐彌補
平民習藝所	董事會 所長 總務處 管理處 訓育處 工藝處	姚鴻浩 吳邦周	土地一七畝 房屋五〇間 基金一六〇〇〇元	十八年一月十五日	南門外塔橋下	九人	月一六五元	救會 忙漕附稅	一四五五元	一四五五元	現在收平民一百五十六人除老弱殘廢者外視其性情所好授以裱糊，印刷，泥塑，蒲草，織襪，縫紉，園藝，等藝	由前救國會撥得救國基金二萬餘元創辦
勞工醫院	院長 醫務部 事務部	總工會	院屋為遷轉局舊址畝分無致	十六年六月二十日	城內八兒巷	二十三人	月三二九元	工會撥給縣政府市政局補助診費	七三〇〇元	七三〇〇元	辦法照普通醫院惟年總工會正式登記之會員得免費診治	無錫總工會附設之醫院

圖表八

無錫第一區各魚行全年銷數及資本贏利統計表

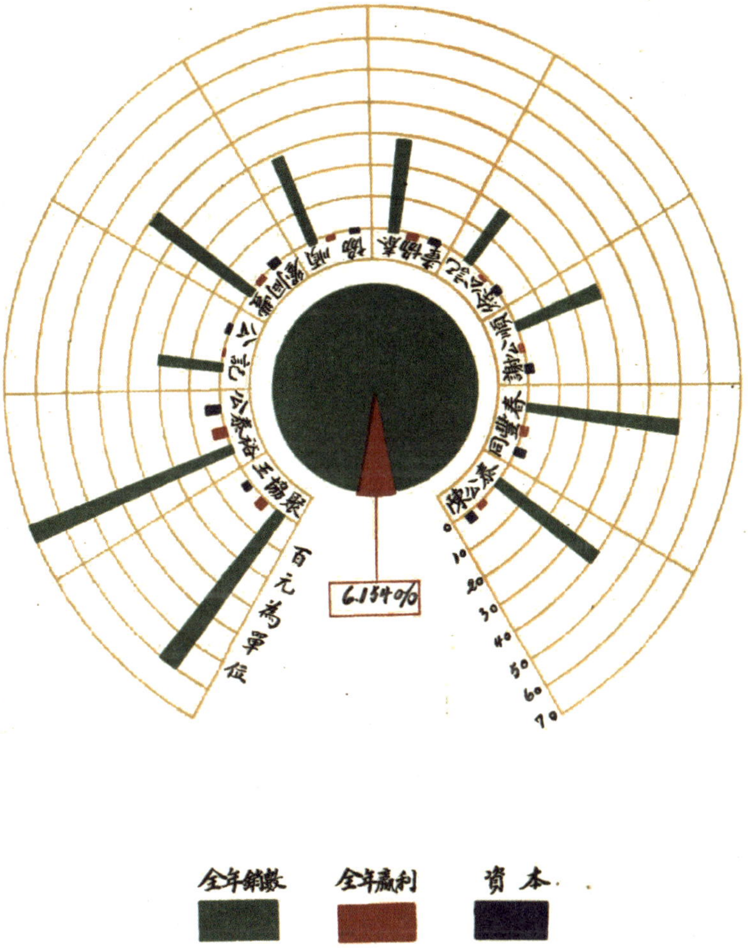

無錫市政籌備處社會科調查

十八年八月

圖表九

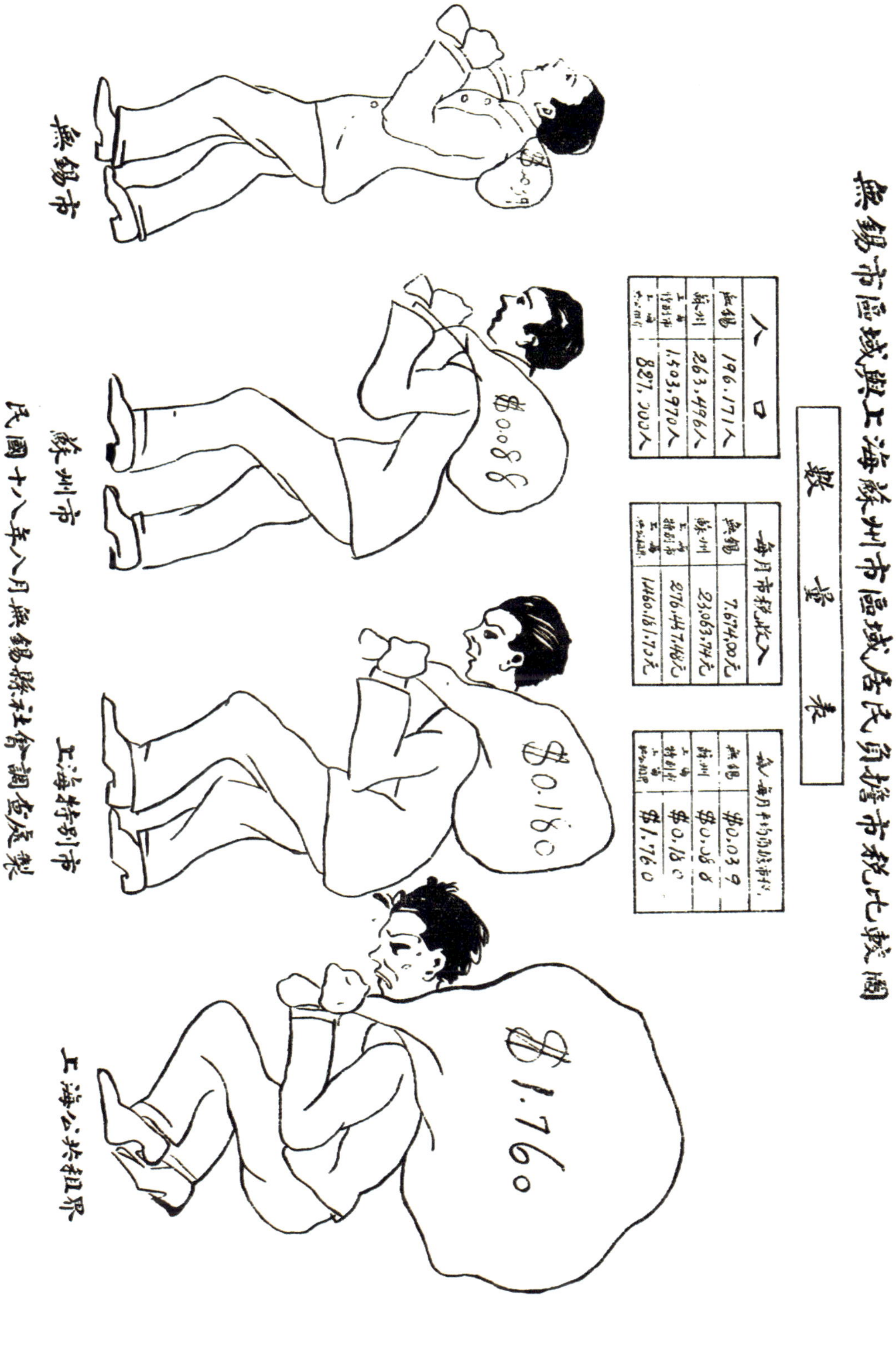
無錫市區域與上海蘇州市區域居民負擔市稅比較圖
數量表
人口
無錫 196.171人
蘇州 263.496人
上海特別市 1.503.970人
每月市稅收入
無錫 7.674.00元
蘇州 23.063.74元
無錫 $0.039
蘇州 $0.088
上海特別市 $0.180
上海公共租界 $1.760
$0.088
$0.180
$1.760
無錫市
蘇州市
上海特別市
上海公共租界
民國十八年八月無錫縣社會調查處製

無錫市政籌備處工作人員一覽表　十八年八月製

姓名	性別	年齡	籍貫	職別	教育程度	經歷
孫鳳藻	男	三〇	江蘇無錫	主任	東京大學法科畢業	[illegible]刑事法庭審判官江蘇省民政廳第二科科長
沈[illegible]棟	男	三〇	江蘇嘉定	秘書	北京大學法學士	[illegible]中央日報編輯上海敬業中學校長江蘇省民[illegible]
江[illegible]	男	四一	江蘇無錫	總務科科長	兩江師範畢業	[illegible]
陳[illegible]	男	四四	江蘇無錫	總務科科員	[illegible]	[illegible]
宗[illegible]健	男	二六	江蘇無錫	總務科科員	[illegible]	[illegible]
楊[illegible]	男	二二	江蘇無錫	總務科科員	[illegible]專門學[illegible]	[illegible]無錫市行政局書記員
金禹範	男	二三	江蘇無錫	編輯員	[illegible]	曾任上海特別市黨部第四區黨部執行委員
施錫生	男	一九	江蘇無錫	書記員	初中畢業	蘇州中學圖書館副主任
韓[illegible]	男	二五	江蘇銅山	事務員	徐州師範畢業	[illegible]
顧[illegible]	男	二二	江蘇無錫	總務科事務員	[illegible]	上海美興公司會計員太倉捲煙特稅局徵收員
王有[illegible]	男	二五	江蘇無錫	書記員	[illegible]	前任[illegible]市行政局書記
陳[illegible]	男	二四	江蘇無錫	書記員	常州五中畢業	[illegible]
顧[illegible]	男	二一	江蘇無錫	書記員	[illegible]	[illegible]
朱士圭	男	二七	江蘇無錫	工務科科長	[illegible]	[illegible]
楊[illegible]林	男	三三	江蘇高郵	工務科建設股股長	[illegible]	[illegible]
劉[illegible]	男	二六	江蘇無錫	工務科取締股股長	[illegible]	[illegible]
錢[illegible]	男	三〇	江蘇無錫	工務科技術員	[illegible]	[illegible]
顧[illegible]	男	二五	江蘇無錫	工務科事務員	[illegible]	[illegible]
[illegible]	男	二六	江蘇無錫	工務科事務員	常州中學畢業	[illegible]
[illegible]	男	四一	江蘇無錫	工務科事務員	私塾	上海文明書局石印員
[illegible]杰	男	二七	江蘇江都	財政科科長	滬江大學學士	[illegible]
王[illegible]	男	二七	江蘇昆山	財政科徵收股股長	滬江大學學士	曾任蘇州[illegible]中學商科教員
高[illegible]勳	男	三〇	江蘇無錫	財政科科員	[illegible]	[illegible]
[illegible]	男	二八	廣東大埔	財政科科員	[illegible]	[illegible]
喬[illegible]	男	二二	江蘇鎮江	財政科事務員	[illegible]	[illegible]
金[illegible]	男	四一	江蘇吳縣	財政科事務員	私塾	[illegible]
周[illegible]	男	二五	江蘇無錫	財政科事務員	上海[illegible]學校	[illegible]
黃[illegible]	男	三〇	江蘇無錫	財政科事務員	初中畢業	前任無錫市行政局財務股收捐員
毛[illegible]	男	三六	江蘇無錫	財政科事務員	高小畢業	歷任商界會計[illegible]無錫市行政局收捐員
鄭[illegible]	男	四四	江蘇無錫	財政科事務員	私塾讀書	無錫商埠局收捐員無錫縣財務局收捐員無錫市行政局辦事員
陸[illegible]	男	二八	江蘇無錫	財政科事務員	[illegible]	[illegible]
[illegible]	男	四六	江蘇無錫	財政科事務員	私塾讀書	[illegible]
顧[illegible]	男	三四	江蘇無錫	財政科事務員	[illegible]中學肄業	無錫工商職業學校教員私立陳氏小學校長無錫市行政局收捐員
李[illegible]	男	三五	江蘇無錫	社會科科長	[illegible]大學	[illegible]
張之[illegible]	男	二五	江蘇無錫	社會科公益股股長	[illegible]	[illegible]
龔[illegible]	男	三〇	江蘇無錫	社會科實業股股長	[illegible]	曾任鎮江市黨部執行委員兼組織部長無錫縣教育會主席常務委員無錫縣督學無錫縣公安局行政課長無錫市行政局文牘主任
楊[illegible]九	男	二五	江蘇無錫	社會科事務員	上海民立中學肄業	前任無錫屠宰稅所會計主任無錫慶豐紡織公司駐滬辦事處副經理
薛[illegible]材	男	二五	江蘇無錫	社會科事務員	東吳大學肄業	曾任無錫國學專門學院體育教授江蘇省區長訓練所會計

圖表十一

無錫市政籌備處全體職員攝影

圖表十二

公　山　圖　遠　斷　面　圖

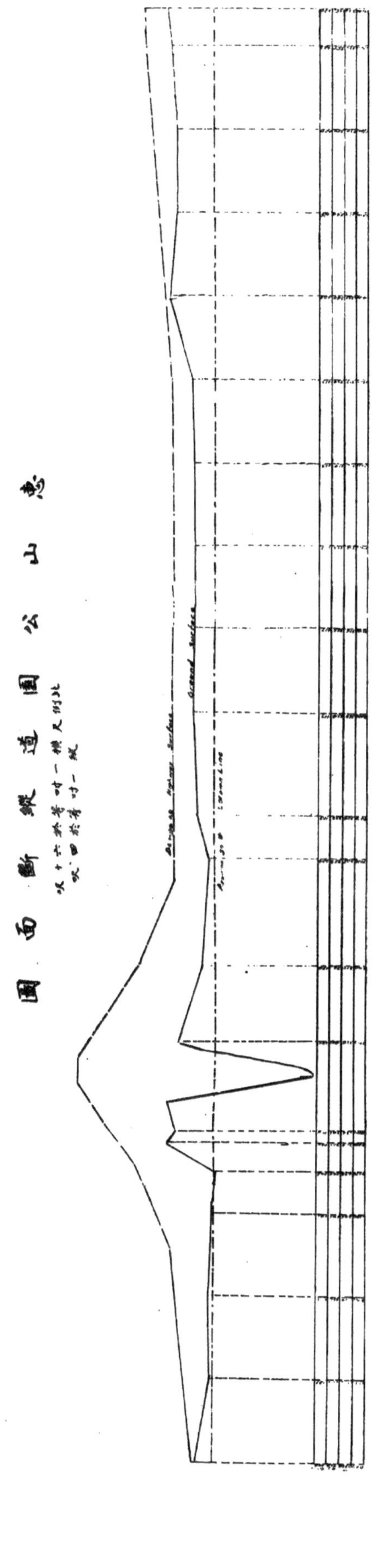

圖表十三

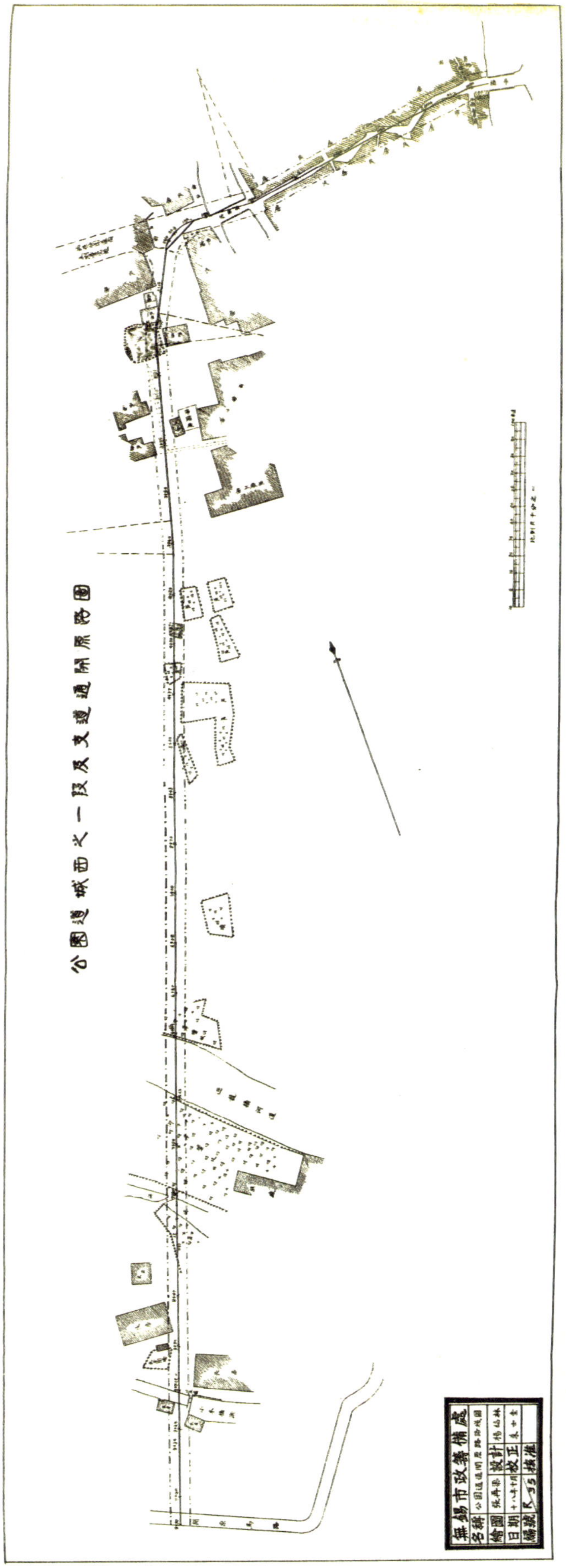

圖表十四

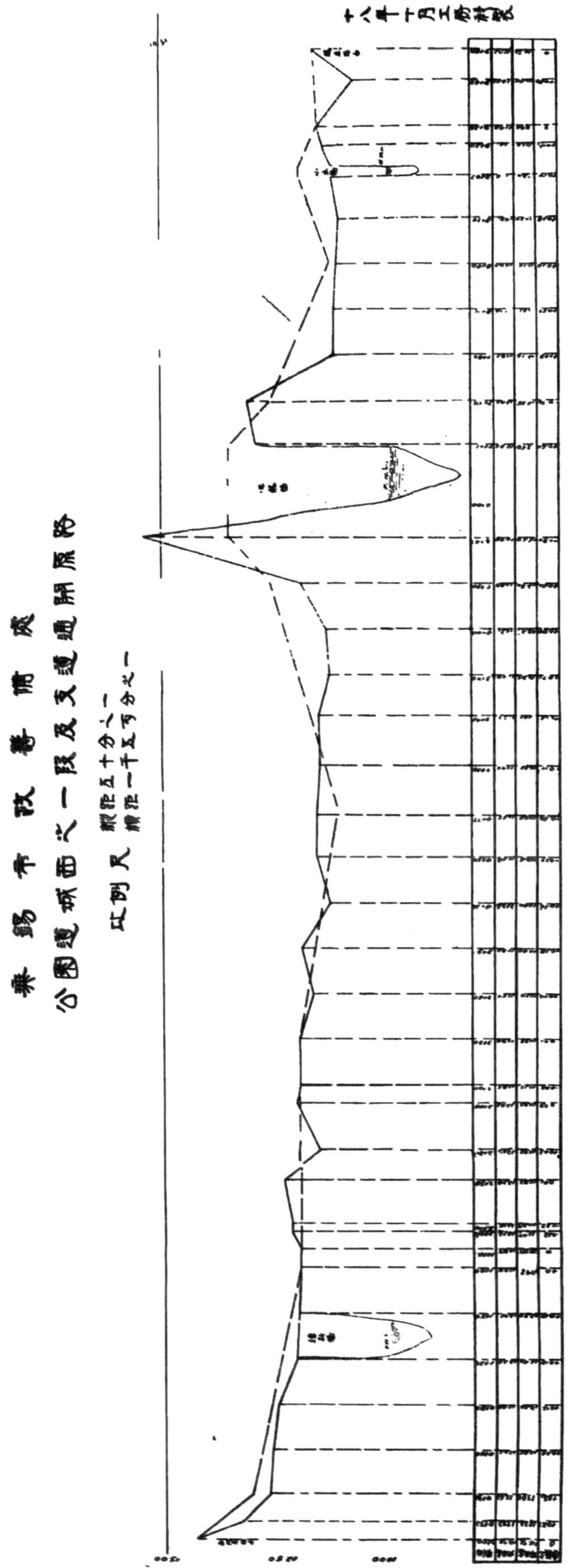
無錫市政籌備處
公園道城西之一段及支道通開原路
比例尺 縱距五十分之一 橫距一千五百分之一
十八年十月工務科製

圖表十五

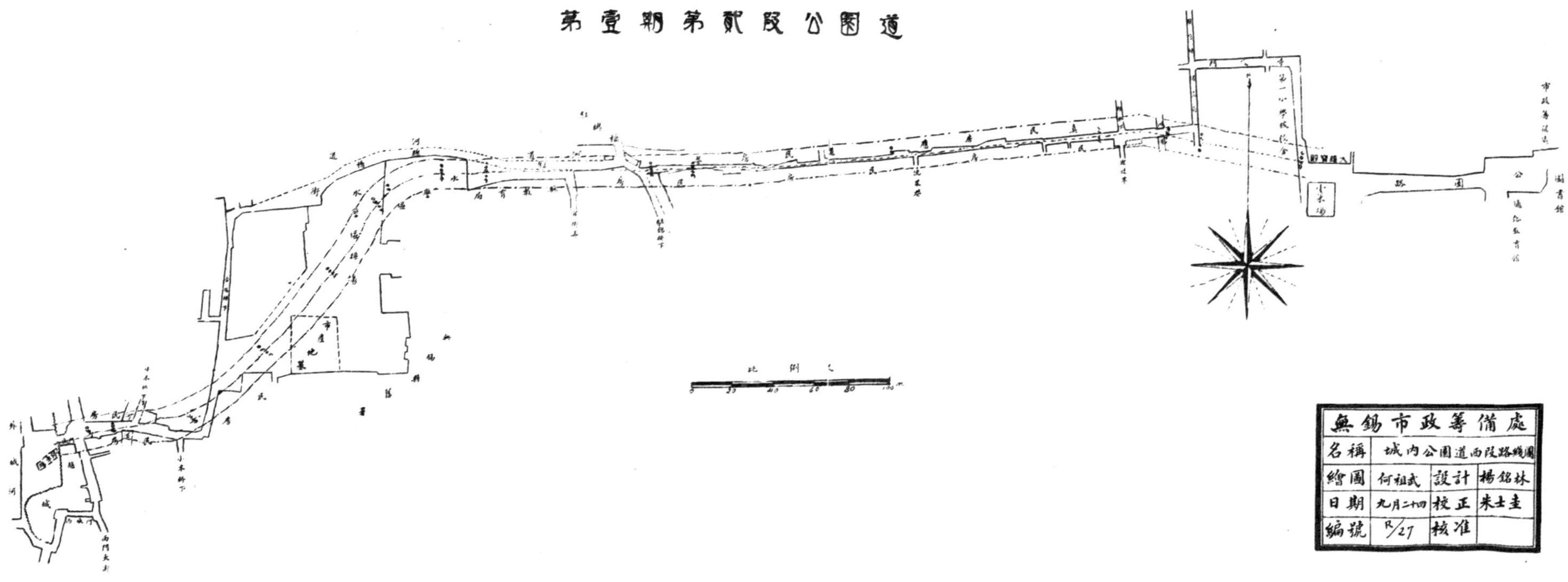
第壹期第貳段公園道
比例尺
0 20 40 60 80 100
無錫市政籌備處
名稱 城內公園道西段路線圖
繪圖 何祖武 設計 楊銘林
日期 九月二十四 校正 朱士圭
編號 R/27 核准
市政籌備處
圖書館
公園路
南門大街
小木橋下
城河

圖表十六

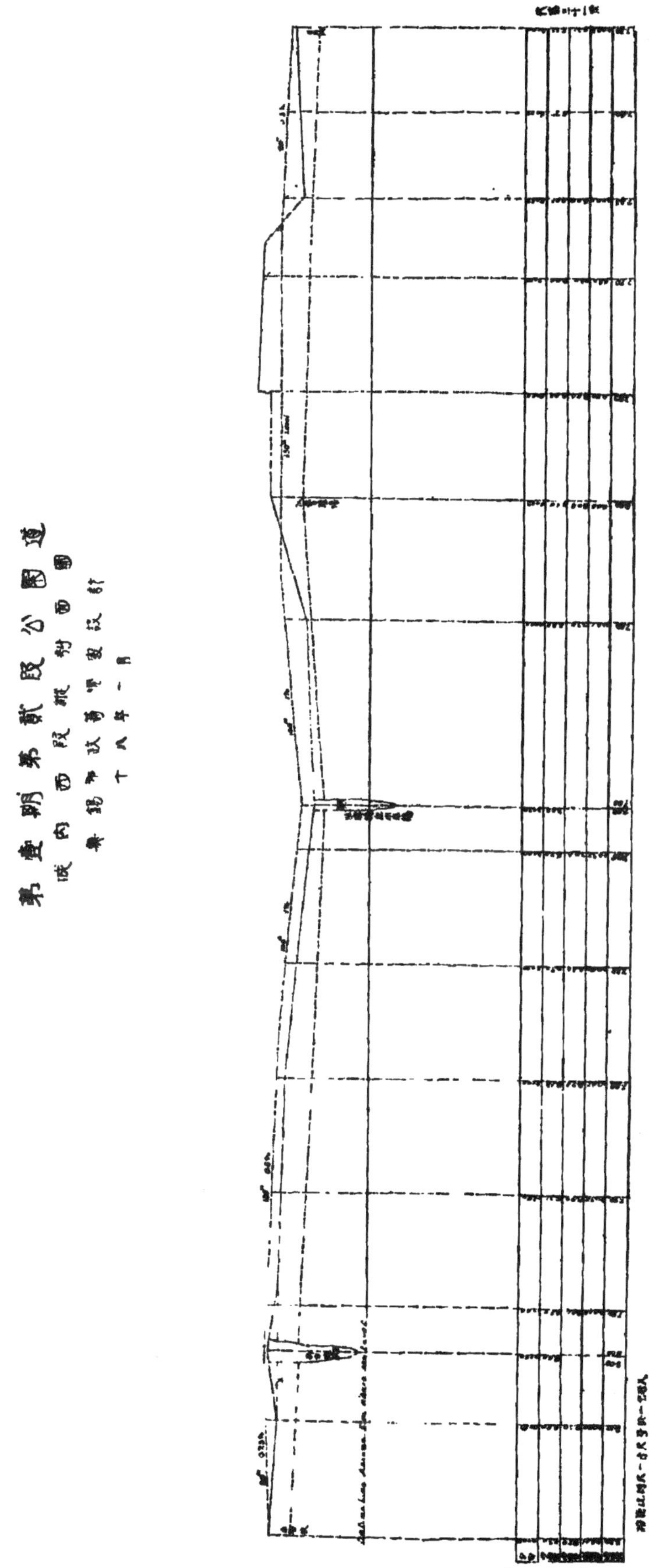

圖表十七

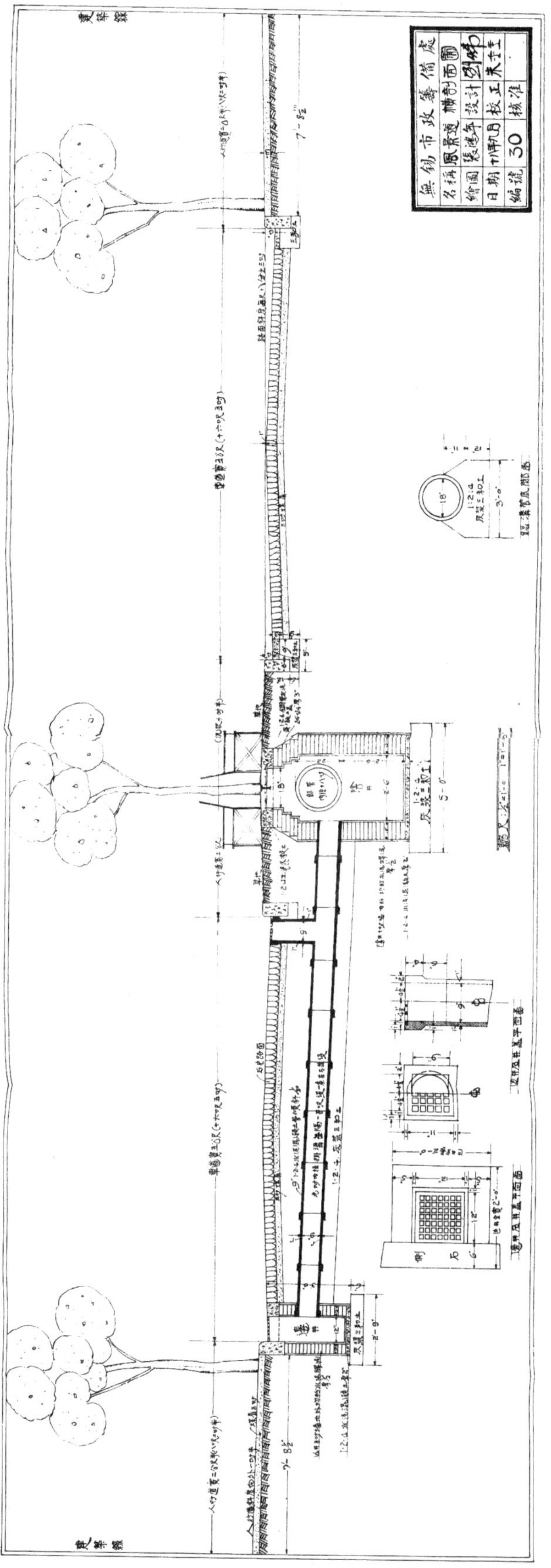

圖表十八

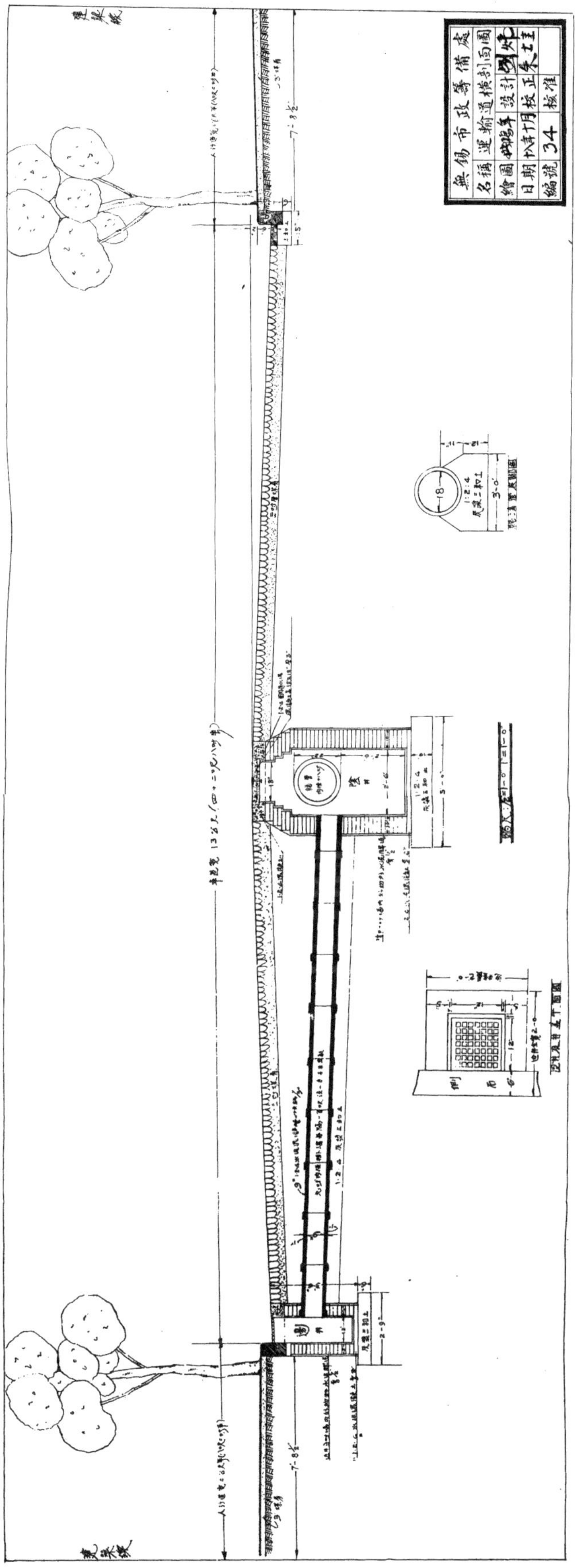

圖表十九

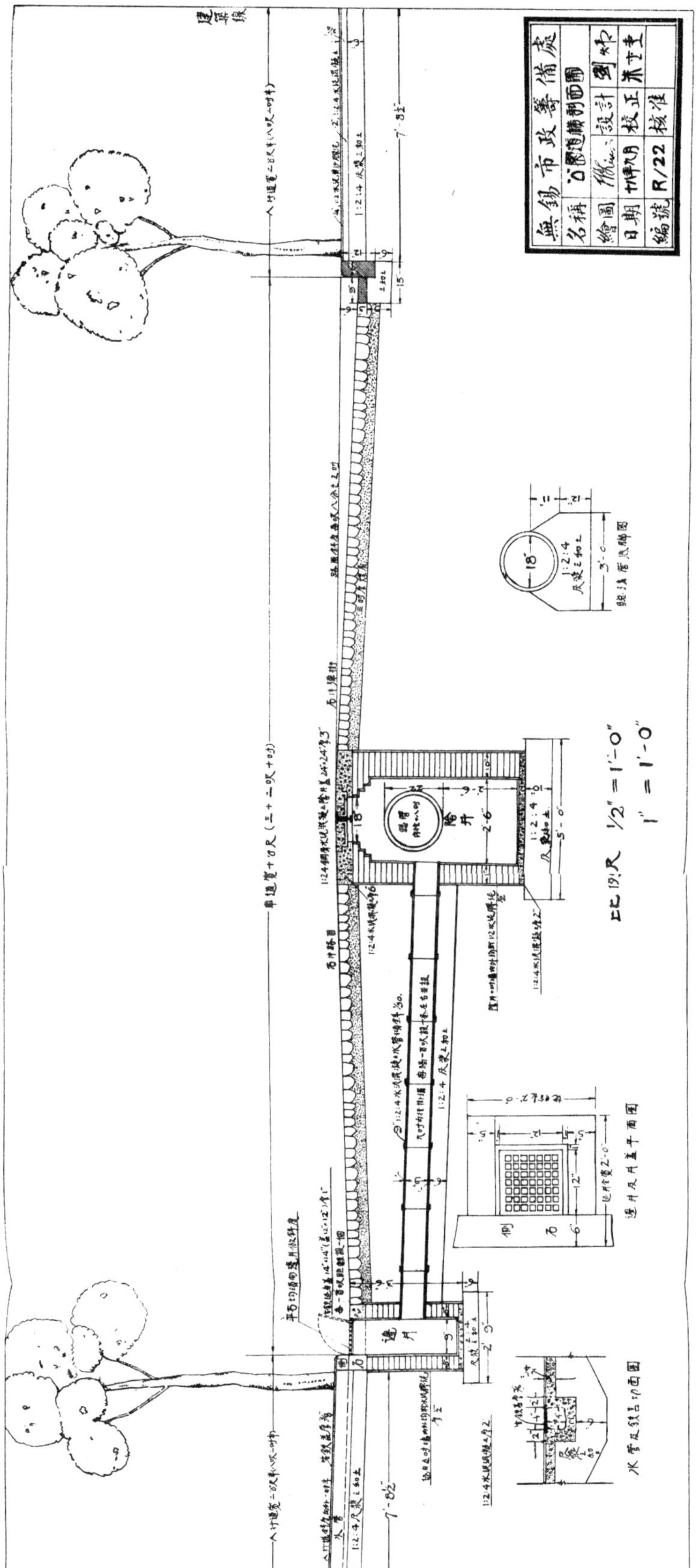

圖表二十

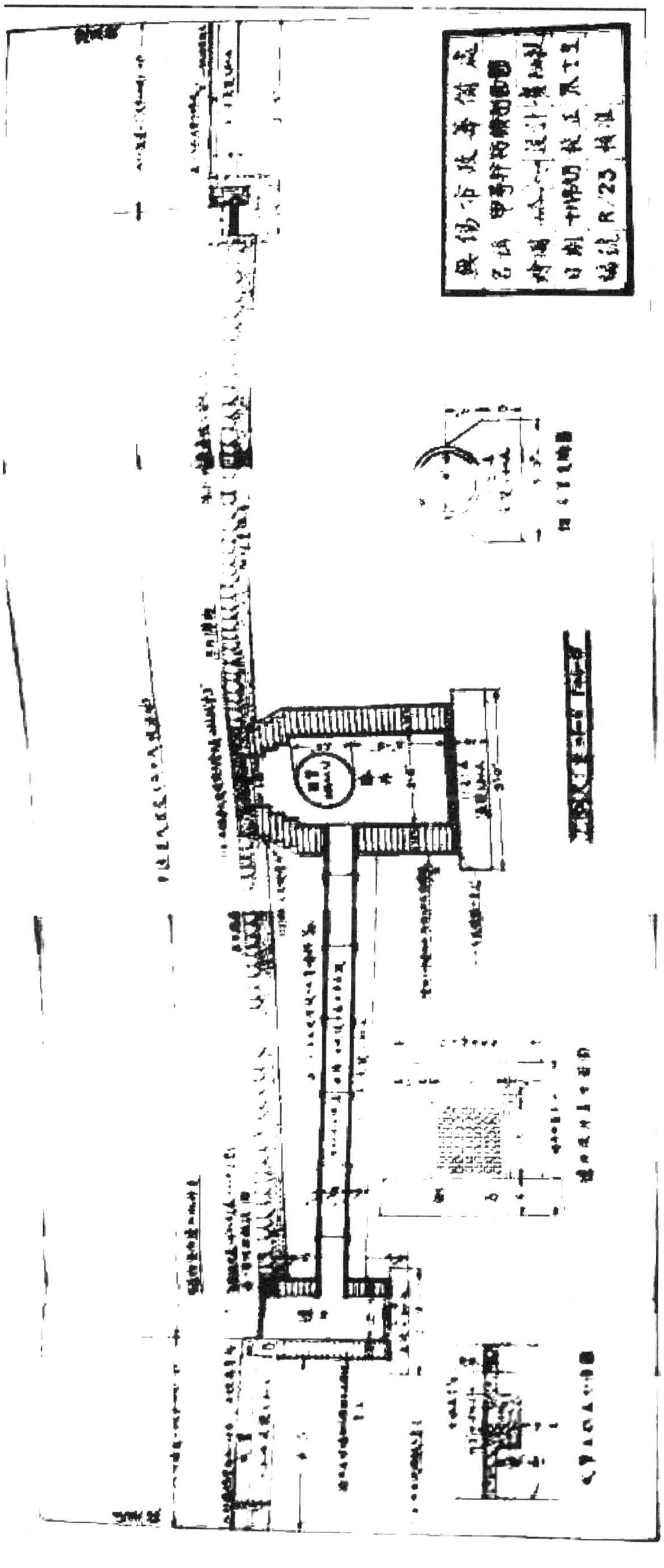

圖表二一

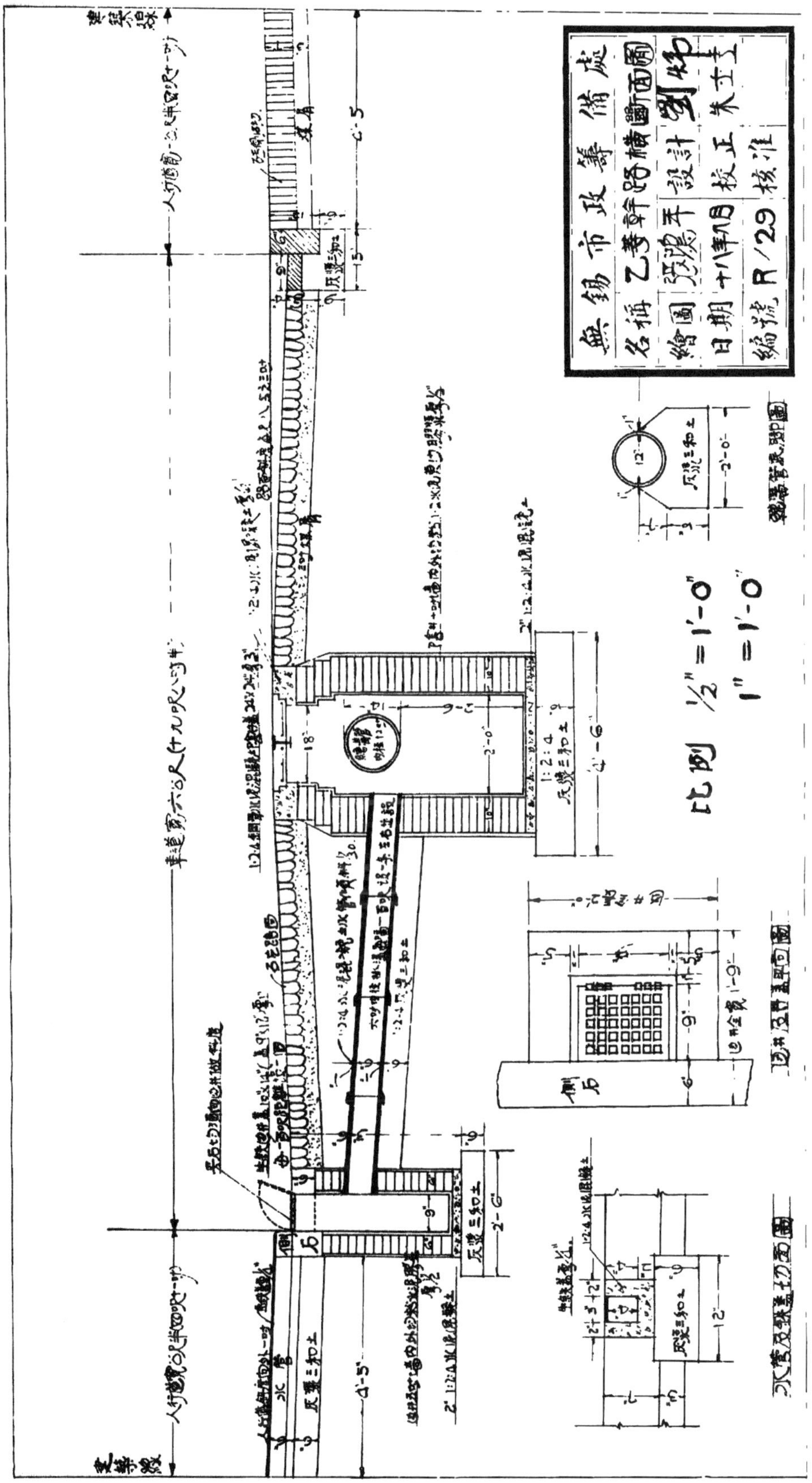

圖表二二

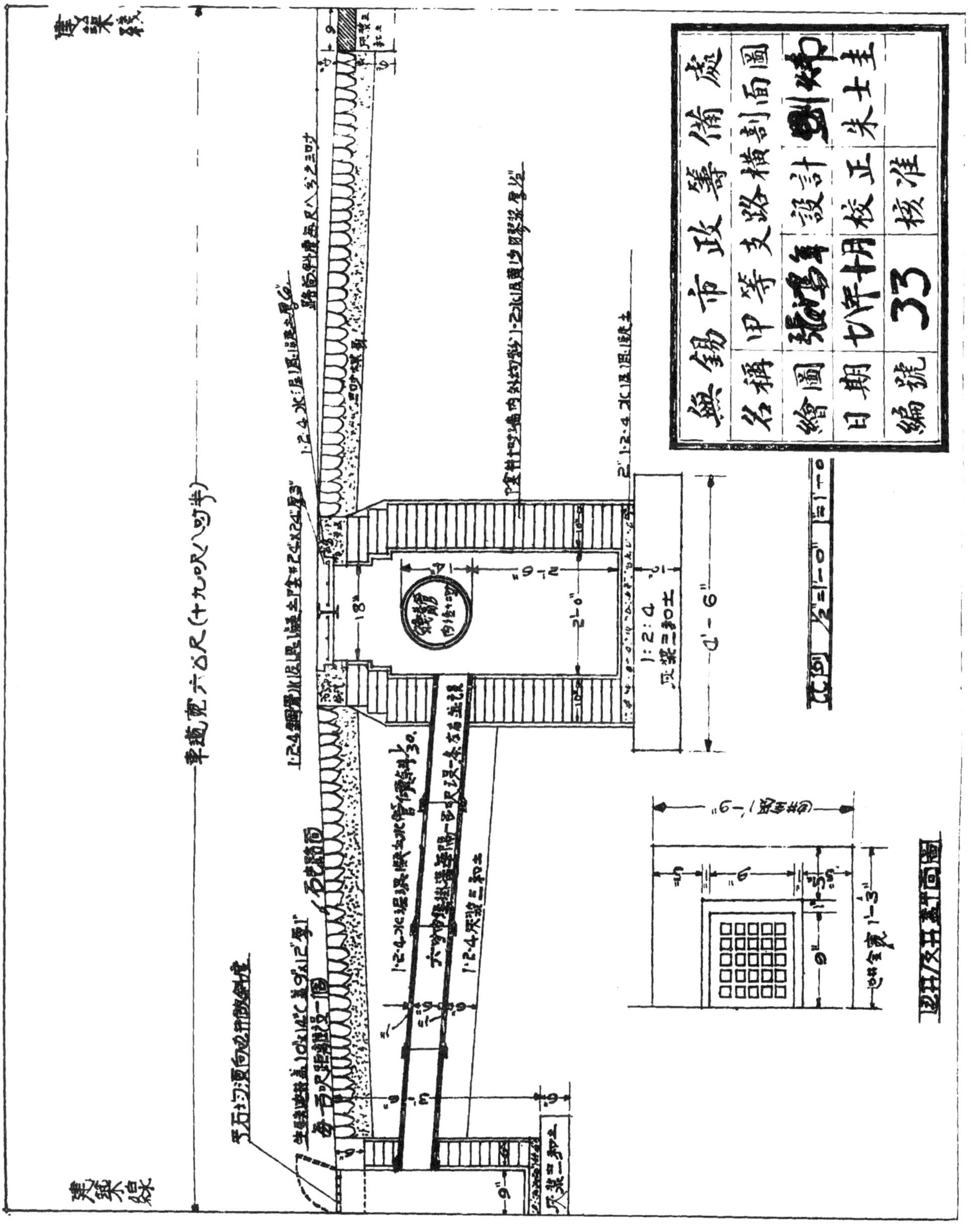

圖表二三

交通工具圖

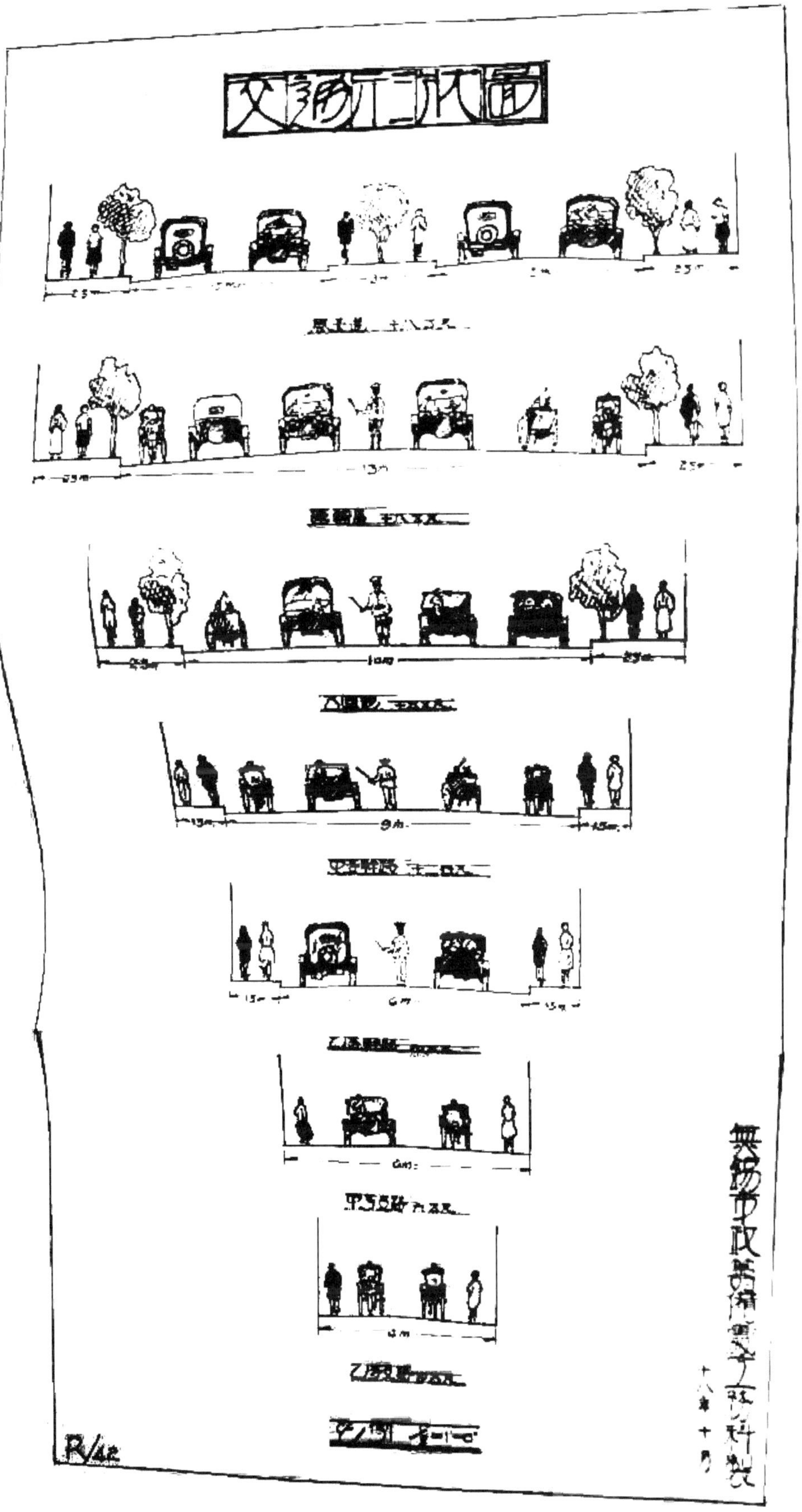

圖表二四

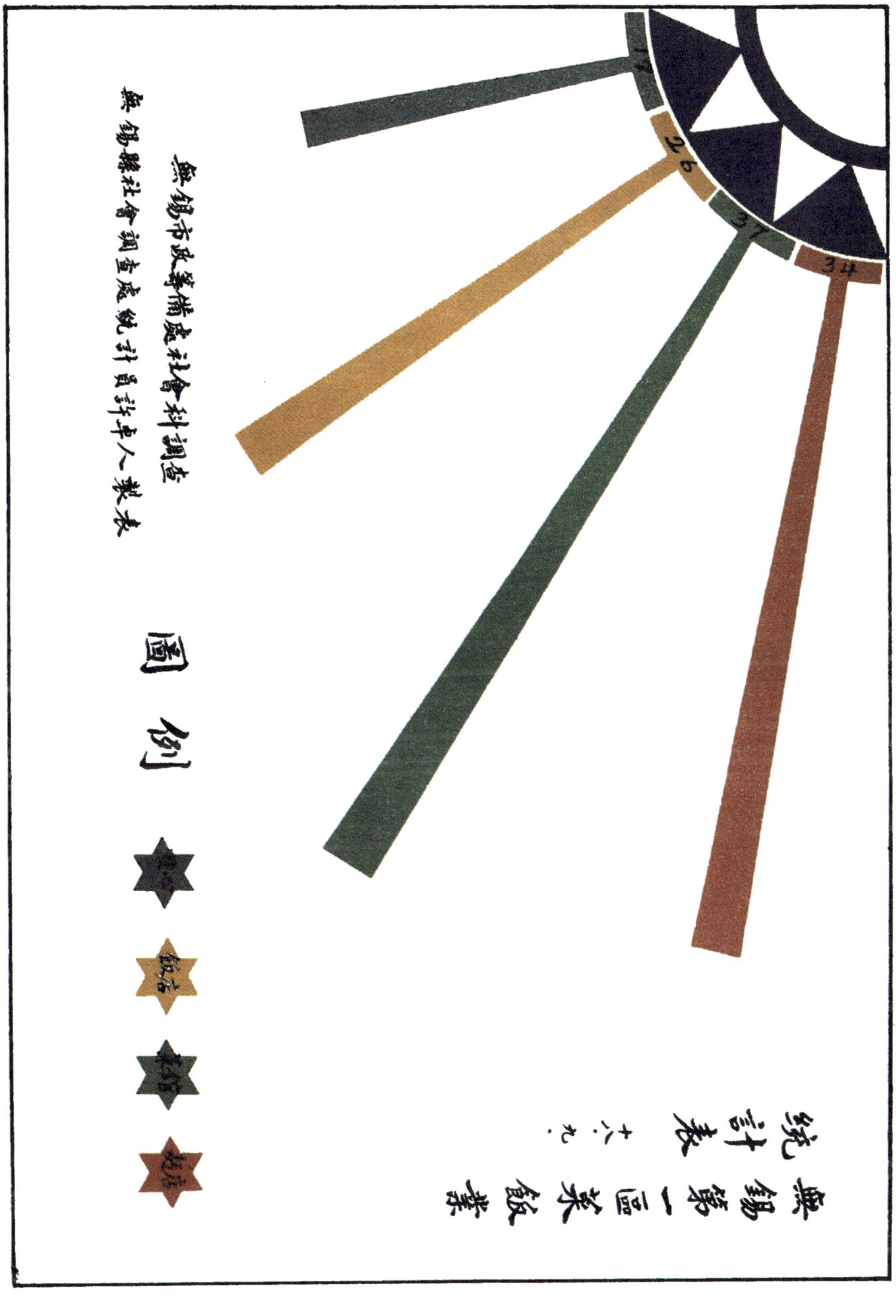
無錫第一區菜飯業統計表
十八.九.
無錫市政籌備處社會科調查
無錫縣社會調查處統計員許卓人製表
圖例
19
26
37
34

圖表二五

無錫城區各公安分局轄境每日宰豬統計表

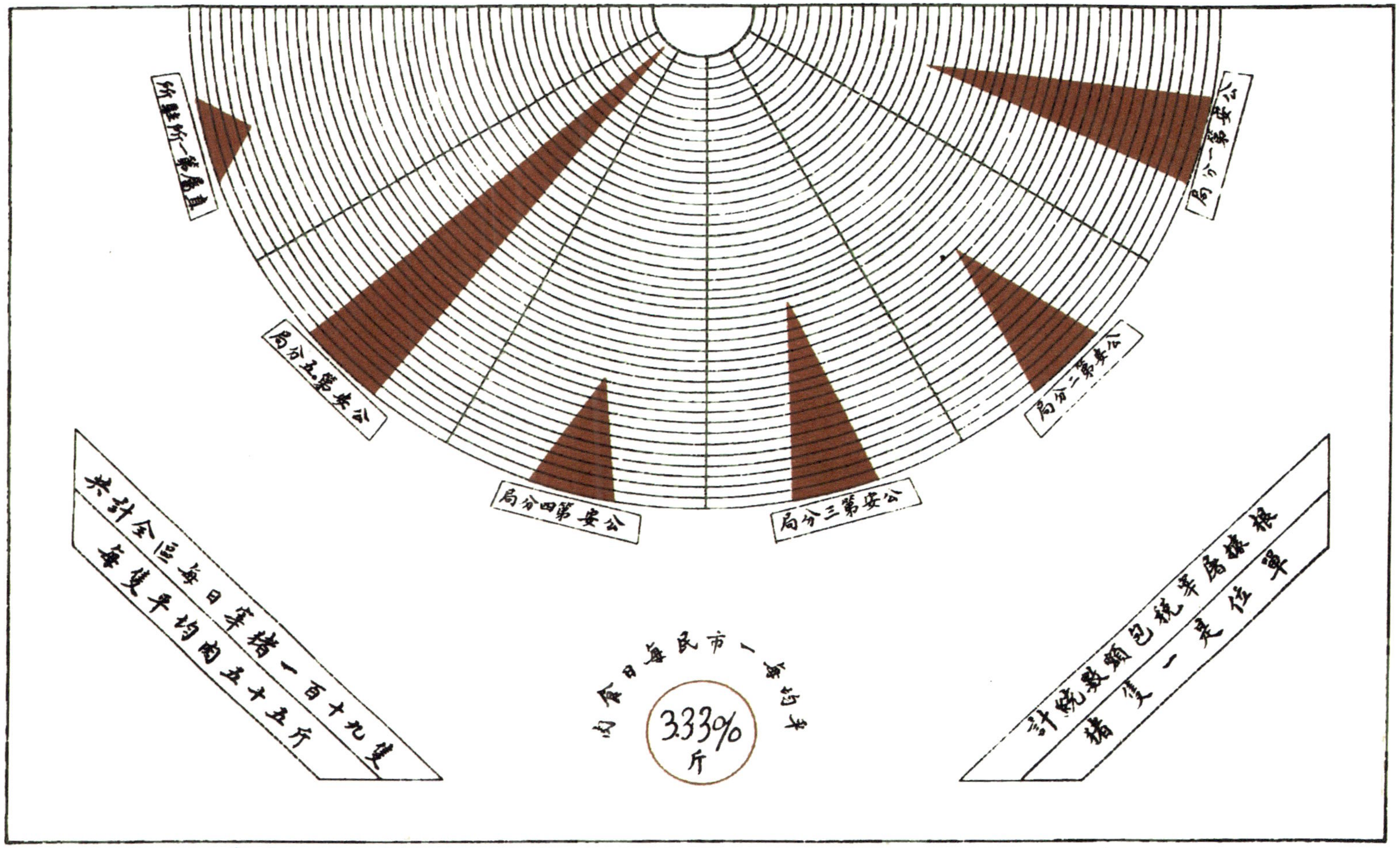

無錫市政籌備處社會科調查　十八．十．　無錫縣社會調查處統計員許卓人製表

圖表二六

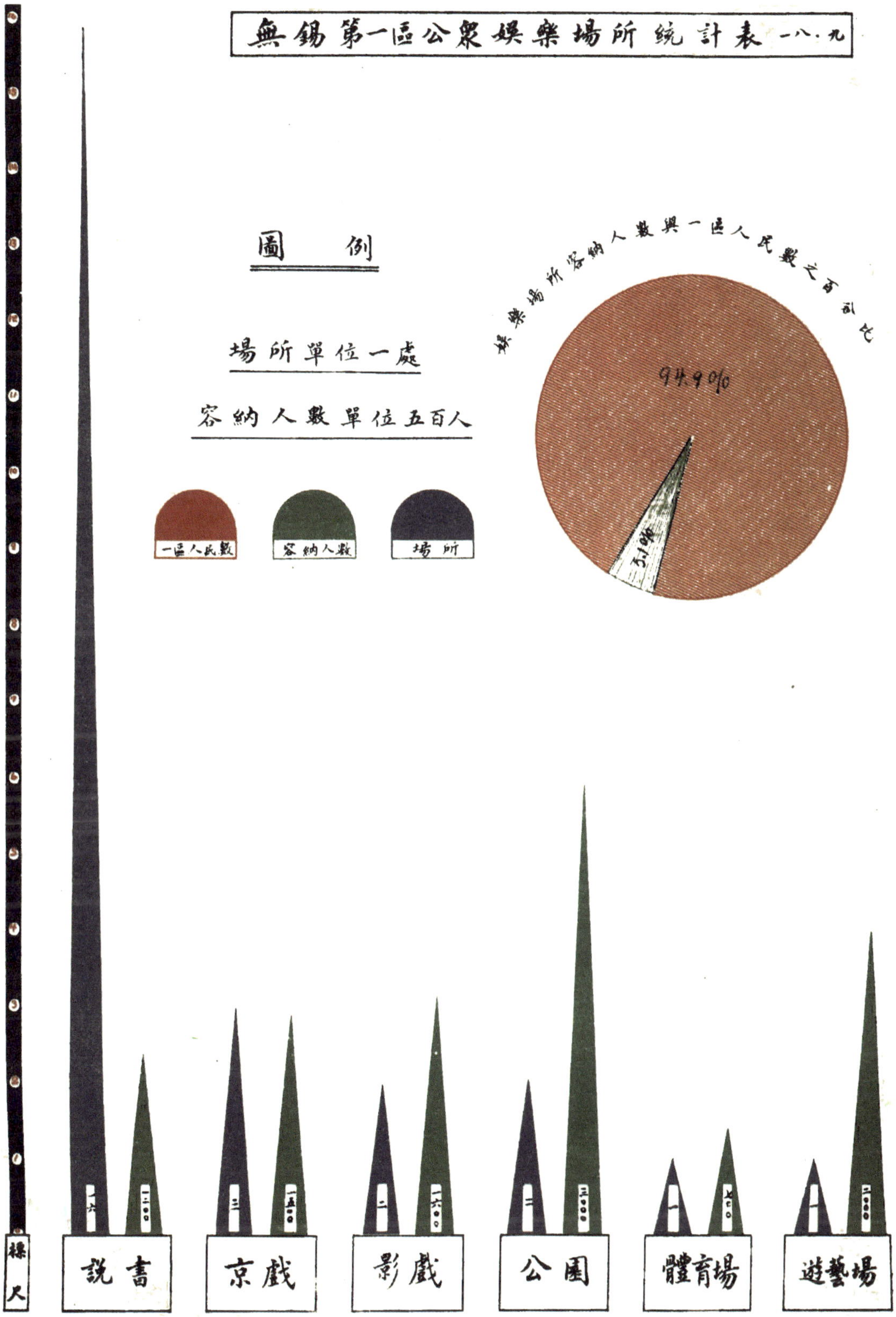

無錫市政籌備處社會科調查

無錫縣社會調查處統計員許卓人製

圖表二七

無錫市區教堂及寺廟觀院統計表

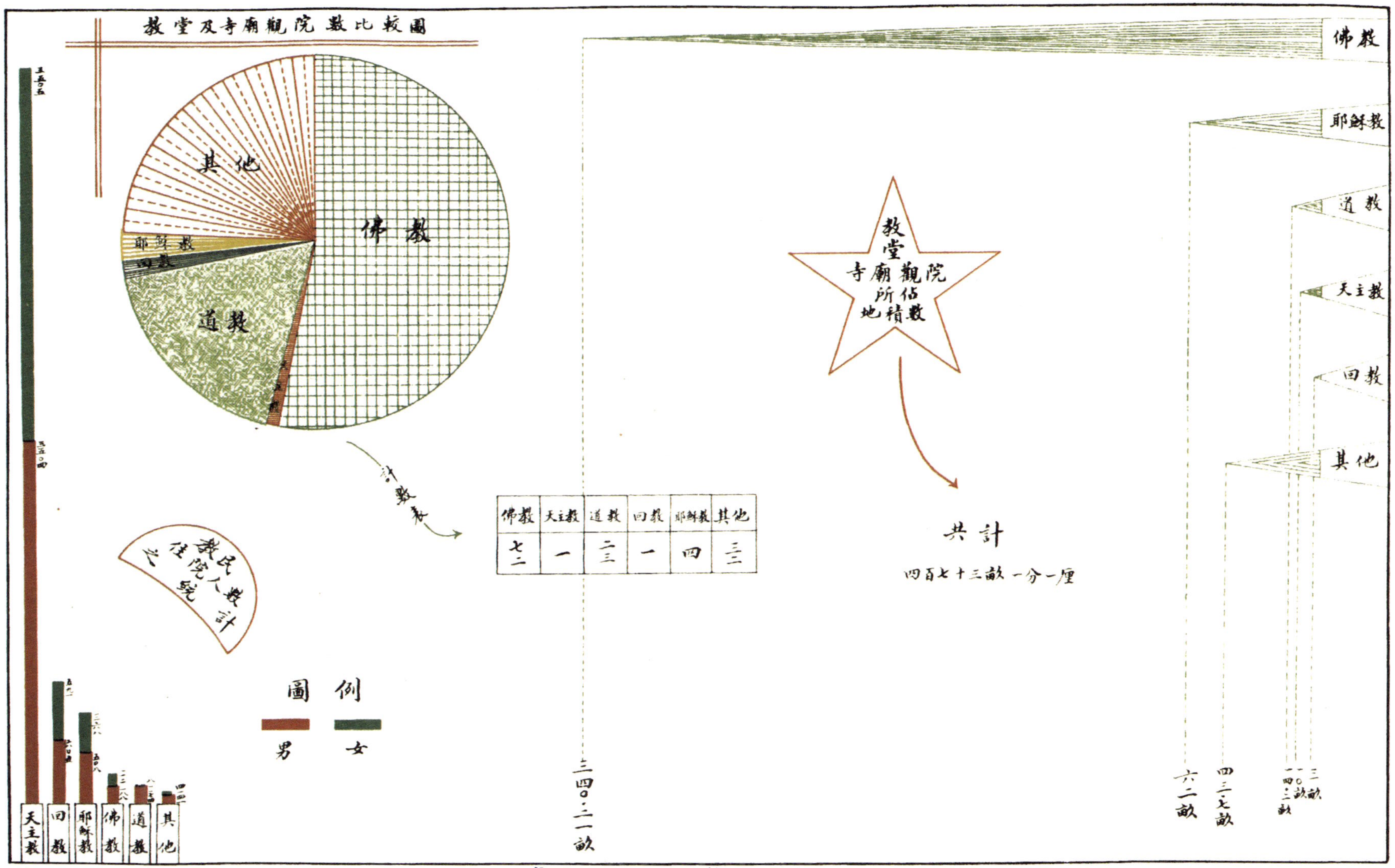

無錫縣社會調查處統計員許卓人製
十八年十月

圖表二八

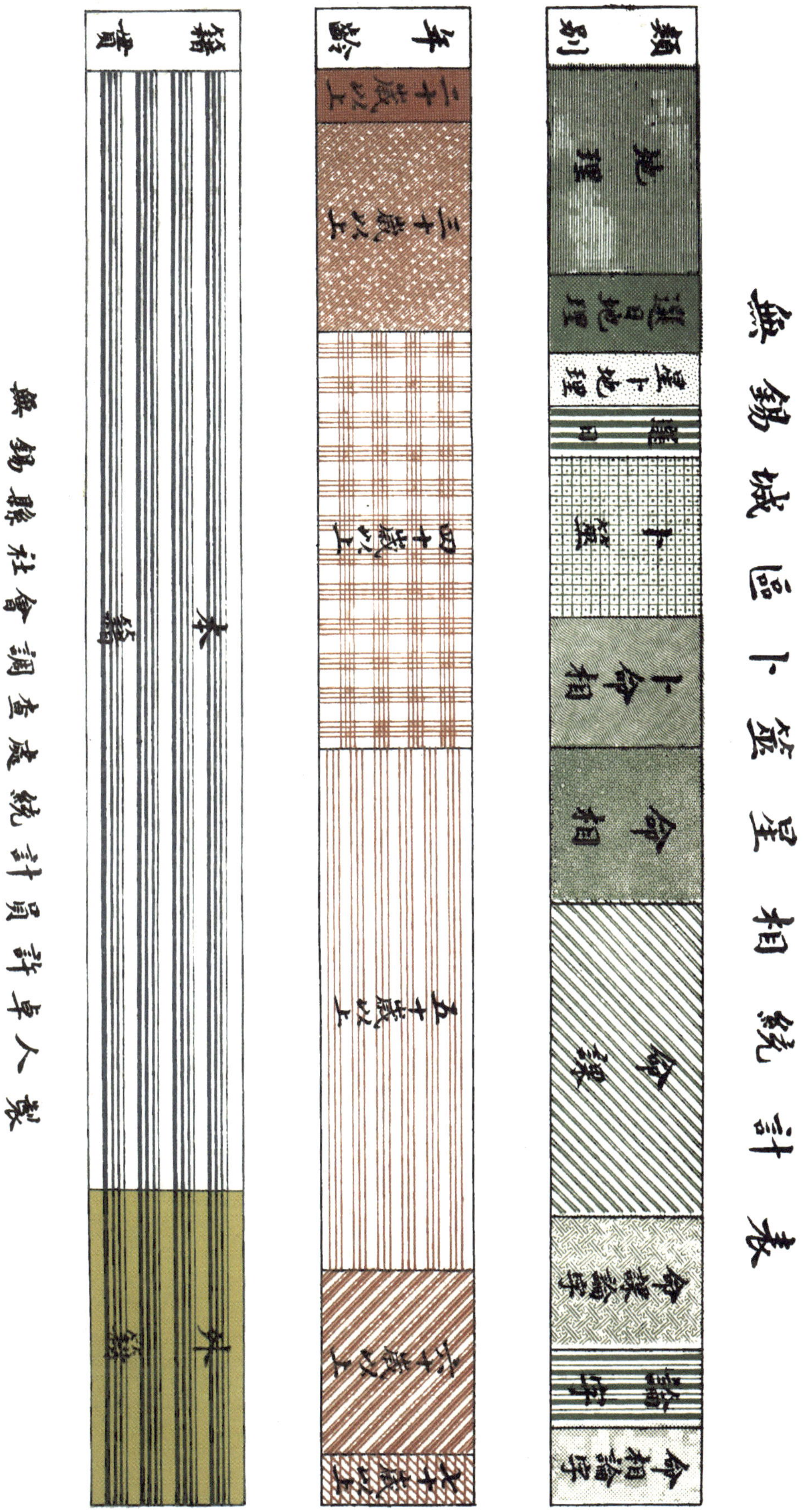
無錫城區卜筮星相統計表
類別
地理
選日地理
星卜地理
選日
卜筮
卜命相
命相
命課
命課論字
論字
命相論字
年齡
二十歲以上
三十歲以上
四十歲以上
五十歲以上
六十歲以上
七十歲以上
籍貫
本籍
外籍
無錫縣社會調查處統計員許卓人製
十八年十月

無錫九月米價升降物語

四十八年

穉秈洋 —— 洋秈穀

粳稻 ——

機白洋秈 ——

機白粳 ——

例

圖

15 14 13 12 11 10 9 8 7 6 5 4 3 2 1

元月九

一日 二日 三日 四日 五日 六日 七日 八日 九日 十日 十一日 十二日 十三日 十四日 十五日 十六日 十七日 十八日 十九日 二十日 廿一日 廿二日 廿三日 廿四日 廿五日 廿六日 廿七日 廿八日 廿九日 三十日

無錫縣社會調查處統計員計算手人製

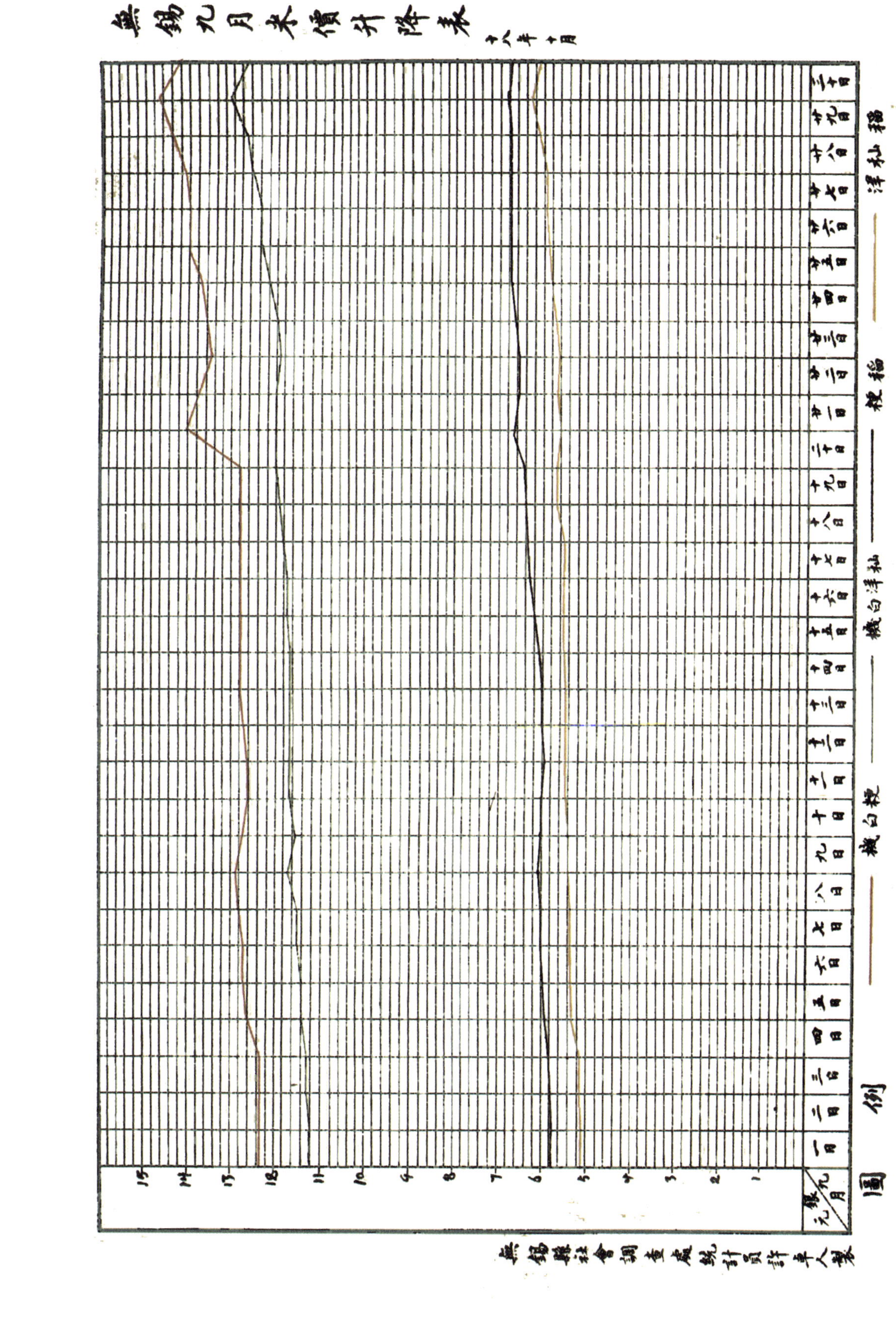

圖表三十

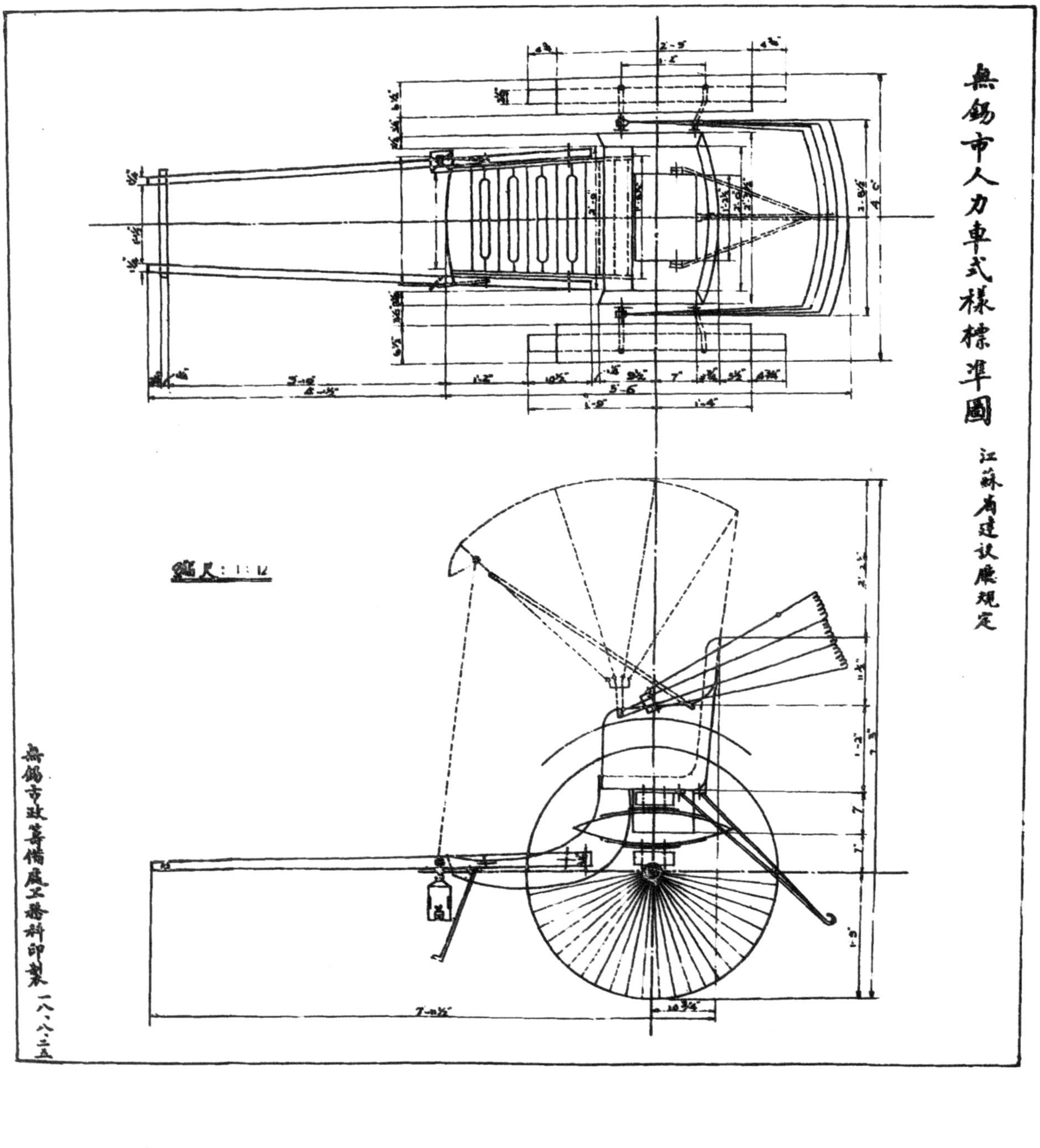
無錫市人力車式樣標準圖
江蘇省建設廳規定
縮尺：1:12
無錫市政籌備處工務科印製 一八、八、二五

圖表三一

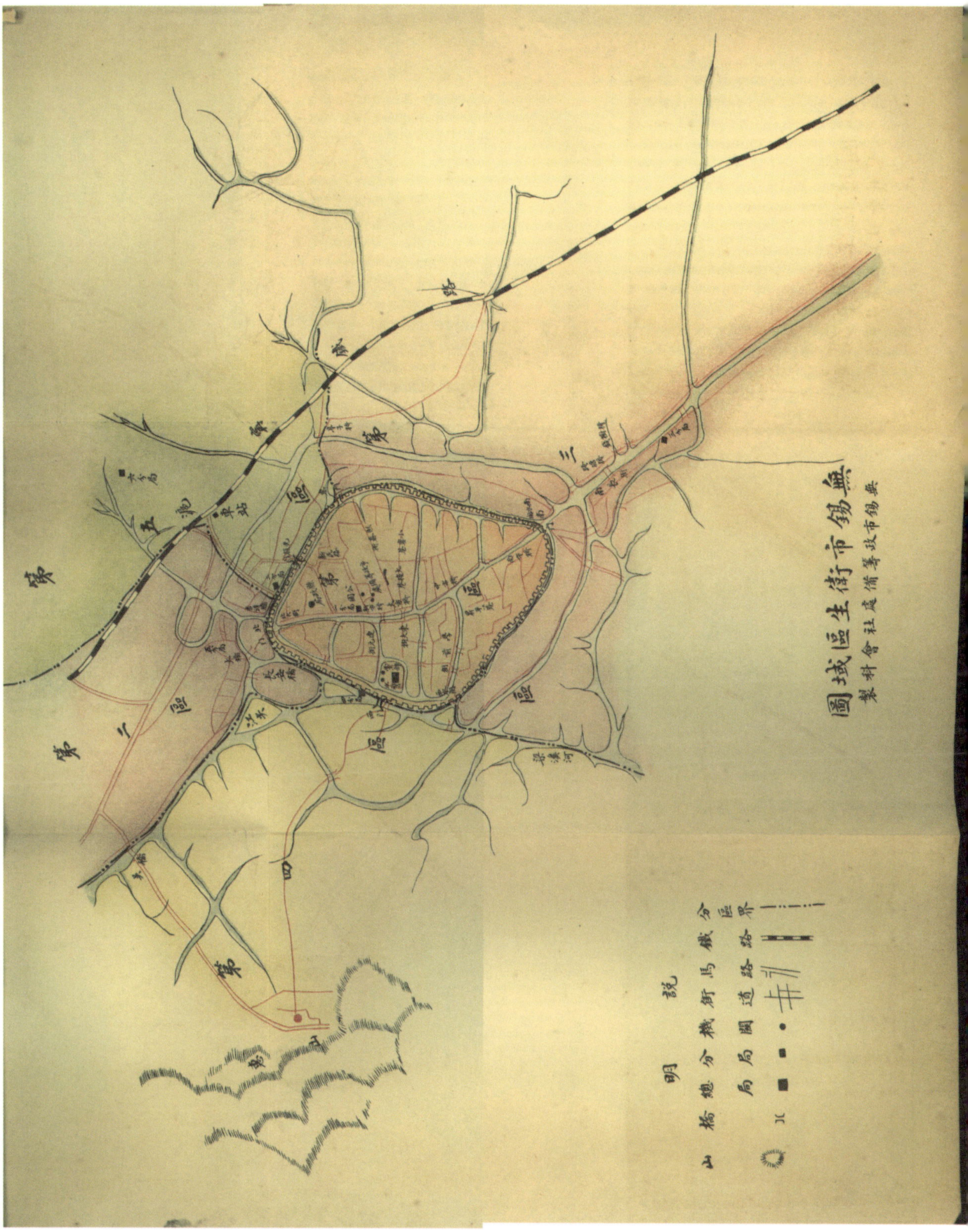